차라투스트라는 이렇게 말했다

모든 사람을 위한, 그리고
그 누구를 위한 것도 아닌 책

차라투스트라는 이렇게 말했다

프리드리히 니체 지음
이진우 옮김

1부

2부

3부

4부 및 최종부 ―――――――――

Friedrich Nietzsche

Also
sprach

차라투스트라의 머리말

1

차라투스트라는 서른이 되자 고향과 고향의 호수를 떠나 산으로 들어갔다. 여기서 그는 자신의 정신과 고독을 즐기며, 십 년 동안 싫증을 느끼지 않았다.[1] 그러나 마침내 심경의 변화가 일어났다. 어느 날 아침 동이 트자 그는 자리에서 일어나, 태양 앞으로 걸어나가, 태

---

1) 니체는 1881년 8월 26일의 유고에서 이 책의 제목이 된 실제의 역사적 인물 차라투스트라에 관해 이렇게 언급한다. "우르미아 호숫가에서 태어난 차라투스트라는 서른 살에 고향을 떠나, 아리아라는 고장으로 갔다. 거기서 그는 십 년 동안 고독을 즐기며 산속에서 경전인 젠드-아베스타(Zend-Avesta)를 집필했다." KSA 9, 11(195), 519. Friedrich von Hellward, *Culturgeschichte in ihrer natürlichen Entstehung* (Augsburg, 1874), 128쪽. 니체가 에른스트 슈마이츠너에게 보낸 편지에서 《차라투스트라는 이렇게 말했다》를 '다섯 번째 복음'으로 규정하고 있는 것처럼, 이 책은 기독교 성서에 대한 패러디로 읽힐 수 있다. 차라투스트라와 마찬가지로 세례를 받은 예수가 하늘에서 내려온 성령을 받고 활동을 시작한 것도 서른 살쯤이었다. 〈누가복음〉 3장 23절, "예수께서 활동을 시작하실 때에, 그는 서른 살쯤이었다." 붓다가 영적인 삶을 살려고 출가한 시기도 그가 스물아홉 살 때였다.

양을 향해 이렇게 말했다.

"그대 위대한 별이여! 그대가 빛을 비추어줄 존재가 없다면 그대의 행복이란 게 무엇이겠는가![2]

십 년 동안 그대는 여기 나의 동굴로 떠올랐다. 그러나 나와 나의 독수리와 나의 뱀이 없었다면 그대는 자신의 빛과 빛의 길에 싫증이 났을 것이다.

그런데 우리는 아침마다 그대를 기다렸고, 그대의 차고 넘치는 빛을 받아들였으며, 그 대가로 그대를 축복했다.

보라! 나는 너무 많은 꿀을 모은 벌처럼 나의 지혜에 싫증이 났다. 이제는 그 지혜를 얻으려고 나를 향해 손을 내미는 사람들이 필요하다.

나는 베풀어주고 나누어주고 싶다. 인간들 가운데서 현명한 자들

---

2) 4부 및 최종 부의 마지막 장 〈징조〉에서 반복되는 이 문장은 《차라투스트라는 이렇게 말했다》의 처음과 끝을 구성하는 역할을 한다. 불과 태양은 그 순수성으로 인해 신의 상징으로 여겨진다. 그러므로 기도를 드릴 때 얼굴은 불이나 태양을 향한다. Friedrich von Hellward, *Culturgeschichte in ihrer natürlichen Entstehung*, 같은 책, 130쪽. 플라톤의 비유에서 잘 나타나는 것처럼, 서양 철학에서 태양은 감각적 경험 세계를 넘어서는 저편의 초월 세계를 가리킨다. 플라톤의 동굴이 지상 세계의 내부에 있는 무지의 장소라면, 차라투스트라의 산 정상은 지상에서 이룰 수 있는 최고의 계몽을 상징한다. 이런 맥락에서 태양의 떠오름(일출)과 내려감(일몰)은 차라투스트라의 중요한 상징이다. 니체가 진심으로 존경한 랄프 왈도 에머슨에 의하면, 있는 그대로의 존재가 완성되려면 일몰은 인간 존재를 필요로 한다. Ralph Waldo Emerson, *Essays and Lectures* (New York: The Library of America, 1983), essay 1, "Nature": "일몰은 인간을 원한다." 차라투스트라가 태양에게 "그대 위대한 별이여!"라고 부를 때 사용한 '그대'는 독일어 이인칭 대명사 du로서 격식을 차리지 않아도 될 정도의 친밀성을 표현한다.

이 다시 한번 그들의 어리석음을 기뻐하고, 가난한 자들이 새삼스레 그들의 넉넉함을 기뻐할 때까지.

그러기 위해 나는 저 아래 깊은 곳으로 내려가야 한다. 저녁이면 바다 저편으로 내려가 지하 세계를 밝혀주는 그대처럼, 그대 넘쳐흐르는 별이여!

나는 그대처럼 **내려가야** 한다. 내가 저 아래로 내려가 만날 사람들이 그렇게 말하듯이.

그러니 나를 축복해다오, 그대 고요한 눈이여! 크나큰 행복조차 시기하지 않고 바라볼 수 있는 그대여!

넘쳐흐르는 이 잔을 축복하라! 황금빛 물이 흘러 온 누리에 그대의 환희를 다시 비추어줄 이 잔을!

보라! 이 잔은 다시 비워지기를 바라고, 차라투스트라는 다시 인간이 되고자 한다.”

이렇게 차라투스트라의 몰락[3]은 시작되었다.

———

3) ‘몰락(Untergang, going-under)’은 차라투스트라가 십 년을 머무른 산에서 내려가는 하산을 의미한다. 몰락은 통상 어떤 것이 쇠하여 없어진다는 부정적 의미로 사용된다. 반면 차라투스트라의 몰락은 태양이 내려가야 다음 날 다시 떠오를 수 있는 것처럼 변화와 시작, 상승의 전제 조건으로서의 ‘내려감’을 의미한다. 몰락(沒落)의 한자 뜻이 모두 ‘빠지다’, ‘떨어지다’라는 점을 고려하여 Untergang을 몰락으로 옮겼다. 이 낱말이 기독교적 맥락에서도 ‘인간세계로 내려감’ 또는 ‘인간이 됨’의 의미를 함축하고 있음을 상기하면서 부정적 의미의 ‘몰락’으로 쓰고 긍정적 의미의 ‘내려감’으로 읽으면 차라투스트라의 뜻에 가장 가깝다고 할 수 있다.

2

차라투스트라는 산을 홀로 내려갔다. 아무도 마주치지 않았다. 그러나 숲에 다다랐을 때 갑자기 한 노인이 그의 앞에 나타났다. 숲에서 풀뿌리를 캐려고 자신의 신성한 오두막을 떠난 노인이었다. 노인이 차라투스트라에게 말했다.

"이 방랑자는 낯설지가 않군. 몇 해 전 이곳을 지나갔지. 이름이 차라투스트라라고 했던가? 그러나 그도 변했군.

그때 그대는 그대의 재를 지고 산으로 들어갔지. 그런데 오늘은 그대의 불덩이를 지고 골짜기로 가려 하는가? 그대는 방화범에 내려지는 처벌이 무섭지도 않은가?

그래, 차라투스트라가 맞아. 눈은 맑아지고, 입가에는 어떤 역겨움의 흔적도 없어. 그러니 춤추는 자처럼 걷고 있지 않은가?

차라투스트라는 변했어. 아이가 되었어. 차라투스트라는 각성한 자가 되었어. 그런데 이제 잠든 사람들에게 다가가 무얼 하려는 건가?

그대는 바닷속에 잠긴 듯 고독 속에서 살았고, 바다는 그대를 품어주었지. 아아, 그대는 육지에 오르려 하는가? 아아, 그대는 그대의 몸을 다시 질질 끌고 다니려 하는가?"

차라투스트라가 대답했다. "나는 인간들을 사랑합니다."

성자가 말했다. "내가 무엇 때문에 숲과 황야를 헤매고 다녔겠는가? 인간을 너무 사랑했기 때문이 아니겠는가?

이제 나는 신을 사랑하네. 인간을 사랑하지는 않아. 인간은 너무도 불완전한 존재야. 인간에 대한 사랑은 나를 죽이고 말 거야."

차라투스트라가 대답했다. "사랑에 대해 내가 무슨 말을 했습니까? 나는 인간들에게 선물을 주려는 겁니다."

성자가 말했다. "인간들에게는 아무것도 주지 말게. 차라리 그들에게서 얼마를 빼앗아, 그것을 그들과 함께 나누어 가지게. 그것이 그들에게 가장 좋은 일이 될 걸세. 그대에게도 기쁨이 된다면 말일세!

그래도 정 주고 싶다면 자선을 베풀게. 그렇지만 그들이 애걸하도록 만들게."

차라투스트라가 말했다. "아니요. 자선을 베풀고 싶지는 않습니다. 나는 그럴 정도로 가난하지는 않아요."

성자는 차라투스트라를 비웃으며 이렇게 말했다. "그들이 그대의 보물을 받아들일지 지켜보게! 그들은 은둔자를 불신하며, 우리가 선물을 주려고 왔다는 것을 믿지 않네.

골목길을 지나는 우리의 발소리가 그들에게는 너무 쓸쓸하게 들리지. 동이 트려면 아직도 먼 한밤중에 잠자리에서 누군가가 지나가는 소리를 들으며, 그들은 '도둑이 어디로 가려는 거지?'라고 중얼거릴지도 모르네.

인간들에게 가지 말고, 숲속에 머물게! 아니, 차라리 짐승들에게로 가게나! 왜 그대는 나처럼 곰 가운데 한 마리의 곰, 새 가운데 한 마리의 새가 되려 하지 않는가?"

차라투스트라가 물었다. "성자는 숲에서 무얼 하나요?"

성자가 대답했다. "나는 노래를 짓고, 그 노래를 부르네. 그리고 노래를 지으면서 웃고 울며 흥얼거리지. 이렇게 나는 신을 찬양하네!

노래하고 울고 웃고 흥얼거리면서 나는 신을, 나의 신을 찬양하네. 그런데 그대는 우리에게 무슨 선물을 가져왔는가?"

차라투스트라는 이 말을 듣고 성자에게 작별 인사를 하며 말했다. "그대에게 내가 뭘 줄 게 있겠습니까? 그대에게서 아무것도 빼앗지 못하도록 나를 빨리 보내주세요!"

―그리고 노인과 차라투스트라는 마치 두 사내아이처럼 웃으면서 헤어졌다.

그러나 혼자 있게 되자 차라투스트라는 마음속으로 '어찌 이럴 수 있단 말인가! 이 늙은 성자는 숲속에 살아서 **신이 죽었다**는 소식을 아직 듣지 못했구나!'라고 말했다.[4)]

3

숲에서 가장 가까운 도시로 들어섰을 때, 차라투스트라는 시장에 많은 군중이 모여 있는 것을 보았다. 줄타기 광대[5)]의 공연이 예고되어 있었기 때문이다. 차라투스트라는 군중을 향해 이렇게 말했다.

---

4) '마음속으로 ~라고 말했다(er sprach also zu seinem Herzen, he spoke thus to his heart)'. 여기서 '마음'으로 옮긴 독일어 낱말 '헤르츠(Herz)'는 '심장', '가슴', '마음'이라는 뜻이 있다. 마음의 사전적 의미는 '사람이 본래부터 지닌 성격이나 품성' 또는 '사람의 생각, 감정, 기억 따위가 생기는 공간이나 위치'이다. 이 책에서 마음은 종종 차라투스트라의 말을 듣는 구체적인 청자로 묘사된다. 호메로스의 서사시에서 오디세우스가 자신의 내면에 있는 심장에게 말을 건네는 것처럼, 마음은 대화의 구체적 상대방이다. 그러므로 '마음속으로 말한다'는 것은 '자신의 내면과 대화를 한다'는 뜻이다.

"나는 그대들에게 초인[6]을 가르치려 한다. 인간은 극복되어야 할 그 무엇이다. 그대들은 인간을 극복하기 위해 무엇을 했는가?

지금까지 모든 존재는 자신을 넘어서 무엇인가를 창조해왔다. 그런데 그대들은 이 거대한 밀물의 썰물이 되기를 원하며 자신을 극복하기보다는 짐승으로 되돌아가려 하는가?

인간에게 원숭이란 무엇인가? 웃음거리 아니면 고통스러운 수치다. 초인에게 인간은 꼭 그와 같은 존재, 즉 웃음거리 아니면 고통스러운 수치다.

그대들은 벌레로부터 인간에 이르는 길을 걸어왔지만, 그대들 내면에는 많은 것이 여전히 벌레다. 그대들은 일찍이 원숭이였고, 지금도 인간은 그 어떤 원숭이보다 더 원숭이다.

그대들 가운데 가장 현명한 자도 식물과 유령의 불화이자 잡종에 지나지 않는다. 그런데 내가 그대들에게 유령이나 식물이 되라고 명령하란 말인가?

보라, 나는 그대들에게 초인을 가르친다!

초인은 대지의 의미다. 그대들의 의지가 말할 것이다. 초인이 이

---

5) '줄타기 광대(Seiltänzer, rope-dancer)'. 직역하면 '줄 위에서 춤추는 사람'을 의미한다.

6) '초인(Übermensch, Overhuman)'. 초인은 통상 '보통 사람으로는 생각할 수 없을 만큼 뛰어난 능력을 지닌 사람'으로 이해되기 때문에 슈퍼맨(Superman)으로 오해받을 수 있다. 이런 오해를 피하려고 독일어를 단순히 음역하여 '위버멘쉬'로 옮기기도 하지만, 여기서는 한자 '초(超)'의 동사적 의미인 '넘어서다', '뛰어넘다', '오르다'에 주목하여 이제까지 많이 사용된 '초인'을 그대로 사용했다. 초인은 글자 그대로 '넘어서는 인간'이다.

대지의 의미가 되어야 한다고!

나의 형제들이여, 나는 그대들에게 간청한다. **대지에 충실하라!** 그리고 하늘나라의 희망을 말하는 자들을 믿지 마라! 그들은 스스로 알든 모르든 독을 타는 자들이다.

그들은 삶을 경멸하는 자들이고, 쇠약해지는 자들이며, 스스로 중독된 자들이다. 대지는 이들에게 지쳤다. 그러니 그들이 떠나도록 내버려두어라!

일찍이 신에 대한 모독이 최대의 모독이었다. 그러나 신은 죽었고, 신을 모독하는 자들도 함께 죽었다. 이제 가장 무서운 것은 이 대지를 모독하는 일이고, 불가해한 존재의 내장을 대지의 의미보다 더 높이 존중하는 일이다!

일찍이 영혼은 몸을 경멸의 눈으로 바라보았다. 그때는 그것이 최고의 경멸이었다. 영혼은 몸이 마르고 추해지고 굶주리기를 바랐다. 그렇게 영혼은 몸과 대지로부터 달아날 수 있다고 생각했다.

그러나 이 영혼 자신도 마르고 추해지고 굶주렸다. 잔혹함이야말로 이 영혼의 쾌락이었다!

나의 형제들이여, 나에게 말해다오. 그대들의 몸은 그대들의 영혼에 대해 무엇을 알려주는가? 그대들의 영혼 자체는 빈곤함이자 더러움이며 가련한 안락함이 아닌가?

진실로 인간은 더러운 강물이다. 더러워지지 않으면서 더러운 강물을 받아들이려면 우리는 먼저 바다가 되어야 한다.

보라, 나는 그대들에게 초인을 가르친다. 초인은 바다이며, 그대들의 커다란 경멸은 그 바닷속으로 가라앉을 수 있다.

그대들이 체험할 수 있는 최대의 것은 무엇인가? 그것은 위대한 경멸의 순간이다. 그대들의 행복, 그리고 마찬가지로 그대들의 이성과 그대들의 덕이 역겨워지는 순간이다.

그 순간 그대들은 말한다.

'나에게 행복이 무슨 소용인가! 그것은 빈곤함이자 더러움이며 가련한 안일함이 아닌가! 하지만 나의 행복은 실존 그 자체를 정당화하는 것이다.'

그 순간 그대들은 말한다.

'나에게 이성이 무슨 소용인가! 그것은 사자가 먹이를 탐하듯 지식을 탐하는 것이 아닌가! 그것은 빈곤함이자 더러움이며 가련한 안일함이다.'

그 순간 그대들은 말한다.

'나에게 덕이 무슨 소용인가! 그것은 나를 열광케 한 적이 없었다. 나는 나의 선과 나의 악에 얼마나 지쳤는가! 그 모든 것은 빈곤함이자 더러움이며 가련한 안일함이다.'

그 순간 그대들은 말한다.

'나에게 정의가 무슨 소용인가! 나는 내가 불꽃이자 숯이라고 생각하지 않는다. 그러나 정의로운 자는 불꽃이며 숯이다.'

그 순간 그대들은 말한다.

'나에게 동정심이 무슨 소용인가! 동정심은 인간을 사랑하는 자가 못 박히는 십자가가 아닌가! 그러나 나의 동정심은 결코 십자가에 못 박히는 형벌이 아니다.'

그대들은 이미 그렇게 말했는가? 그대들은 그렇게 외쳤는가? 아,

그대들이 그렇게 외치는 소리를 내가 들었더라면!

그대들의 죄가 아니라 그대들의 욕심 없는 검소함이 하늘을 향해 외친 것이다. 죄의 한가운데에서조차 탐욕이 하늘을 향해 외친 것이다!

그대들을 혀로 핥아줄 번갯불[7]은 어디 있는가? 그대들에게 접종되어야 할 그 광기는 어디 있는가?

보라, 나는 그대들에게 초인을 가르친다. 그가 이러한 번갯불이며 광기다!"

차라투스트라가 이렇게 말했을 때 군중 속에서 한 사람이 외쳤다. "줄타기 광대에 대해서는 충분히 들었으니, 이제 그를 우리에게 보여주시오!"

그러자 모두 차라투스트라를 비웃었다. 그러자 줄타기 광대는 그

---

7) 이 책에서 가장 많이 등장하는 상징 중 하나인 '번갯불(Blitz, lightning)'은 고대 그리스의 디오니소스 신을 암시한다. 디오니소스는 하늘의 신 제우스와 인간인 세멜레의 아들이다. 제우스가 인간의 모습으로 세멜레와 사랑에 빠진 것을 질투한 헤라는 세멜레를 속여 제우스에게 사랑의 징표로 본래의 모습을 보여달라고 하라고 설득한다. 세멜레의 청에 제우스는 번갯불로 나타났고, 결국 세멜레를 불태워 죽게 했다. 번갯불을 맞아 죽을 때 세멜레는 이미 디오니소스를 가지고 있었다. 디오니소스는 번갯불로 태어난 것이다. 소크라테스 이전의 철학자 헤라클레이토스는 이렇게 말한다. Herakleitos, B 64: "번갯불이 우주를 움직인다. 다시 말해 번갯불이 만물을 조종한다. 번갯불은 영원한 불로 이해된다." Hermann Diels, *Die Fragmente der Vorsokratiker. Griechisch und Deutsch*, hrsg. v. Walter Kranz (Weidmann, 1974), Bd. 1, 165쪽. 소크라테스 이전 철학자들의 텍스트를 모아놓은 이 책은 통상 번역자와 편집자의 이름을 따서 Dies/Kranz 본으로 인용된다. 이 책에 실린 철학자 이름과 단편 순서에 따라 인용했음을 밝혀둔다.

것이 자신을 두고 한 말이라 생각하고 줄을 타기 시작했다.

4

차라투스트라는 군중을 바라보고는 의아하게 생각했다. 그러고는
이렇게 말했다.

"인간은 짐승과 초인 사이에 놓인 밧줄이다. 심연 위에 걸쳐진 밧
줄이다.

저쪽으로 건너가는 것도 위험하고, 도중에 있는 것도 위험하며,
뒤돌아보는 것도 위험하고, 벌벌 떨거나 멈추어 서 있는 것도 위험
하다.

인간의 위대함은 그가 다리이지 목적이 아니라는 데 있다. 인간을
사랑할 수 있는 것은 그가 **건너가는** 존재이며 **내려가는** 존재라는 데
있다.

나는 사랑한다, 내려가는 자로서가 아니라면 달리 살 줄 모르는
사람들을. 그들은 건너가는 자들이기 때문이다.

나는 사랑한다, 마음껏 경멸하는 사람들을. 그들은 마음껏 숭배하
는 자들이며 저편의 해안을 동경하는 화살이기 때문이다.

나는 사랑한다, 내려가고 희생하는 이유를 별들의 너머에서 구하
지 않고, 언젠가는 대지가 초인의 것이 되도록 대지를 위해 희생하
는 사람들을.

나는 사랑한다, 인식하려고 살고, 언젠가는 초인으로 살려고 인식

하려는 자를. 이러한 자는 자신의 몰락을 원한다.

나는 사랑한다, 초인에게 집을 지어주고, 그에게 대지와 짐승과 초목을 마련해주려고 일하고 발명하는 자를. 그는 자신의 몰락을 원하기 때문이다.

나는 사랑한다, 자신의 덕을 사랑하는 자를. 덕은 몰락하려는 의지이며 동경의 화살이기 때문이다.

나는 사랑한다, 자신을 위해 한 방울의 정신도 남겨두지 않고, 전적으로 자신의 덕의 정신이 되고자 하는 자를. 그는 이렇게 정신으로서 다리를 건너가려 한다.

나는 사랑한다, 자신의 덕으로부터 자신의 성향과 운명을 만들어내는 자를. 그는 이렇게 자신의 덕을 위해 살려 하고 또 죽으려 한다.

나는 사랑한다, 너무 많은 덕을 가지려 하지 않는 자를. 하나의 덕은 두 개의 덕 이상이다. 덕은 운명을 묶어주는 매듭이기 때문이다.

나는 사랑한다, 감사의 말을 들으려 하지 않고 되돌려주지도 않으며 자신의 영혼을 낭비하는 자를. 그는 언제나 베풀기만 할 뿐 자신이 가지려고 하지 않기 때문이다.

나는 사랑한다, 주사위가 자신에게 행운을 가져올 때 수치로 여기고 '나는 사기꾼이 아닌가?'라고 묻는 자를. 그는 자신의 파멸을 바라기 때문이다.

나는 사랑한다, 행동에 앞서 황금 같은 말을 던지고 언제나 약속한 것 이상으로 행하는 자를. 그는 자신의 몰락을 원하기 때문이다.

나는 사랑한다, 미래에 올 사람들을 정당화하고 지난 과거의 사람들을 구원하는 자를. 그는 현재의 인간들에게 파멸되려고 하기 때문이다.

나는 사랑한다, 자신의 신을 사랑하기 때문에 자신의 신을 징계하는 자를.[8] 그는 신의 분노로 파멸해야 하기 때문이다.

나는 사랑한다, 상처를 입어도 그 영혼이 깊고, 사소한 체험만으로도 파멸하는 자를. 그는 기꺼이 다리를 건너간다.

나는 사랑한다, 자기 자신을 잊고 만물을 자신 안에 간직할 정도로 영혼이 넘쳐흐르는 자를. 모든 사물은 이렇게 그를 몰락하게 만든다.

나는 사랑한다, 자유로운 정신과 자유로운 가슴을 가진 자를. 그의 머리는 그의 심장에 있는 내장일 뿐이다. 그러나 그의 가슴은 그를 몰락하게 만든다.

나는 사랑한다, 인간의 머리 위에 걸쳐 있는 먹구름에서 방울방울 떨어지는 무거운 빗방울 같은 사람들을. 그들은 번개가 칠 것을 알려주고, 예고자로서 파멸한다.

보라, 나는 번개의 예고자이며, 구름에서 떨어지는 무거운 빗방울이다. 이 번개는 초인이라 불린다."

---

8) 〈히브리서〉 12장 6절, "주님께서는 사랑하시는 사람을 징계하시고, 받아들이시는 아들마다 채찍질하신다." 대한성서공회에서 펴낸 《성경전서》, 표준새번역 개정판(서울, 2001)에서 인용했다.

5

차라투스트라는 이 말을 하고 나서, 다시 군중을 바라보았다. 그리고 입을 다물었다. 그는 마음속으로 말했다.

'이들은 저기에 서서 그저 웃기만 하는구나. 이들은 나의 말을 이해하지 못한다. 나의 입은 이들의 귀에 맞지 않는 것이다.

눈으로 듣는 법을 배우도록 이들의 귀를 부수어버려야 하나?[9] 큰북이나 참회를 권하는 설교자처럼 요란을 떨어야 하나? 아니면 이들은 더듬거리며 말하는 사람만을 믿는 것은 아닐까?

이들은 자랑스러워하는 무언가를 가지고 있다. 이들이 자랑스러워하는 것을 무엇이라고 부르는가? 이들은 그것을 '교양'이라고 부른다. 이 교양이 이들을 염소를 치는 목자보다 뛰어나게 만든다.

이 때문에 이들은 '경멸'이라는 말을 듣기 싫어한다. 이제 나는 그들의 자부심에 호소하려고 한다.

나는 이들에게 가장 경멸스러운 자에 대해 말하고자 한다. 그것은 바로 **마지막 인간**이다.'

그리고 차라투스트라는 군중에게 이렇게 말했다.

"이제는 인간이 자신의 목표를 세워야 할 때다. 이제는 자신의 가장 높은 희망의 싹을 심을 때다.

---

9) 〈이사야서〉 6장 10절, "너는 이 백성의 마음을 둔하게 하여라. 그 귀가 막히고, 그 눈이 감기게 하여라. 그리하여 그들이 볼 수 없고, 들을 수 없고 또 마음으로 깨달을 수 없게 하여라."

아직은 인간의 토양이 그럴 만큼 충분히 비옥하다. 그러나 이 토양은 언젠가 메마르고 황폐해져 큰 나무가 이 토양에서 더는 자라지 못할 것이다.

슬프구나! 인간이 동경의 화살을 더는 자신의 너머로 쏘지 못하고, 활시위를 윙윙거리며 울릴 줄도 모르는 그런 때가 오고 있다!

나는 그대들에게 말한다. 춤추는 별을 낳으려면 자신의 내면에 혼돈을 지니고 있어야 한다. 그대들에게 말하건대, 그대들은 내면에 아직 혼돈을 지니고 있다.

슬프구나! 인간이 더는 별을 낳지 못하는 때가 오고 있다! 슬프구나! 자기 자신을 더는 경멸할 줄 모르는 더없이 경멸스러운 인간의 시대가 오고 있다.

보라! 나는 그대들에게 **마지막 인간**을 보여주련다.

마지막 인간은 '사랑은 무엇인가? 창조는 무엇인가? 동경은 무엇인가? 별은 무엇인가?'라고 물으면서 눈을 깜박인다.[10]

그러자 대지는 작아지고, 그 대지 위에는 모든 것을 작아지게 만드는 마지막 인간이 깡충거리며 뛰어다닌다. 이 종족은 벼룩과 같아서 근절할 수 없다. 마지막 인간이 가장 오래 산다.

---

10) '깜박이다(blinzeln, blink)'. 차라투스트라가 '마지막 인간'의 특성으로 서술하고 있는 '눈을 깜박이는 행위'와 초인의 특성을 상징하는 '번갯불' 사이에는 운율적 유사성뿐만 아니라 의미의 연관성이 있다. '깜박이다'는 본래 눈을 감았다가 떴다 하는 사이에 불빛이 어두워졌다가 밝아졌다 하는 것을 의미한다. 두 낱말 모두 우리가 주의를 기울이는 매우 짧은 순간과 관련이 있지만, 그 의미와 내용에는 커다란 차이가 있다.

마지막 인간들은 '우리는 행복을 발명했다.'라고 말하며 눈을 깜박인다.

그들은 살기 힘든 지역을 떠났다. 따뜻함이 필요했기 때문이다. 사람들은 여전히 이웃을 사랑하며, 이웃과 서로 몸을 비비고 있다. 따뜻함이 필요하기 때문이다.

병에 걸리거나 의심을 품는 것은 그들에게 죄로 여겨진다. 사람들은 조심스럽게 걸어 다닌다. 돌부리에 걸리거나 사람에 부딪혀 비틀거리는 자는 바보다!

이따금 조금씩 마시는 독은 안락한 꿈을 꾸게 한다. 그리고 끝내는 많은 독을 마시고 안락한 죽음에 이르게 된다.

그들은 여전히 일한다. 일이 일종의 오락이기 때문이다. 하지만 이 오락으로 몸이 상하지 않도록 조심한다.

그들은 더는 가난해지지도 부유해지지도 않는다. 두 가지 다 너무 부담스러운 일이다. 아직도 누가 다스리려 하는가? 아직도 누가 복종하려 하는가? 두 가지 다 너무 부담스러운 일이다.

목자는 없고 한 무리의 가축 떼만 있을 뿐![11] 모두가 평등하기를 원하고, 모두가 평등하다. 자기가 다르다고 느끼는 자는 제 발로 정신병원으로 들어간다.

가장 훌륭한 자들이 '옛날에는 온 세상이 미쳤었다.'라고 말하며

---

11) 〈요한복음〉 10장 16절, "나에게는 이 우리에 속하지 않은 다른 양들이 있다. 나는 그 양들도 이끌어 와야 한다. 그들도 내 목소리를 들을 것이며, 한 목자 아래에서 한 무리 양 떼가 될 것이다."

눈을 깜박인다.

사람들은 영리하며, 일어나는 모든 일을 다 알고 있다. 그러므로 그들은 끝없이 조소한다. 그들은 여전히 서로 다투지만, 곧 화해한다. 그러지 않으면 위가 상하기 때문이다.

그들은 낮에는 낮대로, 밤에는 밤대로 소소한 쾌락을 즐긴다. 하지만 건강은 소중히 여긴다.

마지막 인간들은 '우리는 행복을 발명했다.'라고 말하며 눈을 깜박인다."

여기서 사람들이 '머리말'이라고 부르는 차라투스트라의 첫 번째 연설이 끝났다. 이 대목에서 군중의 고함과 환호가 그의 말을 중단시켰기 때문이다. 그들은 외쳤다.

"아, 차라투스트라. 우리에게 그 마지막 인간을 주시오. 우리를 그 마지막 인간으로 만들어주시오! 그러면 그대에게 초인을 선사하겠소!"

그러면서 모든 군중은 환호하며 혀를 찼다. 하지만 차라투스트라는 슬퍼져서 마음속으로 이렇게 말했다.

'이들은 나를 이해하지 못한다. 나는 이들의 귀에 맞는 입이 아니다.

나는 너무 오랫동안 산속에 살면서, 시냇물과 나무 소리를 너무 많이 들었나 보다. 마치 목자에게 말하듯이 그들에게 말하고 있구나.

나의 영혼은 흔들림이 없고, 오전의 산처럼 밝다. 그러나 이들은 나를 차가운 사람이며 끔찍한 농담이나 하는 조롱꾼이라고 생각한다.

이제 이들은 나를 바라보면서 웃고 있다. 이들은 웃으면서 나를 증오까지 한다. 이들의 웃음은 얼음장처럼 차갑다.'

6

바로 그때 모든 사람의 입을 다물게 하고, 모든 사람의 눈을 휘둥 그렇게 만드는 일이 일어났다. 어느새 줄타기 광대가 재주를 부리 기 시작한 것이다. 그는 작은 문에서 걸어 나와 두 개의 탑 사이에 묶여 시장과 군중의 머리 위에 걸쳐진 밧줄 위를 걸어갔다. 그가 바 로 밧줄 중간에 이르렀을 때, 작은 문이 다시 열리더니 어릿광대처 럼 알록달록한 옷을 입은 사내가 뛰어나와 재빠른 걸음으로 첫 번 째 사나이를 따라갔다. 이 어릿광대는 끔찍한 목소리로 외쳤다. "빨 리 가! 이 절름발이야! 빨리 가! 이 느림보, 밀매업자, 창백한 녀석 아! 내 발꿈치로 너를 간질이지 못하게 말이야! 여기 탑 사이에서 뭘 하는 거야? 네 자리는 탑 속이야. 널 탑 속에 가두었어야 하는 건 데. 넌 너보다 뛰어난 사람의 앞길을 가로막고 있단 말이야!" 이렇 게 소리 지르면서 그는 줄타기 광대에게 가까이 다가갔다. 그런데 그가 한 걸음 뒤에 바싹 다가섰을 때, 모든 사람의 입을 다물게 하 고, 모든 사람의 눈을 휘둥그렇게 만드는 끔찍한 일이 일어났다. 그 는 악마처럼 고함을 지르면서 자기 앞을 가로막고 있는 사내를 훌 쩍 뛰어넘었다. 이 줄타기 광대는 경쟁자가 승리하는 것을 보자 냉 정함을 잃고 밧줄을 헛디뎠다. 그래서 그만 장대를 놓치고, 팔과 다리를 허우적거리며 장대보다 더 빨리 아래로 떨어졌다. 시장과 군중은 폭풍이 몰아치는 바다와 같았다. 모두는 뿔뿔이 흩어지면서 뒤엉켰다. 줄타기 광대의 몸이 떨어진 곳이 특히 그랬다.

하지만 차라투스트라는 그 자리에서 움직이지 않았다. 줄타기 광대의 몸이 그의 바로 옆에 떨어졌는데 심하게 상처 입고 부러졌지만, 목숨은 아직 붙어 있었다. 온몸이 부서진 사내가 잠시 후 의식을 회복하고, 차라투스트라가 자기 옆에 꿇어앉아 있는 것을 보았다. 마침내 그가 말했다. "거기서 뭘 하는 거요? 나는 오래전부터 악마가 내 발을 걸어 넘어뜨릴 것을 알고 있었소. 이제 악마가 나를 지옥으로 끌고 가려 하오. 그를 막아주지 않겠소?"

차라투스트라가 대답했다. "친구여, 내 명예를 걸고 말하건대 그대가 말하는 것 따위는 존재하지 않네. 악마도 지옥도 없네. 그대의 영혼은 그대의 몸보다도 더 빨리 죽을 것이니, 이제 아무것도 두려워하지 말게!"

그 사내는 믿지 못하겠다는 듯이 올려다보며 말했다. "그대가 진리를 말한다면, 내가 생명을 잃는다고 하더라도 아무것도 잃을 게 없을 거요. 그렇다면 나는 사람들이 매질과 보잘것없는 음식으로 춤을 가르친 짐승과 다를 바 없소."

차라투스트라가 말했다. "그렇지 않네. 그대는 위험한 일을 천직으로 삼았네. 그건 조금도 경멸할 일이 아니네. 그대는 이제 그대의 천직 때문에 파멸할 것이네. 그러니 내 손으로 그대를 묻어주겠네."

차라투스트라가 이렇게 말했을 때, 죽어가는 자는 더는 대답하지 않았다. 하지만 그는 감사를 표시하려고 차라투스트라의 손을 잡으려는 듯이 손을 움직였다.

7

어느덧 저녁이 되었고, 시장은 어둠에 싸였다. 군중도 흩어졌다. 호기심과 공포마저도 시들해졌기 때문이다. 하지만 차라투스트라는 죽은 자 옆 땅바닥에 앉아 깊은 생각에 잠겨 있었다. 그는 시간 가는 줄도 모르고 있었다. 마침내 밤이 되었고, 찬바람이 이 고독한 자의 머리 위로 스쳐 지나갔다. 그때 차라투스트라는 몸을 일으키며 마음속으로 말했다.

'참으로 차라투스트라는 오늘 멋진 고기잡이를 했구나![12] 사람은 하나도 낚지 못했지만, 시체 하나는 낚았다.

인간 실존은 섬뜩하게 낯설고, 여전히 아무런 의미가 없다. 어릿광대 한 명이 인간에게 불행을 초래할 수 있으니.

나는 인간들에게 그들의 존재 의미를 가르치려 한다. 존재의 의미는 초인이며, 인간이라는 검은 먹구름에서 번쩍이는 번개다.

하지만 나는 아직 그들과 멀리 떨어져 있고, 나의 감각은 그들의 감각과 통하지 않는다. 사람들에게 나는 아직 바보와 시체의 중간

---

12) 〈마태복음〉 4장 19절, "예수께서 그들에게 '나를 따라오너라. 내가 너희를 사람을 낚는 어부로 삼겠다.' 하고 말씀하셨다."

에 있는 자다.

밤은 어둡고, 차라투스트라의 길도 어둡다. 가자, 그대 차디차게 굳어버린 길동무여! 내 손으로 그대를 묻어줄 곳까지 짊어지고 가겠다.'

8

차라투스트라는 마음속으로 이렇게 말하고, 시체를 등에 메고 길을 떠났다. 그런데 백 걸음도 채 가기 전에 어떤 사람이 슬그머니 다가와 그의 귀에다 속삭였다. 그런데 보라! 그에게 속삭인 자는 탑의 어릿광대였다. 그가 말했다. "오, 차라투스트라. 이곳을 떠나시오. 여기서는 너무 많은 사람이 그대를 미워하오. 선량하고 의로운 사람들도 그대를 증오하며, 그대를 자신들의 적이요 자신들을 가장 경멸하는 자라고 부르고 있소. 올바른 믿음을 가진 신자들도 그대를 미워하며, 그대를 대중의 위험인물이라고 부르고 있소. 사람들이 그대를 비웃기만 한 것은 다행한 일이오. 정말이지 그대는 어릿광대처럼 말을 했소. 당신이 저 죽은 개와 어울린 것도 다행한 일이었소. 그대가 그처럼 자신을 낮추었기 때문에 오늘 목숨을 구한 것이오. 그러나 이 도시를 곧 떠나시오. 그러지 않으면 내가 내일은 그대를 뛰어넘을 것이오. 산 자가 죽은 자를 뛰어넘을 거요." 그는 이렇게 말하고는 사라졌다. 그러나 차라투스트라는 어두운 거리를 계속 걸어갔다.

도시의 성문에서 차라투스트라는 무덤 파는 자들과 마주쳤다. 그들은 횃불로 그의 얼굴을 비추고서 차라투스트라임을 확인하고는 그를 심하게 조롱했다. "차라투스트라가 죽은 개를 짊어지고 가는구나. 차라투스트라가 무덤 파는 인부가 되었다니, 멋진 일이군! 우리 손은 이 구운 고기를 만지기에는 너무 깨끗하지. 차라투스트라는 악마에게서 한 입의 고기를 훔치려는 걸까? 자, 그럼, 맛있게 먹게! 악마가 차라투스트라보다 더 교활한 도둑은 아니어야 하겠지!—악마가 이들 둘 다 훔쳐서 먹어 치울 거야!" 그리고 그들은 서로 웃어대며 머리를 맞댄 채 수군거렸다.

차라투스트라는 아무 대꾸도 하지 않고 자신의 길을 갔다. 숲과 늪을 지나 두 시간쯤 걸었을 때, 그는 굶주린 늑대들이 울부짖는 소리를 들었고, 그 자신도 배고픔을 느꼈다. 그래서 그는 불빛이 새어 나오는 어느 외딴집 앞에 멈추어 섰다.

차라투스트라가 말했다. "배고픔이 강도처럼 나를 엄습하는구나. 숲과 늪에서 배고픔이 나를 엄습하는구나. 그것도 깊은 한밤중에.

나의 배고픔은 변덕스럽기도 하지. 식사 시간이 지나야 보통 배고프기 마련인데, 오늘은 하루 종일 배가 고프지 않았어. 배고픔은 도대체 어디에 있었던 걸까?"

이렇게 말하면서 차라투스트라는 그 집의 문을 두드렸다. 한 노인이 나왔다. 등불을 들고나온 노인이 말했다. "누가 찾아와 겨우 잠든 나를 깨우는 거요?"

차라투스트라가 말했다. "산 사람 하나와 죽은 사람 하나요. 먹고 마실 걸 좀 주시지요. 온종일 먹고 마시는 것을 잊었습니다. 굶주린 자를 먹이는 사람은 자신의 영혼에 생기를 불어넣는 자라고 현자가 말하지 않았습니까."

노인은 안으로 들어가더니 곧 돌아와서 차라투스트라에게 빵과 포도주를 주었다. 노인이 말했다. "이 부근은 굶주린 사람들에게는 좋지 않은 곳이라네. 그래서 내가 여기에 살고 있지. 짐승과 사람들이 나를, 이 은둔자를 찾아온다네. 그런데 그대의 길동무에게도 뭘 좀 먹고 마시라고 그러게나. 그대보다 더 지쳐 보이네." 차라투스트라가 대답했다. "나의 길동무는 죽었습니다. 그러니 먹고 마시라고 설득하기는 힘든 일입니다." 그러나 노인이 퉁명스럽게 말했다. "그건 나와 상관없네. 내 집 문을 두드린 사람은 내가 주는 것을 받아야 해. 먹고 잘들 가게!"

그 후 차라투스트라는 길과 별빛에 의지하여 다시 두 시간을 걸어갔다. 그는 밤길을 걷는 데 익숙했고, 잠든 모든 것의 얼굴을 보는 것을 좋아했기 때문이다. 그러나 새벽이 밝아올 무렵 차라투스트라는 깊은 숲속에 있었고, 더는 길이 보이지 않았다. 그래서 그는 죽은 자를 속이 텅 빈 나무 속에 눕혔다. 늑대에게서 죽은 자를 보호하고 싶었기 때문이다. 자신도 이끼 낀 땅바닥에 누웠다. 곧 잠이 들었다. 몸은 지쳤으나 영혼은 평온했다.

9

차라투스트라는 오랫동안 잠을 잤다. 아침놀뿐만 아니라 오전의 햇살도 그의 얼굴 위로 지나갔다. 마침내 그는 눈을 떴다. 차라투스트라는 놀란 눈길로 숲과 그 고요를 들여다보았고, 놀란 눈길로 자기 내면을 들여다보았다. 그러고 나서 갑자기 육지를 발견한 선원처럼 벌떡 일어나 환호를 보냈다. 새로운 진리를 깨달았기 때문이다. 그리고 그는 마음속으로 이렇게 말했다.

'내게 한 줄기 빛이 떠올랐다. 내게는 길동무가 필요하다. 내가 원하는 곳으로 짊어지고 가는 죽은 길동무나 시체가 아니라 살아 있는 길동무가 필요하다. 하지만 내게 필요한 살아 있는 길동무는 자기 자신을 따르고자 나를 따르는, 내가 가는 곳으로 나를 따라오는 자다.

내게 한 줄기 빛이 떠올랐다. 차라투스트라는 이제 군중이 아니라 길동무들에게 말한다! 차라투스트라는 가축을 돌보는 목자나 개가 되어서는 안 된다!

가축 무리에서 많은 이들을 유인해 떼어내기 위해 내가 왔다. 군중과 가축 무리는 내게 화를 내리라. 차라투스트라는 목자들에게 강도라고 불리기를 바란다.

나는 그들을 '목자'라고 부르지만, 그들은 자신을 '착하고 의로운 자'라고 부른다. 나는 그들을 '목자'라고 말하지만, 그들은 자신을 '올바른 믿음을 가진 신자'라고 부른다.

선하고 의로운 자들을 보라! 그들은 누구를 가장 미워하는가! 그들이 존중하는 가치의 서판을 부수는 자,[13] 파괴자와 범죄자를 가장 미워한다. 하지만 그가 창조하는 자다.

저 온갖 믿음의 신자들을 보라! 그들은 누구를 가장 미워하는가?

그들이 존중하는 가치의 서판을 부수는 자, 파괴자와 범죄자를 가장 미워한다. 하지만 그가 창조하는 자다.

창조하는 자가 찾는 것은 길동무이지 시체나 가축 무리, 신자가 아니다. 창조하는 자는 함께 창조할 자들을 찾는다. 그들은 새로운 가치를 새로운 서판에 써넣는 자들이다.

창조하는 자는 길동무를, 그리고 함께 수확할 자들을 찾는다. 그들에게는 만물이 익어서 수확을 기다리고 있기 때문이다. 하지만 그에게는 백 개의 낫이 없으므로, 이삭을 손으로 훑으며 화를 낸다.[14]

창조하는 자는 길동무를, 자신의 낫을 갈 줄 아는 자들을 찾는다. 그들은 '파괴자, 선과 악을 경멸하는 자'라고 불릴 것이다. 하지만 이들은 수확하고 축제를 벌이는 자들이다.

차라투스트라는 함께 창조하고, 함께 수확하며, 함께 축제를 벌일 자들을 찾는다. 그가 가축 무리와 목자 그리고 시체와 무엇을 창조하겠는가!

그리고 그대, 나의 첫 길동무여, 잘 있게나! 나는 그대를 텅 빈 나무 속에 잘 묻어두었고, 그대를 늑대들로부터 잘 숨겨놓았네.

이제 그대와는 이별이다. 시간이 되었다. 아침놀과 아침놀 사이에 나에게 새로운 진리가 찾아왔다.

---

13) 〈출애굽기〉 32장 19절, "모세는 화가 나서, 그는 손에 들고 있는 돌 판 두 개를 산 아래로 내던져 깨뜨려 버렸다."

14) 〈마태복음〉 9장 37~38절, "추수할 것은 많은데, 일꾼이 적다. 그러므로 너희는 추수하는 주인에게 일꾼들을 그의 추수 밭으로 보내시라고 청하여라."

나는 목자나 무덤 파는 사람이 되어서는 안 된다. 다시는 군중과 말하지 않으리라. 죽은 자와 말하는 것도 이번이 마지막이다.

나는 창조하는 자, 수확하는 자, 축제를 벌이는 자들과 함께 어울리리라. 그들에게 무지개를 보여주고, 초인에 이르는 계단을 보여주리라.

혼자 있는 은둔자와 둘이서 지내는 은둔자에게 나의 노래를 불러줄 것이다. 그리고 일찍이 들어본 적 없는 것을 들을 귀를 가진 그의 마음을 나의 행복으로 가득 채워줄 것이다.

나의 목표를 향해 나는 나의 길을 가련다. 머뭇거리는 자와 게으른 자들은 훌쩍 뛰어넘을 것이다. 그리하여 나의 길이 그들에게는 몰락의 길이 되리라!'

10

차라투스트라가 마음속으로 이렇게 말했을 때 정오의 태양이 빛나고 있었다. 그때 그는 무슨 일인가 하고 하늘을 올려다보았다. — 머리 위에서 날카로운 새소리가 들렸기 때문이다. 그런데 보라! 한 마리의 독수리가 크게 원을 그리며 공중을 날고 있고, 한 마리의 뱀이 독수리에 매달려 있었다.[15] 뱀이 독수리의 목을 휘감고 있었기 때문에 뱀은 먹이가 아니라 여자 친구처럼 보였다.

"내 짐승들이다!" 차라투스트라는 이렇게 말하면서 진심으로 기뻐했다.

"저 태양 아래서 가장 자부심이 강한 짐승과 저 태양 아래서 가장 영리한 짐승―그들이 무언가 살펴보려고 나온 것이다.

차라투스트라가 아직 살아 있는지 알아보려는 것이다. 정말 나는 아직도 살아 있는가?

나는 사람들 사이에 있는 것이 짐승들 사이에 있는 것보다 더 위험하다는 것을 깨달았다. 차라투스트라는 위험한 길을 간다. 나의 짐승들아, 나를 이끌어다오!"

차라투스트라는 이렇게 말하며 숲속의 성자가 한 말을 떠올렸다. 그러고는 한숨을 내쉬며 마음속으로 말했다.

'나는 더 영리해지고 싶다! 나의 뱀처럼 철저하게 영리해지고 싶다!

하지만 나는 불가능한 것을 바라고 있다. 나는 나의 자부심이 언제나 영리함과 함께하기를 간청한다!

그런데 언젠가 나의 영리함이 나를 저버린다면―아, 영리함은 달아나기를 좋아한다! 그렇게 되면 나의 자부심도 나의 어리석음과 함께 날아가버리기를 바란다.'

이렇게 차라투스트라의 몰락은 시작되었다.

------

15) 호메로스의 《일리아스》에서는 두 발톱으로 거대한 뱀을 움켜잡고 있는 독수리의 모습은 포위된 트로이에 불길한 징조로 묘사된다. 호메로스, 《일리아스》, 12, 천병희 옮김. 230~239, (서울: 도서출판 숲, 2020), 358쪽. "독수리가 백성들 앞을 지나 왼쪽으로 높이 날아갔는데, 발톱에는 아직도 살아서 버둥대는 크고 시뻘건 뱀을 채어가고 있었소." 독자를 위해 번역서를 제시했지만, 인용문은 영어본에서 새로 옮겼으며, 출처는 책 제목과 권수 및 행수만을 제시했음을 밝혀둔다. Homer, *The Iliad*, translated by Robert Fagles (London: Penguin Books, 1990).

차라투스트라의 가르침

1. 세 가지 변신에 대하여

나는 그대들에게 정신의 세 가지 변신에 대해 말하고자 한다. 어떻게 정신이 낙타가 되고,[16] 낙타는 사자가 되며, 사자는 마침내 아이가 되는지를.

정신에게는 무거운 짐이 많이 있다. 이 강력한 정신, 인내력 많은 정신의 내면에는 외경심이 깃들어 있다. 그 정신의 강인함은 무거운 짐을, 가장 무거운 짐을 요구한다.

무엇이 무거운가? 인내력 많은 정신은 이렇게 물으며 낙타처럼 무릎을 꿇고, 짐을 잔뜩 싣고자 한다.

그대들 영웅들이여, 무엇이 가장 무거운 짐인가? 인내력 많은 정신은 이렇게 묻는다. 나는 그것을 짊어지고 나의 억센 힘을 기뻐할

---

16) 차라투스트라는 낙타와 밀접한 관련이 있다. 고대 이란어 차라투스트라(Zaratuštra)에서 '우스트라(-uštra-)'는 인도-이란어의 어원에 따르면 '낙타'를 의미한다. 이런 맥락에서 차라투스트라는 '낙타를 소유하거나 다룰 줄 아는 사람'을 뜻한다. Friedrich von Hellward, *Culturgeschichte in ihrer natürlichen Entstehung*, 같은 책, 128쪽.

수 있을 것이다.

자신의 오만에 고통을 주려고 자신을 낮추는 것, 자신의 지혜를 조롱하려고 자신의 어리석음을 드러내는 것, 이것이 가장 무거운 짐인가?

아니면 우리의 일이 승리를 축하할 때 그 일에서 물러나는 것, 유혹하는 자를 유혹하려고[17) 높은 산으로 올라가는 것, 이것이 가장 무거운 짐인가?

아니면 인식의 도토리와 풀로 연명하면서 진리를 위해 영혼의 굶주림을 참고 견디는 것, 이것이 가장 무거운 짐인가?

아니면 아프면서도 문병 오는 자들을 돌려보내고, 그대가 들려주려는 것을 결코 듣지 못하는 귀머거리와 우정을 맺는 것, 이것이 가장 무거운 짐인가?

아니면 진리의 연못이라면 더럽더라도 그 속으로 뛰어들어 차가운 개구리도 뜨거운 두꺼비도 물리치지 않는 것, 이것이 가장 무거운 짐인가?

아니면 우리를 경멸하는 사람들을 사랑하고, 유령이 우리를 위협하더라도 그 유령에게 손을 내미는 것, 이것이 가장 무거운 짐인가?

---

17) '유혹하는 자를 유혹하려고.' 예수가 광야로 나가 밤낮 40일을 금식할 때 악마에게 시험을 받는 장면을 떠올리게 한다. 자신의 유혹자를 스스로 유혹한다는 것은 시험을 극복한다는 것을 의미한다. 〈마태복음〉 4장 8~9절, "또다시 악마는 예수를 매우 높은 산으로 데리고 가서, 세상의 모든 나라와 그 영광을 보여주며 말했다. '네가 나에게 엎드려서 절을 하면, 이 모든 것을 네게 주겠다.'"

인내력 많은 정신은 이 모든 무겁기 그지없는 짐을 짊어지고 그의 사막을 달려간다. 짐을 가득 실은 채 사막을 달리는 낙타처럼.

하지만 고독하기 그지없는 사막에서 두 번째 변신이 일어난다. 여기서 정신은 사자가 된다. 정신은 자유를 쟁취하려 하고, 자신의 사막의 주인이 되고자 한다.

정신은 여기에서 그의 마지막 주인을 찾는다. 정신은 마지막 주인의 적이 되려 하고, 최후의 신의 적이 되려 한다. 승리를 위해 정신은 이 거대한 용과 맞붙어 싸우려 한다.[18]

정신이 더는 주인과 신으로 부르고 싶지 않은 거대한 용은 무엇인가? '너는 해야 한다'가 그 거대한 용의 이름이다. 그러나 사자의 정신은 "나는 원한다."라고 말한다.

'너는 해야 한다'는 황금빛으로 번쩍이며 정신의 가는 길을 가로막는다. 그것은 비늘 짐승[19]으로서, 비늘마다 '너는 해야 한다!'라는 명령이 금빛으로 빛나고 있다.

천년 묵은 가치들이 이 비늘들에서 빛난다. 모든 용 가운데서 가장 힘센 용이 "사물들의 모든 가치, 그것은 나에게서 빛난다."라고 말한다.

---

18) 〈요한계시록〉 12장 9절, "그래서 그 큰 용, 곧 그 옛 뱀은 땅으로 내쫓겼습니다. 그 큰 용은 악마라고도 하고, 사탄이라고도 하는데, 온 세계를 미혹하던 자입니다."
19) 〈욥기〉에서 묘사하고 있는 바다 괴물 '리바이어던(Leviathan)'의 모습이다. 〈욥기〉 41장 15~16절, "등 비늘은, 그것이 자랑할 만한 것, 빽빽하게 짜여 있어서 돌처럼 단단하다. 그 비늘 하나하나가 서로 이어 있어서, 그 틈으로는 바람도 들어가지 못한다."

"모든 가치는 이미 창조되었다. 모든 창조된 가치, 그것이 바로 나다. 진실로 말하노니 '나는 원한다'라는 의지는 이제 있어서는 안 된다!" 용은 이렇게 말한다.

나의 형제들이여, 무엇 때문에 정신에게 사자가 필요한가? 왜 짐을 지는 짐승, 체념하고 외경심을 가진 짐승으로 충분하지 않은가?

새로운 가치의 창조, 이것은 사자도 아직 이루지 못한 일이다. 그러나 새로운 창조를 위한 자유를 스스로 창조하는 것, 그것은 사자의 힘이 할 수 있는 일이다.

스스로 자유를 창조하고 의무 앞에서도 신성하게 '아니오'라고 말하는 것, 그러기 위해서는, 나의 형제들이여, 사자가 필요하다.

새로운 가치를 위한 권리를 쟁취하는 것, 이것은 인내력 많고 외경심을 가진 정신에게 가장 놀라운 쟁취다. 참으로 그 정신에게 있어 그것은 약탈이며, 약탈은 포식 동물의 일이다.

정신도 한때 '너는 해야 한다'를 가장 신성한 것으로 사랑했다. 하지만 이제 정신은 가장 신성한 것에서도 망상과 자의를 찾아내야 한다. 그의 사랑에서 자유를 강탈한다. 바로 이러한 강탈을 위해 사자가 필요하다.

그러나 말하라, 나의 형제들이여. 사자도 하지 못한 일을 어떻게 아이가 할 수 있단 말인가? 강탈하는 사자가 이제는 왜 아이가 되어야 하는가?

아이는 순진무구함이며 망각이고, 새로운 시작, 놀이, 스스로 도는 수레바퀴, 최초의 움직임이며 신성한 긍정이다.

그렇다, 나의 형제들이여. 창조의 유희를 위해서는 신성한 긍정이 필요하다. 이제 정신은 자신의 의지를 원하고, 세계를 상실한 자는 이제 자신의 세계를 얻는다.

나는 그대들에게 정신의 세 가지 변신에 대해 말했다. 어떻게 정신이 낙타가 되고, 낙타는 사자가 되며, 사자는 아이가 되는지를.

차라투스트라는 이렇게 말했다. 이때 그는 얼룩소라는 도시에 머물고 있었다.[20]

---

20) "차라투스트라는 이렇게 말했다." 차라투스트라의 가르침이 끝날 때마다 반복되는 이 문장은 불교 경전에서 붓다의 설법이 끝날 때 반복되는 문장을 모방한 것이다. '얼룩소'는 붓다가 출가하여 방문했던 도시 'Kalma-sadalmya'를 문자 그대로 번역한 것이다. Freny Mistry, *Nietzsche and Buddhism* (Berlin and New York: de Gruyter, 1981), p.17.

2. 덕을 가르치는 강의에 대하여

차라투스트라는 잠과 덕에 관하여 유익한 강연을 할 줄 아는 어느 현자의 명성을 들었다. 그는 대단히 존경받고 강연으로 사례도 받으며, 모든 젊은이가 그의 강의를 경청한다고 했다. 차라투스트라도 그에게로 가서 젊은이들과 함께 그의 강의를 들었다. 현자는 이렇게 말했다.

"잠에 대한 경의와 부끄러움! 이것이 가장 중요하다. 그러니 잠 못 이루고 밤에 깨어 있는 모든 자를 멀리하라!

도둑조차 잠 앞에서는 부끄러워한다. 도둑은 밤이면 언제나 살금살금 돌아다닌다. 그러나 야경꾼은 부끄러움을 모르고 뻔뻔스럽게 뿔피리를 불며 돌아다닌다.

잠을 자는 것, 그것은 간단한 기술이 아니다. 그러기 위해서는 온종일 깨어 있어야 한다.

낮 동안 열 번, 그대는 자신을 극복해야 한다. 그래야 적당히 피곤해진다. 그것은 영혼의 양귀비다.

낮 동안 열 번, 그대는 자신과 다시 화해해야 한다. 자기 극복은 혹독하고, 자신과 화해하지 못한 자는 잠을 잘 이루지 못하기 때문이다.

낮 동안 그대는 열 가지 진리를 찾아내야 한다. 그러지 않으면 그대는 밤에도 진리를 찾게 되고, 그대의 영혼은 굶주리게 된다.

낮 동안 열 번, 그대는 웃어야 하고 쾌활하게 지내야 한다. 그러지 않으면 밤 동안 슬픔의 아버지인 위장이 그대를 괴롭힌다.

이를 아는 자가 별로 없다. 그러나 잠을 잘 자려면 모든 덕을 갖추어야 한다. 내가 거짓 증언을 하게 된다면? 내가 간통을 한다면?

내가 이웃 하녀에게 욕정을 품기라도 한다면?[21] 이 모든 것이 단잠을 방해한다.

그리고 모든 덕을 지니고 있다 하더라도 한 가지 사실을 알고 있어야 한다. 즉 이러한 덕조차 제때 잠재워야 한다.

얌전한 여자들이 서로 다투지 않도록 하기 위해서다! 불행한 그대, 그대를 두고 말이다!

신과도 이웃과도 평화롭게 지내라! 그래야 단잠을 이룬다. 그리고 이웃의 악마와도 평화롭게 지내라! 그러지 않으면 악마가 밤중에 그대 주위를 맴돌게 된다.

관헌을 존경하고 복종하라. 설령 부정한 관헌일지라도! 그래야 단잠을 이룰 수 있다. 권력이 구부정한 다리로 잘 돌아다니는 걸 어쩌

---

21) 모세의 십계명. 〈출애굽기〉 20장 14~16절, "간음하지 못한다. 도둑질하지 못한다. 너희 이웃에게 불리한 거짓 증언을 하지 못한다."

란 말인가?

자신의 양을 푸르디푸른 초원으로 이끄는 자를 나는 항상 가장 뛰어난 목자라고 부른다.[22] 그래야만 단잠과 어울린다.

나는 많은 명예도 커다란 재물도 바라지 않는다. 그것은 비장에 염증을 일으킨다. 하지만 좋은 평판과 약간의 재물이 없으면 잠을 잘 이루지 못한다.

나는 나쁜 모임보다는 작은 모임을 환영한다. 하지만 작은 모임도 때맞추어 이루어지고 때맞추어 끝나야 한다. 그래야만 단잠과 어울린다.

나는 마음이 가난한 자들이 무척 마음에 든다.[23] 그들은 잠을 잘 들게 한다. 그들이 옳다고 사람들이 인정하면, 특히 그들은 행복하다.

덕이 있는 사람에게 낮은 이렇게 지나간다. 이제 밤이 오면 나는 잠을 부르지 않도록 조심한다! 덕의 주인인 잠은 자기를 부르는 걸 싫어하기 때문이다!

그 대신 나는 낮 동안에 한 일과 생각한 것을 생각해본다. 나는 암소처럼 끈질기게 곱씹으면서 스스로 묻는다. 네가 극복한 열 가지 일은 무엇인가?

그리고 내 마음을 기쁘게 한 열 가지의 화해, 열 가지의 진리, 열 가지의 웃음은 무엇이었던가?

---

22) 〈시편〉 23장 1~2절, "주님은 나의 목자시니, 내게 부족함 없어라. 나를 푸른 풀밭에 누이시며 쉴 만한 물가로 인도하신다."
23) 〈마태복음〉 5장 3절, "마음이 가난한 사람은 복이 있다. 하늘나라가 그들의 것이다."

이렇게 숙고하며 마흔 가지 생각에 잠기다 보면, 덕의 주인인 잠이 부르지도 않았는데 갑자기 몰려온다.

잠이 다가와 내 눈을 두드린다. 그러면 눈이 감긴다. 잠이 내 입을 어루만진다. 그러면 입이 벌어진다.

참으로, 도둑 중에 가장 사랑스러운 도둑인 잠이 발끝으로 살그머니 나에게 다가와 내 생각을 훔친다. 그러면 나는 이 의자처럼 멍하니 서 있게 된다.

하지만 나는 오래 서 있지도 못하고 이내 눕는다.”

차라투스트라는 현자의 이러한 말을 듣고 마음속으로 웃었다. 그때 그의 마음속에서 한 줄기 빛 같은 생각이 떠올랐기 때문이다. 그는 마음속으로 이렇게 말했다.

마흔 가지 생각을 지닌 현자는 나에게 바보로 보이지만, 잠에 대해서는 잘 알고 있는 것 같다.

이 현자 곁에서 사는 자는 그것만으로도 이미 행복하다! 그러한 잠은 전염된다. 두꺼운 벽조차 뚫고 전염된다.

그의 강좌에는 마법마저 깃들어 있다. 젊은이들이 덕의 설교자 앞에 괜히 앉아 있었던 것이 아니다.

그의 지혜는 잠을 잘 자려면 깨어 있으라는 것이다. 참으로 삶이 의미가 없고, 무의미를 선택해야 한다면, 이는 나에게도 가장 선택할 만한 가치가 있는 무의미일 것이다.

덕의 교사를 찾아간 그들이 무엇을 특히 찾으려 했는지 나는 이제 분명히 이해한다. 그들은 단잠과 양귀비꽃 같은 덕을 구한 것이다!

명성 높은 이 강단의 모든 현자에게 지혜는 꿈 없는 잠이었다. 그들은 삶의 좀 더 나은 의미를 알지 못했다.

오늘날에도 이 덕의 설교자와 비슷한 사람들이 몇몇 있다. 하지만 늘 그렇게 정직한 것은 아니다. 여하간 그들의 시대는 지나갔다. 그들은 이제 오래 서 있지 못한다. 그들은 이미 누워 있다.

이렇게 졸음이 오는 자들은 행복하다. 곧 꾸벅꾸벅 잠에 떨어질 테니까.

차라투스트라는 이렇게 말했다.

3. 저편의 세계를 믿는 자들에 대하여

한때는 차라투스트라도 저편의 세계를 믿는 모든 사람처럼 인간 저편의 세계에 대한 망상을 품은 적이 있었다. 그때 세계는 고뇌하고 번민하는 신의 작품으로 보였다.

그때 세계는 꿈이요 신이 창작한 작품으로 보였다. 신에게 불만을 가진 자의 눈앞에 피어오르는 알록달록한 연기와도 같았다.

선과 악, 쾌락과 고통, 나와 너. 이것들이 창조자의 눈앞에 피어오르는 알록달록한 연기려니 했다. 창조자는 자신에게서 눈길을 돌리려 했고, 바로 그때 세계를 창조했다.

자신의 고통으로부터 눈길을 돌리고 자기 자신을 상실하는 것. 이것이 고통 받는 자에게는 도취된 쾌락이다. 도취된 쾌락과 자기 상실. 한때 세계가 그렇게 여겨졌다.

이 세계, 영원히 불완전한 세계, 영원한 모순의 모사, 그것도 불완전한 모사. 이러한 세계를 만든 불완전한 창조자에게 주어진 도취된 쾌락. 한때 세계가 이렇게 여겨졌다.

그러므로 한때는 저편의 세계를 믿는 사람들처럼 나도 인간의 피안에 대한 망상을 가졌었다. 참으로 인간의 피안이었을까?

아, 형제들이여, 내가 창조한 이 신은 다른 모든 신과 마찬가지로 인간의 작품이자 망상이었다!

이 신은 인간이었고, 인간과 자아의 초라한 한 조각일 뿐이었다. 이 유령은 참으로 나 자신이 타고 남은 재와 불에서 나온 것이었다. 피안으로부터 내게 온 것은 아니었다!

나의 형제들이여, 무슨 일이 일어났는가? 나는 자신을, 고통 받는 나 자신을 극복했다. 나는 나 자신이 타고 남은 재를 산으로 날라서, 더욱 밝은 불꽃으로 만들어냈다. 그런데 보라! 그때 유령이 나를 피해 **달아나고 있지 않은가**!

이러한 유령을 믿는 것은 지금 병에서 치유되고 있는 나에게는 고통과 고뇌가 되리라. 지금 나에게 고통이요 굴욕이 되리라. 그러므로 나는 저편의 세계를 믿는 자들에게 이렇게 말한다.

고통과 무능. 이것이 모든 저편의 세계를 만들어냈다. 가장 고통을 당하는 자만이 경험하는 저 짧은 행복의 망상이 그런 세계들을 만들어냈다.

목숨을 걸고 뛰어올라 단숨에 궁극에 이르려는 데서 오는 피로감, 이제 더는 아무것도 바라지 못하는 저 가련하고 무지한 피로감. 이것이 모든 신과 저편의 세계를 창조했다.

나의 형제들이여! 내 말을 믿어라! 몸에 절망한 것은 다름 아닌 몸이었다. 그 몸이 현혹된 정신의 손가락으로 궁극의 벽을 더듬은 것이다.

형제들이여, 내 말을 믿어라! 이 대지에 절망한 것은 다름 아닌

몸이었다. 존재의 배[24]가 자신에게 하는 말을 들은 것은 바로 몸이었다.

그때 몸은 머리로써, 물론 머리로만은 아니지만, 궁극의 벽을 뚫고 '저 세계'로 넘어가고자 했다.

그러나 '저 세계'는 인간 앞에 잘 감추어져 있다. 저 탈인간화된 비인간적 세계는 천상의 무(無)다. 그리고 존재의 배는 인간의 모습이 아니라면 결코 인간에게 말을 걸지 않는 것이다.

참으로 모든 존재는 증명하기 어렵고 말을 시키기도 어렵다. 그대들 형제들이여, 나에게 말해다오. 모든 사물 중에서 가장 기이한 것이 가장 잘 증명되지 않는가?

그렇다. 이 자아와 자아의 모순과 혼란이 자신의 존재에 대해 가장 정직하게 말한다. 창조하고 의욕적이고 평가하는 이 자아야말로 사물의 척도이자 가치다.

이 가장 정직한 존재인 자아, 그것은 몸에 대해 말하며 몸을 원한다. 이 자아는 꾸며대고 몽상하고 부러진 날개[25]로 푸드득거릴 때도 몸을 원한다.

---

24) '존재의 배(Bauch des Seins, Belly of Being)'. 배는 내장이 들어 있는 가슴과 엉덩이, 횡경막과 골반 사이의 부위를 기리키는 말이다. 배를 의미하는 독일어 Bauch에는 '감정', '본능'의 뜻도 있다. '머리를 믿지 말고 너의 배를 믿어라.'라는 말은 자신의 본능과 감정을 따르라는 의미이다. 영어에서 '직관', '배짱'을 의미하는 guts가 '내장'을 뜻하는 gut에서 유래한 것과 같다. 차라투스트라는 여기서 '머리의 언어'와 '배(몸) 의 언어'를 서로 비교하고 있다. '존재의 배'라는 니체의 표현은 "언어는 존재의 집이다."라는 하이데거의 명제와 연관시키면 훨씬 더 감각적으로 이해된다.

자아는 점점 더 정직하게 말하는 법을 배운다. 그리고 자아는 몸과 대지를 위한 말을 배우면 배울수록 더 많이 찾아내고 더 많은 경의를 표한다.

나의 자아는 내게 새로운 긍지를 가르쳤고, 나는 그 긍지를 인간들에게 가르친다. 더는 천상의 모래밭에 머리를 처박는 것이 아니라 자유롭게 머리를 쳐들라고![26]

나는 인간에게 새로운 의지를 가르친다. 인간이 맹목적으로 걸어온 이 길을 원하고, 이 길을 시인하며, 그리하여 병자와 죽어가는 사람처럼 그 길에서 벗어나 몰래 달아나지 말라고 가르친다!

병자와 죽어가는 자들이야말로 몸과 대지를 경멸하고 하늘나라와 구원의 핏방울을 꾸며낸 자들이다.[27] 그러나 이 달콤하고 음울한 독조차 그들은 몸과 대지로부터 얻은 것이다!

---

25) '부러진 날개(mit zerbrochenen Flügeln, with broken wings)'. 플라톤은 영혼을 날개 달린 한 쌍의 말과 마부가 합쳐져서 이루어진 능력으로 비유하면서 아름다움, 지혜, 선의 영양분을 충분히 공급받지 못하면 영혼에서 날개가 떨어진다고 말한다. Platon, *Phaidros*, 246d, in *Werke in Acht Bänden Griechisch und Deutsch*, Bd. 5, (Darmstadt: WBG, 1981), 73~75쪽. 플라톤, 《파이드로스》, 조대호 역해, (문예출판사, 2011), 62쪽. "날개의 능력은 본성적으로 무거운 것을 공중으로 들어 올려 신들의 족속이 살고 있는 위쪽으로 이끄는 것이다. 특히 영혼에는 몸에 속한 것들 가운데 가장 신적인 것이 참여한다. 그런데 신적인 것은 아름답고 지혜롭고 선한 것과 유사한 것이다. 영혼의 날개는 무엇보다 그런 것들 덕분에 영양을 얻어 크게 자라지만, 추하고 앞에서 말한 것들과 반대되는 것들에 의해서는 크기가 줄어들어 사라진다."

26) '대지의 머리(Erden-Kopf, earthen head)'. 플라톤, 《티마이오스》, 44d-e. 신성한 장인은 인간의 머리를 '가장 신성한 부분'으로 창조하고, 이 머리에 몸통과 팔다리를 붙여 땅 위에서 굴러다니지 않도록 만들었다고 한다. Platon, *Timaios*, in *Werke in Acht Bänden*, Bd. 7, 75쪽.

그들은 자신의 비참한 고통으로부터 달아나려 했지만, 별들은 이들에게서 너무 멀리 떨어져 있다. 그래서 그들은 탄식했다. "다른 존재와 다른 행복으로 살그머니 들어갈 수 있는 천상의 길이 있다면!"이라고. 그래서 그들은 샛길과 핏빛 음료를 만들어낸 것이다!

이 배은망덕한 자들은 이제 자신의 몸과 이 대지에서 벗어났다고 착각했다. 그러나 그 벗어남의 경련과 희열조차 누구 덕분이란 말인가! 자신의 몸과 이 대지의 덕이 아니던가!

차라투스트라는 병자들에게 상냥하다. 참으로 그는 병자 나름의 위안과 배은망덕에도 화내지 않는다. 그들이 병에서 치유되고 극복하는 자가 되어 더 고귀한 몸을 가지길 바랄 뿐이다!

또 차라투스트라는 병이 치유되고 있는 자가 자신의 망상을 애정 어린 눈길로 바라보고 밤중에 몰래 자기 신의 무덤 주위를 배회하더라도 화내지 않는다. 하지만 그들의 눈물조차 내게는 여전히 병이며 병든 몸이다.

꾸며대고 신을 갈망하는 자 중에는 언제나 병든 자가 많았다. 그들은 인식하는 자와 덕 중에 가장 새로운 덕인 정직을 격렬하게 미워한다.

그들은 언제나 까마득히 먼 암흑시대를 뒤돌아본다. 그때는 물론

---

27) 〈베드로전서〉 1장 18~19절, "여러분은 조상으로부터 물려받은 여러분의 헛된 생활 방식에서 해방되었습니다. 여러분도 아시지만, 그것은 은이나 금과 같은 썩어질 것으로 된 것이 아니라, 흠이 없고 티가 없는 어린 양의 피와 같은 그리스도의 귀한 피로 되었습니다."

망상과 신앙이 지금과 달랐다. 이성의 광기는 신과 닮았고, 의심은 죄악이었다.

나는 신과 닮은 이러한 자들을 너무 잘 안다. 그들은 사람들이 자기들을 믿기를 바라며 의심은 죄악이기를 바란다. 그런 그들이 가장 잘 믿고 있는 것이 무엇인가를 너무도 잘 안다.

참으로 그들이 가장 잘 믿는 것은 저편의 세계와 구원의 핏방울이 아니라 바로 그들의 몸이다. 그들 자신의 몸이 그들에게는 물 자체[28]인 것이다.

그러나 그들에게 몸이란 병든 것이며, 그들의 피부로부터 기꺼이 벗어나고자 한다. 그리하여 죽음의 설교자에게 귀 기울이고, 스스로 저편의 세계를 설교한다.

나의 형제들이여, 오히려 건강한 몸의 소리에 귀를 기울여라. 이 것이야말로 좀 더 정직하고 좀 더 순수한 소리다.

건강한 몸, 완전하고 반듯한[29] 몸은 더 정직하고 더 순수하게 말

---

28) '물 자체(Ding an sich, thing-in-itself)'. 칸트가 《순수이성비판》(1781)에서 사용한 개념이다. '물 자체'는 인식 주체에 나타나는 현상으로서의 물체가 아니라 그 자체로서 존재하는 것으로서 우리의 경험을 초월하지만 경험과 인식의 원인이 된다. 여기서 니체는 이성이 아닌 우리의 몸이 물 자체라고 말함으로써 전통 형이상학의 틀을 뒤집는다.

29) '완전하고 반듯한(die vollkommene und rechtwinklige, being complete and four-square)'. rechtwinklig를 글자 그대로 옮기면 '직각의'라는 뜻이다. 비뚤어지거나 기울거나 굽지 아니하고 네모반듯하다는 의미다. 아리스토텔레스는 선한 사람을 '네모반듯한 (tetragonon, the square)' 사람으로 비유한다. Aristotle, *Rhetoric*, 1411b, 26-7, in *The Complete Works of Aristotle*, 2, ed. Jonathan Barnes, (Princeton: Princeton University Press, 1984), 2252쪽.

한다. 그리고 그 몸은 대지의 의미를 말한다.

차라투스트라는 이렇게 말했다.

4. 몸을 경멸하는 자들에 대하여

몸을 경멸하는 자들에게 말하고자 한다. 나는 그들이 다르게 배우고 다르게 가르치라는 것이 아니다. 자신의 몸에 작별을 고하고 침묵하라는 것이다.

아이는 "나는 몸이며 영혼이다."라고 말한다. 그렇다면 왜 우리는 아이들처럼 말하지 못하는가?

그러나 각성한 자, 지자는 "나는 전적으로 몸이며, 그 밖의 아무것도 아니다. 그리고 영혼은 몸에 속한 무언가를 표현하는 말에 지나지 않는다."라고 말한다.

몸은 하나의 거대한 이성이며, 하나의 의미를 지닌 다양성이고, 전쟁이자 평화이며, 가축의 무리이자 목자다.

나의 형제여, 그대가 '정신'이라고 부르는 그대의 작은 이성도 그대 몸의 도구이며, 그대의 커다란 이성의 작은 도구이고 장난감이다.

그대는 '나'라고 말하면서 이 말에 자부심을 느낀다. 그러나 좀 더 위대한 것은, 믿고 싶지 않겠지만, 그대의 몸이며 그대의 몸이라는 커다란 이성이다. 이 커다란 이성은 '나'를 말하지 않고 '나'를 행한다.

감각이 느끼는 것, 정신이 인식하는 것은 그 자체 내에 어떠한 목적도 있지 않다. 그러나 감각과 정신은 자신들이 모든 사물의 목적이라고 그대를 설득하려 한다. 감각과 정신은 이처럼 허영심이 강하다.

감각과 정신은 도구이자 장난감이다. 감각과 정신 뒤에는 여전히 '자아'가 있다.[30) 자아는 감각의 눈으로 찾고, 정신의 귀로 듣는다.

자아는 언제나 듣고, 언제나 찾는다. 그것은 비교하고 강요하고 정복하고 파괴한다. 그것은 지배하며, 또한 '나'의 지배자다.

나의 형제여, 그대의 사상과 감정의 배후에는 강력한 명령자, 알려지지 않은 현자가 있으니, 그 이름이 자아다. 그것은 그대의 몸속에 살고 있고, 그대의 몸이 바로 그것이다.

그대의 최고의 지혜 속에 있는 것보다 더 많은 이성이 그대의 몸에 들어 있다. 그리고 그대의 몸이 무엇을 위해 그대의 최고의 지혜를 꼭 필요로 하는지 누가 알 것인가?

그대의 자아는 그대의 '나'와 그 '나'의 자랑스러운 도약을 비웃는다. 자아가 자기 자신에게 "이러한 사상의 도약과 비상은 나에게 무엇이란 말인가? 나의 목적에 이르는 우회로다. 나는 나를 이끄는 끈이며 나의 개념을 귓속말로 알려주는 자다."라고 말한다.

---

30) 니체는 유고에서 몸속의 자아를 발견되지 않은 '미지의 땅(terra incognita)'이라고 말한다. KSA 10, 5(31), 225쪽: "너의 사상과 감정 배후에는 너의 몸이 있고, 이 몸속에 너의 자아가 있다. 미지의 땅(terra incognita). 무엇을 위해 너는 이 사상과 감정을 지니고 있는가? 몸속에 있는 너의 자아는 그것들을 지니고 무엇인가를 원한다."

자아가 '나'에게 "여기서 고통을 느껴라!"라고 말한다. 그러면 자아는 괴로워하면서 어떻게 하면 더는 괴로워하지 않을 수 있을지를 곰곰이 생각한다. 바로 그 때문에 자아는 사유**해야** 한다.

자아가 '나'에게 "여기서 쾌락을 느껴라!"라고 말한다. 그러면 자아는 기뻐하면서 어떻게 하면 더 자주 기뻐할 수 있을지 곰곰이 생각한다. 바로 그 때문에 자아는 사유**해야** 한다.

몸을 경멸하는 자들에게 한마디 하려 한다. 그들이 경멸하는 것은 사실 존중을 위해서다. 하지만 존중과 경멸, 가치와 의지를 창조한 것이 무엇이란 말인가?

창조하는 자아가 스스로 존중과 경멸, 쾌락과 고통을 창조했다. 창조하는 몸은 의지의 손으로 삼으려고 정신을 창조했다.

그대들 몸을 경멸하는 자들이여, 그대들이 어리석음과 경멸에 빠져 있을 때도 그대들은 그대들의 자아에 봉사하고 있다. 내가 그대들에게 말한다. 그대들의 자아는 스스로 죽음을 원하고, 삶으로부터 등을 돌린다.

그대들의 자아는 그 스스로가 가장 원하는 일, 즉 자기 자신을 넘어서 창조하는 일을 더는 할 수 없다. 자신을 넘어서 창조하는 것은 자아가 가장 원하는 일이며, 자아의 전체 열정인데도 말이다.

하지만 자아가 그 일을 성취하기에는 이제 너무 늦었다. 그리하여 그대들의 자아는 몰락을 원한다, 몸을 경멸하는 그대들이여.

그대들의 자아는 몰락을 원하고, 그 때문에 그대들은 몸을 경멸하는 자들이 되었다! 그대들은 이제 자신을 넘어서 창조할 수 없기 때문이다.

그리고 그 때문에 그대들은 이제 삶과 대지에 분노한다. 그대들의 경멸하는 곁눈질 속에는 의식하지 못한 어떤 질투가 깃들어 있다.

나는 그대들의 길을 가지 않는다. 그대들 몸을 경멸하는 자들이 여! 그대들은 나에게 결코 초인에 이르는 다리가 아니다!

차라투스트라는 이렇게 말했다.

5. 환희와 열정에 대하여

나의 형제여, 그대가 한 가지 덕을 지니고 있고 그것이 그대의 덕이라면, 그대는 그것을 아무와도 함께 가지지 못한다.

물론 그대는 이 덕의 이름을 부르고 어루만지고 싶을 것이다. 그대는 이 덕의 귀를 잡아당기며 장난이라도 치고 싶을 것이다.

그런데 보라! 이제 그대는 이 덕의 이름을 군중과 함께 나누게 되었고, 그대의 덕으로 군중이 되고 가축의 무리가 되었다.

그대는 차라리 이렇게 말하는 것이 나을 것이다. "내 영혼을 고통스럽게도 하고 감미롭게도 하며, 나의 내장의 굶주림이기도 한 그것은 말로 표현할 수 없고 이름도 없다."

그대의 덕은 친숙한 이름으로 감히 부를 수 없을 만큼 높은 곳에 있어야 한다. 그리고 그대가 이 덕에 대해 말해야만 하는 경우 더듬거리며 말하더라도 부끄러워하지 마라.

더듬거리며 이렇게 말하라. "그것은 **나의** 선이며, 나는 그것을 사랑한다. 그것은 완전히 내 마음에 들며, 나는 그 선을 원한다.

나는 그 덕을 신의 율법으로서도, 인간의 법규와 인간의 필수품으로서도 원하는 것이 아니다. 그 덕은 나에게 대지의 너머 천국으로 안내하는 이정표가 되어서도 안 된다.

내가 사랑하는 것은 바로 이 지상에서의 덕이다. 그 덕에는 영리함이란 별로 없고, 모든 사람이 지닌 이성도 아주 조금만 들어 있다.

그러나 이 새는 내 옆에 둥지를 틀었다. 그러므로 나는 이 새를 사랑하고 소중히 여긴다. 이 새는 지금 내 옆에서 황금알을 품고 있다.

이렇게 그대는 더듬거리며 그대의 덕을 칭송해야 한다.

한때 그대는 열정을 지녔었고, 그것들을 '악'이라 불렀다. 그러나 이제 그대는 오직 그대의 덕만을 지니고 있을 뿐이다. 그 덕은 그대의 열정에서 자라난 것이다.

그대는 그대의 최고 목표를 이러한 열정의 심장에 새겼다. 그러자 이 열정은 그대의 덕이 되고, 환희가 되었다.

그대가 성마른 자나 음탕한 자, 광신자나 복수심에 불타는 자의 혈통을 이어받았다 하더라도.

그대의 모든 열정은 결국 덕이 되었고, 그대의 모든 악마는 천사가 되었다.

한때 그대는 지하실에 들개들을 길렀다. 그러나 마침내 그 들개들은 새로 변하고 사랑스러운 여가수로 변했다.

그대는 그대의 독으로 향유를 빚어냈다. 그대는 슬픔이라는 그대의 암소에게서 젖을 짜냈다. 이제 그대는 그 젖가슴에서 흘러나오는 달콤한 젖을 마시고 있다.

그리고 그대에게서 앞으로는 어떠한 악도 더는 자라나지 않을 것이다. 다만 그대의 여러 덕 사이의 투쟁에서 자라나는 악이 아니라면 말이다.

나의 형제여, 그대에게 행운이 있다면 그대는 하나의 덕을 지니고 있을 뿐 그 이상의 덕은 지니지 않을 것이다. 그래야만 더 가볍게 다리를 건널 수 있다.

많은 덕을 가진다는 것은 돋보이는 일이지만 힘든 운명이기도 하다. 많은 사람이 사막으로 가서, 여러 덕 사이의 전투를 견디고 전쟁터가 되는 것을 감내하느라 지친 나머지 스스로 목숨을 끊지 않았던가.

나의 형제여, 전쟁과 전투는 악한 것인가? 그러나 이러한 악은 필연적이며, 그대의 여러 덕 사이의 질투와 불신과 비방은 피할 수 없다.

보라, 그대의 덕들은 제각각 최고의 자리를 탐하고 있지 않은가. 그대의 덕들은 그대의 정신 전체를 요구한다. 그대의 정신을 **자신들의** 전령으로 삼고자 함이다. 그대의 덕은 분노와 증오와 사랑에 있어서 그대의 힘 전체를 요구한다.

어떤 덕이라도 다른 덕을 질투한다. 그리고 이 질투란 무서운 것이다. 덕들도 질투로 인해 파멸에 이른다.

질투의 불꽃에 둘러싸인 자는 마침내 방향을 돌려 전갈처럼 자기 자신을 독침으로 쏜다.

아, 나의 형제여, 그대는 그 어떤 덕이 자기 자신을 비방하고 찔러서 죽이는 것을 본 적이 없는가?

인간이란 극복되어야 할 그 무엇이다. 그러므로 그대는 그대의 덕을 사랑해야 한다. 그대는 그 덕들로 말미암아 파멸할 것이기 때문이다.

차라투스트라는 이렇게 말했다.

6. 창백한 범죄자에 대하여

그대들 재판관과 제사를 지내는 자들이여, 그대들은 제물로 바쳐진 짐승이 고개를 끄덕이기 전에는 죽이지 않을 것인가? 보라, 창백한 범죄자가 고개를 끄덕였고, 그의 눈에는 커다란 경멸이 서려 있다.

그의 눈은 이렇게 말하고 있다. "나의 '나'는 극복되어야 할 그 무엇이다. 나의 '나'는 인간에 대한 커다란 경멸이다."

그가 자기 자신을 재판한 것은 그의 최고의 순간이었다. 그러니 이 숭고한 자를 다시 비열한 상태로 되돌리지 마라!

이처럼 자기 자신에게 고통스러워하는 자에게는 어떤 구원도 없다. 빨리 죽는 것이 아니라면.

그대들 재판관들이여, 그대들은 복수심이 아니라 동정심에서 범죄자를 처형해야 한다. 그리고 그대들은 사형을 집행하면서 그대들 자신이 삶을 정당화하도록 애를 써라!

그대들이 죽이는 자와 화해하는 것으로는 충분하지 못하다. 그대들의 슬픔이 초인에 대한 사랑이 되게 하라! 그렇게 그대들이 '아직 살아 있음'을 정당화하라!

'적'이라고 말해야 하지 '악인'이라고 말해선 안 된다. '병자'라고
말하지 '악당'이라고 말하지 마라.

그리고 그대 붉은 옷의 재판관이여, 만일 그대가 생각으로 저지른
모든 일을 큰 소리로 떠들려 한다면 다들 "이 오물 덩어리와 독충을
치워버려라!"라고 소리칠 것이다.

그러나 생각과 행위 그리고 그 행위의 표상은 별개의 것이다. 그
것들 사이에는 인과의 수레바퀴[31]가 돌지 않는다.

어떤 표상이 이 창백한 인간을 창백하게 만들었다. 그리고 그가
행위를 했을 때 그는 자신의 행위를 감당할 수 있었다. 그러나 행위
를 하고 난 후에는 그 행위의 표상을 견디지 못했다.

그는 이제 자신을 언제나 어떤 행위의 행위자로서 보게 되었다.
나는 이것을 망상이라고 부른다. 그에게는 예외가 본질로 전도된
것이다.

줄이 암탉을 꼼짝하지 못하게 묶어놓는다. 행위자가 쥐고 있는 줄
이 자신의 가련한 이성을 꼼짝하지 못하게 묶어놓은 것이다. 나는
이것을 행위 **이후의** 망상이라고 부른다.

들어라, 그대들 재판관들이여! 또 다른 망상이 있다. 그것은 행위
이전의 망상이다. 아, 내가 보기에 그대들은 이 망상의 영혼 속으로
충분할 만큼 깊이 들어가지 못했다!

---

31) '인과의 수레바퀴(Rad des Grundes, wheel of grounds)'. 독일어 낱말 Grund는 '땅', '토
대', '이유', '원인'이라는 뜻이 있다.

붉은 옷의 재판관은 "이 범죄자는 왜 살인을 했는가? 강탈하고자 했기 때문이다."라고 말한다. 그러나 나는 그대들에게 "그의 영혼은 강탈이 아니라 피를 원했다. 그는 칼의 행복을 갈망했다!"라고 말한다.

그러나 범죄자의 가련한 이성은 이러한 망상을 완전히 이해하지도 못하고, 그를 설득했다. "피가 무슨 상관이란 말인가! 너는 적어도 강탈이라도 하지 않겠는가? 복수하지 않겠는가?"

범죄자는 자신의 가련한 이성이 하는 말에 귀를 기울였다. 이성의 말은 그를 납덩이처럼 짓눌렀다. 그리하여 범죄자는 살인하면서 강탈까지 한 것이다. 범인은 자신의 망상을 부끄러워하지 않으려 했다.

그리고 이제 다시 그의 죄책감이라는 납덩이가 그를 짓눌렀다. 그러자 그의 가련한 이성은 다시금 몹시 뻣뻣해지고, 몹시 마비되고, 몹시 무거워졌다.

만일 그가 머리를 내저어 흔들 수만 있다면 그의 무거운 짐은 굴러떨어질 것이다. 그러나 누가 그 머리를 흔들 수 있단 말인가?

이 사람의 정체는 무엇인가? 정신을 통해서 세계로 그 손을 내뻗는 질병들의 무더기다. 질병들은 이 세계에서 먹이를 찾으려 한다.

이 사람의 정체는 무엇인가? 좀처럼 화목하게 지내지 못하는 사나운 뱀들이 한 덩이로 뒤엉켜 있는 것이다. 사나운 뱀들은 따로따로 흩어져 이 세계에서 먹이를 찾는다.

이 가련한 몸을 보라! 이 몸이 고통을 당하고 탐낸 것을 이 가련한 영혼이 제멋대로 해석했다. 이 영혼은 그것을 살인의 쾌락으로, 칼의 행복에 대한 욕망으로 해석했다.

지금 병든 자, 그를 지금 악이라 불리는 그 악이 덮친다. 그는 자신을 고통스럽게 하는 것을 가지고 다른 사람에게 고통을 주려고 한다. 그러나 이와 다른 시대가 있었고, 다른 악과 다른 선이 있었다.

한때 의심은 악이었고, 자아에 대한 의지도 악이었다. 그때 병든 자는 이단자가 되었고, 마녀가 되었다. 이단자요 마녀로서 그는 고통을 받았고, 남에게 고통을 주려고 했다.

그러나 이런 말이 그대들의 귀에는 들리지 않는다. 이런 말은 선한 그대들에게 해로울 뿐이라고 그대들은 내게 말한다. 그러나 착한 자들이 나와 무슨 상관이란 말인가!

그대들의 선한 자들은 많은 점에서 내게 구역질을 일으킨다. 그러나 참으로 그들의 악은 그렇지 않다. 나는 저 창백한 범죄자처럼 그들도 자신을 파멸로 몰아갈 그런 망상을 지니기 바란다!

참으로 나는 그들의 망상이 진리나 성실 또는 정의로 불리기를 원했다. 그러나 그들은 오래 살기 위해서, 가련하지만 편안히 오래 살기 위해서 자신의 덕을 지니고 있다.

나는 급류가 흐르는 강가의 난간이다. 붙잡을 수 있는 자는 나를 붙잡아라! 그러나 나는 그대들의 지팡이는 아니다.

차라투스트라는 이렇게 말했다.

7. 읽기와 쓰기에 대하여

나는 모든 글 가운데서 자신의 피로 쓴 것만을 사랑한다. 피로 써라.[32] 그러면 그대는 피가 정신임을 알게 될 것이다.

다른 사람의 피를 이해하기란 쉬운 일이 아니다. 나는 게으름뱅이 독자들을 미워한다.

독자를 잘 아는 사람은 독자를 위해 더는 아무것도 하지 않는다. 백 년의 독자라면, 그 정신 자체는 악취를 풍길 것이다.[33]

누구나 읽는 것을 배워도 된다면 결국에는 쓰는 것뿐만 아니라 생각 자체도 썩고 말 것이다.

---

32) "피로 써라." 니체는 자신의 친구 프란츠 오버베크(Franz Overbeck)에게 보낸 편지에서 차라투스트라를 피로 썼다고 말한다. "프란츠 오버베크에게 보낸 편지, 1883년 4월 17일", KSB, Bd. 6, 362쪽. "내가 이 책을 쓰기 위해 피를 쏟도록 얼마나 많은 고통이 필요했는지 누가 알겠는가? 이 책에 상당한 피가 들어 있다는 것을 그대는 알 것이다."

33) 니체는 대중적 언론에 대한 비판적 태도를 이렇게 표현한다. KSA 10, 3(1), 168, 73쪽: "아직도 백 년 더 신문과―모든 낱말이 악취를 풍길 것이다."

한때 정신은 신이었다가, 다음에는 인간이 되었고, 이제는 심지어 천민이 되었다.

피와 잠언으로 쓰는 자는 읽히기를 원하는 것이 아니라 암송되기를 바란다.

산에서 가장 가까운 길은 봉우리에서 봉우리로 가는 것이다.[34] 그러나 그러기 위해서는 긴 발을 가져야 한다. 잠언은 산봉우리여야 한다. 그러므로 거대하고 높이 자란 사람들만이 잠언을 들을 수 있다.

희박하고 순수한 공기, 가까이 있는 위험, 즐거운 악의로 가득 찬 정신. 이런 것들은 서로 잘 어울린다.

나는 내 주위에 마귀들이 있기를 원한다. 나는 용기가 있기 때문이다. 유령을 쫓아버리는 용기는 자신을 위해 마귀를 만들어낸다. 용기는 웃고자 한다.

나는 이제 그대들처럼 느끼지 않는다. 내 발아래 깔린 구름, 내가 비웃는 저 검고 무거운 구름, 바로 이것이 그대들의 번개구름이다.

높이 오르려 할 때 그대들은 위를 올려다본다. 그런데 나는 이미 높은 곳에 있기에 아래를 내려다본다.

그대들 중에 그 누가 웃으면서 높이 올라와 있을 수 있는가?

---

34) 이 명언은 사실 에머슨의 글이다. "시인은 우리에게 탁월한 경험을 제공한다. 봉우리에서 봉우리로 걸어가는 신의 발걸음." Ralph Waldo Emerson, "Poetry and Imagination", in *Letters and Social Aims* (Boston, 1876), 9쪽. 니체는 이 글을 독일어 번역본으로 읽었다. *Neue Essays* (Stuttgart, 1876).

가장 높은 산에 오르는 자는 모든 비극적 유희와 비극적 심각함을 비웃는다.

용감해져라, 개의치 마라, 조롱하라, 난폭하라. 지혜는 우리가 이러기를 원한다. 지혜는 여인이다. 그리고 언제나 전사만을 사랑한다.

그대들이 내게 "삶은 감당하기 어렵다."라고 말한다. 하지만 무엇 때문에 그대들은 아침에는 자부심을 지녔다가 저녁에는 체념하는가?

삶은 감당하기 어렵다. 그러나 내게 그처럼 다정한 체하지 마라! 우리는 모두 무거운 짐을 잘 지는 귀여운 수나귀들이고 암나귀들이 아닌가.

한 방울의 이슬만 떨어져도 몸을 떠는 장미꽃 봉오리와 우리는 어떤 공통점이 있는가?

진실이다. 우리가 삶을 사랑하는 것은 삶에 익숙해져서가 아니라 사랑에 익숙해졌기 때문이다.

사랑에는 늘 약간의 망상이 들어 있다. 그러나 그 망상 속에는 늘 약간의 이성도 들어 있다.

그런데 삶에 호의적인 내게도 나비와 비눗방울이, 그리고 인간들 가운데서 그와 같은 자들이 행복에 대해 가장 많이 알고 있는 것처럼 보인다.

이 가볍고 어리석고 우아하고 활동적인 조그만 영혼들이 파드닥 날아다니는 것을 보노라면, 차라투스트라는 눈물을 흘리고 노래 부르지 않을 수 없다.

나는 춤출 줄 아는 신만을 믿을 것이다.

그리고 나의 악마를 보았을 때 나는 그가 진지하고 철저하고 깊고 장엄하다는 것을 알게 되었다. 그것은 중력의 영(靈)[35]이었다. 이 영으로 인해 모든 사물이 떨어지는 것이다.

사람은 분노로 죽이는 것이 아니라 웃음으로 죽인다. 자, 우리 중력의 영을 죽이자!

나는 걷는 법을 배웠다. 그 후로 나는 계속 달린다. 나는 나는 법을 배웠다. 그 후로 나에게는 누군가가 나를 밀고 나서야 움직이게 되는 그런 일은 없어졌다.

이제 나는 가벼우며, 이제 나는 날아다닌다. 이제 나는 자신을 내려다보며, 이제야 어떤 신이 나를 통해 춤을 춘다.

차라투스트라는 이렇게 말했다.

---

35) '중력의 영(der Geist der Schwere, the Spirit of Heaviness)'. 독일어 낱말 schwer(heavy)는 '무거운', '어려운', '심한' 등의 뜻이 있다. 이 형용사의 명사형인 Schwere는 '무거움', '중력', '어려움'을 뜻한다. 중력은 지구 위의 물체가 지구로부터 받는 힘이라는 물리학적 개념으로서 영어로는 gravity, 독일어로는 Schwerkraft로 표현된다. 이런 맥락에서 Schwere를 모든 것을 날지 못하게 하고 떨어지게 만드는 힘이라는 의미에서 '중력'으로 옮겼다. 괴테의 《파우스트》에서 메피스토펠레스는 자신이 '항상 부정하는 영'이라고 선언한다. J. W. Goethe, *Faust I*, 1338: "Ich bin der Geist, det stets verneint." 요한 볼프강 폰 괴테, 《파우스트 1》, 전영애 옮김, (도서출판 길, 2019), 199쪽.

8. 산비탈의 나무에 대하여

차라투스트라의 눈은 한 젊은이가 자신을 피해 가는 것을 보았다. 어느 날 저녁, 그는 '얼룩소'라고 불리는 도시를 둘러싸고 있는 산 안쪽을 혼자 걸어가고 있었다. 그런데 보라. 지나가다 보니 그 젊은이가 어떤 나무에 기대앉아 지친 눈으로 골짜기를 바라보고 있지 않은가. 차라투스트라는 젊은이가 기대앉은 나무를 붙잡으며 이렇게 말했다.

"이 나무를 두 손으로 흔들고 싶어도 그럴 수 없을 거네.

그러나 우리가 보지 못하는 바람은 이 나무를 괴롭히며 자신이 원하는 방향으로 구부리지. 이처럼 우리도 보이지 않는 손에 의해 가장 심하게 구부려지고 괴롭힘을 당하는 것일세."

그러자 젊은이는 깜짝 놀라 일어나며 말했다. "차라투스트라의 목소리가 아닌가. 방금 그를 생각하고 있었는데."

차라투스트라가 대답했다.

"왜 그리 놀라는가? 인간도 나무와 같지 않은가.

나무는 높고 밝은 곳으로 오르려 하면 할수록, 그 뿌리는 더욱더 힘차게 땅속으로, 아래쪽으로, 어둠 속으로, 깊은 곳으로, 악(惡) 속으로 뻗어가려고 하지."

"그래요, 악 속으로!" 젊은이가 소리쳤다. "어떻게 당신은 나의 영혼을 들여다볼 수 있습니까?"

차라투스트라가 빙그레 웃으면서 말했다. "영혼을 꾸며내지 않고서는 우리는 결코 영혼을 들여다보지 못할 걸세."

"그래요, 악 속으로!" 그 젊은이가 다시 소리쳤다.

"차라투스트라여, 당신은 진리를 말했습니다. 나는 높은 곳으로 올라가려고 한 이후로 더는 나 자신을 믿지 못하게 되었고, 아무도 더는 나를 믿지 않습니다. 어쩌다 이렇게 되었을까요?

나는 너무 빨리 변합니다. 나의 오늘은 나의 어제를 부정합니다. 나는 올라갈 때 자주 계단을 건너뜁니다. 하지만 어떤 계단도 이런 행동을 용서하지 않아요.

높은 곳에 있으면 나는 언제나 혼자입니다. 아무도 내게 말을 걸지 않으며, 고독이라는 냉기가 나를 떨게 합니다. 나는 도대체 이 높은 곳에서 무엇을 바라는 걸까요?

나의 경멸과 나의 동경은 함께 자랍니다. 내가 높이 오르면 오를수록, 나는 올라가는 그자를 더욱더 경멸합니다. 그는 도대체 이 높은 곳에서 무엇을 바라는 걸까요?

올라가며 비틀거리는 내 모습이 얼마나 부끄러운지 몰라요! 나는 거칠게 헐떡거리는 내 모습을 얼마나 비웃는지 몰라요! 날아다니는 자는 얼마나 미운지요! 높은 곳에 있으면 얼마나 피곤한지요!"

여기서 젊은이는 입을 다물었다. 차라투스트라는 그들 옆에 서 있는 나무를 바라보면 이렇게 말했다.

"이 나무는 여기 산비탈에 외롭게 서 있네. 이 나무는 인간과 짐승들을 굽어보며 높이 자랐어.[36]

이 나무는 말을 하고 싶어도 자기 말을 알아듣는 자가 없을 거야. 그만큼 이 나무는 높이 자란 거지.

이제 나무는 기다리고 기다릴 걸세. 도대체 무얼 기다리는 걸까? 이 나무는 구름의 거처와 아주 가까이 살면서 최초의 번개를 기다리고 있는 게 아닐까?"

차라투스트라가 이렇게 말하자 젊은이는 격렬한 몸짓을 하며 외쳤다. "그렇습니다, 차라투스트라. 당신은 진리를 말하고 있습니다. 높은 곳으로 오르려 했을 때, 나는 나의 몰락을 원했습니다. 당신이 바로 내가 기다리던 번개입니다! 보십시오, 당신이 우리에게 나타난 이후로 도대체 나의 존재는 무엇이란 말입니까? 당신에 대한 **질투**가 나를 파멸시켰습니다!" 젊은이는 이렇게 말하며 슬피 울었다. 그러나 차라투스트라는 그를 감싸 안고 함께 길을 떠났다.

한동안 나란히 걸어가던 차라투스트라가 이렇게 말하기 시작했다. "가슴이 찢어지는 듯하다. 그대의 말보다 그대의 눈이 그대의 온

---

36) 니체는 친구 카를 폰 게르스도르프(Carl von Gersdorff)에게 보낸 편지에서 이렇게 적고 있다. "날씨가 수없이 바뀌고 많은 악천후가 우리 둘의 머리와 (우리의 가슴) 위로 지나갔다. 많은 나무껍질이 갈라져야 했다. 하지만 그 모든 것에도 불구하고 우리 둘은, 좋은 고목처럼, 높이 자랐다. 얼마나 높은지 누가 알겠는가!" "카를 폰 게르스도르프에게 보낸 편지, 1881년 12월 8일", KSB 6, 148쪽.

갖 위험을 더 잘 말해준다.

그대는 아직 자유롭지 못하며, 여전히 자유를 **찾고** 있다. 자유를 향한 갈망 때문에 그대는 밤을 지새우고 극도로 긴장한다.

그대는 탁 트인 산꼭대기로 올라가고자 한다. 그대의 영혼은 별들을 갈망한다. 그러나 그대의 사악한 충동도 자유를 갈망한다.

그대의 들개들은 자유를 바란다. 그대의 정신이 모든 감옥을 부수어 열려 할 때, 들개들은 지하실에서 기뻐서 짖어댄다.

내가 보기에 그대는 아직도 자유를 꿈꾸고 있는 포로다. 아, 이러한 포로의 영혼은 영리해지지만 교활해지고 사악해지기도 한다.

정신이 해방된 자도 자기 자신을 정화해야 한다. 그의 내면에는 아직도 많은 감옥과 곰팡이가 남아 있기 때문이다. 그의 눈은 더 순수해져야 한다.

그렇다. 나는 그대의 위험을 알고 있다. 그러나 나의 사랑과 희망을 걸고 그대에게 간청한다. 그대의 사랑과 희망을 버리지 마라!

그대는 아직도 자신을 고귀하다고 느낀다. 그대에게 분개하고 악의에 찬 눈길을 보내는 다른 사람들도 그대를 고귀하다고 느끼고 있다. 그러나 고귀한 자 한 사람이 모든 사람에게 방해가 된다는 것을 잊지 마라.

고귀한 자는 선한 사람들에게도 방해가 된다. 그래서 그들은 고귀한 자를 선한 사람이라고 부르면서도, 사실은 그를 그렇게 제거하려고 한다.

고귀한 자는 새로운 것과 새로운 덕을 창조하려 한다. 반면에 선한 자는 옛것을 원하며, 옛것이 보존되기를 원한다.

그러나 고귀한 자가 선한 사람이 되는 것은 위험하지 않다. 고귀한 자가 뻔뻔스러운 자, 조롱하는 자, 파괴하는 자가 되는 것이 위험하다.

　아, 나는 최고의 희망을 잃어버린 고귀한 자들을 알았다. 그런데 그들은 이제 높은 희망이라면 모두 비방한다.

　그들은 짧은 쾌락에 빠져 뻔뻔하게 살았고, 하루하루를 넘어서는 어떤 목표도 가지지 않았다.

　그들은 '정신도 쾌락이다.'라고 말했다. 그러자 그들의 날개는 부러졌다. 이제 그들의 정신은 이리저리 기어다니고, 이것저것 갉아먹으며 몸을 더럽힌다.

　한때 그들은 영웅이 될 생각이었지만, 이제 탕아가 되었다. 그들에게 영웅은 원망과 공포일 뿐이다.

　나의 사랑과 희망을 걸고 그대에게 간청한다. 그대 영혼 속의 영웅을 버리지 마라! 그대의 최고의 희망을 신성하게 간직하라!"

　차라투스트라는 이렇게 말했다.

9. 죽음을 설교하는 자들에 대하여

죽음을 설교하는 자들이 있다. 이 대지는 삶을 등지고 떠나라는 설교를 들어야만 하는 자들로 가득하다.

대지는 쓸모없이 남아도는 자들로 가득하며, 삶은 너무도 많은 것들 때문에 부패했다. 그들을 '영원한 삶'이라는 미끼로 유혹하여 이 삶으로부터 떠나버리게 만든다면 좋으련만!

'노란 사람들'. 사람들은 죽음의 설교자를 이렇게 부른다. 아니면 '검은 사람들'이라고도 부른다. 그러나 나는 그들을 다른 색깔로 보여주겠다.

마음속에 야수를 품고 돌아다니면서 쾌락에 빠져들거나 자기 자신을 갈가리 찢는 것 말고는 다른 선택을 하지 못하는 끔찍한 사람들이 있다. 그리고 그들의 쾌락이라는 것도 자신을 갈가리 찢는 것이다.

그들은, 이 끔찍한 자들은 아직 인간이 되지 못했다. 그들이 삶의 포기를 설교하고 스스로 떠나버린다면 얼마나 좋을까!

여기에 영혼의 결핵 환자들이 있다. 그들은 태어나자마자 이미 죽어가기 시작하며, 피로와 체념의 가르침을 갈망한다.

그들은 기꺼이 죽고자 하니, 우리도 그들의 의지를 존중하자! 이 죽은 자들을 깨우지 않도록, 그리고 이 살아 있는 관(棺)들을 훼손하지 않도록 경계하자!

병자나 노인이나 시체와 마주치면, 그들은 즉시 "삶은 부정되었다!"라고 말한다.[37]

그러나 부정된 것은 오직 그들뿐이며, 실존의 한쪽 얼굴만 보는 그들의 눈일 뿐이다.

짙은 우울감에 싸여, 죽음을 가져오는 사소한 우연을 갈망하면서, 그들은 이를 악물고 기다린다.

아니면 그들은 사탕 과자를 향해 손을 뻗으면서 자신의 유치함을 비웃기도 한다. 그들은 지푸라기 같은 삶에 매달리면서도, 자신들이 아직도 지푸라기에 매달려 있는 것을 비웃는다.

그들의 지혜는 "살아 있는 자는 바보다. 우리도 그런 바보다! 그리고 바로 이것이 삶에서 가장 어리석은 것이다!"라고 말한다.

다른 사람들은 "삶은 고통일 뿐이다."라고 말하는데 그건 거짓말이 아니다. 그렇다면 그대들은 그만 살도록 하라! 고통일 뿐인 삶을 그만두도록 하라!

---

37) 니체가 읽은 헤르만 올덴베르크의 책에 의하면 붓다는 병자와 노인, 시체를 보고 출가했다고 한다. Hermann Oldenberg, *Buddha: sein Leben, seine Lehre, seine Gemeinde* (Berlin: W. Hertz, 1881). 영어판: Hermann Oldenberg, *Buddaha: His Life, His Doctrine, His Order*, tr. William Hoey (Dehli: Indological Book House, 1971), 123쪽.

그리고 그대들의 덕은 "그대는 자살하도록 하라! 그대는 이 세상으로부터 소리 없이 사라지도록 하라!"라고 가르쳐야 한다.

죽음을 설교하는 사람들 가운데는 "육욕은 죄다. 육욕을 버리고 아이를 낳지 마라!"라고 말하는 사람도 있다.

또 다른 사람들은 "아이를 낳는 건 힘들다. 왜 아직도 아이를 낳는가? 불행한 자들만 낳을 뿐이다!"라고 말한다. 이들 역시 죽음을 설교하는 자들이다.

그리고 또 다른 사람들은 "동정심은 필요하다. 내가 가진 것을 가져가라! 바로 나 자신인 것을 가져라! 그러면 삶이 나를 덜 구속할 것이다!"라고 말한다.

그들이 철저하게 동정하는 사람들이라면, 그들은 이웃 사람들이 삶을 싫어하도록 만들 것이다. 사악하다는 것, 그것이 그들의 올바른 선의일 것이다.

그러나 그들은 삶에서 벗어나고자 한다. 그러니 자신들의 쇠사슬과 선물로 다른 사람들을 더욱 단단하게 묶어놓을 필요가 어디 있단 말인가!

삶이 고된 노동이며 불안인 그대들도 삶에 몹시 지쳐 있지 않은가? 그대들도 죽음의 설교를 들을 수 있을 만큼 매우 성숙하지 않았는가?

고된 노동을 좋아하고 빠른 것, 새로운 것, 낯선 것을 좋아하는 그대들. 그대들 모두는 자신을 견뎌내지 못한다. 그대들의 근면은 도피이자 자기 자신을 망각하려는 의지다.

그대들이 삶을 좀 더 믿었더라면 순간에 자신을 내맡기는 일은 적을 것이다. 그러나 그대들의 마음속에는 기다릴 수 있는 충분한 크기가 없다. 게으름을 부릴 만한 그런 크기조차 없다.

죽음을 설교하는 자들의 목소리가 곳곳에서 울려 퍼진다. 그리고 대지는 죽음의 설교를 들어야만 하는 사람들로 가득하다.

혹은 '영원한 삶'에 대한 설교도 나에겐 상관없다. 그들이 빨리 없어지기만 한다면!

차라투스트라는 이렇게 말했다.

10. 전쟁과 전사들에 대하여

우리의 가장 뛰어난 적들로부터, 그리고 우리가 온전히 사랑하는 자들로부터 보호받고 싶지는 않다. 그러니 내가 그대들에게 진리를 말하게 하라!

전쟁 중인 나의 형제들이여! 나는 그대들을 온전히 사랑한다. 나는 현재도, 과거에도 그대들과 같은 부류였다. 또 나는 그대들의 가장 뛰어난 적이기도 하다. 그러니 내가 그대들에게 진리를 말하게 하라!

나는 그대들 마음속의 증오와 질투를 알고 있다. 그대들은 증오와 질투를 모를 정도로 위대하지는 않다. 그렇다면 증오와 질투를 부끄러워하지 않을 정도로 위대해져라!

그리고 그대들이 인식의 성자가 될 수 없다면 적어도 인식의 전사는 되도록 하라! 인식의 전사는 신성함의 길동무이자 선구자다.

병사들을 많이 보기는 하지만, 나는 더 많은 전사를 보고 싶다. 병사들이 입는 옷을 '유니폼'이라고 부르지만, 그 유니폼으로 감추고 있는 것이 획일적이지 않기를 바란다.

그대들은 언제나 그대들의 눈으로 적을, **그대들의** 적을 찾는 자여야 한다. 그리고 그대들 중에는 첫눈에 증오를 느끼는 자들이 있다.

그대들은 자신들의 적을 찾아내어 자신들의 전쟁을 수행해야 한다. 그대들의 사상을 위해![38] 그리고 그대들의 사상이 패배할지라도 그대들의 정직함만은 그것을 넘어서 승리를 외쳐야 한다!

그대들은 새로운 전쟁을 위한 수단으로서만 평화를 사랑해야 한다. 그리고 오랜 평화보다 짧은 평화를 더 사랑해야 한다.

그대들에게 나는 노동이 아니라 투쟁을 권한다. 평화가 아니라 승리를 권한다. 그대들의 노동이 투쟁이고, 그대들의 평화가 승리이기를!

사람은 활과 화살을 지니고 있을 때만 말없이 가만히 앉아 있을 수 있다. 그렇지 않으면 사람들은 재잘거리고 다툰다. 그대들의 평화가 승리이기를!

그대들은, 전쟁조차 신성하게 만드는 것이 좋은 명분이라고 말하는가? 나는 그대들에게 말한다. 모든 명분을 신성하게 만드는 것은 좋은 전쟁이다.

이웃 사랑보다는 전쟁과 용기가 위대한 일을 더 많이 했다. 지금까지 불행에 처한 사람들을 구해낸 것은 그대들의 동정이 아니라 그대들의 용감함이었다.

---

38) 니체는 여기서 문자 그대로의 실제 전쟁보다는 사상과 이념의 전쟁을 말한다. KSA 10, 16(50), 515쪽: "여러 가지 사상과 그것의 군대들 사이의 전쟁! (그러나 화약 없이!)"

무엇이 선인가? 그대들은 묻는다. 용감한 것이 선이다. 어린 소녀들이 "선하다는 것은 아름다우면서도 감동적인 것이다."라고 말하도록 하라.

사람들은 그대들을 비정하다고 말한다. 그러나 그대들의 마음은 순수하다. 나는 그대들의 진실한 마음의 부끄러움을 사랑한다. 그대들은 자신의 밀물을 부끄러워하지만, 다른 사람들은 자신의 썰물을 부끄러워한다.

그대들은 추악한가? 그럼 좋다. 나의 형제들이여! 그렇다면 숭고한 것을 걸쳐라. 추악함을 덮을 외투를 걸쳐라!

그대들의 영혼은 위대해지면 오만해지고, 그대들의 숭고함 속에는 악의가 있다. 나는 그대들을 잘 안다.

악의라는 점에서 오만한 자와 허약한 자는 일치한다. 그러나 그들은 서로를 오해한다. 나는 그대들을 잘 알고 있다.

그대들은 증오해야 할 적만을 가져야지, 경멸할 적은 가지지 말아야 한다. 그대들은 자신의 적을 자랑스러워해야 한다. 그래야만 적의 성공이 또한 그대들의 성공이 된다.

반항, 그것은 노예들의 고귀함이다. 그대들의 고귀함은 순종이기를! 그대들의 명령 자체가 하나의 순종이기를!

훌륭한 전사는 '나는 원한다'보다 '너는 해야 한다'라는 말이 훨씬 편안하게 들린다. 그러므로 그대들은 그대들이 좋아하는 모든 것의 명령을 받도록 하라.

삶에 대한 그대들의 사랑이 최고의 희망에 대한 사랑이 되게 하라. 그리고 그대들의 최고의 희망이 삶에 대한 최고의 사상이 되게 하라!

그러나 그대들은 그대들의 최고의 사상을 나의 명령으로 받아들여야 한다. 인간은 극복되어야 할 그 무엇이라는 것 말이다.

그러므로 그대들은 순종과 전쟁의 삶을 살도록 하라! 오래 산다는 것이 무슨 소용이란 말인가! 어떤 전사가 보호받기를 바라는가!

나는 그대들을 보호하지 않으며 온전히 사랑할 뿐이다. 전쟁 중인 나의 형제들이여!

차라투스트라는 이렇게 말했다.

11. 새로운 우상에 대하여

어디엔가는 아직 민족과 무리가 있을 것이다. 그러나 나의 형제들이여, 우리에겐 아니다. 우리에게는 국가가 있다.

국가라고? 그것이 무엇인가? 자! 이제 내 말에 귀를 기울여라. 그대들에게 민족의 죽음에 대해 말하려고 한다.

국가는 모든 냉혹한 괴물 가운데서 가장 냉혹한 괴물이다. 그 괴물은 냉혹하게 거짓말을 하기도 한다. 그 괴물의 입에서는 "나, 국가는 민족이다."라는 거짓말이 기어 나온다.

그것은 거짓말이다! 민족을 창조하고, 그 민족 위에 하나의 믿음과 하나의 사랑을 걸어놓은 자들은 창조하는 자들이었다. 이렇게 그들은 삶에 이바지했다.

많은 사람을 낚을 덫을 놓고는 그 덫을 국가라고 부르는 자들은 파괴자들이다. 그들은 그 덫 위에 한 자루의 칼과 백 가지의 욕망을 걸어놓는다.

아직도 민족이 있는 곳에서는 사람들은 국가를 이해하지 못하며, 국가를 사악한 눈길이요 관습과 법에 대한 죄악이라 여기며 증오한다.

　그대들에게 민족의 징표를 말해주고자 한다. 모든 민족은 각각 자신의 혀로 선과 악에 대해 말하지만, 이웃 민족은 그 혀를 이해하지 못한다. 각각의 민족은 관습과 법으로 자신의 언어를 만들어냈기 때문이다.

　그러나 국가는 선과 악에 대한 온갖 말로 사람들을 속인다. 국가가 무슨 말을 하든, 그것은 거짓말이다. 그리고 국가가 무엇을 가지고 있든, 그것은 훔친 것이다.

　국가에 관한 모든 것이 가짜다. 물어뜯는 버릇이 있는 국가는 훔친 이빨로 물어뜯는다. 심지어 그의 내장조차 가짜다.

　선과 악에 대한 언어 혼란. 내가 그대들에게 알려주는 징표가 국가의 징표다. 참으로 이 징표는 죽음에의 의지를 나타낸다! 참으로 이 징표는 죽음의 설교자들에게 이리 오라며 손짓한다!

　너무 많은 사람이 태어난다. 국가는 쓸모없는 잉여 인간들[39]을 위해 고안되었다!

　보라, 국가가 그 많고 많은 사람을 어떻게 유혹하는가를! 어떻게 그들을 삼키고 씹고 되씹는가를!

　"이 대지 위에 나보다 더 위대한 것은 없다. 나는 질서를 부여하는 신의 손가락이다."[40] 괴물은 이렇게 울부짖는다.

---

39) 원문의 독일어 'überflüssig'는 '남는', '불필요한' '쓸모없는'이라는 의미를 지닌 형용사다. 여기서 'Die Überflüssigen(The superfluous)'는 남아돌아 쓸모없는 사람들이란 뜻으로 대중사회와의 연관 관계에서 '쓸모없는 잉여 인간들'로 옮겼다.

그러면 귀가 큰 자나 근시들만 무릎을 꿇는 것은 아니다.

아, 위대한 영혼을 가진 그대들에게도 국가는 음산한 거짓말을 속삭인다! 아, 국가는 기꺼이 자신을 낭비하는 풍요로운 마음의 소유자들을 꿰뚫어 본다!

그렇다. 국가는 낡은 신을 정복한 그대들의 마음까지 꿰뚫어 본다. 그대들은 전투에 지쳤고, 지친 나머지 이제 새로운 우상을 섬긴다!

이 새로운 우상인 국가는 자신의 주위에 영웅과 명예로운 자들을 세우고자 한다! 이 냉혹한 괴물인 국가는 기꺼이 양심이라는 햇볕을 쬐고자 한다!

그대들이 이 새로운 우상인 국가를 숭배하면, 국가는 **그대들**에게 무엇이든 주려 한다.[41] 그렇게 국가는 그대들의 빛나는 덕과 그대들의 자랑스러운 눈길을 매수한다.

국가는 그대들을 미끼로 삼아 많고 많은 군중을 유혹하려 한다! 그렇다. 그러기 위해 지옥이라는 예술품, 신성한 영광으로 장식되어 쩔렁거리는 죽음의 말(馬)이 고안되었다!

그렇다. 많은 사람을 위한 죽음이 고안되었다. 스스로를 삶이라고 찬미하며 선전하는 그런 죽음이. 참으로, 이것은 모든 죽음의 설교

---

40) 먼지가 이로 변하여 사람과 짐승들에게 이가 생긴 이집트 마을과 관련하여 마술사들이 바로에게 한 말이다. 〈출애굽기〉 8장 19절, "마술사들이 바로에게 그것은 신의 권능(손가락)이 아니고서는 할 수 없는 일이라고 말하였다."

41) 악마는 예수가 자신을 숭배하면 모든 것을 주겠다고 유혹한다. 〈마태복음〉 4장 9절, "네가 나에게 엎드려서 절을 하면, 이 모든 것을 네게 주겠다."

자들에 대한 마음에서 우러난 봉사가 아닌가!

선한 자나 악한 자나 모두 독을 마시게 되는 곳, 그곳을 나는 국가라고 부른다. 선한 자나 악한 자나 모두 자기 자신을 상실하는 곳, 그곳을 나는 국가라고 부른다. 그리고 모든 사람이 서서히 자신의 목숨을 끊어가면서 그것을 '삶'이라고 부르는 곳, 그곳을 나는 국가라고 부른다.

이 쓸모없는 잉여 인간들을 보라! 그들은 발명가의 작품과 현자의 보물을 훔친다. 그러면서 그들의 도둑질을 교육이라 부른다. 그리하여 그들에게 모든 것은 병이 되고 재앙이 된다!

이 쓸모없는 잉여 인간들을 보라! 그들은 언제나 병들어 있고, 담즙을 토해내면서 그것을 신문이라고 부른다. 그들은 서로를 집어삼키지만, 결코 소화하지 못한다.

이 쓸모없는 잉여 인간들을 보라! 그들은 부를 획득하지만, 그 때문에 점점 더 가난해진다. 그들은 권력을 탐하며, 무엇보다도 권력의 지렛대인 많은 돈을 탐한다. 이 무능한 자들이!

그들이, 이 날랜 원숭이들이 기어오르는 것을 보라! 그들은 서로 뒤엉켜 기어오르고, 그렇게 서로를 잡아당기면서 진창과 심연 속으로 떨어지고 만다.

그들은 모두 왕좌에 오르려고 한다. 행복이 왕좌에 앉아 있으리라 생각하는 것, 그것이 그들의 망상이다! 때로는 진창이 왕좌에 앉아 있고, 때로는 왕좌가 진창 위에 앉아 있는 데도 말이다.

내가 보기에 그들은 모두 망상에 사로잡힌 자들이고, 기어오르는 원숭이이며, 열에 들뜬 자들이다. 냉혹한 괴물인 그들의 우상이 악취를 풍긴다. 그 우상 숭배자들도 모두 악취를 풍기고 있다.

나의 형제들이여, 그대들은 그들의 주둥이와 욕망이 내뿜는 냄새 속에서 질식할 셈인가? 차라리 창문을 깨고 열린 바깥으로 뛰쳐나가라!

악취에서 벗어나라! 이 쓸모없는 잉여 인간들이 벌이고 있는 우상 숭배에서 벗어나라!

악취에서 벗어나라! 이들 인간 제물들이 내뿜는 증기에서 벗어나라!

위대한 영혼들에게 대지는 지금도 활짝 열려 있다. 조용한 바다 내음이 감도는 자리, 혼자서 혹은 둘이서 은둔하는 자들을 위한 자리가 아직도 많이 남아 있다.

위대한 영혼들에게는 아직도 자유로운 삶이 활짝 열려 있다. 참으로, 적게 소유한 자는 그만큼 덜 집착한다. 소박한 가난을 찬양하라!

국가가 끝나는 곳, 그곳에서 비로소 쓸모없지 않은 인간들의 삶이 시작된다. 그곳에서 꼭 필요한 인간들의 노래, 유일무이하고 대체할 수 없는 노래가 시작된다.

국가가 **끝나는** 곳. 그곳을 보라, 나의 형제들이여! 그대들에게 초인의 무지개와 다리가 보이지 않는가?

차라투스트라는 이렇게 말했다.

12. 시장의 파리 떼에 대하여

달아나라, 나의 벗이여, 그대의 고독 속으로! 내가 보기에 그대는 위인들의 소음에 귀먹고, 소인배들의 가시에 마구 찔리고 있다.

숲과 바위는 그대와 더불어 기품 있게 침묵할 줄을 안다. 다시 그대가 사랑하는 나무처럼 되어라. 그 나무는 조용히 귀 기울이며 바다 위로 넓은 가지를 펼치고 있다.

고독이 끝나는 곳에서 시장이 시작된다. 그리고 시장이 시작되는 곳에서 위대한 배우[42]들의 소음과 독파리 떼의 윙윙거림이 시작된다.

이 세상에서는 가장 훌륭한 것들도 그것을 보여주는 자가 없

---

[42] '배우(Schauspieler, play-actor)'. '배우'를 의미하는 이 독일어 낱말 Schau-spieler는 '전시', '광경', '쇼' 등을 의미하는 Schau와 '경기자', '연기자' 등을 의미하는 Spieler가 결합한 합성어다. 이 낱말의 중심은 '보다'라는 뜻의 동사 schauen이다. 독일어 낱말 Schau-spiel은 '연극', '드라마'라는 뜻 외에도 '광경', '구경거리'라는 뜻이 있다. 이런 맥락에서 Schauspieler는 단순히 연극에서 특정한 역할을 담당하는 배우의 의미뿐만 아니라 구경거리, 스펙터클을 연출하는 사람이라는 뜻도 있다. 니체에게 바그너의 악극은 굉장한 구경거리로 보였고, 바그너는 이를 연출하는 대표적인 배우로 평가되었다. 프리드리히 니체, 《바그너의 경우》, KSA 6, 24쪽.

으면 아무 의미가 없다. 이러한 공연자들을 군중은 위인이라 부른다.

군중은 위대한 것을 거의 알지 못한다. 위대한 것은 창조하는 것이다. 그렇지만 군중은 위대한 일을 연출하는 자들과 연기하는 배우들에 대한 감각만은 지니고 있다.

세계는 새로운 가치의 발명가를 중심으로 돌아가며, 눈에 보이지 않게 회전한다. 그러나 군중과 명성은 배우를 중심으로 돌아간다. 그것이 세상 돌아가는 이치다.

배우도 정신을 지니고 있지만, 그 정신의 양심은 거의 지니고 있지 않다. 배우는 자신이 다른 사람들을 가장 강하게 믿게 만드는 것, 다시 말해 **자신을** 믿게 만드는 것을 언제나 믿는다!

내일이면 그는 새로운 믿음을, 모레면 좀 더 새로운 믿음을 지닌다. 그의 감각은 군중과 마찬가지로 빠르며 변덕스러운 날씨와도 같다.

뒤집어엎기. 그것이 그에게는 증명이라 불린다. 열광시킴. 그것이 그에게는 설득이라 불린다. 그리고 피야말로 그에게는 모든 근거 중에서 최상의 근거다.

섬세한 귀에만 미끄러져 들어가는 진리를 그는 거짓말이요 무라고 부른다. 참으로, 그는 이 세상에서 요란한 소음을 내는 신들만 믿는다!

시장은 성대하게 차려입은 어릿광대들로 가득하다. 그리고 군중은 자신의 위인들을 자랑스러워한다. 군중에겐 그들이 순간의 주인인 것이다.

그러나 시간이 어릿광대들을 압박한다. 그래서 그들은 그대를 압박한다. 그들은 그대에게 '예' 아니면 '아니오'를 듣고자 한다. 슬프다. 그대는 찬성과 반대 사이에 그대의 의자를 놓으려는가?

그대, 진리를 사랑하는 자여, 이처럼 무조건적이고 억압하는 자들을 질투하지 마라! 지금까지 진리가 무조건적인 자의 팔에 매달린 적은 한 번도 없었다.

이 황망한 자들에게서 벗어나 그대의 안식처로 돌아가라. 사람들은 '예인가?' 또는 '아니오인가?'라는 물음에 시달릴 것이다.

모든 깊은 샘에서 이루어지는 체험은 느리다. **무엇이** 그 깊은 곳으로 떨어졌는지를 알려면 오래 기다려야 한다.

위대한 일은 모두 시장과 명성을 떠난 곳에서 일어난다. 옛날부터 새로운 가치의 창안자들은 시장과 명성으로부터 멀리 떨어진 곳에서 살아왔다.

달아나라, 나의 벗이여, 그대의 고독 속으로! 그대는 독파리에게 마구 쏘이고 있다. 달아나라, 거친 바람이 사납게 불어오는 곳으로!

그대의 고독 속으로 달아나라! 그대는 하찮고 가련한 자들과 너무 가까이 살아왔다. 그들의 눈에 보이지 않는 복수로부터 달아나라! 그들은 그대에게 오로지 복수만을 노리고 있다.

그들에 맞서 다시 손을 들어 올리지 마라! 그들은 헤아릴 수 없이 많고, 파리채가 되는 것이 그대의 운명은 아니다.

이들 하찮고 가련한 자들은 헤아릴 수 없이 많다. 위풍당당한 건물들이 빗방울과 잡초만으로 무너지는 경우는 수없이 많다.

그대는 돌이 아니다. 그런데도 그대는 많은 빗방울로 이미 움푹 파였다. 그리고 그대는 앞으로도 수많은 빗방울 때문에 부서지고 쪼개질 것이다.

나는 그대가 독파리 떼 때문에 지치고, 백 군데나 쏘여 피투성이가 된 것을 본다. 그런데도 그대는 자존심 때문에 한 번도 화내지 않는다.

독파리 떼는 천진난만하게 그대의 피를 탐한다. 이들의 핏기 없는 영혼이 피를 탐하는 것이다. 파리 떼는 천진난만하게 쏘아대는 것이다.

그대 마음 깊은 자여, 그대는 작은 상처에도 너무 깊이 고통을 받는다. 상처가 채 아물기도 전에 똑같은 독충이 그대의 손 위를 기어오른다.

군것질을 좋아하는 자들을 죽이기에는 그대의 자존심이 너무도 세다. 하지만 그들의 독기 있는 부당함을 견디는 것이 그대의 운명이 되지 않도록 조심하라!

그들은 그대 주위에서 윙윙거리며 찬양의 노래를 부르기도 한다. 하지만 그들의 찬양은 귀찮을 정도로 집요하다. 그들은 그대의 살갗과 그대의 피 가까이에 있고자 한다.

그들은 신이나 악마 앞에서 그러듯 그대 앞에서도 징징거린다. 어쩌겠는가? 그들은 아첨하는 자이고 징징거리는 자일 뿐인데.

또 그들은 자주 그대에게 사랑스럽게 보이기도 한다. 하지만 그것은 언제나 비겁한 자의 약은 꾀다. 그렇다. 비겁한 자는 영악하다!

그들은 그들의 편협한 영혼으로 그대에 대해 많은 생각을 한다. 그들에게 그대는 언제나 미심쩍은 존재다! 많이 생각해야 하는 모든 것은 미심쩍은 것이 된다.

그들은 그대의 모든 덕 때문에 그대를 처벌한다. 그들이 온전하게 용서하는 것은 오직 그대의 실책뿐이다.

그대는 온화하고 올바른 마음씨를 지니고 있기에, "그들의 하찮은 실존이 그들의 죄는 아니다."라고 말한다. 그러나 온화하게 대하더라도, 그들은 그대에게 경멸당한다고 느낀다. 그래서 그들은 그대의 선행을 은밀한 악행으로 되갚는다.

그대의 말 없는 자존심은 언제나 그들의 취향에 거슬린다. 그러므로 그대가 헛될 만큼 겸손하면, 그들은 기뻐 날뛸 것이다.

우리가 어떤 사람에 대해서 알아내는 것, 그것은 그에게 불을 붙일 수도 있다. 그러니 소인배들을 조심하리!

그대 앞에서 그들은 그 자신을 왜소하다고 느낀다. 그래서 그들의 저열함은 눈에 보이지 않는 복수심으로 그대를 향해 때로는 희미하게, 때로는 활활 타오른다.

그대가 그들에게 다가갔을 때, 그들이 얼마나 자주 입을 다물어버리고 꺼져가는 불꽃에서 피어나는 연기처럼 기력이 빠져버리는 것을 그대는 눈치채지 못했는가?

그렇다, 나의 벗이여, 그대는 그대의 이웃에게 양심의 가책이 된다. 그들은 그대에게 가치가 없기 때문이다. 그래서 그들은 그대를 증오하고, 그대의 피를 빨려고 한다.

그대의 이웃은 언제나 독파리로 남을 것이다. 그대에게서 위대한 것, 바로 그것이 그들을 더욱더 유독하게 만들고 더욱더 파리답게 만든다.

달아나라, 나의 벗이여, 그대의 고독 속으로. 거친 바람이 사납게 불어오는 곳으로! 파리채가 되는 것, 그것은 그대의 운명이 아니다.

차라투스트라는 이렇게 말했다.

13. 순결에 대하여

나는 숲을 사랑한다. 도시에서 사는 것은 좋지 않다. 도시에는 정열에 불타는 사람들이 너무도 많다.

정열적인 여인의 꿈속으로 빠져들기보다는 살인자의 손에 걸리는 게 차라리 낫지 않을까?

그런데 이 남자들을 보라. 그들의 눈은 말하고 있지 않은가, 지상에서 여자와 자는 것보다 더 나은 것은 알지 못한다고.

그들의 영혼의 밑바닥에는 진창이 깔려 있다. 게다가 그들의 진창이 정신마저 지니고 있다면 얼마나 슬픈 일인가!

그대들이 최소한 짐승으로서는 완전하다면!⁴³⁾ 그런데 짐승에게는 순진무구함이 있다.

내가 그대들에게 관능을 죽이라고 권한단 말인가? 나는 그대들에

---

43) Friedrich Nietzsche, KSA 10, 4(94), 143쪽: "사람이 인간으로서 완전해지기를 바란다면, 짐승으로서도 완전해져야 한다."

게 관능의 순진무구함을 권하는 것이다.

그렇다면 내가 그대들에게 순결을 권한단 말인가? 아니다. 순결은 몇몇 사람에게는 덕이지만, 많은 사람에게는 거의 악덕에 가깝다.

이들은 물론 자제를 한다. 그러나 그들이 행하는 모든 일에서 관능이라는 암캐가 질투의 눈으로 바라본다.

심지어 그들이 지닌 덕의 높은 경지와 냉철한 정신의 내부에까지 이 짐승과 짐승의 불만족이 쫓아오고 있다.

그리고 관능이라는 이 암캐는 한 점의 살코기를 거부당할 때 얼마나 상냥하게 한 조각의 정신을 구걸할 줄 아는가?

그대들은 비극을 사랑하며, 마음을 아프게 하는 모든 것을 사랑하는가? 하지만 나는 그대들의 암캐를 믿지 않는다.

그대들은 너무나 잔인한 눈을 가지고 있고, 고뇌하는 사람들을 음탕한 눈으로 바라본다. 그대들의 육욕은 자신을 위장할 뿐만 아니라 스스로를 동정이라고 부르고 있지 않은가?

그대들에게 다음과 같은 비유를 들려주고자 한다. 적지 않은 사람들이 자신들의 악마를 몰아내려다가 오히려 암돼지들 사이로 들어가게 되었다.[44]

순결을 지키기 어려운 자에게는 순결에 매달리지 말라고 충고해

---

44) 예수는 두 사람을 사로잡은 악마를 암돼지 떼 속으로 쫓아낸다. 〈마태복음〉 8장 30~32절, "마침 거기에서 멀리 떨어진 곳에, 놓아 기르는 큰 돼지 떼가 있었다. 귀신들이 예수께 간청하였다. '우리를 쫓아내시려거든, 우리를 저 돼지들 속으로 들여보내 주십시오.'"

야 한다. 순결이 지옥에 이르는 길, 곧 영혼의 진창과 욕정의 길이 되지 않도록 하기 위해서는.[45]

내가 더러운 것에 대해 말하고 있는가? 하지만 이것이 나에게 최악의 것은 아니다.

인식하는 자가 진리의 물속으로 뛰어들기를 꺼리는 것은 진리가 더러워서가 아니라 얕아서이다.

참으로, 그 바탕에서부터 순결한 자들이 있다. 그들의 마음은 그대들보다 더 온화하고, 그대들보다 더 기꺼이 더 환하게 웃는다.

그들은 순결에 대해서도 웃으면서 이렇게 묻는다.

"순결이 무엇이란 말인가! 순결은 어리석음이 아닌가? 하지만 이 어리석음이 우리에게 다가온 것이지, 우리가 어리석음에 다가간 것은 아니다.

우리는 이 손님에게 잠자리와 마음을 제공했다. 이제 그는 우리 곁에 살고 있다. 머물고 싶다면 얼마든지 오랫동안 있어도 좋다!"

차라투스트라는 이렇게 말했다.

---

45) 〈고린도전서〉 7장 8~9절. "결혼하지 않은 남자들과 과부들에게 말합니다. 나처럼 그냥 지내는 것이 그들에게 좋습니다. 그러나 절제할 수 없거든 결혼하십시오. 욕정에 불타는 것보다는 결혼하는 편이 낫습니다."

14. 벗에 대하여

'내 주위에는 언제나 한 사람이 더 있다.' 은둔자는 이렇게 생각한다. '언제나 하나에다 하나를 곱하지만, 그 결과는 결국 둘이 된다!'

나와 또 다른 나[46]는 언제나 너무 열심히 대화를 나눈다. 그러니 한 사람의 벗마저 없다면 어찌 견디랴?

은둔자에게 벗은 언제나 제삼자다. 제삼자는 나와 또 다른 나 두 사람 사이의 대화가 물속 깊이 가라앉는 것을 막아주는 코르크 마개다.

아, 모든 은둔자에게는 너무나 많은 심연이 있다. 그러므로 그들은 벗과 그 벗의 높은 경지를 그리워한다.

다른 사람에 대한 우리의 믿음은 우리가 자신의 어떤 점을 기꺼

---

46) '나와 또 다른 나(Ich and Mich, I and me)'. 여기서 '다른 나'로 옮긴 mich는 '나(Ich)'
의 목적격이다. 자신과의 대화에서 나는 언제나 대화의 상대로서 대상화될 수 있음
을 말해준다. F. Nietzsche, KSA 10, 3(1), 352, 96쪽: "'나'와 '나를'은 항상 두 개의 다
른 인격이다."

이 믿고 싶은가를 드러낸다. 그러므로 벗에 대한 우리의 동경은 우리 자신을 폭로하는 밀고자다.

사람들은 흔히 사랑으로써 단지 질투만을 뛰어넘으려고 한다.[47] 그리고 사람들은 흔히 자신이 공격당할 여지가 있다는 사실을 숨기려고 공격하고는 적을 만든다.

감히 우정을 청하지 못하는, 참으로 공경하는 마음은 "최소한 내 적이라도 되어다오!"라고 말한다.

벗을 가지길 원한다면 그 벗을 위해 전쟁도 서슴지 않아야 한다. 그리고 전쟁을 벌이려면 적이 **될 수**도 있어야 한다.

자신의 벗 안에 있는 적도 존경할 줄 알아야 한다. 그대는 그대의 벗을 침범하지 않고서도 그에게 가까이 다가갈 수 있단 말인가?

그대는 그대의 벗 내면에서 최상의 적을 찾아내야 한다. 그리고 벗에게 대적하는 동안 그대는 마음으로 벗에게 가장 가까이 다가가야 한다.

그대는 그대의 벗 앞에서 어떠한 옷도 걸치지 않으려 하는가? 벗에게 있는 그대로의 모습을 보여주는 것이 그대의 벗에게 영광이란 말인가? 하지만 그 때문에 그대의 벗은 그대를 악마에게 넘겨주고 싶을 것이다!

자신을 숨기지 않는 자는 다른 사람을 화나게 한다. 그러므로 그

---

47) 니체는 유고에서 이 문장의 뜻을 좀 더 분명하게 표현한다. KSA 10, 3(1), 204, 77쪽: "사람들은 어떤 인격을 사랑함으로써 그 사람에 대한 질투를 뛰어넘으려고 한다."

대들이 벌거벗는 것을 두려워하는 데에는 까닭이 있다! 그렇다. 그대들이 신이라면 옷을 부끄러워해도 될 것이다!

그대가 벗을 위해 아무리 아름답게 치장하더라도 충분치 않다. 그대는 벗에게 초인을 향한 하나의 화살이자 하나의 동경이어야 하기 때문이다.

그대는 벗의 모습이 어떤지 알아보려고 그의 잠든 모습을 본 적이 있는가? 벗의 평소 얼굴은 도대체 어떠하던가? 거칠고 고르지 않은 거울에 비친 그대 자신의 얼굴이다.

그대는 이미 벗의 잠든 모습을 본 적이 있는가? 그리고 벗의 모습을 보고 깜짝 놀라지 않았는가? 아, 나의 벗이여, 인간은 극복되어야 할 그 무엇이다.

벗은 추측과 침묵의 대가가 되어야 한다. 그대는 모든 것을 보려고 해서는 안 된다. 그대의 벗이 깨어 있을 때 무슨 행동을 하는지는 그대의 꿈이 알려주어야 한다.

그대의 동정은 일종의 추측이어야 한다. 그대의 벗이 동정을 원하는지를 그대가 우선 알 수 있도록. 아마도 벗은 그대의 불굴의 눈과 영원의 눈길을 사랑하고 있을 것이다.

그대의 벗에 대한 동정은 단단한 껍질 속에 숨겨두어야 한다. 껍질로 그대의 이 하나쯤은 부러질 각오를 해야 한다. 그래야 그대의 동정이 섬세하고 감미로운 것이 될 것이다.

그대는 그대의 벗에게 맑은 공기이자 고독이며 빵이자 약인가? 많은 사람이 자신의 쇠사슬은 풀지 못하지만, 벗에게는 구원자가 될 수 있다.[48]

그대는 노예인가? 그렇다면 그대는 벗이 될 수 없다. 그대는 폭군인가? 그렇다면 그대는 벗을 가질 수 없다.[49]

여인의 가슴속에는 너무도 오랫동안 노예와 폭군이 숨어 있었다. 그렇기에 여인은 아직 우정을 맺을 능력이 없다. 여인은 오직 사랑만을 알 뿐이다.

여인의 사랑에는 자신이 사랑하지 않는 모든 것에 대한 부당함과 맹목성이 들어 있다. 그리고 여인의 지적인 사랑에서조차 빛과 나란히 불의의 습격과 번개와 밤이 여전히 들어 있다.

여인에게는 아직 우정을 맺을 능력이 없다. 여인들은 여전히 고양이요 새다. 또는 기껏해야 암소다.

여인에게는 아직 우정을 맺을 능력이 없다. 그러나 말하라, 그대들 남자들이여, 그대들 중 누가 우정을 맺을 능력이 있는가!

아, 그대들 남자들이여, 그대들의 영혼은 얼마나 가난하고 인색한가! 그대들이 벗에게 주는 만큼 나는 나의 적에게 주고자 한다. 그

---

48) 니체는 유고에서 이 문제를 좀 더 상세하게 서술한다. KSA 10, 5(1), 92, 197쪽. "다음과 같은 틀린 말이 있다. '자기 자신을 구원할 수 없는 자를 다른 사람이 어떻게 구할 수 있단 말인가?' 그러나 내가 너의 사슬을 풀어줄 열쇠를 가지고 있다면, 왜 너와 나의 자물쇠가 같아야 한단 말인가?"

49) 우애와 우정 관계를 중시한 서양 고전 철학의 핵심적 전통이다. 플라톤, 《국가》, 576a: "온 생애를 통해서 그들은 결코 누구와도 친구가 되지 못했다. 언제나 어떤 사람의 주인 노릇을 하거나 다른 사람에게 노예 노릇을 하면서 살아갔다. 참주적 본성은 자유도 참된 우정도 영원토록 맛보지 못한다." Platon, *Politeia, Werke in Acht Bänden*, Bd. 4, 737쪽. 아리스토텔레스, 《니코마코스 윤리학》, 제8권, 1161 a33: "참주정(폭정)에서는 우정이 없거나 아주 조금만 존재한다." Aristotle, *Nicomachean Ethics*, in *The Complete Works of Aristotle II*, 같은 책, 1835쪽.

리고 그 때문에 더 가난해지는 일은 없을 것이다.

　동지애는 있다. 그러나 우정이 있다면 얼마나 좋겠는가!

　차라투스트라는 이렇게 말했다.

15. 천 개의 목표와 하나의 목표에 대하여[50)]

차라투스트라는 많은 나라와 많은 민족을 보았다. 그리하여 그는 많은 민족의 선과 악을 발견했으며, 지상에서 선과 악보다 더 큰 힘이 없다는 것을 알게 되었다.

먼저 가치를 평가할 줄 모르는 민족은 살아남지 못할 것이다. 그리고 그 민족이 자신을 보존하려면 이웃 민족이 평가하는 방식대로 가치를 평가해서는[51)] 안 된다.

이 민족에게 선이라고 여겨지는 많은 것이 다른 민족에게는 웃음

---

50) '천 개의 목표와 하나의 목표에 대하여(von tausend und Einem Ziele, On the thousand Goals and One)'. 이 제목은 천 일하고도 하룻밤 동안 셰헤라자데가 샤리아 왕에게 들려준 이야기인 《천일야화》를 연상시킨다. 니체는 제목에서 천 개와 하나를 분리하여 서술했을 뿐만 아니라 '하나'를 대문자로 강조했다. 이는 기존에 있는 다양한 목표를 넘어서는 하나의 목표를 강조한 것이다.

51) '평가하다(schätzen, evaluate)'는 니체 철학의 핵심 용어다. '평가하다'라는 뜻의 동사 schätzen과 '보물'이라는 뜻의 Schatz와 연관이 있는 것처럼, 인간의 삶에 중요한 가치는 오직 평가를 통해 얻어진다. KSA 11, 26(72), 167쪽: "가치 평가는 모든 감각-활동 속에 들어 있다. 가치 평가는 유기체의 모든 기능 속에 들어 있다."

거리나 치욕으로 여겨지는 것을, 나는 보았다. 많은 것이 여기서는 악이라고 불리고 저기서는 자줏빛 영광으로 장식되는 것을 보았다.

민족은 저마다 가치를 적어놓은 서판을 내걸고 있다. 보라, 그것은 각 민족이 극복해온 일을 기록한 서판이다. 보라, 그것은 저마다의 민족이 지닌 권력에의 의지를 나타내는 목소리다.

저마다의 민족에게 어렵다고 여겨지는 일은 찬양할 만한 일이다. 없어서는 안 되고 어려운 일이 선이라 불린다. 최대의 곤경에서도 해방주는 것, 드문 것, 가장 어려운 것. 이런 것들을 각 민족은 신성한 것으로 찬양한다.

어떤 민족이 지배하고 승리하고 영광으로 빛날 수 있게 하며 이웃 민족에게는 공포와 질투심을 불러일으키게 만드는 것. 이것이 그 민족에게는 고귀한 것이자 으뜸가는 것이며, 척도이자 만물의 의미다.

참으로, 나의 형제여, 그대가 우선 어떤 민족이 처해 있는 곤경과 땅과 하늘 그리고 누구와 이웃하고 있는지를 알아낼 수가 있다면, 그대는 그 민족이 이룩한 극복의 법칙을 물론 알아낼 수 있을 것이며, 그들이 왜 이 사다리를 타고 희망을 향해 올라가는지를 알아맞힐 수 있을 것이다.

"그대는 언제나 으뜸이어야 하며 다른 자들보다 뛰어나야 한다. 질투심에 불타는 그대의 영혼은 벗 외에는 그 누구도 사랑해선 안 된다." 이것이 어떤 그리스 민족의 영혼을 전율케 했다. 그렇게 그들은 자신의 위대한 길을 갔다.

"진리를 말하고, 활과 화살을 능숙하게 다루어라." 어떤 민족에게는 그것이 어려우면서도 소중한 일로 여겨졌는데, 나의 이름이 거기에서 유래한다.[52) 그 이름은 내게는 소중하면서도 어려운 것이다.

"부모를 공경하며 영혼의 뿌리에 이르기까지 그 혼의 뜻을 따르라." 어떤 다른 민족[53)은 이러한 극복의 표지판을 내걸었고, 그로써 강력하고 영원한 민족이 되었다.

"충성을 다하고 충성을 위해서는 악하고 위험한 일에도 명예와 피를 걸어라." 어떤 다른 민족은 이같이 가르치면서 자신을 억제함으로써 거대한 희망을 잉태하여 몸이 무거워졌다.

참으로 인간들은 그들 자신에게 모든 선과 악을 부여한다. 참으로 그들은 선과 악을 받아들인 것도 찾아낸 것도 아니었고, 선과 악이 하늘의 음성으로 그들에게 떨어진 것도 아니었다.

인간은 자신을 보존하려고 우선 사물에다 가치를 부여했다. 인간은 먼저 사물에다 의미를, 인간의 의미를 부여한 것이다! 그리하여 인간은 스스로를 '인간', 곧 '평가하는 자'라고 부른다.

가치 평가는 창조하는 것이다. 이 말을 들어라, 그대들 창조하는 자들이여! 평가된 모든 사물에는 평가 그 자체가 보물이며 귀중품이다.

가치 평가를 통해 비로소 가치는 존재한다. 그리고 가치 평가가

---

52) 차라투스트라는 고대 페르시아의 배화교를 창시한 조로아스터의 독일어 이름이다. 니체는 《이 사람을 보라》〈나는 왜 운명인가〉에서 "진리를 말하고 활을 잘 쏘는 것. 이것이 페르시아의 덕이다."라고 말한다. F. Nietzsche, KSA 6. 367쪽.

53) 유대 민족을 가리킨다. 〈출애굽기〉 20장 12절, "너희 부모를 공경하여라. 그래야 너희는 주 너희 하나님이 너희에게 준 땅에서 오래도록 살 것이다."

없다면 실존이라는 호두는 속이 빈 껍데기에 불과하다. 이 말을 들어라, 그대들 창조하는 자들이여!

가치의 변화, 그것은 창조하는 자의 변화다. 창조자가 되어야 하는 자는 언제나 파괴한다.

처음에는 민족이 창조하는 자였고, 나중에서야 개인이 창조자가 되었다. 참으로 개인 자체는 최근의 창조물이다.

일찍이 민족들은 선의 서판을 머리 위에 내걸었다. 지배하려는 사랑과 복종하려는 사랑이 함께 이러한 표지판을 창조했다.

군중에서의 쾌락이 자아에서의 쾌락보다 더 오래되었다. 거리낌이 없는 양심이 대중으로 불리는 한, 오직 나쁜 양심, 곧 자아만이 말할 뿐이다.

참으로, 간교한 자아, 사랑이 없는 자아는 다수의 이익을 앞세워 자신의 이익을 원한다. 그러한 자아는 군중의 원천이 아니라 그 몰락일 뿐이다.[54]

선과 악을 창조한 자는 언제나 사랑하는 자요 창조하는 자였다. 모든 덕의 이름 속에는 사랑의 불길이, 분노의 불길이 타오르고 있다.

차라투스트라는 많은 나라와 많은 민족을 보았다. 차라투스트라

---

54) 앞의 문장에서 나오는 '자아'는 독일어로 Ich(I)임을 밝혀둔다. 문장의 흐름을 부드럽게 하려고 '자아'로 옮겼지만 '나'로 읽는 것이 더 정확하다. 군중의 원천과 관련한 '나'와 '군중'의 관계에 대해 니체는 이렇게 말한다. KSA 10, 4(188), 165쪽: "자아는 처음에는 무리 속에 존재한다." KSA 10, 5(1), 273, 220쪽: "한때 자아는 무리 속에 숨겨져 있었지만, 지금은 자아 속에 무리가 여전히 숨겨져 있다."

는 이 세상에서 사랑하는 자들이 이루어놓은 일보다 더 커다란 힘을 보지 못했다. '선'과 '악', 이것이 그러한 창조물들의 이름이다.

참으로 이러한 칭찬과 비난의 힘은 하나의 거대한 괴물과 같다. 말하라, 형제들이여, 누가 나를 위해 이 괴물을 제압할 것인가? 말하라, 누가 이 짐승의 천 개나 되는 목에다가[55] 족쇄를 채울 것인가?

지금까지는 천 개의 목표가 있었다. 천 개의 민족이 있었기 때문이다. 다만 천 개의 목에 채울 족쇄, 곧 '하나'의 목표가 없을 뿐이다. 인류는 아직도 목표를 가지고 있지 않다.

하지만 말하라, 나의 형제들이여, 인류에게 아직 목표가 없다면 인류 자체도 아직 없다는 말이 아닌가!

차라투스트라는 이렇게 말했다.

---

55) 플라톤, 《국가》, 9권, 588c-590b. 플라톤은 영혼의 가장 낮은 부분인 욕망을 "다채롭고 여러 개의 머리를 가진 괴물"로 비유하고 있다. Platon, *Politeia*, 같은 책, 779쪽.

16. 이웃 사랑에 대하여

그대들은 이웃 사람 주위로 몰려가 듣기 좋은 말을 한다. 그러나 내가 그대들에게 말하건대, 그대들의 이웃 사랑은 그대들 자신에게 나쁜 사랑이다.[56]

그대들은 자신에게서 도피하여 이웃 사람들에게로 달아난다. 그리고 거기에서 하나의 덕을 만들어내려고 한다. 그러나 나는 그대들의 '이타적 자기 상실'의 정체를 꿰뚫어 보고 있다.

'너'라는 말은 '나'라는 말보다 오래되었다. '너'라는 말은 신성하게 불리지만, '나'라는 말은 아직 그렇지 않다. 그래서 사람들은 이웃에게로 몰려간다.

그대들에게 이웃 사랑을 권하란 말인가? 차라리 나는 그대들에게 이웃에게서 달아나 가장 멀리 있는 자를 사랑하라고 권한다![57]

가까이 있는 이웃에 대한 사랑보다는 가장 멀리 있는 자, 미래에

---

56) 〈마태복음〉 22장 39절. "네 이웃을 네 몸과 같이 사랑하여라."

올 자에 대한 사랑이 더욱 고귀하다. 인간에 대한 사랑보다는 주어진 일과 유령에 대한 사랑이 더욱 고귀하다.

그대 앞으로 달려오는 이 유령은, 나의 형제여, 그대보다 더 아름답다. 왜 그대는 이 유령에게 그대의 살과 뼈를 주지 않는가? 그러나 그대는 두려워하면서 그대의 이웃에게로 달려간다.

그대들은 그대들 자신을 견뎌내지 못하며 그대들 자신을 충분히 사랑하지 못한다. 그리하여 그대들은 이웃을 유혹하여 사랑하도록 만들고, 이웃의 오류로 그대들 자신을 미화하려 한다.

나는 그대들이 온갖 부류의 이웃과 그 이웃의 이웃을 견뎌내지 못하기를 바란다. 그리하여 그대들은 그대들 자신에게서 그대들의 벗과 그 벗의 넘쳐흐르는 마음을 창조해야만 할 것이다.

그대들은 자신에 대해 좋게 말하고자 할 때 이웃을 증인으로 끌어들인다. 그대들은 증인이 그대들에 대해 좋게 생각하도록 유혹하고 나서 그대들 스스로 자신에 대해 좋게 생각하게 된다.

자신이 아는 것과 반대로 말하는 자만이 거짓말을 하는 것이 아니라, 바로 자신이 모르는 것과 반대로 말하는 자도 거짓말을 하는 것이다. 그리하여 그들은 이웃과 만나 그런 식으로 자신에 대해 말함으로써 자기 자신은 물론이고 이웃마저 속이는 것이다.

---

57) 이웃 사랑과 가장 멀리 있는 자의 사랑. 기독교적 윤리를 대변하는 '이웃 사랑'을 표현하는 독일어 낱말 Nächstenliebe(love of the neighbour)는 '가장 가까이 있는 자의 사랑'으로 해석할 수 있다. '이웃 사랑'이 마지막 인간의 덕성이라면, '멀리-사랑'은 초인의 덕성이다.

바보는 "사람들과의 교제는 성격을 망친다. 아무런 성격도 지니고 있지 않을 때 특히 그렇다."라고 말한다.

어떤 사람은 자신을 찾으려고 이웃에게로 가고, 또 다른 사람은 자신을 잃고 싶어서 이웃에게로 간다. 그대들 자신에 대한 그대들의 그릇된 사랑은 고독을 감옥으로 만든다.

그대들의 이웃 사랑 때문에 대가를 치르는 사람은 보다 멀리 있는 자들이다. 그대들이 다섯 명 모이면 여섯 번째 사람은 언제나 희생양이 된다.

나는 그대들의 축제도 좋아하지 않는다. 배우들이 너무도 많았고, 관객들마저도 자주 배우처럼 행동했기 때문이다.

나는 그대들에게 이웃이 아니라 벗을 가르친다. 벗은 그대들에게 이 대지의 축제요, 초인을 예감케 하는 것이어야 한다.

나는 그대들에게 벗과 이 벗의 넘쳐흐르는 마음을 가르친다. 그러나 이 넘쳐흐르는 마음을 가진 자들에게 사랑을 받으려면 우리는 그 사랑을 빨아들이는 스펀지가 될 줄 알아야 한다.

나는 그대들에게 벗을 가르친다. 그 마음속에 세계가 선의 껍질로서 완성된 벗, 다시 말해 언제나 완성된 세계를 선사할 수 있는 창조적인 벗에 대하여 가르친다.

그리고 일찍이 세계가 벗 앞에서 굴러가 흩어졌던 것처럼, 이제 세계는 다시 둥그런 고리를 이루며 벗에게로 되돌아온다. 악을 통해 선이 생겨나고, 우연에서 목적이 생겨나듯이.

미래가, 그리고 가장 멀리 떨어져 있는 것이 그대가 오늘 존재하는 이유가 되어야 한다. 그대는 벗의 내부에 있는 초인을 그대의 존재 이유로서 사랑해야 한다.

나의 형제들이여, 나는 그대들에게 이웃 사랑을 권하지 않는다. 나는 그대들에게 가장 멀리 있는 자들을 사랑하는 멀리-사랑을 권한다.

차라투스트라는 이렇게 말했다.

17. 창조하는 자의 길에 대하여

나의 형제여, 그대는 고립 안으로 들어가려는가? 그대 자신에 이르는 길을 찾으려는가? 그렇다면 잠시 가던 길을 멈추고 내 말을 들어보라.

군중은 "찾는 자는 쉽게 길을 잃는다. 모든 고독은 죄악이다."라고 말한다. 그리고 그대는 오랫동안 군중에 속해 있었다.

군중의 목소리는 아직도 그대의 마음속에서 울릴 것이다. 그리고 "나는 이제 더는 너희와 똑같은 하나의 양심을 지니고 있지 않다." 라고 말한다면, 그것은 비탄과 고통일 것이다.

보라. 이 고통 자체를 낳은 것도 바로 그 '똑같은' 하나의 양심이었다. 그리고 이 양심의 꺼져가는 마지막 불꽃은 아직도 그대의 슬픔 위에서 어슴푸레하게 빛나고 있다.

그러나 그대는 자신에게로 이르는 길인 그 슬픔의 길을 가려는가? 그렇다면 그렇게 할 수 있는 그대의 권리와 힘을 내게 보여주어라!

그대는 새로운 힘이며 새로운 권리인가? 최초의 움직임인가? 스스로 돌아가는 수레바퀴인가? 그대는 또한 별들을 강요하여 그대 주위로 돌게 할 수 있는가?

아, 높은 곳으로 나아가고자 하는 갈망이 얼마나 많은가! 야심가 들의 경련은 또 얼마나 많은가! 그대가 갈망에 사로잡힌 자도, 야심 에 불타는 자도 아니란 것을 나에게 보여달라!

아, 풀무보다 나은 일을 하지 못하는 위대한 사상들이 얼마나 많 은가! 그것들은 부풀리게 하지만 더 텅 비게 만든다.

그대는 스스로 자유롭다고 말하는가? 그대를 지배하는 사상을 나 는 듣고 싶다. 그대가 굴레에서 벗어났다는 것을 듣고 싶은 것이 아 니다.

그대는 굴레에서 벗어나도 좋은 그런 자인가? 예속 상태를 벗어 던지자마자 자신의 마지막 가치조차 내던진 사람들이 있다.

무엇으로부터의 자유인가? 그것이 차라투스트라와 무슨 상관인 가? 그대의 환한 눈길은 내게 말해야 한다, **무엇을 위한** 자유인가를.

그대는 그대 자신에게 선과 악을 부여하고, 그대의 의지를 그대의 머리 위로 율법처럼 내걸 수 있는가? 그대 자신이 그대의 율법의 재 판관이 되고 복수자가 될 수 있는가?

자기 자신의 율법의 재판관이자 복수자와 함께 홀로 있는 것은 무서운 일이다. 그렇게 하나의 별이 황량한 공간 속으로, 얼음같이 차디찬 고독의 숨결 속으로 던져지는 것이다.

오늘도 그대는 많은 사람 때문에 고통을 당하고 있다. 그대 홀로 있는 자여, 오늘도 그대는 그대의 용기와 희망을 온전하게 간직하 고 있다.

그러나 언젠가 고독은 그대를 지치게 할 것이며, 언젠가 그대의 긍지는 구부러지고, 그대의 용기는 으스러질 것이다. 언젠가 그대는 "나는 혼자다!"라고 외칠 것이다.

언젠가 그대는 자신의 고귀함을 더는 보지 못하고 자신의 비천함만을 너무 가까이 보게 될 것이다. 그대의 고상함이 마치 유령처럼 그대를 두렵게 할 것이다. 그대는 언젠가 "모든 것은 거짓이다!"라고 외칠 것이다.

고독한 자를 죽이려는 감정이 있다. 이런 감정이 성공하지 못하면 그들 스스로가 죽어야 한다! 하지만 그대는 감히 살인자가 될 수 있겠는가?

나의 형제여, 그대는 '경멸'이라는 말을 알고 있는가? 그리고 그대를 경멸하는 자들에게도 올바로 대하려는 그대의 올바름의 고통도 알고 있는가?

그대는 많은 사람을 강요하여 그대에 관한 생각을 바꾸게 한다. 그들은 그런 행동의 책임을 그대에게 묻는다. 그대는 그들에게 가까이 다가갔다가 그대로 지나친다. 그들은 그러한 행동을 전혀 용서하지 않는다.

그대는 그들을 넘어서 올라간다. 그러나 그대가 높이 오르면 오를수록 질투에 찬 그들의 눈에 그대는 더욱더 작아 보인다. 더군다나 날아가는 자는 가장 많은 미움을 받는다.

"그대들이 나에게 올바로 대하기를 어떻게 바라겠는가!" 그대는 이렇게 말해야 한다. "나는 그대들의 부당함을 나에게 주어진 몫으로 선택할 뿐이다."

그들은 고독한 자에게 부당함과 오물을 던진다. 그러나 나의 형제여, 그대가 하나의 별이 되고자 한다면 그들을 마찬가지로 똑같이 비추어야 한다!

그리고 선하고 의로운 자들을 조심하라! 그들은 자기 자신의 덕을 만들어내는 자들을 즐겨 십자가에 매단다. 그들은 고독한 자를 증오한다.

성스러운 단순함도 조심하라! 그들에게 단순하지 않은 모든 것은 신성하지 않다. 그들은 불놀이를, 화형의 장작더미를 좋아한다.

또 그대의 사랑의 갑작스러운 습격을 조심하라. 고독한 자는 마주치는 사람에게 너무 빨리 손을 내민다.

어떤 사람들에게는 손을 내밀어서는 안 되고, 앞발만을 내밀어야 한다. 그리고 그대의 앞발에 발톱도 있기를 바란다.

그러나 그대가 마주칠 수 있는 최악의 적은 언제나 그대 자신일 것이다. 그대 자신이 동굴과 숲에서 그대를 기다리며 잠복하고 있다.

고독한 자여, 그대는 그대 자신에게 이르는 길을 가고 있다! 그리고 그대의 길은 그대 자신과 그대의 일곱 악마 곁을 스쳐 지나간다!

그대는 자신에게 이단자가 될 것이며, 마녀, 예언자, 바보, 의심하는 자, 성스럽지 않은 자, 악한이 될 것이다.

그대는 그대 자신의 불꽃으로 스스로를 불태워야 한다. 먼저 재가 되지 않고서 어떻게 새로워지려 하는가!

고독한 자여, 그대는 창조하는 자의 길을 가고 있다. 그대는 그대의 일곱 악마로부터 하나의 신을 창조하려고 한다!

고독한 자여, 그대는 사랑하는 자의 길을 가고 있다. 그대는 자신을 사랑하고, 그 때문에 자신을 경멸한다. 사랑하는 자만이 경멸할 수 있는 것이다.

사랑하는 자는 경멸하기 때문에 창조하려고 한다! 자신이 사랑하는 것을 경멸할 줄 모르는 자가 사랑에 대해 무엇을 알겠는가!

그대의 사랑과 함께, 그리고 그대의 창조와 함께, 나의 형제여, 그대의 고독 안으로 들어가라. 그러면 나중에서야 정의가 절뚝거리며 그대를 따라올 것이다.

나의 눈물과 함께 그대의 고독 안으로 들어가라, 나의 형제여. 자신을 넘어서 창조하려 하고, 그렇게 파멸하는 자를 나는 사랑한다.

차라투스트라는 이렇게 말했다.

18. 늙은 여자와 젊은 여자에 대하여

"무엇 때문에 그대는 어스름 속을 겁먹은 듯 걸어가는가, 차라투스트라여? 그대의 외투 아래 조심스럽게 숨기고 있는 것은 무엇인가?

그대가 선물 받은 보물인가? 아니면 그대가 낳은 아이인가? 아니면 이제 그대 스스로 도둑의 길로 나섰는가, 그대 사악한 자의 벗이여?"

차라투스트라가 말했다. 참으로, 나의 형제여! 그것은 선물 받은 보물이다. 내가 지닌 것은 작은 진리다.

그러나 이 진리는 어린아이처럼 버릇이 없다. 그래서 내가 그 입을 막지 않으면 너무 큰 소리로 떠든다.

나는 오늘 해가 질 무렵에 홀로 나의 길을 가다가 한 노파를 만났다. 그 노파가 나의 영혼에게 이렇게 말했다.

"차라투스트라는 우리 여자들에게도 많은 것을 말해주었으나 정작 여자에 대해서는 아무 말도 하지 않았어요."

그래서 내가 노파에게 "여자에 대해서라면 남자들에게만 해야 하오."라고 대답했다.

그러자 노파가 "나에게도 여자에 대해서 말해주시오. 나는 너무 늙어서 들어도 곧 다시 잊어버리니까요."라고 말했다.

그래서 나는 그 노파의 청을 들어주기로 하고 이렇게 말했다.

"여자에게 있는 모든 것이 수수께끼다. 그리고 여자에게 있어서 모든 것은 '하나의' 해결책을 가지고 있으니, 그것은 바로 임신이다.

여자에게 남자는 하나의 수단이다. 목적은 언제나 아이다. 그렇다면 남자에게 여자는 무엇인가?

진정한 남자는 두 가지를 원한다. 위험과 놀이가 그것이다. 그러므로 남자는 위험하기 짝이 없는 장난감으로서 여자를 원한다.

남자는 전쟁을 위해 교육받아야 하고, 여자는 전사의 휴식을 위해 교육받아야 한다. 다른 모든 것은 어리석은 일이다.

지나치게 달콤한 과일, 그것을 전사는 좋아하지 않는다. 그 때문에 전사는 여자를 좋아한다. 가장 달콤한 여자조차 그 맛이 쓰기 때문이다.

여자는 남자보다 아이를 더 잘 이해한다. 그러나 남자는 여자보다 더 아이답다.

진정한 남자 안에는 아이가 숨겨져 있다. 이 아이는 놀이를 하고 싶어 한다. 그러니 그대들 여자들이여, 남자 안에 숨어 있는 아이를 찾아내라!

여자는 보석같이 순수하고 섬세한 장난감이어야 한다. 아직은 존재하지 않는 그 어떤 세계의 덕들의 빛을 받아 반짝이는 보석이어야 한다.

별빛이 그대들의 사랑 속에서 빛나기를! 그대들의 희망이 '나는 초인을 낳고 싶다!'이기를.

그대들의 사랑에 용기가 깃들어 있기를! 그대들에게 공포를 불러일으키는 자에게 그대들은 사랑을 갖고 돌진해야 한다.

그대들의 사랑에 명예가 깃들어 있기를! 그러지 않고서는 여자는 명예를 제대로 이해하지 못한다. 그러나 사랑받는 것보다 언제나 더 사랑하고, 이 일에서 결코 둘째가 되지 않는 것. 이것이 그대들의 명예가 되게 하라.

남자여, 여자가 사랑할 때면 여자를 두려워하라. 사랑하는 여자는 모든 것을 희생하며, 그녀에게 다른 모든 것은 가치가 없기 때문이다.

남자여, 여자가 증오할 때면 여자를 두려워하라. 남자는 영혼의 바닥이 악하기만 할 뿐이지만, 여자는 그 영혼의 바닥이 비열하기 때문이다.

여자는 누구를 가장 증오하는가? 쇠붙이가 자석에게 '내가 너를 제일 미워하는 까닭은 네가 나를 끌어당기지만 나를 붙들어놓을 만큼 강하지 않기 때문이다.'라고 말했다.

남자의 행복은 '나는 원한다'는 데 있다. 여자의 행복은 '그가 원한다'는 데 있다.

완전한 사랑으로 순종할 때 모든 여자는 '보라, 방금 이 세계가 완성되었다!'라고 생각한다.

그러므로 여자는 순종해야 하고 자신의 표면의 깊이를 발견해야만 한다. 표면은 여자의 심성이며, 얕은 물 위에서 격렬하게 요동치는 살갗이다.

그러나 남자의 심성은 깊다. 그 흐름은 땅 아래 동굴 속으로 촬촬거리며 흘러간다. 여자는 남자의 이런 힘을 어렴풋이 느끼기는 해도 이해하지는 못한다."

그러자 노파가 내게 대답했다.

"차라투스트라는 여러 가지 좋은 말을 했구려. 특히 그런 말을 듣기에 충분히 젊은 여자들을 위해서 말이오.

이상한 일이오. 차라투스트라는 여자에 대해 아는 게 거의 없는데도 여자에 대한 그의 말은 맞으니 말이오! 여자에게 있어서는 어떠한 일도 불가능하지 않기 때문에 그런 일이 생기는 것인가?

자, 이제 감사의 표시로 작은 진리를 받으시오! 나는 이 진리를 알 수 있을 만큼은 늙었지요!

이것을 천으로 감싸서 그 입을 막으시오. 그러지 않으면 너무 큰 소리로 떠들 것이오, 이 작은 진리가 말이오."

"여인이여, 내게 당신의 작은 진리를 주시오!"라고 내가 말했다. 그러나 노파는 이렇게 말했다. "여자들에게 가는가? 그럼 회초리를 잊지 마시오!"

차라투스트라는 이렇게 말했다.

19. 뱀에 물린 상처에 대하여

어느 날 차라투스트라는 날이 무더워서 두 팔로 얼굴을 가린 채 무화과나무 아래서 잠이 들었다. 그때 뱀 한 마리가 다가와 그의 목을 물었다.[58] 차라투스트라는 고통에 못 이겨 고함을 질렀다. 얼굴에서 팔을 내리고 보니 뱀이 아닌가. 뱀이 차라투스트라의 눈빛을 알아보고는 어정쩡하게 몸을 돌려 달아나려 했다.

차라투스트라가 말했다. "도망가지 마라. 너는 나에게서 감사의 말을 아직 받지 못했다! 가야 할 길이 먼 나를 제때 깨워주었으니 말이다."

그러자 뱀이 슬픈 목소리로 말했다. "그대의 길은 얼마 남지 않았

---

58) 아담과 이브가 선과 악을 구별할 수 있는 과실을 먹도록 유혹한 뱀. 〈창세기〉 3장 1절, "뱀은, 주 하나님이 만드신 모든 들짐승 가운데서 가장 간교하였다. 뱀이 여자에게 물었다." 〈사도행전〉 28장 3~5절, "바울이 나뭇가지를 한 아름 모아다가 불에 넣으니, 뜨거운 기운 때문에 독사가 한 마리 튀어나와서, 바울의 손에 달라붙었다. …… 그런데 바울은 그 뱀을 불 속에 떨어버리고, 아무런 해도 입지 않았다."

다. 내 독은 치명적이다." 차라투스트라가 미소 지으며 말했다. "용이 뱀의 독으로 죽은 적이 있는가? 아무튼 너의 독은 다시 가져가라! 너는 내게 독을 선물할 만큼 부유하지 못하다." 그러자 뱀은 다시 그의 몸을 감고는 상처를 핥았다.

차라투스트라가 언젠가 제자들에게 이 이야기를 들려주자 그들이 물었다. "차라투스트라여, 이 이야기에 담긴 교훈은 무엇입니까?" 이에 차라투스트라가 이렇게 대답했다.

"선하고 의로운 자들은 나를 도덕의 파괴자라고 부른다. 나의 이야기가 비도덕적이라는 것이다.

그런데 그대들에게 적이 있다면 그 악을 선으로 갚지는 마라. 그것은 적을 부끄럽게 만들기 때문이다. 차라리 적이 그대들에게 선한 일을 했음을 보여주어라.

그리고 부끄러워하기보다는 차라리 화를 내라! 그리고 누가 그대들을 저주할 때 축복하지 마라. 그런 것은 내 마음에 들지 않는다. 차라리 조금이나마 같이 저주하라!

그리고 누가 그대들에게 하나의 커다란 불의를 저지른다면 재빨리 다섯 개의 불의를 행하라! 불의를 홀로 당하는 자를 지켜보는 것은 끔찍하다.

그대들은 이 일을 이미 알고 있었는가? 나누어진 불의는 절반의 정의다. 그리고 불의를 감당할 수 있는 사람이 불의를 받아들여야 한다.

전혀 복수하지 않는 것보다는 조금이라도 복수하는 것이 더 인간적이다. 그리고 징벌이 위반자에게 정의와 명예가 되지 않는다면,

나는 그대들의 징벌을 좋아하지 않는다.

정의를 주장하는 것보다는 자신의 불의를 인정하는 것이 더욱 고상하다. 자신이 정당할 경우에는 특히 그렇다. 다만 그대들은 그럴수 있을 만큼 풍요로워야 한다.

나는 그대들의 냉혹한 정의를 좋아하지 않는다. 재판관의 눈길에서는 언제나 형리와 그의 차가운 칼이 엿보인다.

말하라, 볼 줄 아는 눈을 가진 사랑이라는 정의는 어디에 있는가?

그렇다면 사랑을 만들어내라. 모든 징벌뿐만 아니라 모든 죄도 감당하는 사랑을!

그렇다면 정의를 만들어내라. 재판관만 제외하고 모든 사람에게 무죄를 선고하는 정의를!

그대들은 이 말도 들으려고 하는가? 철저하게 정의롭고자 하는 자에게는 거짓말조차 인간에 대한 호의가 된다.

그러나 내 어찌 철저하게 정의롭기를 바랄 수 있겠는가! 내 어찌 모두에게 자신의 것을 줄 수 있겠는가! 나는 각자에게 나의 것을 준다. 이것으로 족하다.

끝으로, 나의 형제들이여, 모든 은둔자에게 불의를 행하지 않도록 조심하라! 은둔자가 어떻게 잊을 수 있겠는가! 은둔자가 어떻게 보복할 수 있겠는가!

은둔자는 깊은 샘물과 같다. 그 속으로 돌을 던지기는 쉽다. 그러나 그 돌이 바닥에 가라앉고 나면, 말하라, 누가 그것을 다시 꺼내려할 것인가?

은둔자를 모독하지 않도록 조심하라! 그러나 이미 모독했다면, 차라리 그를 죽여버려라!"

차라투스트라는 이렇게 말했다.

20. 아이와 결혼에 대하여

나의 형제여, 그대에게만 묻고 싶은 게 하나 있다. 그대의 영혼이 얼마나 깊은지 알아보려고 나는 이 물음을 측심연(測深鉛, 바다의 깊이를 재는 데 쓰는 기구)을 내리듯 그대의 영혼 속으로 던진다.

그대는 젊고, 아이와 결혼을 원한다. 하지만 나는 그대에게 묻는다. 그대는 아이를 원해도 **될 만한** 인간인가?

나는 그대에게 묻는다. 그대는 승리한 자, 자기를 제압한 자, 관능의 지배자, 자신의 덕의 주인인가?

아니면 그대의 소망에는 짐승과 절박한 욕구가 들어 있는가? 아니면 고독 때문인가? 아니면 자기 자신과의 불화 때문인가?

나는 그대의 승리와 그대의 자유가 아이를 갈망하기를 바란다. 그대는 자신의 승리와 해방을 기리기 위해 살아 있는 기념비를 세워야 한다.

그대는 그대 자신을 넘어서 자신을 세워야 한다. 하지만 그대는 우선 그대의 몸과 영혼을 반듯하게 세워야 한다.

그대는 앞으로만 번식해야 하는 것은 아니다. 위로도 번식해야 한다! 그렇게 하도록 결혼이라는 정원이 그대를 도와주리라!

그대는 더욱 숭고한 몸을, 최초의 움직임을, 스스로 돌아가는 수레바퀴를 창조해야 한다. 그대는 창조하는 자를 창조해야 한다.

결혼. 창조한 자들보다 더 나은 사람 하나를 창조하려는 두 사람의 의지를 나는 결혼이라고 부른다. 이러한 의지를 실현하는 상대방에 대한 외경심을 나는 결혼이라고 부른다.

이것이 그대가 말하는 결혼의 의미이고 진리이기를 바란다. 그러나 많고 많은 사람, 쓸모없는 잉여 인간들이 결혼이라고 부르는 것. 아, 나는 이것을 뭐라고 불러야 한단 말인가?

아, 짝을 지은 두 영혼의 빈곤함이여! 아, 짝을 지은 두 영혼의 더러움이여! 아, 짝을 지은 두 영혼의 가련한 안락함이여!

그들은 이 모든 것을 결혼이라고 부른다. 그리고 그들은 그들의 결혼이 하늘에서 맺어졌다고 말한다.

그러나 나는 하늘을, 쓸모없는 잉여 인간들이 말하는 이러한 하늘을 좋아하지 않는다! 아니, 나는 짐승들을, 하늘의 그물에 걸려 있는 이러한 짐승들을 좋아하지 않는다!

자신이 짝지어주지도 않았으면서 축복하려고 절뚝거리며 다가오는 신도 나에게서 멀리 떨어져 있어라!

하지만 이러한 결혼을 비웃지 마라! 자신의 부모를 위해 울어야 할 이유를 가지지 않은 아이가 어디 있겠는가?

이 남자는 내게 품위 있어 보였고, 대지의 의미를 알 만큼 성숙해 보였다. 그러나 그의 아내를 보는 순간 대지는 나에게 정신병원으로 보였다.

그렇다. 성자와 거위가 서로 짝을 이룰 때 나는 대지가 경련을 일으키며 부르르 떨기를 바랐다.

이 성자는 마치 영웅처럼 진리를 찾아 나섰으나, 결국 화려하게 치장한 하나의 작은 거짓말을 손에 넣었을 뿐이다. 그는 이것을 결혼이라고 부른다.

그는 교제에 신중했으며 까다롭게 골랐다. 그러나 그는 단번에 그의 교제를 영원히 망쳐버렸다. 그는 이것을 자신의 결혼이라고 부른다.

그는 천사의 미덕을 지닌 시녀를 구했다. 그러나 그는 단번에 한 여자의 시종이 되었고, 이제는 그것을 넘어 자기 자신이 천사가 되어야 할 판이다.

나는 이제 모든 구매자가 신중하며, 그들 모두가 교활한 눈을 가지고 있다는 것을 알았다. 그러나 가장 교활한 구매자조차 자기 아내를 살 때는 제대로 알아보지도 않고 자루째 산다.

잠시 동안의 수많은 어리석은 행위들, 그대들은 이것을 사랑이라고 부른다. 그리고 그대들의 결혼은 잠시 동안의 수많은 어리석은 행위를 끝내는 하나의 긴 어리석음이다.

여자에 대한 그대들의 사랑과 남자에 대한 여자의 사랑. 아, 부디 이러한 사랑이 고뇌하는 숨겨진 신들에 대한 동정이었으면! 그러나 대개는 두 마리의 짐승이 서로를 알아볼 뿐이다.

하지만 그대들에게 있어 최선의 사랑도 한갓 황홀한 비유이자 고통스러운 격정일 뿐이다. 사랑은 그대들이 나아갈 보다 고귀한 길을 비추어주어야 하는 횃불이다.

그대들은 언젠가는 자신을 넘어서서 사랑해야만 한다! 그러니 우선 사랑하는 법을 배우도록 하라! 그리고 그 때문에 그대들은 사랑의 쓰디쓴 잔을 마셔야 한다.

최선의 사랑이라는 잔에도 쓴맛은 있다. 그리하여 이 사랑은 초인에 대한 동경을 불러일으키며, 그대 창조하는 자를 목마르게 한다!

창조하는 자의 목마름, 초인을 향한 화살과 동경. 말하라, 나의 형제여, 이것이 결혼에 대한 그대의 의지인가?

나는 이러한 의지와 이러한 결혼을 신성하다고 부른다.

차라투스트라는 이렇게 말했다.

21. 자유로운 죽음에 대하여

많은 사람은 너무 늦게 죽고, 몇몇 사람은 너무 일찍 죽는다. "제때 죽도록 하라!"는 가르침은 아직 낯설게 들린다.

차라투스트라는 "제때 죽어라."라고 가르친다.

"물론 제때 살지 못한 자가 어떻게 제때 죽을 수 있겠는가? 차라리 그는 태어나지 않는 게 좋았다!" 나는 쓸모없는 잉여 인간들에게 이렇게 충고한다.

그러나 쓸모없는 잉여 인간들도 자신들의 죽음을 중요하게 여기고, 속이 텅 빈 호두조차 깨지기를 바란다.

모든 사람이 죽음을 중요하게 여긴다. 그러나 죽음은 여전히 축제가 아니다. 인간은 가장 아름다운 축제를 벌이는 법을 아직도 배우지 못했다.

나는 삶을 완성하는 죽음, 산 자에게 가시가 되고 굳은 맹세가 될 죽음을 그대들에게 보여주고자 한다.

삶을 완성하는 자는 희망에 차 있는 자들과 맹세하는 자들에 둘러싸여 승리에 찬 죽음을 맞는다.

그러므로 인간은 죽는 법을 배워야 한다. 이렇게 죽는 자가 산 자들의 맹세를 받지 못하는 축제가 있어서는 안 된다.

이렇게 죽는 것이 최선이다. 그러나 차선은 투쟁 속에 죽으면서 위대한 영혼을 낭비하는 것이다.

승자에게도 투쟁하는 자에게도 히죽히죽거리면서 도둑처럼 살금살금 다가오는 죽음은 가증스럽다.

나는 그대들에게 나의 죽음을 권한다, 내가 **원하기 때문에** 나를 찾아오는 자유로운 죽음을.

그런데 나는 언제쯤 죽기를 원할 것인가? 목표와 후계자를 가진 자는 그 목표와 후계자를 위해 제때 죽기를 원한다.

그리고 목표와 후계자에 대한 외경심에서.그가 삶의 성전에 시든 화환을 걸어놓지는 않을 것이다.

참으로, 나는 밧줄을 꼬는 자들처럼 되고 싶지는 않다. 그들은 실을 길게 잡아당기면서 자신은 언제나 뒤로 물러선다.

진리와 승리를 얻기에는 너무 나이 든 자들도 많다. 이가 빠진 입으로는 더는 어떠한 진리에 대해서도 말할 권리가 없다.

그리고 명성을 얻으려는 자라면 누구든 제때 명예와 작별하고, 제때 떠나는 어려운 재주를 익혀야 한다.

가장 맛이 좋을 때 먹는 것을 그만두어야 한다. 오랫동안 사랑받으려는 자들은 이 점을 잘 알고 있다.

물론 가을의 마지막 날까지 기다려야 하는 운명을 지닌 신 사과들도 있다. 이 사과들은 익음과 동시에 노랗게 되고 쪼글쪼글해진다.

어떤 자는 마음이 먼저 늙고, 어떤 자는 정신이 먼저 늙는다. 그리고 몇몇 사람은 젊은 시절에 백발이 된다. 그러나 늦게 청년이 된 자는 오랫동안 젊음을 유지한다.

많은 사람이 삶에 실패한다. 독충이 그들의 마음을 갉아먹는다. 이런 자들은 그만큼 더 죽음에 성공하도록 유의해야 한다.

많은 사람이 결코 단맛을 내지 못한다. 이런 자들은 이미 여름에 썩는다. 이런 자들을 나뭇가지에 계속 매달고 있는 것은 비겁한 짓이다.

많고 많은 사람이 살고 있고, 너무 오랫동안 가지에 매달려 있다. 폭풍우가 불어와 썩고 벌레 먹은 이 열매들을 나무에서 떨어뜨렸으면 좋겠다!

빠른 죽음을 설교하는 자들이 왔으면 좋겠다. 이자들이야말로 삶의 나무를 뒤흔드는 올바른 폭풍우일 것이다! 그러나 내 귀에 들려오는 것은 천천히 죽어라 하고, '지상에서의' 모든 것을 견디라는 설교뿐이다.

아, 그대들은 지상의 일들을 견디라고 설교하는가? 하지만 그대들을 참고 견디는 것은 바로 이 지상의 것이다, 그대들 비방하는 자들이여!

참으로, 천천히 죽을 것을 설교하는 자들이 존경하는 저 히브리 사람은 너무 일찍 죽었다. 그리고 그 이후로 그의 때 이른 죽음은 많은 사람에게 재앙이 되었다.

그가, 이 히브리인 예수가 알고 있었던 것은 선하고 의로운 자들의 증오와 함께 히브리 사람들의 눈물과 비애뿐이었다. 그래서 그는 죽음에 대한 동경에 사로잡혔다.

그는 황야에 머무르며 선하고 의로운 자들에게서 멀리 떨어져 있어야 했다! 그랬더라면 그는 사는 법을 배우고, 대지를 사랑하는 법을 배웠을 것이다. 게다가 웃음까지 배웠을 것이다!

내 말을 믿어라, 나의 형제들이여! 그는 너무 일찍 죽었다. 내 나이만큼만 살았더라면 그는 자신의 가르침을 철회했을 것이다! 그는 철회할 수 있을 만큼 충분히 고귀한 자였다!

그러나 그는 아직 성숙하지 못했다. 그 젊은이의 사랑은 미숙했고, 인간과 대지에 대한 그의 증오도 미숙했다. 그의 심성과 정신의 날개는 여전히 묶여 있어 무거웠다.

그러나 젊은이보다는 성년의 남자가 더 아이답고 그만큼 덜 우울하다. 성년의 남자는 죽음과 삶을 더 잘 이해한다.

'예'라고 말할 시간이 더는 없을 때 '아니오'라고 신성하게 부정하는 자는 죽음에 대해서도 자유롭고 죽어가면서도 자유롭다. 그는 이렇게 죽음과 삶을 이해한다.

나의 벗들이여, 그대들의 죽음이 인간과 대지에 대한 모독이 되지 않기를. 내가 그대들의 영혼의 꿀에 간절히 바라는 것은 바로 이 점이다.

죽음 앞에서도 그대들의 정신과 덕은 대지를 둘러싸고 있는 저녁놀처럼 활활 타올라야 한다. 그러지 않으면 그대들의 죽음은 실패할 것이다.

나 자신도 이렇게 죽고 싶다. 그리하여 그대들 벗들이 나 때문에 이 대지를 더욱 사랑하기를 바란다. 그리고 나는 대지의 품으로 다시 돌아가, 그곳에서 안식을 얻고 싶다.

참으로 차라투스트라는 하나의 목표를 가지고 있었다. 그는 자신의 공을 던졌다. 그러니 그대들 벗들이여, 나의 목표를 상속할 자가 되어라. 나는 그대들에게 황금 공을 던진다.

나의 벗들이여, 나는 무엇보다도 그대들이 황금 공을 던지는 것을 보고 싶다! 그래서 나는 이 대지 위에 잠시 더 머무르려고 한다. 나를 용서하라!

차라투스트라는 이렇게 말했다.

22. 베푸는 덕에 대하여

1

차라투스트라가 마음에 들었던 '얼룩소'라는 도시를 떠날 때, 그의 제자로 자처하는 많은 사람이 수행하겠다며 그를 따라왔다. 그들이 갈림길에 이르렀을 때 차라투스트라는 이제 혼자 가고 싶다고 말했다. 그는 혼자 가기를 좋아하는 사람이기 때문이었다. 그러자 그의 제자들이 이별의 징표로 그에게 지팡이를 주었는데, 그 황금 손잡이에는 뱀이 태양을 감고 있었다.[59] 차라투스트라는 이 지팡이를 받고 기뻐하면서, 그것을 짚고 서서 제자들에게 이렇게 말했다.

"자, 나에게 말해보라. 황금은 어떻게 하여 최고의 가치를 지니게 되었는가? 귀하면서도 무용하고, 번쩍이면서도 그 빛이 부드럽기

---

[59] 〈출애굽기〉 4장 2~4절. "주님께서 그에게 물으셨다. '네가 손에 가지고 있는 것이 무엇이냐?' 모세가 대답하였다. '지팡이입니다.' 주님께서 말씀하셨다. '그것을 땅에 던져보아라.' 모세가 지팡이를 땅에 던지니, 그것이 뱀이 되었다."

때문이다. 황금은 언제나 자기 자신을 베푼다.

황금은 오직 최고의 덕의 이미지로서만 최고의 가치를 지니게 되었다. 베푸는 자의 눈길은 황금처럼 빛난다. 황금의 광채는 달과 태양의 사이에 평화를 가져다준다.

최고의 덕은 귀하면서도 무용하고, 번쩍이면서도 그 빛은 부드럽다. 베푸는 덕이야말로 최고의 덕이다.

나의 제자들이여, 참으로 나는 그대들의 마음을 잘 알고 있다. 그대들 또한 나와 마찬가지로 베푸는 덕을 갈구한다. 그대들이 어찌 고양이나 늑대와 같을 수 있겠는가?[60]

스스로 제물이 되고 선물이 되는 것이 그대들의 열망이다. 그리하여 그대들은 모든 부를 그대들의 영혼 속에 쌓아놓기를 갈망한다.

그대들의 영혼은 만족할 줄 모르며 보물과 보석을 갈구한다. 그대들의 덕은 베풀려는 의지에서도 만족할 줄 모르기 때문이다.

그대들은 만물이 그대들을 향하여, 그리고 그대들 속으로 흘러들어 오도록 한다. 그리하여 만물이 그대들의 샘에서 그대들의 사랑의 선물이 되어 다시 흘러나가도록 한다.

참으로, 이처럼 베푸는 사랑은 모든 가치를 빼앗는 강도가 되어야 한다. 하지만 나는 이런 이기심을 온전하며 신성한 것이라고 말한다.

또 다른 이기심이 있다. 그것은 너무도 가난하고 굶주려 언제나

---

60) 니체는 제자들을 처음으로 고양이와 늑대에 비유한다. KSA 10, 4(100), 144쪽: "그대들이 늑대와 고양이와 무슨 공통점을 갖고 있는가? 항상 받기만 하고 전혀 주지는 않으며, 받기보다는 오히려 훔치는 것을 더 좋아하는 이것들과 말이다."

훔치려고 하는 병든 자들의 이기심, 병든 이기심이다.

이 이기심은 빛나는 모든 것을 도둑의 눈으로 바라본다. 먹을 게 풍부한 자들을 굶주린 자의 탐욕스러운 눈으로 쳐다본다. 그러면서 베푸는 자들의 식탁 주위를 늘 맴돈다.

이러한 욕망에서 질병과 눈에 보이지 않는 퇴화가 엿보인다. 이러한 이기심의 도둑 같은 탐욕은 몸이 병약함을 말해준다.

말하라, 나의 형제들이여! 우리에게 나쁘고 가장 나쁜 것은 무엇인가? 그것은 **퇴화**가 아니겠는가? 베푸는 영혼이 없는 곳에서 우리는 언제나 퇴화가 일어나고 있음을 알아차린다.

우리의 길은 저 위쪽으로 종에서 종을 넘어선 다른 종으로 나아간다. 그러나 우리에게 전율을 불러일으키는 퇴화하는 마음은 '모든 것은 나를 위해 존재한다.'라고 말한다.

우리의 마음은 위를 향해 날아간다. 우리의 마음은 우리의 몸에 대한 비유이며, 상승에 대한 비유다. 덕의 이름들은 그와 같은 상승의 비유들이다. 그러므로 몸은 형성되는 존재이자 투쟁하는 존재로서 역사 속을 뚫고 나아간다. 그런데 정신, 그것은 몸에 대해 어떤 의미인가? 몸의 투쟁과 승리를 알려주는 전령이자 동지이며 메아리다.

선과 악에 대한 이름들은 모두 비유다. 이름들은 암시만 할 뿐 말로 표현하지 않는다. 그러므로 이러한 이름들로부터 지식을 얻으려는 자는 바보다!

나의 형제들이여, 그대들의 정신이 비유를 들어 말하고자 하는 모든 순간에 주의하라. 여기에 그대들의 덕의 근원이 있기 때문이다.

이때 그대들의 몸은 고양되고 소생한다. 그대들의 몸은 자신의 환희로 정신을 황홀하게 해서 정신이 창조자, 평가하는 자, 사랑하는 자, 만물의 선행자가 되게 한다.

그대들의 마음이 강물처럼 드넓게 굽이쳐 흘러 강변에 사는 사람들에게 축복이자 위험이 될 때, 거기에 그대들의 덕의 근원이 있다.

그대들이 칭찬과 비난에 초연하고, 그대들의 의지가 사랑하는 자의 의지로 만물에 명령하려고 할 때, 거기에 그대들의 덕의 근원이 있다.

그대들이 안락함과 부드러운 잠자리를 경멸하고, 연약한 자들에게서 아무리 떨어져 자도 충분치 않다고 느낄 때, 거기에 그대들의 덕의 근원이 있다.

그대들이 하나의 의지를 원하는 자가 되고, 모든 곤경으로부터의 이러한 전환을 필연이라고 부를 때,[61] 거기에 그대들의 덕의 근원이 있다.

참으로 그대들의 덕은 새로운 선이며 악이다! 참으로 새롭고도 깊은 물결 소리이며, 새로운 샘물 소리다!

이 새로운 덕이 권력이다. 그 덕은 지배적인 사상이며, 현명한 영

---

61) 니체는 '필연(Notwendigkeit)'이라는 낱말을 '전환(Wende)'이라는 낱말과 연관하여 언어유희를 하고 있다. 이 낱말의 뿌리를 이루고 있는 Not는 '곤궁', '궁핍', '곤경', '노고', '위급' 등의 다양한 뜻이 있다. 여기서 니체는 필연(성)이 우리에게 닥치는 운명적인 것이 아니라 우리의 의지의 대상이 될 수 있음을 암시한다. 니체는 친구에게 보낸 편지에서 이를 분명히 한다. "말비다 폰 마이젠부크(Malwida von Meysenbug)에게 보낸 편지, 1883년 2월 1일", KSB 6, 323쪽: "이런 방식으로 나는 나의 모든 필연성을 전환시키려 합니다."

혼이 그 사상을 둘러싸고 있다. 그대들의 덕은 황금빛 태양이며, 인식의 뱀이 그 태양을 휘감고 있다."

2

여기서 차라투스트라는 잠시 말을 멈추고, 애정 어린 눈으로 그의 제자들을 바라보았다. 그러고 나서 그는 계속해서 말을 이어갔다. 그런데 그의 목소리가 변해 있었다.

"나의 형제들이여, 그대들의 덕의 힘으로 대지에 충실하도록 하라! 그대들의 베푸는 사랑과 그대들의 인식이 대지의 의미에 봉사하도록 하라! 이렇게 그대들에게 부탁하고 간청한다.

그대들의 덕이 지상에서 날아올라 그 날개로 영원의 벽에 부딪히지 않도록 하라! 아, 헛되이 날아가 버린 덕들이 얼마나 많았던가!

헛되이 날아가 버린 덕을, 나처럼, 다시 이 대지로 데려오라. 그렇다. 몸과 삶이 있는 곳으로 다시 데려와, 이 덕이 대지에 자신의 의미를, 인간적인 의미를 부여하도록 하라!

지금까지 덕과 마찬가지로 정신도 수백 번이나 헛되이 날아올랐다가 떨어지곤 했다. 아, 우리 몸속에는 아직도 이러한 모든 망상과 허물이 살고 있다. 망상과 허물이 그곳에서 몸이 되고 의지가 되었다.

덕과 마찬가지로 정신도 지금까지 수백 번 시도하고 수백 번 길을 잃었다. 그렇다. 인간은 하나의 시도였다. 아, 그 많은 무지와 오류가 우리의 몸이 되었다!

수천 년 이어온 이성뿐만 아니라 그 이성의 망상도 우리에게서 갑자기 터져 나온다. 그러므로 상속자가 된다는 것은 위험한 일이다.

우리는 아직도 한 걸음 한 걸음 우연이라는 거인과 투쟁하고 있다. 지금까지도 바보 같은 부조리, 곧 무-의미가 전 인류를 지배해왔다.

나의 형제들이여, 그대들의 정신과 그대들의 덕이 대지의 의미에 봉사하도록 하라! 만물의 가치는 그대들에 의해 새로이 정립되어야 한다! 그러므로 그대들은 투쟁하는 자가 되어야 한다! 창조하는 자가 되어야 한다!

몸은 앎을 통해 자신을 정화한다. 몸은 앎과 더불어 여러 시도를 함으로써 자신을 고양시킨다. 인식하는 자에게는 모든 충동이 신성시된다. 고양된 자의 영혼은 즐거워진다.

의사여, 그대 자신을 돕도록 하라.[62] 그래야만 그대의 환자에게도 도움이 된다. 스스로를 치유하는 자를 눈으로 보는 것이야말로 환자에게 최상의 도움이 되기 때문이다.

아직 발길이 닿지 않은 천 개의 오솔길이 있으며, 천 개의 건강법과 숨겨진 삶의 섬들이 있다. 아직도 발견되지 않은 채로 무궁무진하게 남아 있는 것이 인간과 인간의 대지다.

깨어나서 귀를 기울여라, 그대들 고독한 자들이여! 은밀하게 날개

---

62) 〈누가복음〉 4장 23절. "너희는 틀림없이 '의사야, 네 병이나 고쳐라.' 하는 속담을 내게다 끌어대면서, '우리가 들은 대로 당신이 가버나움에서 했다는 모든 일을, 여기 당신의 고향에서도 해보시오.' 하고 말하려고 한다."

를 퍼덕이며 미래로부터 바람이 불어온다. 예민한 귀에 좋은 소식이 들려온다.

그대들 오늘을 사는 고독한 자들이여, 그대들 세상과 결별한 은둔자들이여, 그대들은 언젠가 하나의 민족이 되어야 한다. 스스로 자신을 선택한 그대들에게서 하나의 선택된 민족이 자라나야 한다. 그리고 이 민족으로부터 초인이 자라나야 한다.

참으로, 대지는 이제 치유의 장소가 되어야 한다! 대지의 주변에는 이미 새로운 향기, 치유를 가져오는 새로운 향기가 감돌고 있다. 그리고 새로운 희망이!"

3

차라투스트라는 이렇게 말하고서 입을 다물었는데, 아직 마지막 말은 하지 못한 사람 같았다. 그는 확신이 없는 듯 오랫동안 손에 든 지팡이를 이리저리 흔들었다. 마침내 그는 이렇게 말했다. 그의 목소리는 변해 있었다.

"이제 나 홀로 가려고 한다, 나의 제자들이여! 그대들도 이제 헤어져 홀로 가도록 하라!⁶³⁾ 그것이 내가 바라는 바다.

진실로 그대들에게 권한다. 나를 떠나라, 그리고 차라투스트라에 저항하라! 그리고 더 바람직한 것은 차라투스트라를 부끄러워하는 일이다! 그가 그대들을 속였을지도 모르지 않는가?

인식하는 인간은 적을 사랑할 뿐 아니라 벗을 미워할 줄도 알아야 한다.

언제나 학생으로 머물러 있는 자는 선생에게 제대로 보답하지 못한다. 그대들은 어찌하여 내게서 월계관을 잡아채려 하지 않는가?

그대들은 나를 숭배한다. 어느 날 그 숭배가 무너진다면 어떻게 하겠는가? 그 입상에 깔려 죽는 일이 없도록 조심하라!

그대들은 차라투스트라를 믿는다고 말하는가? 그러나 차라투스트라가 도대체 뭐란 말인가! 그대들은 나의 신도들이라고 말한다. 하지만 신도가 도대체 뭐란 말인가!

그대들은 아직도 자신을 찾아내지 못하고 있었다. 그때 그대들은 나를 만났다. 신도들은 언제나 이렇다. 신앙은 이처럼 보잘것없는 것이다.

이제 그대들에게 명하노니 나를 버리고 그대들 자신을 찾도록 하라. 그리고 그대들 모두가 나를 부정하게 될 때 비로소 나는 다시 그대들에게 돌아올 것이다.[64]

참으로, 나의 형제들이여! 그때는 나를 잃어버린 자들을 다른 눈으로 찾을 것이고, 그대들을 다른 사랑으로 사랑할 것이다.

---

63) 베드로의 물음에 대한 예수의 답변이다. 〈요한복음〉 13장 36절, "시몬 베드로가 예수께 물었다. '주님, 어디로 가십니까?' 예수께서 대답하셨다. '내가 가는 곳에 네가 지금은 따라올 수 없으나, 나중에는 따라올 수 있을 것이다.'" 〈요한복음〉 16장 32절, "보아라, 너희가 나를 혼자 버려두고, 제각기 자기 집으로 흩어져 갈 때가 올 것이다."

64) 〈마태복음〉 10장 32~33절, "누구든지 사람들 앞에서 나를 시인하면, 나도 하늘에 계신 내 아버지 앞에서 그 사람을 시인할 것이다. 그러나 누구든지 사람들 앞에서 나를 부인하면, 나도 하늘에 계신 내 아버지 앞에서 그 사람을 부인할 것이다."

언젠가 그대들은 나의 벗이 되어야 하며, 하나의 희망을 품은 아이들이 되어야 한다. 그러면 나는 세 번째로 그대들과 함께 위대한 정오를 축하할 것이다.

위대한 정오는 인간이 짐승과 초인 사이에 놓인 길의 한가운데서 있을 때이며, 저녁을 향해 나아가는 그의 길을 최고의 희망으로 축하하는 때다. 그 길이 새로운 아침을 향한 길이기 때문이다.

이때 아래로 내려가는 자는 자신이 저 너머로 건너가는 자임을 알고 스스로를 축복할 것이며, 그때 그의 인식의 태양은 그에게 정오의 태양일 것이다.

'**모든 신은 죽었다. 이제 우리는 초인이 나타나기를 바란다.**' 이것이 언젠가 찾아올 위대한 정오에 우리의 마지막 의지가 되기를!"

차라투스트라는 이렇게 말했다.

Friedrich
Nietzsche

2부

Also sprach Zarathustra

"그리고 그대들 모두가 나를 부정하게 될 때
비로소 나는 다시 그대들에게 돌아올 것이다.
참으로, 나의 형제들이여!
그때는 나를 잃어버린 자들을 다른 눈으로 찾을 것이고,
그대들을 다른 사랑으로 사랑할 것이다."

— 차라투스트라, 1부 〈22. 베푸는 덕에 대하여〉, 146쪽.

1. 거울을 든 아이

그 후 차라투스트라는 다시 산으로, 자신의 동굴의 고독 속으로 돌아와 사람들을 멀리했다. 그리고 씨를 뿌려놓고 수확을 기다리는 농부처럼 지냈다. 그러나 그의 영혼은 매우 초조했으며, 그가 사랑한 사람들에 대한 그리움도 가득했다. 그들에게 줄 것이 아직도 많이 남아 있었기 때문이다. 사랑하는 마음에서 활짝 폈던 손을 오므리고, 베푸는 자이면서 여전히 수치심을 간직하기란 정말 더없이 어려운 일이다.

이렇게 이 고독한 자에게 달이 가고 해가 갔다. 그사이에 그의 지혜는 성장했고, 그 충만함이 그에게 고통을 주었다.

어느 날 아침, 동이 트기 전에 깨어나 잠자리에 앉아서 오랫동안 생각에 잠겨 있던 그는 마침내 자신의 마음을 향해 말했다.

"나는 왜 꿈속에서 깜짝 놀라 잠이 깨었던가? 거울을 든 한 아이가 내게 다가오지 않았던가?

'아, 차라투스트라여, 이 거울에 비친 그대를 보세요!'라고 그 아이가 내게 말했다.

거울을 들여다본 나는 소스라치게 놀라 비명을 질렀고, 나의 마음은 동요했다. 거울 속에서 내가 아니라 악마의 찌푸린 얼굴과 조롱하는 웃음을 보았기 때문이다.

참으로 나는 이 꿈의 조짐과 경고를 너무도 잘 이해한다. 나의 **가르침**이 위험에 처해 있고, 잡초가 밀의 행세를 하려는 것이다!

나의 적들은 강해졌으며, 나의 가르침의 본래 모습을 왜곡했다. 그리하여 내가 가장 사랑하는 사람들조차 내가 그들에게 베푼 선물을 부끄러워하지 않을 수 없게 된 것이다.

나는 벗들을 잃고 말았다. 이제 잃어버린 벗들을 찾아야 할 때가 왔다!"

차라투스트라는 이렇게 말하면서 자리에서 벌떡 일어났다. 그 모습은 겁에 질린 나머지 시원한 공기를 쐬려는 자라기보다는 영감을 얻은 예언자나 가수와 같았다. 그의 독수리와 뱀은 놀라 그를 바라보았다. 아침놀처럼 다가올 어떤 행복이 그의 얼굴에 서려 있었기 때문이다.

"내게 무슨 일이 일어났는가, 나의 짐승들이여?" 차라투스트라가 물었다. "나는 변하지 않았는가! 행복이 폭풍처럼 나를 찾아오지 않았는가?

나의 행복은 어리석다. 그리하여 어리석은 말을 하게 되리라. 나의 행복은 아직 너무 어리다. 그러니 나의 행복을 너그럽게 참고 견뎌라!

나는 나의 행복으로 말미암아 상처를 입었다. 고통을 받는 사람 모두가 나의 의사가 되어달라!

나의 벗들에게로, 그리고 나의 적들에게로 나는 다시 내려갈 수 있게 되었다! 차라투스트라는 다시 설교하고 베풀 수 있게 되었고, 사랑하는 자들에게 가장 커다란 사랑을 다시 보여줄 수 있게 되었다.

나의 성급한 사랑은 흘러넘쳐 큰 물결을 이루어, 해가 돋는 데서 해지는 데까지 아래쪽으로 흘러내린다.[1] 침묵의 산에서, 고통의 뇌우에서 나의 영혼은 골짜기로 촬촬거리며 흘러내린다.

너무나 오랫동안 나는 동경하면서 저 먼 곳을 바라보았다. 너무나 오랫동안 고독에 잠겨 있었다. 그리하여 나는 침묵하는 것을 잊어버렸다.

나는 온몸이 입이 되었고, 높은 바위에서 떨어지는 시냇물의 촤촤 소리가 되었다. 나는 내가 하는 말이 골짜기 아래로 떨어지기를 바란다.

그리하여 내 사랑의 커다란 강이 길도 없는 곳으로 떨어진들 어떠하겠는가! 그 커다란 강이 어찌 바다에 이르는 길을 끝내 찾지 못할 것인가!

내 마음속에는 하나의 호수가 있다. 은둔자처럼 조용히 숨어 자족하는 호수가 있다. 그러나 내 사랑의 커다란 강은 이 호수의 둑을 허물고 함께 아래로 흘러간다. 저 아래 바다로!

나는 새로운 길을 간다. 새로운 이야기가 내게 떠오른다. 나는 모

---

1) 〈시편〉 50장 1절, "전능하신 분, 주 하나님께서 말씀하시어, 해가 돋는 데서부터 해지는 데까지, 온 세상을 불러 모으신다."

든 창조하는 자와 마찬가지로 낡은 말에 지쳤다. 나의 정신도 닳아 빠진 신을 신고 돌아다니고 싶어 하지 않는다.

그 모든 이야기의 흐름이 내게는 너무 느리다. 폭풍이여, 나는 그대의 수레에 뛰어오르리라! 그리하여 나의 악의로 그대를 채찍질하여 달리게 하리라!

함성이나 환호성처럼 나는 드넓은 바다를 가로질러 달리려 한다. 나의 벗들이 머무는 행복의 섬을 발견할 때까지.

그리고 벗들 사이에는 나의 적들도 있겠지! 내가 말을 건넬 수 있는 자라면 누구든 이제 마음껏 사랑하리라! 나의 적들 또한 나의 행복의 한 부분이다.

그리고 사납기 짝이 없는 나의 말에 올라타려 할 때 나에게 가장 도움이 되는 것은 언제나 나의 창이다. 나의 창은 항상 준비된 내 발의 하인이다.

내가 나의 적들을 향해 던지는 창이여! 마침내 창을 던질 수 있게 되었으니 내 적들이 얼마나 고마운가!

나의 구름의 긴장 상태는 너무도 높았다. 이제는 번갯불의 호쾌한 웃음 사이로 아래를 향하여 우박을 퍼부으리라.

그러면 나의 가슴은 힘차게 부풀어 오르면서 폭풍우를 저 산 위로 힘차게 퍼부을 것이다. 그러면 나의 가슴은 가벼워지리라.

참으로 나의 행복과 나의 자유는 폭풍우처럼 찾아오리라! 그러나 나의 적들은 **악인**이 그들의 머리 위에서 미쳐 날뛴다고 생각하리라.

그렇다. 나의 벗들이여, 그대들도 나의 사나운 야생의 지혜 때문에 놀라게 될 것이다. 어쩌면 그대들도 나의 적들과 함께 달아날지도 모른다.

아, 내가 그대들을 피리로 유혹해 되돌아오게 하는 법을 알 수만 있다면! 아, 지혜라는 나의 암사자가 상냥하게 으르렁거리는 법을 배웠더라면. 그런데 우리는 이미 많은 것을 함께 배우지 않았던가!

나의 지혜는 고독한 산 위에서 잉태되었다. 그리고 험준한 바위 위에서 나의 지혜는 아이를, 가장 어린 아이를 낳았다.

이제 나의 지혜는 황량한 벌판을 바보처럼 뛰어다니며 부드러운 풀밭을 찾아다니고 있다. 나의 늙고 사나운 야생의 지혜가!

그대들 마음의 부드러운 풀밭 위에, 나의 벗들이여! 나의 지혜는 그대들의 사랑 위에 자신의 가장 사랑스러운 아이를 눕히고자 한다!"

차라투스트라는 이렇게 말했다.

2. 행복의 섬에서

무화과 열매들이 나무에서 떨어진다. 잘 익어 달콤하다. 그 열매들은 떨어지면서 붉은 껍질을 터뜨린다. 나는 익은 무화과 열매들에 불어닥치는 북풍이다.

나의 벗들이여, 이러한 무화과 열매처럼 나의 가르침은 그대들에게 떨어진다. 이제 그 과즙을 마시고 달콤한 살을 먹도록 하라! 가을이 사방에 무르익고, 하늘은 맑고, 때는 오후다.

보라, 주위가 얼마나 풍성한가! 이러한 충만함 가운데서 아득히 먼 바다를 바라보는 것은 멋진 일이다.

일찍이 사람들은 아득히 먼 바다를 바라보면서 신을 말했다. 그러나 이제 나는 그대들에게 초인을 말하도록 가르친다.

신은 하나의 억측에 불과하다. 그러므로 나는 그대들의 억측이 그대들의 창조적 의지보다 멀리 나가지 않기를 바란다.

그대들은 하나의 신을 **창조**할 수 있는가? 그렇지 않다면 모든 신에 대해서 침묵하라! 하지만 그대들은 초인을 창조할 수 있을 것이다.

나의 형제들이여, 그대들 자신은 아마도 초인을 창조하지 못할 수도 있다! 그러나 그대들은 자신을 초인의 아버지나 선조로 바꿀 수는 있을 것이다. 그리고 이것이 그대들의 최고의 창조이리라!

신은 하나의 억측이다. 그러나 나는 그대들의 억측이 생각할 수 있는 것의 범위 안에 머물기를 바란다.

그대들은 신을 **사유**할 수 있는가? 그런데 만물을 인간이 생각할 수 있는 것, 인간이 볼 수 있는 것, 인간이 느낄 수 있는 것으로 변화시키는 일. 그것이 그대들에게 진리에의 의지일 것이다! 그대들은 자신의 감각을 끝까지 사유해야 한다!

그리고 그대들이 세계라고 부르는 것, 그것은 우선 그대들에 의해 창조되어야 한다. 그대들의 이성, 그대들의 이미지, 그대들의 의지, 그대들의 사랑이 세계 자체가 되어야 한다! 그대들 인식하는 자들이여, 그러면 그대들은 그대들의 행복에 이르게 되리라!

그대들 인식하는 자들이여, 이러한 희망도 없이 어떻게 삶을 참고 견디려 하는가? 도저히 파악할 수 없는 것 속에서, 비이성적인 것 속에서 그대들은 태어날 수 없다.

그대들 벗들이여, 그대들에게 내 마음을 모두 드러낸다. **만약** 신들이 존재한다면, 어떻게 내가 신이 아니라는 사실을 참고 견딜 수 있겠는가? **그러므로** 신들은 존재하지 않는다.

물론 내가 이런 결론을 내렸지만, 이제는 이 결론이 나를 끌고 간다.

신은 하나의 억측이다. 하지만 이러한 억측의 모든 고통을 마시고도 죽지 않을 자가 있겠는가? 창조하는 자에게서 그의 믿음을, 독수리에게서 높이 날 수 있는 비상의 능력을 빼앗으란 말인가?

신은 모든 곧은 것을 구부리고, 서 있는 모든 것을 비틀거리게 하는 사상이다. 무슨 말이냐고? 시간은 사라져버리고, 덧없는 모든 것은 한갓 거짓이어야 한단 말인가?

이러한 것을 생각하면 온몸이 소용돌이치며 어지럽고, 위장은 구역질을 일으킨다. 참으로 이러한 일을 억측하는 것을 나는 어지럼병이라 부른다.

하나인 것, 완전무결한 것, 움직이지 않는 것, 충만한 것, 변하지 않는 것에 대한 이 모든 가르침. 이것을 나는 사악하고 인간 적대적인 것이라고 부른다.

불멸하는 모든 것, 그것은 오직 하나의 비유일 뿐이다! 시인들은 너무도 많은 거짓말을 한다.

그러나 최선의 비유라면 마땅히 시간과 생성에 대해 말해야 한다. 이러한 비유는 모든 덧없음을 찬양하고 정당화한다.

창조하는 것, 이것이야말로 고통으로부터의 위대한 구원이며 삶을 가볍게 만드는 것이다. 하지만 창조하는 자가 있으려면 고통과 많은 변신이 필요하다.

그렇다, 창조하는 자들이여, 그대들의 삶에는 수많은 쓰라린 죽음이 있어야 한다! 그리하여 그대들은 그 모든 덧없음의 대변자가 되고 옹호자가 되어야 한다.

창조하는 자 스스로가 새로 태어날 어린아이가 되려면, 그 자신이 산모가 되어 그 산고를 겪기를 바라야 한다.

참으로 나는 백 개의 영혼을 거쳐왔고, 백 개의 요람과 산고를 겪으며 나의 길을 걸어왔다. 이미 많은 작별을 했고, 가슴이 찢어지는

듯한 최후의 순간을 알고 있다.[2]

하지만 나의 창조하려는 의지, 나의 운명이 이것을 바란다. 아니, 그대들에게 좀 더 정직하게 말하자면 바로 이러한 운명을 나의 의지가 원하는 것이다.

감정을 가진 모든 것이 내게서 고통을 받고 있다. 감옥에 갇혀 있는 것이다. 그러나 나의 의욕은 언제나 나의 해방자로서 그리고 나에게 기쁨을 주는 자로서 나를 찾아온다.

의욕은 자유롭게 한다. 이것이 의지와 자유에 대한 진정한 가르침이다. 차라투스트라는 이것을 그대들에게 가르친다.

더-이상-의욕하지 않기, 더-이상-평가하지 않기, 더-이상-창조하지 않기! 아, 이 커다란 권태가 언제나 나에게서 멀리 떨어져 있기를!

또 인식할 때에도 나는 내 의지의 '생식-욕구'와 '생성-욕구'만을 느낀다. 그리고 나의 인식에 순진무구함이 있다면, 그것은 나의 인식 속에 생식에의 의지가 있기 때문이다.

이 의지가 나를 유혹하여 신과 신들에게서 멀어지게 했다. 만약

---

2) 니체의 영원회귀설과 관련된 이 문장은 환생의 의미를 분명하게 서술한다. 니체가 말하는 환생은 어떤 삶이 천 년이 흐른 뒤 다시 생기는 것처럼 일련의 삶의 계열을 거쳐 다시 태어나는 것이기보다는 하나의 특정한 삶과 생애 내에서 죽음과 재생의 반복을 의미한다. KSA 10, 5(1), 227, 213쪽: "다시 생겨나려면 소멸하기를 원해야 한다—한 날에서 다른 날로. 백 개의 영혼을 통한 변신(Verwandlung, transformation)—그것이 너의 삶, 너의 운명이 되도록 하라. 그리고 나서 마지막으로, 이 전체 계열을 다시 한번 원하라!"

신들이 거기에 존재한다면 창조할 그 무엇이 남아 있겠는가!

그러나 나의 의지, 나의 열정적인 창조 의지는 언제나 새로이 나를 인간에게로 몰아간다. 그리하여 망치가 돌을 치도록 만든다.

아, 그대들 인간들이여, 돌 속에는 하나의 형상이, 내가 바라는 형상 중 한 형상이 잠들어 있다! 아, 그 형상이 단단하고 추하기 그지없는 돌 속에서 잠들어 있어야 한단 말인가!

이제 나의 망치가 그 형상을 가두고 있는 감옥을 잔인하게 두들겨 부순다. 돌 조각이 사방으로 흩어진다. 하지만 그게 무슨 상관인가!

나는 이 형상을 완성하려 한다. 어떤 그림자가 나를 찾아왔기 때문이다. 만물 가운데서 가장 조용하고 가장 가벼운 것이 나를 찾아왔다!

초인의 아름다움이 그림자로서 내게 다가왔다. 아, 형제들이여! 신들이 나와 무슨 상관이란 말인가!

차라투스트라는 이렇게 말했다.

3. 동정하는 자들에 대하여

나의 벗들이여, 그대들의 벗은 "차라투스트라를 보라! 그는 마치 짐승 사이를 거닐듯 우리 사이를 거닐고 있지 않은가?"라고 빈정대는 말을 들은 적이 있다.

그러나 "인식하는 자는 짐승인 인간들 사이를 돌아다닌다."라고 말했더라면 좀 더 나았을 것이다.

인간 자체가 인식하는 자에게는 붉은 뺨을 가진 짐승이다.

어떻게 인간이 그렇게 되었는가? 너무 자주 부끄러워했기 때문이 아닌가?

아, 나의 벗들이여! 인식하는 자는 말한다. 수치, 수치, 수치. 이것이 인간의 역사다!

그러므로 고귀한 자는 다른 사람을 수치스럽게 하지 말라고 자신에게 명령한다. 그는 고통 받는 모든 사람 앞에서 수치심을 느끼라고 자신에게 명령한다.

참으로 나는 동정을 베풀면서 행복을 느끼는 자비로운 자들을 좋아하지 않는다. 그들에게는 수치심이 너무도 부족하다.

내가 동정심을 가져야 할 때조차 나는 동정심 많은 자라는 말을 듣고 싶지 않다. 내가 동정심이 있다면, 나는 멀리서 동정하고 싶다.

그리고 다른 사람이 나를 알아보기 전에 얼굴을 가리고 도망치고 싶다. 그대들도 그렇게 하라, 나의 벗들이여!

나의 운명이 그대들처럼 고통 받지 않는 자들, 그리고 희망과 식사와 꿀을 함께 **나누어도 좋은** 자들을 언제나 나에게 이끌어주기를!

참으로 나는 고통 받는 자들을 위해 이런저런 좋은 일을 했다. 그러나 내가 더 잘 즐길 줄 알게 되었을 때 항상 더 나은 일을 했다는 생각이 들었다.

인간이 존재한 이래 인간은 너무도 즐기지 못했다. 나의 형제들이여, 이것만이 우리의 원죄다!

우리가 더 잘 즐길 줄 알게 된다면 다른 사람에게 고통을 주거나 고통을 줄 생각을 가장 잘 버릴 수 있다.

그 때문에 나는 고통을 당하는 자들을 도왔던 나의 손을 씻으며, 그 때문에 나의 영혼도 깨끗이 씻는다.

고통을 당하는 자가 고통스러워하는 것을 보며 내가 부끄러워하는 것은 그의 수치심 때문이었다. 또 내가 그를 도와주었을 때도 나는 그의 자존심에 심하게 상처를 입혔기 때문이다.

커다란 친절은 감사의 마음이 아니라 복수심을 일으킨다. 작은 선행이 잊히지 않으면 거기서 좀 벌레가 생겨난다.

나는 베풀 게 없는 자들에게 "받아들일 때는 냉담하게 속내를 드러내지 마라! 그리하여 그대들이 받아들이는 것이 표나게 하라!"라고 권한다.

그러나 나는 베푸는 자다. 나는 벗이 벗들에게 하듯이 베풀고 싶다. 하지만 낯선 자들과 가난한 자들은 나의 나무에서 직접 과일을 따도 좋다. 그러면 덜 부끄러울 것이다.

그러나 거지들은 말끔히 없애버려라! 참으로 그들에게는 주어도 화가 나고 주지 않아도 화가 난다.

그리고 죄를 지은 자들과 양심의 가책을 받는 자들도 마찬가지로 없애버려라! 내 말을 믿어라, 나의 벗들이여. 양심의 가책을 받으면 남을 책망하며 물게 된다.

그러나 가장 나쁜 것은 하찮은 생각이다. 하찮은 생각을 하느니 악행을 저지르는 편이 차라리 더 낫다!

물론 그대들은 "하찮은 악의에서 느끼는 기쁨이 많은 커다란 악행을 예방한다."라고 말할 것이다. 그러나 여기서 예방을 바라서는 안 된다.

악행은 궤양과 같다. 악행은 가렵고 긁게 만들다 결국 터져나온다. 악행은 이처럼 정직하게 말한다.

악행은 "보라, 나는 질병이다."라고 말한다. 이것이 악행의 정직함이다.

그러나 하찮은 생각은 진균과 같다. 기어다니고 움츠리고 어느 곳에도 가만히 있지 않으려 한다. 온몸이 작은 진균 때문에 썩어 문드러지고 시들 때까지.

그러나 악마에게 사로잡힌 자의 귀에 대고 나는 "차라리 그대의 악마를 크게 키우는 편이 더 낫다! 그대에게도 위대함에 이르는 길이 아직 남아 있다!"라고 말한다.

아, 나의 형제들이여! 우리는 모든 사람에 대해 너무 많이 알고 있다! 많은 사람이 우리에게 투명해진다. 하지만 바로 그 때문에 우리는 아직 그들을 관통하지 못한다.

사람들과 함께 사는 것은 어렵다. 침묵하기가 그토록 어렵기 때문이다.

그리고 우리는 우리에게 거슬리는 자들이 아니라 우리와 아무 상관도 없는 자들에게 가장 부당하게 행동한다.

그러나 그대에게 고통을 받는 친구가 있다면, 그대는 그의 고통의 휴식처가 되도록 하라. 다만 딱딱한 침대, 야전 침대가 되도록 하라. 그래야만 그대가 그에게 가장 큰 도움이 될 것이다.

그리고 벗이 그대에게 악행을 저질렀을 때는 "나는 그대가 내게 한 행동을 용서한다. 하지만 그대가 **그대 자신에게** 악행을 했다는 것을 내가 어떻게 용서할 수 있겠는가!"라고 말하라.

그러므로 모든 위대한 사랑은 말한다. 사랑은 용서와 동정조차 극복한다.

우리는 마음을 굳게 다잡아야 한다. 마음을 제멋대로 내버려두면 분별력마저 곧 잃어버린다!

아, 이 세상에서 동정하는 자들보다 더 바보 같은 짓을 하는 자들이 어디 있었던가? 그리고 세상에서 동정하는 자들의 어리석음보다 더 큰 고통을 가져온 것이 어디에 있겠는가?

자신의 동정심도 뛰어넘는 높이를 아직 가지지 못하면서 사랑을 하는 모든 자에게 화 있을지어다!

언젠가 악마가 내게 "신에게도 자신의 지옥이 있으니, 인간에 대한 신의 사랑이 그것이다."라고 말했다.

또 최근에 나는 악마가 "신은 죽었다. 인간에 대한 동정 때문에 신은 죽었다."라고 말하는 것을 들었다.

그러므로 동정하지 않도록 주의하라. **그곳으로부터** 인간에게 먹구름이 몰려온다! 참으로 나는 기상 변화의 조짐을 잘 알고 있다!

그러나 이 말도 명심하라. 모든 위대한 사랑은 모든 동정을 넘어선다. 위대한 사랑은 사랑의 대상조차 창조하려고 하기 때문이다!

창조하는 자들은 모두 "나는 나 자신을 나의 사랑에 바친다. 그리고 **나와 마찬가지로 내 이웃들도** 나의 사랑에 바친다."라고 말한다.

하지만 창조하는 자들은 모두 냉혹하다.

차라투스트라는 이렇게 말했다.

4. 성직자들에 대하여

언젠가 차라투스트라는 제자들에게 손짓하며 이렇게 말했다.

"여기 성직자들이 있다. 이들이 나의 적이긴 하지만 칼을 잠재운 채 조용히 그들 곁을 지나가도록 하자!

그들 중에도 영웅이 있다. 그들 가운데 다수는 너무 고통을 당했다. 그래서 그들은 다른 사람들에게 고통을 주려고 한다.

그들은 사악한 적들이다. 그들의 겸손보다 더 복수심에 불타는 것은 없다. 그러므로 그들을 공격하는 자는 쉽사리 자신을 더럽히게 된다.

그러나 나의 피도 그들의 피와 관련이 있다. 그러므로 나는 나의 피가 그들의 핏속에서조차 존중받기를 바란다."

그들이 지나가자, 고통이 차라투스트라를 덮여왔다. 이 고통과 잠시 싸운 후 그는 이렇게 말하기 시작했다.

"이 성직자들을 보니 가엾은 생각이 든다. 내 취향[3]에 거슬린다. 하지만 이것은 내가 사람들 사이로 돌아온 이래 겪었던 일 가운데서 가장 사소한 것에 불과하다.

나는 이 성직자들과 함께 고통을 당했으며 아직도 당하고 있다. 나에게 그들은 감옥에 갇힌 죄수이며 낙인찍힌 자들이다. 그들이 구세주라고 부르는 자가 그들을 굴레에 묶어놓았다.

거짓 가치와 망상의 말이라는 굴레다! 아, 누군가가 그들을 그 구원자에게서 구원해줄 것인가![4]

언젠가 바다가 그들을 휩쓸어갔을 때, 그들은 어떤 섬에 상륙했다고 믿었다. 그러나 보라, 그것은 잠들어 있는 괴물이 아니었던가!

거짓 가치와 망상의 말들. 그것은 죽을 운명을 타고난 인간들에게는 최악의 괴물이다. 그리고 이러한 괴물 가운데서 재앙이 오랫동안 잠을 자며 기다리고 있다.

그러나 마침내 재앙은 찾아오고, 잠에서 깨어나 그 위에 오두막을 지은 자들을 집어삼킨다.

아, 성직자들이 지은 오두막을 보라! 그들은 달콤한 향기가 나는

---

3) '취향'은 독일어 'Geschmack(taste)'을 번역한 것이다. 통상 '취미'로 옮기기도 하지만 이는 '전문적으로 하는 것이 아니라 즐기려고 하는 일'이라는 뜻으로 오해하기 쉽고, 또 칸트의 《판단력 비판》에서 사용하는 맥락에서 '아름다운 대상을 감상하고 이해하는 힘'이라는 뜻으로 '미감(美感)'으로 번역하는 것은 일상적 의미를 간과한다. 이 낱말의 중고지 독일어 어원 'gesmac(향기, 냄새)'과 그 동사형 'smecken(schmecken)'이 '맛보다', '냄새를 맡다'의 뜻이 있는 것처럼, 이 낱말은 감각적 지각 전체를 가리킨다. 그러므로 취향은 감각을 기반으로 한 특정한 경향을 의미한다. 니체는 《그리스 비극 시대의 철학》에서 '현명하다(sophos)'와 '맛을 느끼다(sapio)'의 연관관계에 주목하여 이를 철학의 핵심과제로 설정한다.

4) 니체는 종종 바그너와의 관계에서 '구원자에게서 구원되어야 할 필요성'을 언급한다. KSA 13, 14(52), 243쪽: "구원자에게서 구원을! …… 바그너가 구원자가 될 수 있었다면, 누가 우리를 이 구원으로부터 구원하는가? 누가 우리를 이 구원자에게서 구원하는가?"

그들의 동굴을 교회라고 부른다.

아, 날조된 빛이여, 퀴퀴한 공기여! 이곳에서는 영혼이 자신의 높이를 향해 날아오를 수 없다!

그들의 신앙은 오히려 '무릎을 꿇고 계단을 오르라, 그대들 죄인들이여!'라고 명령한다.

참으로 나는 수치심과 경건함으로 일그러진 그들의 사팔눈을 보기보다는 차라리 수치심을 모르는 파렴치한 자들을 보리라!

누가 이러한 동굴과 참회의 계단을 만들었는가? 몸을 숨기려 했던 자들, 맑은 하늘 아래 부끄러워했던 자들이 아닌가?

맑은 하늘이 무너진 천장 사이로 다시 보이고, 허물어진 벽 주위에 풀과 붉은 양귀비가 내려다보일 때, 비로소 나는 내 마음을 이 신의 거처로 다시 돌리리라.

그들은 자신들을 부정하고 고통을 주는 자를 신이라 불렀다. 그리고 참으로 그들의 경배 속에는 영웅적인 것이 많이 깃들어 있었다!

그리고 그들은 인간을 십자가에 못 박는 것 말고는 달리 그들의 신을 사랑할 줄 몰랐다!

그들은 시체로 살고자 했고, 자신의 시체를 검은 천으로 감쌌다. 그들의 설교는 아직도 시체 안치실의 역겨운 냄새를 풍긴다.

그리고 그들 가까이에서 사는 것은 두꺼비가 감미롭고 우울하게 노래하는 검은 연못 가까이에서 사는 것이나 다름없다.

나로 하여금 그들의 구세주를 믿게 하려면 그들은 좀 더 나은 노래를 불러주어야 할 것이다! 구세주의 제자들은 내 눈에 더 구원받은 자처럼 보여야 할 것이다!

나는 그들의 발가벗은 몸을 보고 싶다. 오직 아름다움만이 참회를 설교할 수 있기 때문이다. 도대체 이러한 위장된 슬픔으로 그 누구를 설득할 수 있단 말인가!

참으로 그들의 구세주들 자신은 자유로부터, 자유의 일곱 번째 천국으로부터 오지 않았다! 참으로 그들 자신은 인식의 양탄자 위를 걸어본 적이 결코 없었다!

이러한 구세주들의 정신은 빈틈투성이다. 그리고 그들은 그 빈틈마다 자신들이 신이라고 불렀던 그들의 망상을, 곧 빈틈 메우기 대용품들을 채워 놓았다.

그들의 정신은 그들의 동정심에 빠져 익사했다. 그리고 그들이 동정심으로 부풀어 오르고 또 부풀어 넘치게 되면, 그 위에는 항상 커다란 어리석음이 떠돌았다.

그들은 고함을 지르면서 열심히 그들의 양 떼를 몰아 그들의 좁은 판자 다리 위로 건너가게 했다. 마치 미래로 이어지는 단 하나의 다리만 있는 것처럼! 참으로 이 목자들도 그 양 떼의 일부였다!

이 목자들은 작은 정신과 광대한 영혼을 가지고 있었다. 그러나 형제들이여, 가장 광대한 영혼이란 것이 지금까지 얼마나 작은 땅이었던가!

그들은 자신이 가는 길에 핏자국을 남겨놓았으며, 어리석게도 피로써 진리를 증명한다고 가르쳤다.

그러나 피는 진리의 최악의 증인이다. 피는 가장 순수한 가르침조차 오염시켜 마음의 망상과 증오로 변하게 하기 때문이다.

그리고 어떤 사람이 자신의 가르침을 위해 불길 속으로 뛰어든다고 하더라도, 그것으로 무엇을 증명한단 말인가! 참으로 자기 자신의 열정에서 자기 자신의 가르침이 생겨나는 것이 더 좋지 않은가!

후텁지근한 가슴과 차가운 머리. 이 둘이 만나는 곳에서 '구세주'라는 광풍이 일어난다.

군중이 구세주라고 부르는 이 매혹적인 광풍보다 더 위대하고 더 고귀하게 태어난 자들이 참으로 있었다!

그런데 나의 형제들이여, 그대들은 모든 구세주보다 더 위대한 자들에 의해 구원받아야 한다. 그대들이 자유에 이르는 길을 찾고자 한다면 말이다!

지금까지 초인이 존재한 적이 없었다. 나는 가장 위대한 인간과 가장 하찮은 인간, 이 둘의 벗은 몸을 보았다.

그들은 아직도 서로 너무 닮았다. 참으로 나는 가장 위대한 인간조차 너무나 인간적임을 알았다!"

차라투스트라는 이렇게 말했다.

5. 덕이 있는 자들에 대하여

우리는 해이하고 무기력한 감각을 향해 천둥과 하늘의 불꽃으로 말해야 한다.

그러나 아름다움의 목소리는 나직하게 말한다. 그 목소리는 깨어 있는 영혼 속으로만 살그머니 들어간다.

오늘 나의 방패는 나를 향해 가볍게 몸을 떨며 웃었다. 그것은 아름다움의 신성한 웃음이며 떨림이었다.[5]

그대들 덕이 있는 자들이여, 오늘 나의 아름다움은 그대들을 비웃었다. 그리고 그 웃음소리는 내게 "그대들은 아직도 대가를 바라는 구나!"라고 들렸다.

그대들 덕이 있는 자들이여, 그대들은 아직도 대가를 바라는구나! 덕에 대한 대가를, 지상에서의 삶에 대한 대가로 천국을, 그리고 그

---

5) 차라투스트라는 '아름다움'을 전통적 덕성에 대한 방패로 사용한다. KSA 10, 9(17), 350쪽: "나는 뱀의 머리카락을 한 메두사의 공포로 너희를 돌로 만들려는 것이 아니다. '아름다움'이라는 내 방패를 통해 나는 그대들 앞에서 나를 지킨다."

대들의 오늘에 대한 대가로 영원을 바라는가?

내가 그대들에게 대가를 지불할 자도 보수를 줄 자도 없다고 가르쳐서 내게 화를 내는 것인가? 참으로 나는 덕이 덕 자체의 대가라고 가르친 적이 없다!

아, 그것이 나의 슬픔이다. 사람들은 사물의 밑바닥에다 대가와 형벌이라는 거짓을 심어놓았다. 그리고 이제 그대들의 영혼의 밑바닥에도 심어놓았다. 그대들 덕이 있는 자들이여!

그러나 멧돼지의 긴 주둥이처럼 나의 말은 그대들 영혼의 밑바닥을 파헤쳐야 한다. 나는 그대들에게 땅을 갈아엎는 쟁기날로 불리기를 바란다.

그대들의 밑바닥에 있는 모든 비밀이 드러나야 한다. 그대들이 파헤쳐지고 부서져 태양 아래 드러날 때 그대들의 거짓도 그대들의 진리로부터 떨어져 나갈 것이다.

이것이 그대들의 진리이기 때문이다. 그대들은 **너무나 순수해서** 복수, 형벌, 대가, 보복이라는 더러운 말과 어울리지 않는다.

그대들은 마치 어머니가 자기 아이를 사랑하듯이 그대들의 덕을 사랑한다. 그러나 그 어떤 어머니가 아이에 대한 사랑의 대가를 바란단 말인가?

그대들의 덕은 바로 그대들의 가장 사랑하는 자아다. 그대들 속에는 둥근 고리를 향한 갈망이 들어 있다. 다시 한번 자기 자신에게 도달하려고 모든 둥근 고리는 몸부림치며 회전한다.

그대들의 덕이 하는 모든 일은 꺼져가는 별과 같다. 그 빛은 언제나 여행 중이며 떠돌고 있다. 언제쯤 그 방랑을 멈출 것인가?

그대들의 덕의 빛은 일이 끝났음에도 이처럼 아직도 떠돌고 있다. 그 일이 잊히고 소멸하더라도 그 빛은 여전히 살아서 방랑한다.

그대들의 덕은 그대들 자신이지 낯선 것이거나 껍데기거나 걸치고 있는 외투가 아니다. 그대들 덕이 있는 자들이여, 이것이 그대들 영혼의 밑바닥으로부터 나오는 진리다!

그러나 채찍을 맞고 일으키는 경련을 덕이라고 부르는 자들도 있다. 그리고 그대들은 그들의 비명을 너무도 많이 들었다!

또 그들의 악덕이 태만해지는 것을 덕이라고 부르는 자들도 있다. 그들의 증오와 그들의 질투심이 사지를 축 늘어뜨리면, 그들의 **정의**가 깨어나 잠에 취한 눈을 비빈다.

또 아래쪽으로 끌려 내려가는 자들도 있다. 그들의 악마가 그들을 끌어내린다. 그러나 그들이 깊이 가라앉으면 앉을수록 그들의 눈길과 신에 대한 그들의 갈망은 더욱 불타오르며 빛을 발한다.

아, 그대들 덕이 있는 자들이여, "내가 **아닌** 것, 그것이 바로 나의 신이며 덕이다!"라는 그들의 울부짖음이 그대들의 귀에 들리지 않았는가.

또 돌을 싣고 내려오는 수레처럼 힘겹게 삐걱거리며 다가오는 자들도 있다. 그들은 존엄과 덕에 대해 말을 많이 한다. 그들은 자기들의 제동 장치를 덕이라고 부른다.

또 태엽이 감긴 평범한 시계 같은 자들도 있다. 그들은 똑딱똑딱 소리를 내면서, 똑딱똑딱하는 소리를 덕이라고 불러주기를 원한다.

참으로 나는 이러한 자들을 대하면 마음이 즐겁다. 이러한 시계를 발견하면 나의 조소로써 그 태엽을 감아줄 것이다. 그러면 그 시계는 계속해서 투덜거리리라!

그리고 어떤 자들은 한 줌의 정의를 자랑하면서 그것 때문에 만물에 악행을 저지른다. 그리하여 세계는 그들의 불의에 빠져 익사하고 말 것이다.

아, 그들의 입에서 '덕'이라는 말이 나오면 얼마나 불쾌한가! 그들이 "나는 정의롭다."라고 말하면, 그것은 언제나 "나는 복수했다!"라는 말처럼 들린다.[6] 그들은 그들의 덕을 가지고서 적의 눈을 후벼 내려고 한다. 그들이 자신을 높이는 것은 오직 다른 사람을 낮추기 위해서다.

그들의 늪에 앉아서 갈대 사이로 이렇게 말하는 자들도 있다. "덕, 그것은 조용히 늪에 앉아 있는 것이다.

우리는 아무도 물지 않으며, 물려고 덤비는 자는 피한다. 그리고 모든 일에서 우리는 우리에게 주어진 의견을 따른다."

몸짓을 좋아하면서, 덕을 일종의 몸짓이라고 생각하는 자들도 있다.

그들의 무릎은 언제나 기도를 드리고, 그들의 손은 덕을 찬양하지만, 그들의 가슴은 그에 대해서 아무것도 모른다.

"덕은 꼭 필요하다."라고 말하는 것을 덕이라고 여기는 자들도 있다. 그러나 그들이 근본적으로 믿는 것은 경찰이 꼭 필요하다는 것뿐이다.

---

6) 독일어에서 '정의롭다(gerecht)'는 낱말과 '복수하다(gerächt)'라는 낱말은 발음이 같다.

인간의 고귀함을 보지 못하는 많은 사람은 인간의 비열함을 아주 가까이서 보고는 그것을 덕이라고 부른다. 그리하여 그들은 자신의 사악한 눈길을 덕이라고 부른다.

어떤 자들은 교화되고 고양되기를 바라면서 그것을 덕이라고 부른다. 그리고 어떤 자들은 스스로 뒤집히기를 바라면서 역시 그것을 덕이라고 부른다.

이런 식으로 거의 모든 사람은 자신이 덕에 관여하고 있다고 믿는다. 그러면서 모두가 적어도 자신이 '선'과 '악'의 전문가라고 주장한다.

그러나 차라투스트라는 이러한 모든 거짓말쟁이와 바보에게 "**그대들이** 덕에 대해서 무엇을 안단 말인가! 그대들이 덕에 대해서 무엇을 알 **수 있단 말인가!**"라고 말하려고 찾아온 것은 아니다.

나의 벗들이여, 나는 오히려 그대들이 바보와 거짓말쟁이에게서 배운 진부한 말에 싫증이 나게 하려고 온 것이다.

'대가', '복수', '형벌', '정의로운 보복'과 같은 말에 싫증을 내도록.

"비이기적인 행위가 행위를 선하게 만든다."라고 말하는 것에 싫증을 내도록.

아, 나의 벗들이여, 마치 어머니가 아이의 내면에 있듯, **그대들의** 자아가 행위 안에 있을 것이다. 이것이 덕에 대한 **그대들의** 말이 되게 하라!

참으로 나는 그대들에게서 백 가지의 말과 그대들의 덕이 가장 사랑하는 장난감들을 빼앗았다. 그래서 그대들은 아이들처럼 내게 화를 낸다.

5. 덕이 있는 자들에 대하여

아이들은 바닷가에서 놀고 있었다. 그때 파도가 밀려와 그들의 장난감을 빼앗아 바다 깊은 곳으로 가져갔다. 그래서 아이들이 울고 있다.

그러나 같은 파도가 아이들에게 새 장난감을 가져다주고, 아이들에게 새로운 알록달록한 조개들을 쏟아놓으리라!

그러면 아이들은 위로받을 것이다. 그리고 아이들과 마찬가지로, 나의 벗들이여, 그대들도 위로받게 될 것이다. 그리고 새로운 알록달록한 조개들도!

차라투스트라는 이렇게 말했다.

6. 천민에 대하여

삶은 기쁨의 샘이다. 그러나 천민이 함께 마시는 곳에서는 모든 샘에 독이 퍼져 있다.

나는 오염되지 않은 깨끗한 것을 좋아한다. 그러나 이를 드러내며 히죽히죽 웃는 자와 불결한 자들의 갈증은 보고 싶지 않다.

그들이 샘물 속으로 시선을 던지면 그 역겨운 미소가 샘물에 비쳐 나에게로 올라온다.

그들은 이 신성한 샘물에다 욕정의 독을 탔다. 그리고 그들 자신의 더러운 꿈을 쾌락이라고 부르면서 쾌락이라는 말까지도 독으로 오염시켰다.

그들이 불에 그 축축한 심장을 쪼이면 불꽃도 언짢아한다. 천민이 불가로 다가오면 정신 자체가 부글부글 끓어오르면서 김을 내뿜는다.

과일은 그들의 손에서 달짝지근해지고 짓무른다. 그들의 눈길이 닿으면 과일나무는 바람에 쉽게 부러지고 우듬지마저 시든다.

삶으로부터 등을 돌린 여러 사람은 다만 이 천민들에게서 등을 돌렸을 뿐이다. 그들은 샘물과 불꽃과 과일을 천민들과 나누려 하지 않았다.

사막으로 가서 맹수들과 함께 갈증에 시달린 여러 사람도 다만 더러운 낙타 몰이꾼과 함께 물통 둘레에 앉고 싶지 않았다.

파괴자와도 같이, 곡식이 익어가는 들판에 쏟아지는 우박과도 같이 나타난 여러 사람도 자신의 발을 천민들의 크게 벌린 입속으로 밀어 넣어 그 목구멍을 틀어막기를 바랐을 뿐이다.

삶 자체를 위해 적대감이 필요하고, 죽음과 순교의 십자가가 필요하다는 사실을 아는 것, 그것이 가장 삼키기 힘든 음식물은 아니다.

뭐라고? 삶을 위해 천민도 **필요**하다는 것인가? 나는 언젠가 이렇게 물었고, 이 질문으로 거의 질식할 뻔했다.

독으로 오염된 샘물, 악취가 나는 불, 더러운 꿈, 그리고 생명의 빵 속에서 우글거리는 구더기가 필요한가?

나의 증오가 아니라 구역질이 내 생명을 굶주린 듯이 먹어치웠다! 아, 나는 천민도 풍요로운 정신을 지녔음을 볼 때마다 종종 정신에 싫증이 난다.

나는 지배자들이 오늘날 무엇을 두고 지배라고 부르는지를 알고 나서는 그들에게서 등을 돌렸다. 그것은 권력을 잡으려고 천민을 상대로 벌이는 흥정과 거래일 뿐이었다!

낯선 혀를 가진 군중 사이에서 나는 귀를 닫은 채 살았다. 그들의 흥정하는 말과 권력을 위한 거래에서 멀리 떨어져 있기 위해서였다!

그리고 코를 막고서 나는 불쾌한 마음으로 어제와 오늘을 지나왔다. 참으로 어제든 오늘이든 글을 쓰는 천민의 악취가 가득했다!

나는 귀먹고 눈멀고 말 못하는 불구자처럼 그렇게 오랫동안 살아왔다. 권력의 천민, 문필의 천민, 그리고 쾌락의 천민들과 함께 살지 않기 위해서였다.

나의 정신은 힘겹고 조심스럽게 계단을 올라갔다. 기쁨의 적선이 내 정신에게는 청량제였다. 삶은 지팡이에 의지한 채 눈먼 사람 곁을 살금살금 지나갔다.

나에게 무슨 일이 일어났는가? 어떻게 나는 구역질로부터 구원되었는가? 누가 나의 눈을 젊게 만들었는가? 어떻게 나는 어떠한 천민도 더는 샘가에 앉아 있지 않은 곳으로 날아올랐는가?

나의 구역질 자체가 내게 날개를 달아주고 샘물을 찾아내는 힘을 주지 않았던가? 참으로 나는 기쁨의 샘을 다시 찾으려고 높은 곳으로 날아올라야 했다!

아, 나의 형제들이여, 나는 그 샘을 찾았다! 여기 가장 높은 곳에서 나를 위해 쾌락의 샘물이 솟아오른다! 어떠한 천민도 함께 마시지 않는 삶이 여기 있다!

너무도 격렬하게 흘러나오는구나, 쾌락의 샘이여! 그대는 잔을 다시 가득 채우려고 거듭 잔을 비우는구나!

나는 좀 더 겸손하게 그대에게 다가가는 법을 배워야만 한다. 내 심장이 너무나 격렬하게 그대를 향해 흘러가고 있다.

짧고 뜨겁고 우울하면서도 행복에 넘치는 나의 여름이 내 심장 위에서 불타오른다. 너무도 뜨거운 이 여름의 심장은 그대의 냉기를 얼마나 애타게 갈망하고 있는가!

머뭇거리던 내 봄날의 슬픔은 지나갔다! 유월에 날리는 내 눈송이의 심술궂음도 지나갔다. 나는 온통 여름이 되었고 여름의 한낮이 되었다!

차가운 샘물과 행복의 고요함이 함께 있는 높은 곳에서의 여름. 아, 오라, 나의 벗이여, 이 고요함이 한층 더 행복해질 수 있도록!

이곳이야말로 **우리의** 높은 경지이며 우리의 고향이기 때문이다. 여기, 모든 불결한 자가 올라와 그들의 갈증을 풀기에는 너무나 높고 가파른 이곳에 우리는 살고 있다.

그대들 벗들이여, 그대들의 맑은 눈길을 나의 쾌락의 샘 속으로 던져보라! 그런다고 어찌 그 샘이 흐려지겠는가! 샘은 **자신의** 순수한 눈길로 그대들에게 웃음을 보내리라.

우리는 미래라는 나무 위에 보금자리를 짓는다. 독수리는 그 부리로 우리 고독한 자들에게 음식을 날라주리라!

참으로 독수리는 불결한 자들과는 함께 먹을 수 없는 음식을 날라주리라! 그들이 그 음식을 먹으면 불을 먹은 것처럼 주둥이가 불에 덴다고 생각할 것이다!

참으로 우리는 불결한 자들을 위하여 여기 거처를 마련한 것은 아니다! 우리의 행복이 그들의 몸과 정신에겐 얼음동굴이리라!

그리고 거센 바람처럼 우리는 그들 머리 위 높은 곳에서 살고자 한다. 독수리를 이웃하고, 눈을 이웃하고, 태양을 이웃하며 거센 바람으로 살고자 한다.

그리고 언젠가는 바람처럼 그들 사이를 휩쓸고 들어가 나의 정신으로 그들의 정신의 숨결을 **빼앗고자** 한다. 나의 미래가 그러길 원한다.

참으로 차라투스트라는 모든 낮은 곳으로 몰아치는 거센 바람이다. 그리고 그의 적들과 경멸하여 침을 뱉는 모든 자에게 "바람을 **거슬러** 침을 뱉지 않도록 조심하라!"라고 충고한다.

차라투스트라는 이렇게 말했다.

7. 타란툴라에 대하여

보라, 타란툴라가 사는 구멍이다! 그대 눈으로 직접 보려 하는가? 여기 그 거미줄이 걸려 있다. 흔들리게 건드려보라!

저기 타란툴라가 스스로 기어 나오는구나. 반갑다, 타란툴라여! 그대의 등에는 세모꼴의 검은 표지가 있다. 나는 그대의 영혼 속에 무엇이 도사리고 있는지도 알고 있다.

그대의 영혼에는 복수심이 도사리고 있다. 그대가 무는 곳이면 어디서나 검은 부스럼이 자란다. 그대의 독은 복수심으로 영혼을 어지럽게 만든다.

그대들 **평등**의 설교자들이여, 영혼을 어지럽게 만드는 그대들에게 나는 비유를 들어 말한다! 그대들은 타란툴라이며 숨어서 복수를 노리는 자들이다!

하지만 나는 이제 그대들이 숨은 곳을 밝히려 한다. 나는 그대들의 얼굴에 대고 나의 숭고한 웃음을 터트리려고 한다.

그래서 나는 그대들의 거미줄을 찢는다. 그러면 그대들이 분노하여 거짓의 구멍 밖으로 몸을 드러낼 것이다. 그대들이 내세우는 '정의'라는 말의 뒤편에서 그대들의 복수심이 튀어나올 것이다.

인간을 복수심으로부터 구원하는 것. 그것이 나에게는 최고의 희망에 이르는 다리이며 오랜 폭풍우 뒤에 뜨는 무지개다.

그러나 타란툴라는 물론 다른 것을 원한다. 그들은 서로 "세상이 우리의 복수심이 일으키는 폭풍우로 가득 차는 것이야말로 우리에게는 정의다."라고 말한다.

"우리는 우리와 평등하지 않은 모든 자에게 복수하고 모욕을 주고자 한다." 타란툴라의 마음을 가진 자들은 이렇게 굳게 다짐한다. "그리고 '평등에의 의지'. 이것 자체가 앞으로는 덕의 이름이 되어야 한다. 그리고 우리는 권력을 가진 모든 것에 반대해 고함을 지르려고 한다!"

그대들 평등의 설교자들이여, 무기력의 폭군적 광기는 그리하여 그대들의 마음속에서 '평등'을 외친다. 그대들의 가장 은밀한 폭군적 욕망이 덕이라는 말로 위장한다!

구겨진 자부심, 억눌린 질투심, 그대들의 아버지가 품은 자부심과 질투심. 이것들이 불꽃이 되고 복수의 광기가 되어 그대들에게서 터져 나온다.

아버지가 침묵한 것, 그것은 아들에게서 발설되기 마련이다. 나는 아들이 아버지의 폭로된 비밀임을 종종 발견했다.

그들은 열광하는 자들과 같다. 그러나 그들을 열광시키는 것은 심장이 아니라 복수심이다. 그들이 섬세하고 냉정해진다면, 그들을 섬세하고 냉정하게 만드는 것은 정신이 아니라 질투심이다.

그들의 질투심은 그들을 사상가의 길로 이끈다. 그리고 이 점이 그들의 질투심의 특징인데, 그들은 언제나 너무 멀리 간다는 것이다. 그리하여 그들은 결국 지친 나머지 눈 위에라도 누워 자야만 한다.

그들이 불평을 늘어놓을 때마다 복수심이 울려 퍼지고, 그들의 찬양 속에는 고통을 안겨주려는 속셈이 있다. 그리고 재판관이 되는 것이 그들에게는 커다란 행복인 것처럼 보인다.

나의 벗들이여, 충고하건대 남을 처벌하려는 충동이 강한 자라면 누구든 믿지 마라!

그들은 종족과 혈통이 비천한 족속이라, 그들의 얼굴에는 사형 집행인과 수색견의 모습이 보인다.

자신이 정의롭다고 말을 많이 하는 자라면 누구든 믿지 마라! 참으로 그들의 영혼에 결핍한 것은 꿀만이 아니다.

그들이 '선하고 의로운 자들'이라고 부를 때, 권력만 없을 뿐 그들이 바리새인이 되기에 부족한 것이 하나도 없다는 것을 잊지 마라!

나의 벗들이여, 나는 섞이거나 혼동되고 싶지 않다.

삶에 대한 나의 가르침을 설교하는 자들이 있다. 그런데 그들은 평등의 설교자이자 타란툴라이기도 하다.

이 독거미들이 삶에 등을 돌리고 동굴에 들어앉아 있으면서도 삶에 대해 말하는 것은, 다른 사람에게 고통을 주기 위해서다.

그렇게 함으로써 그들은 지금 권력을 가진 자들에게 고통을 주려고 한다. 이 권력자들에게는 죽음에 대한 설교가 아직도 가장 친숙하기 때문이다.

그렇지 않다면 타란툴라들은 다르게 가르칠 것이다. 그들이야말로 한때는 세계를 가장 혹독하게 비방하고 이단자를 화형에 처한 자들이었다.

나는 이런 평등의 설교자들과 섞이거나 혼동되고 싶지 않다. 정의가 **내게** "인간은 평등하지 않다."라고 말하기 때문이다.

물론 인간은 평등해져서도 안 된다! 내가 이와 다르게 말한다면 초인에 대한 나의 사랑은 도대체 무엇이란 말인가?

인간은 천 개의 다리와 좁은 길을 걸어서 미래를 향해 돌진해야 한다. 그리고 더 많은 전쟁과 불평등이 인간들 사이에 벌어져야 한다. 나의 위대한 사랑이 나에게 이렇게 말하도록 한다!

그들의 적대 관계 속에서 인간은 여러 가지 이미지와 유령의 발명자가 되어야 한다. 그리고 이미지와 유령을 동원하여 서로 최고의 전쟁을 수행해야 한다.

선과 악, 부와 빈곤, 고귀함과 비천함, 그리고 모든 가치의 이름들. 이것들은 무기가 되어야 하며, 삶은 언제나 자기 자신을 거듭해서 극복해야 한다는 사실을 말해주는 덜거덕거리는 표지가 되어야 한다.

삶은 기둥과 계단을 만들어 자기 자신을 높은 곳에 세우려고 한다. 삶은 아득히 먼 곳을 바라보며 행복한 아름다움을 추구한다. **그러므로** 삶에는 높이가 필요하다!

그리고 삶에는 높이가 필요하기에 계단이 필요하고, 계단과 이 계단을 오르는 자들의 모순이 필요하다! 삶은 오르기를 원하며, 오르면서 자신을 극복하려고 한다.

그런데 보라, 나의 벗들이여! 타란툴라의 구멍이 있는 여기에 한 낡은 사원의 폐허가 위로 솟아올라 있지 않은가. 부디 깨우친 눈으로 바라보라!

참으로 여기에 한때 자신의 사상을 돌에 담아 높게 쌓아올린 자는 최고의 현자처럼 모든 삶의 비밀을 알고 있었을 것이다!

아름다움 속에 아직 투쟁과 불평등이 있고, 권력과 압도적인 우세를 쟁취하기 위한 전쟁이 들어 있다. 이러한 사실을 그는 여기에서 가장 분명한 비유로 우리에게 가르쳐주고 있다.

여기서 둥근 천장과 아치가 경쟁이라도 하듯 서로 맞서고 있는 모습은 얼마나 신성한가. 신성하게 분투하는 자들인 이들 둥근 천장과 아치는 마치 빛과 그림자처럼 얼마나 서로 맞서 싸우고 있는가.

나의 벗들이여, 우리도 이처럼 당당하고 멋지게 서로 적이 되자! 우리도 신성하게 서로 **맞서서** 분투하자.

아! 지금 나의 오랜 적, 타란툴라가 나를 물었다. 신성할 만큼 당당하고 멋지게 타란툴라가 나의 손가락을 물었다!

타란툴라는 '징벌과 정의가 있어야 한다. 여기서 아무런 대가 없이 적대 관계를 예찬하는 노래를 불러서는 안 된다!'라고 생각한다.

그렇다. 타란툴라가 복수했다! 그리고 아! 타란툴라는 이제 복수를 함으로써 나의 영혼을 어지럽게 만들 것이다!

그러니 나의 벗들이여, 내가 현기증을 일으키지 **않도록** 여기 이 기둥에 나를 단단히 묶어다오! 나는 복수심의 소용돌이이기보다는 기둥에 묶인 성자가 되고 싶다.[7]

참으로 차라투스트라는 돌풍이나 회오리바람이 아니다. 그리고 춤추는 자이기는 하지만 결코 타란툴라의 춤을 추는 자가 아니다!

차라투스트라는 이렇게 말했다.

7) 호메로스, 《오뒷세이아》, 천병희 옮김, 12권, (도서출판 숲, 2020), 295~314쪽. Homer, *The Odyssey*, translated by Robert Fagles (New York: Penguin Books, 1996). 오디세이아는 사이렌의 유혹에 빠지지 않으면서도 그의 노래를 들을 수 있도록 선원들에게 자신을 돛대에 묶도록 한다. 여기서 '소용돌이'는 사이렌과 만난 후 오디세이아가 지나가게 될 카리브디스(Charybdis)를 암시한다.

8. 유명한 현자들에 대하여

유명한 현자들이여, 그대들 모두는 군중과 군중의 미신을 섬겼을 뿐 진리를 섬기지는 **않았다!** 바로 그 때문에 사람들은 그대들에게 경외심을 품은 것이다.

그런 이유로 사람들은 그대들의 무신앙을 용인했다. 무신앙은 군중에 이르는 재치이자 에움길이기 때문이다. 이처럼 주인은 노예들이 제멋대로 하게 내버려두고 그들의 방종조차 즐긴다.

그러나 군중의 미움을 받는 자는 개들에게 미움을 받는 늑대와도 같다. 그가 자유로운 정신이며, 속박의 적이고, 숭배를 모르는 자이며, 숲속에 거처하는 자이기 때문이다.

이러한 자를 그의 은신처에서 몰아내는 것, 군중은 그것을 언제나 '옳은 것에 대한 감각'이라고 불렀다. 이러한 자의 뒤를 쫓도록 군중은 날카롭기 그지없는 이빨을 가진 개들을 부추긴다.

예로부터 사람들은 "진리가 여기 있기 때문이다. 군중이 여기 있지 않은가! 그럼에도 그것을 찾는 자들에게 화 있을지어다!"라고 말해왔다.

그대들 유명한 현자들이여, 그대들은 그러한 군중의 숭배를 정당화하려 했으며, 그것을 '진리에의 의지'라고 불렀다!

그대들의 마음은 언제나 자신에게 "나는 군중에게서 왔다. 그들로부터 나에게 신의 음성이 들려온다."라고 말했다.

군중의 대변자로서 그대들은 늘 나귀처럼 완고하고 영리했다.

그리하여 군중과 잘 지내기를 원한 많은 권력자는 자기 준마 앞에 한 마리의 작은 당나귀를, 한 사람의 유명한 현자를 매어놓았다.

그대들 유명한 현자들이여, 나는 그대들이 마침내 사자의 가죽을 완전히 벗어던지기를 원한다!

맹수의 가죽을, 얼룩덜룩한 가죽을, 그리고 탐구하고 찾으며 정복하는 자의 텁수룩한 갈기를 벗어던져라!

아, 나로 하여금 그대들의 '진실성'을 믿게 하려면, 그대들은 우선 그대들의 숭배하는 의지를 부수어야 한다.

진실하다. 신이 없는 사막으로 가서 자신의 숭배하는 마음을 부숴버린 자를 나는 이렇게 부른다.

그자는 노란 모래밭에서 내리쬐는 햇볕에 그을려 갈증을 느끼며 어두운 나무 그늘 아래서 생명체들이 쉬고 있는, 샘물이 넘쳐흐르는 섬을 애타게 곁눈질한다.

하지만 그의 갈증도 이처럼 안락하게 사는 사람들처럼 되라고 그를 설득하지는 못한다. 오아시스가 있는 곳에는 또한 우상도 있기 때문이다.

굶주리고 난폭해지고 고독해지고 신을 믿지 않는다. 사자의 의지는 스스로 이렇게 되기를 원한다.

노예의 행복에서 해방되고, 신들과 경배에서 구제되고, 두려워하지 않으면서 남을 두렵게 하고, 위대하면서 고독해지는 것. 진실된 자들의 의지는 이와 같은 것이다.

사막에는 예로부터 진실된 자들, 자유로운 정신을 가진 자들이 사막의 주인으로서 살았다. 그러나 도시에는 피둥피둥 살찐 유명한 현자들, 수레를 끄는 짐승들이 산다.

다시 말해 그들은 언제나 노새로 짐수레를 끈다. **군중**이라는 짐수레를!

그렇다고 내가 그들에게 화를 내는 것은 아니다. 그들이 비록 금장식한 마구로 번쩍인다고 하더라도 그들은 내게 하인이자 마구에 묶인 자에 불과하다.

그리고 종종 그들은 좋은 하인, 칭찬할 만한 하인이다. 그들의 덕은 이렇게 말하기 때문이다. "네가 하인일 수밖에 없다면, 너의 봉사를 가장 필요로 하는 사람을 찾아라!

네가 그의 하인이 됨으로써, 네 주인의 정신과 덕이 성장해야 한다. 그러면 그의 정신과 덕과 더불어 너 자신도 성장하리라!"

참으로, 그대들 유명한 현자들이여, 그대들 군중의 하인들이여! 그대들 자신은 군중의 정신과 덕과 더불어 성장했다. 그리고 군중은 그대들을 통해서 성장했다! 그대들의 명예를 위해 나는 이렇게 말한다!

그러나 그대들의 덕은 아직도 군중의 수준에 머물러 있다. 눈이 나쁜 군중, 곧 **정신**이 무엇인지도 모르는 군중의 수준에 머물러 있다!

정신은 스스로 삶 속으로 파고드는 삶이다. 삶은 자신의 고통으로 자신의 지식을 증대시킨다. 그대들은 이미 이것을 알고 있지 않았던가?

정신의 행복이란 향유를 바르고 눈물로 정화되어 산 제물이 되는 것이다. 그대들은 이미 이것을 알고 있지 않았던가?

장님의 맹목성, 그의 탐색과 모색은 그가 들여다본 태양의 힘을 증거해야 한다.[8] 그대들은 이미 이것을 알고 있지 않았던가?

인식하는 자는 산으로 무언가를 **건설**할 줄 알아야 한다! 정신이 산을 그저 옮긴다는 것은 하찮은 일이다.[9] 그대들은 이미 이것을 알고 있지 않았던가?

그대들은 정신의 불꽃만을 알고 있다. 그러나 정신 그 자체인 모루를 보지 못하며 망치의 잔인성을 알지 못한다!

참으로 그대들은 정신의 긍지를 알지 못한다! 더욱이 정신이 말을 걸기라도 한다면, 그대들은 정신의 겸손함을 견디지 못하리라!

그대들은 한 번도 그대들의 정신을 눈구덩이에 던져보지 못했다. 그대들은 그렇게 할 정도로 충분히 뜨겁지 않기 때문이다! 그러므로 그대들은 눈의 냉기가 주는 황홀함도 알지 못한다.

그런데 그대들은 내가 보기에 정신을 너무 신뢰한다. 그리하여 그대들은 지혜를 가지고 종종 저급한 시인들을 위한 빈민 구제소와

---

8) 소포클레스의 《콜로노스의 오이디푸스》에 나오는 오이디푸스를 암시한다. 니체는 태양을 들여다보다 눈이 먼 오이디푸스에게서 '디오니소스적 지혜'의 원형을 본다. 프리드리히 니체, 《비극의 탄생》, 9. KSA 1, 67쪽.

9) 〈고린도전서〉 13장 2절, "내가 예언하는 능력을 지니고 있을지라도, 또 모든 비밀과 모든 지식을 가지고 있을지라도, 또 산을 옮길 만한 모든 믿음을 가지고 있을지라도, 사랑이 없으면, 아무것도 아닙니다."

병원을 만든다.

그대들은 독수리가 아니다. 그러므로 그대들은 정신의 경악에서 오는 행복을 경험하지 못했다. 새가 아닌 자는 심연 위에 둥지를 틀어서는 안 된다.

그대들은 미지근한 자들이다.[10] 그러나 모든 심원한 인식은 차갑게 흘러간다. 정신의 가장 깊은 샘은 얼음처럼 차가우며, 뜨거운 손과 뜨겁게 행동하는 자들의 청량제가 된다.

그대들은 의젓하고 뻣뻣하게 그리고 등을 꼿꼿이 세우고 서 있다. 그대들 유명한 현자들이여! 그 어떤 거센 바람과 의지도 그대들을 몰아내지 못한다.

그대들은 거센 폭풍우 앞에 몸을 움츠린, 한껏 부풀어 오른 채 떨면서 바다를 건너가는 돛을 본 적이 없는가?

나의 지혜는 저 돛처럼 정신의 거센 폭풍우 앞에 떨면서 바다를 건너간다. 나의 거친 야생의 지혜는!

그러나 그대들 유명한 현자들이여, 군중의 하인들이여, 어떻게 그대들이 나와 함께 갈 수 있겠는가!

차라투스트라는 이렇게 말했다.

---

10) 〈요한계시록〉 3장 15~16절, "너는 이렇게 차지도 않고, 뜨겁지도 않다. 네가 차든지 뜨겁든지 하면 좋겠다. 네가 이렇게 미지근하여, 뜨겁지도 않고 차지도 않으니, 나는 너를 내 입에서 뱉어 버리겠다."

9. 밤의 노래[11]

밤이다. 이제 솟아오르는 모든 샘은 더욱 소리 높여 말한다. 나의 영혼도 솟아오르는 샘물이다.

밤이다. 이제 비로소 사랑하는 자들의 모든 노래가 깨어난다. 나의 영혼도 사랑하는 자의 노래다.

진정되지 않은 것, 진정될 수 없는 것이 내 안에 있다. 그것이 큰 소리로 말하려 한다. 사랑을 향한 열망이 내 안에 있고, 이 열망 자체가 사랑의 말을 속삭인다.

나는 빛이다. 아, 내가 밤이라면! 그러나 내가 빛으로 둘러싸여 있다는 것, 이것이 나의 고독이다!

---

11) 〈밤의 노래〉. 니체는 《이 사람을 보라》에서 1883년 5월 로마의 유명한 분수 '트리토네(Tritone)'가 내려다보이는 바르베리니 광장의 방에서 이 노래를 썼다고 밝힌다. "로마를 조망할 수 있고 저 밑의 분수대 물소리가 들리는 바르베리니 광장 높은 방에서 〈밤의 노래〉라는 시 중에 가장 고독한 시가 쓰였다. 그 시기에는 말할 수 없는 우울한 멜로디가 내 주위를 언제나 감싸고 있었고, 그 후렴을 나는 '불멸 앞에서의 죽음'이란 말에서 다시 발견했다." EH, KSA 6, 341쪽.

아, 내가 어둡고 밤과 같다면! 나 얼마나 빛의 젖가슴을 빨려 했겠는가!

그대들 빛나는 작은 별들이여, 저 위를 나는 반딧불이들이여, 나는 그대들에게도 축복을 내리고 싶었다! 그대들이 내리는 빛의 선물로 행복하기를.

하지만 나는 나의 빛 속에 살고 있으며, 나에게서 솟아나는 불꽃을 다시 들이마신다.

나는 받는 자의 행복을 알지 못한다. 그리고 나는 자주 훔치는 것이 받는 것보다 더 행복하리라고 꿈꾸었다.[12]

나의 손이 쉴 줄 모르고 베풀고 있다는 것, 이것이 나의 가난이다. 내가 기대하는 눈들과 밝게 빛나는 동경의 밤들을 보는 것, 이것이 나의 질투다.

아, 모든 베푸는 자들의 불행이여! 아, 나의 태양의 일식이여! 아, 갈망을 향한 갈망이여! 아, 포만 속의 극심한 굶주림이여!

그들은 나에게서 받는다. 하지만 내가 그들의 영혼을 건드리기나 했을까? 베푸는 것과 받는 것 사이에는 깊은 틈새가 있다. 그리고 가장 좁은 틈새에는 다리를 가장 늦게 놓는 법이다.

나의 아름다움에서 굶주림이 자란다. 내가 빛을 비추어주는 자들에게 고통을 주고 싶고, 내가 선물을 준 자들에게서 빼앗고 싶다. 이

---

12) 〈사도행전〉 20장 35절, "나는 모든 일에서 여러분에게 본을 보였습니다. 이렇게 힘써 일해서 약한 사람을 도와주는 것이 마땅합니다. 그리고 주 예수께서 친히 주는 것이 받는 것보다 더 복이 있다 하신 말씀을 반드시 명심해야 합니다."

토록 나는 악의에 굶주려 있다.

그들이 나를 향해 손을 뻗을 때 나는 내 손을 거두어들인다. 쏟아져 내리면서도 머뭇거리는 폭포처럼 나는 망설인다. 이토록 나는 악의에 굶주려 있다.

나의 충만함이 그러한 복수를 생각해낸다. 이러한 간계는 나의 고독에서 솟아난다.

베풀면서 얻는 나의 행복은 베풂으로써 죽었다. 나의 덕은 넘쳐흐름으로써 자기 자신에게 싫증이 났다!

늘 베푸는 자의 위험은 수치심을 잃어버리는 것이다. 늘 나누어주는 자의 손과 가슴에는 끊임없이 나누어주느라고 못이 박혔다.

나의 눈은 애원하는 자들의 수치 때문에 더는 눈물을 흘리지는 않는다. 나의 손은 가득 채워진 손들의 떨림을 느끼기에는 너무 굳었다.

내 눈의 눈물과 내 마음의 부드러운 솜털은 어디로 가버렸는가? 아, 모든 베푸는 자의 고독이여! 아, 빛을 비추는 모든 자의 침묵이여!

많은 태양이 황량한 공간 속에서 돌고 있다. 어두운 모든 것을 향해 그들은 빛으로 말을 한다. 하지만 내게는 침묵한다.

아, 이것이 빛을 발하는 것에 대한 빛의 적개심이다. 빛은 무자비하게 자신의 궤도를 돈다.

빛을 발하는 것에 대해 마음 깊숙이 불공평하게, 태양들에 대해서는 냉혹하게, 이처럼 모든 태양은 돌고 있다.

태양들은 폭풍처럼 자신의 궤도를 날아간다. 그것이 태양들의 운행이다. 태양들은 가차 없는 자신의 의지를 따른다. 그것이 태양들의 냉혹함이다.

아, 그대들 어두운 자들이여, 그대들 밤과 같은 자들이여, 그대들이 빛을 발하는 것들로부터 비로소 자신의 온기를 만들어내는 것이다! 아, 그대들이 비로소 빛의 젖가슴에서 젖과 산뜻한 음료를 빨아들인다!

아, 얼음이 나를 에워싸고 있고, 나의 손은 이 차가운 것에 화상을 입는다! 아, 나에게는 갈증이 있으며, 그 갈증은 그대들의 갈증을 애타게 그리워한다!

밤이다. 아, 내가 빛이어야 하는가! 밤과 같은 것에 대한 갈증이여! 고독이여!

밤이다. 지금 나에게서 열망이 샘물처럼 솟아오른다. 말하고자 하는 열망이.

밤이다. 이제 솟아오르는 모든 샘물은 더욱 소리 높여 말한다. 나의 영혼도 솟아오르는 샘물이다.

밤이다. 이제야 비로소 사랑하는 자들의 모든 노래가 깨어난다. 나의 영혼도 사랑하는 자의 노래다.

차라투스트라는 이렇게 말했다.

10. 춤의 노래

어느 날 저녁 차라투스트라는 제자들과 함께 숲속을 지나갔다. 그는 샘물을 찾고 있었는데, 보라, 나무와 관목으로 둘러싸여 있는 푸른 풀밭이 앞에 나타났다. 그 풀밭 위에서는 소녀들이 함께 춤추고 있었다. 소녀들은 차라투스트라를 알아보고는 춤을 멈추었다. 그러나 차라투스트라는 그들에게 다가가서 다정하게 말했다.

"춤을 멈추지 마라, 사랑스러운 소녀들이여! 그대들을 찾아온 이 사람은 사악한 눈길을 가진 훼방꾼도 그대들의 적도 아니다.

나는 악마 앞에서 신을 대변하는 자다. 그런데 악마는 중력의 영이다. 그대들 발걸음이 가벼운 소녀들이여, 내가 어떻게 신성한 춤에 적의를 가지겠는가? 더군다나 아름다운 복사뼈를 가진 소녀들의 발에?

참으로 나는 숲이며 어두운 나무들의 밤이다. 그러나 나의 어둠을 두려워하지 않는 자는 나의 측백나무 아래에서 장미꽃 만발한 언덕을 발견하리라.

그리고 그는 소녀들이 가장 사랑하는 꼬마 신도 발견할 것이다.[13] 그 신은 샘물 곁에서 눈을 감고 조용히 누워 있다.

참으로 이 신은 밝은 대낮에 잠이 들었다. 이 게으름뱅이는! 나비들을 잡으려고 너무 많이 뛰어다닌 걸까?

그대들 아름다운 무희들이여, 내가 이 꼬마 신을 조금 꾸짖더라도 화내지 마라! 그는 아마 소리를 지르며 울 것이다. 하지만 그는 울 때조차 웃음을 자아내지 않는가!

그는 눈물이 그렁그렁한 눈으로 그대들에게 춤을 청하리라. 그러면 나도 그의 춤에 맞춰 노래를 부르리라.

중력의 영, 그들이 '세계의 지배자'[14]라고 부르는 나의 가장 강력한 악마를 기리는 춤의 노래와 조롱의 노래를."

그리고 큐피드와 소녀들이 함께 춤을 추자 차라투스트라는 이렇게 노래를 불렀다.

최근에 그대의 눈을 들여다보았다. 아, 삶이여! 끝 모를 심연 속으로 가라앉는 것 같았다.

---

13) 니체는 쾨젤리츠에게 보낸 편지에서 이탈리아 이스키아섬을 언급하면서 이렇게 말한다. 《차라투스트라는 이렇게 말했다》 2부를 끝까지 읽게 된다면, 내가 어디에서 나의 '행복한 섬'을 찾았는지 분명해질 것입니다. '소녀들과 춤추는 큐피드'는 오직 이스키아섬에서만 곧장 이해가 됩니다." "하인리히 쾨젤리츠(Heinrich Köselitz)에게 보낸 편지, 1883년 8월 16일", KSB 6, 429쪽.

14) '세계의 지배자(Herr der Welt, Lord of the world)'. 독일어 낱말 Herr는 '주인', '지배자' 또는 종교적 의미에서 '주님', '하느님'을 뜻한다. 동사 herrschen은 '지배하다', '통치하다'라는 뜻이 있으므로 여기서는 '지배자'로 옮겼다. 〈에베소서〉 6장 12절, "우리의 싸움은 인간을 적대자로 상대하는 것이 아니라, 통치자들과 권세자들과 이 어두운 세계의 지배자들과 하늘에 있는 악한 영들을 상대로 하는 것입니다."

그러나 그대는 황금 낚싯바늘로 나를 끌어올렸다. 그리고 내가 그대를 보고 끝 모를 심연이라고 부르자 그대는 나를 비웃었다.

그대는 말했다. "물고기들은 모두 그렇게 말하지. **그들이** 깊이를 재지 못하는 것은 깊이를 잴 수 없는 것이라고 말하거든.

그러나 나는 변덕스럽고, 야생일 뿐이다. 여자이고 덕이 없는 여자일 뿐이네.

그대들 남자들이 나를 '심오한 자', '충실한 자', '영원한 자', '신비로운 자'라고 부를지라도.

그대들 남자들은 우리에게 언제나 그대들 자신의 덕을 베풀기만 하지. 아, 그대들 덕이 있는 자들이여!"

이렇게 이 미덥지 못한 여자는 웃었다. 그러나 나는 그녀가 자신에 대해 나쁘게 말할 때도 그녀의 말이나 웃음을 전혀 믿지 않는다.

내가 나의 야생의 지혜와 단둘이서 눈을 마주 보며 이야기를 나누고 있을 때 그 지혜는 화를 내며 나에게 말했다. "그대는 원한다. 그대는 갈망한다. 그대는 사랑한다. 오직 그 때문에 그대는 삶을 **찬양**한다!"

하마터면 나는 심술궂게 대답하여, 화가 잔뜩 난 지혜에게 진실을 말할 뻔했다. 사람은 자신의 지혜에게 '진실을 말할 때' 가장 심술궂어지는 법이 아니던가.

따라서 우리 셋의 관계는 이렇다. 내가 철저히 사랑하는 것은 오직 삶뿐이다. 내가 삶을 증오할 때 참으로 삶을 가장 사랑한다!

그러나 내가 지혜에 대해 다정하게, 종종 너무 다정하게 대하는 것은 지혜가 나에게 삶을 상기시키기 때문이다!

지혜는 자신의 눈과 자신의 웃음, 심지어는 작은 황금 낚싯대도 가지고 있다. 삶과 지혜, 이 둘이 이처럼 닮은 것을 어쩌란 말인가?

그리고 언젠가 삶이 나에게 이렇게 물은 적이 있다. "저 지혜는 도대체 무엇이냐?" 그때 나는 열심히 대답했다.

"아, 그렇다! 저 지혜!

사람들은 지혜에 목말라 있고, 그 갈증에 끝이 없다. 사람들은 베일을 통해 보려고 하고, 그물로 붙들려고 한다.

지혜는 아름다운가? 내 어찌 알겠는가! 그러나 가장 늙은 잉어들도 지혜를 미끼로 유혹할 수 있다.

지혜는 변덕스럽고 고집이 세다. 지혜가 입술을 깨물면서 머릿결과 반대로 빗질하는 것을 나는 자주 보았다.

어쩌면 지혜는 사악하고 기만적이고, 모든 면에서 여자일 뿐이다. 그러나 지혜가 자신에 대해 나쁘게 말할 때야말로 가장 유혹적이다."

내가 삶에게 이렇게 말하자, 삶은 심술궂게 웃으면서 눈을 감았다. 그리고 이렇게 말했다. "그대는 누구 이야기를 하고 있는가? 내 얘기를 하는가?

네 말이 아무리 옳다고 하더라도, **그것**을 나에게 대놓고 말하다니! 그러면 이제 그대의 지혜에 대해서도 말해다오!"

아, 그러면서 그대는 다시 눈을 뜬다. 아, 사랑하는 삶이여! 그리고 나는 다시 끝 모를 심연 속으로 가라앉는 것 같았다.

차라투스트라는 이렇게 노래했다. 그러나 춤이 끝나고 소녀들이 가버리자 그는 마음이 슬퍼졌다.

"해는 이미 오래전에 졌구나." 그는 마침내 이렇게 말했다. "풀밭은 축축해지고, 숲에서는 냉기가 몰려오는구나.

미지의 것이 나를 둘러싸고, 생각에 잠겨 바라보고 있다.

뭐라고! 차라투스트라여, 그대는 아직도 살아 있는가?

무엇 때문에? 무엇을 위해? 무엇에 의해서? 어디로? 어디에서? 어떻게? 아직도 살아 있다는 건 어리석은 일이 아닌가?

아, 나의 벗들이여, 나의 내면에서 이렇게 묻는 것은 저녁이다. 나의 슬픔을 용서하라!

저녁이 되었다. 저녁이 된 것을 용서하라!"

차라투스트라는 이렇게 말했다.

11. 무덤의 노래

'저기 무덤의 섬, 침묵의 섬이 있다. 저기 내 청춘의 무덤도 있다. 그곳으로 나는 늘 푸른 삶의 화환을 가져가리라.'

이렇게 마음속으로 결심하며 나는 바다를 건너갔다.

아, 그대들 내 청춘의 환영과 현상들이여! 아, 그대들 사랑의 모든 눈길이여! 그대들 신성한 순간들이여![15] 어찌하여 그대들은 그토록 일찍 죽었는가? 나는 오늘 죽은 벗들을 회상하듯 그대들을 회상한다.

나의 가장 사랑스러운 벗들이여, 그대들에게서 감미로운 향기, 마음을 녹이고 눈물을 자아내는 향기가 내게 다가온다. 참으로 이 향기는 고독한 항해자의 마음을 뒤흔들어 풀어주는구나.

나는 여전히 가장 풍요로운 자이며, 가장 부러움을 받는 자다. 가장 고독한 내가! 내 일찍이 그대들을 소유했었고, 그대들도 아직 나

---

15) 여기서 '환영'으로 옮긴 독일어 낱말 'Gesicht'는 '얼굴'의 뜻도 있다. 눈으로 보는 대상이 얼굴이다. 마찬가지로 '눈길(Blick)'과 눈 깜짝할 사이인 '순간(Augenblick)' 사이에는 단순한 언어유희를 넘어서는 의미의 상관관계가 있다.

를 소유하고 있기 때문이다. 말해보라, 나 말고 누구에게 이러한 장밋빛 사과들이 나무에서 떨어졌단 말인가?

나는 여전히 그대들의 사랑의 상속자이며, 그대들이 다채로운 야생의 덕을 추억하도록 꽃피어 있는 그대들의 사랑의 토양이다. 아, 그대들, 가장 사랑하는 자들이여!

아, 우리는 서로 가까이 있도록 만들어졌다. 그대들, 사랑스러우면서도 낯선 기적들이여! 그리고 그대들은 부끄럼 많은 새들처럼 나와 나의 욕망을 찾아온 것이 아니라, 신뢰하는 자로서 신뢰하는 자를 찾아왔다!

그렇다. 그대들은 나처럼 충실하도록, 그리고 영원히 다정하도록 만들어졌다. 이제 나는 그대들을 불충실하다고 말할 수밖에 없다. 그대들 신성한 눈길과 순간들이여, 나는 아직도 그대들을 부를 다른 이름을 찾지 못했다.

참으로 그대들은 너무 일찍 죽었다, 그대들 도망자들이여! 하지만 그대들이 내게서 달아난 것도 아니고 내가 그대들에게서 달아난 것도 아니다. 우리의 불충실함에서 우리는 서로에게 아무런 책임이 없다.

사람들은 **나를** 죽이려고 그대들의 목을 졸랐다. 그대들 나의 희망을 노래하는 새들이여! 그렇다. 그대들 가장 사랑하는 자들이여, 악의는 언제나 그대들을 향하여 활을 쏘았다. 내 심장을 맞히기 위해!

그리고 명중했다! 그대들은 언제나 내 마음에 가장 소중한 자들, 나의 소유 그리고 나를 사로잡은 자들이었다. **그 때문에** 그대들은 젊어서 죽어야 했다. 너무도 일찍!

내가 소유한 가장 연약한 것을 향해 사람들은 활을 쏘았다. 그대들이 바로 그것이었다. 그대들의 피부는 솜털과 같고, 한 번의 눈길에 사라져버리는 미소와도 같았다!

나는 나의 적들에게 말하리라. 그대들이 나에게 한 짓에 비하면 살인은 아무것도 아니다!

그대들은 살인보다 더 사악한 짓을 내게 했다. 그대들은 돌이킬 수 없는 것을 내게서 빼앗아갔다. 나의 적들이여! 나는 그대들에게 말한다.

그대들은 내 청춘의 환영과 가장 사랑스러운 기적을 죽였다! 그대들은 나에게서 나의 놀이 친구인 더없이 행복한 영들을 빼앗아갔다. 이 영들을 추모하면서 나는 이 화환과 저주를 내려놓는다.

그대들에 대한 이 저주를, 나의 적들이여! 음향이 차가운 밤에 부서지듯, 그대들은 나의 영원한 것을 단명하게 만들지 않았는가! 영원한 것은 겨우 신성한 눈의 섬광처럼 나에게 찾아왔을 뿐이다. 순간으로서!

언젠가 좋았던 시절에 나의 순결은 "모든 존재가 내게 신성한 것이기를!"[16]이라고 말했다.

그때 그대들은 추악한 유령들을 데리고 나를 습격했다. 아, 저 좋았던 시절은 이제 어디로 가버렸는지!

언젠가 내 젊은 시절의 지혜는 "모든 날이 내게 성스러운 것이기를!"이라고 말했다. 참으로 즐거운 지혜의 말이었다!

그러나 그때 그대들 나의 적들은 나의 밤들을 훔쳐 잠 못 이루는 고통에 팔아넘겼다. 아, 저 즐거운 지혜는 지금 어디로 가버렸는가?

언젠가 나는 새의 상서로운 징표를 바랐다. 그러나 그때 그대들은 나의 길 위로 역겨운 괴물 부엉이를 날아오르게 했다. 아, 나의 부드러운 욕망은 그때 어디로 달아나버렸는가?

언젠가 나는 모든 역겨운 것을 뿌리치기로 맹세했었다. 그때 그대들은 나의 이웃과 가장 가까운 이웃들을 종기로 변질시켰다. 아, 나의 고결한 맹세는 어디로 가버렸는가?

나는 한때 눈먼 자로서 행복한 길을 걸었다. 그때 그대들은 장님이 가는 길에 오물을 던졌다. 그리하여 나는 장님으로 걸어왔던 그 길에 구역질을 느꼈다.

그리고 내가 가장 어려운 일을 해내고 나의 극복의 승리를 축하하고 있을 때, 그대들은 나를 사랑하는 자들이 이렇게 외치도록 했다. 내가 그들에게 참을 수 없는 고통을 준다고.

참으로 언제나 그대들이 한 짓은 나의 가장 좋은 꿀을 쓰디쓰게 만들고, 나의 가장 뛰어난 꿀벌들의 근면성을 쓰디쓰게 망치는 것이었다.

그대들은 언제나 나의 자비심에 가장 몰염치한 거지들을 보냈다.

---

16) 이 말과 이어 나오는 "모든 날이 내게 성스러운 것이기를!"은 모두 니체가 특히 좋아한 에머슨의 글에서 따온 것이다. "To the poet, to the philosopher, to the saint, all things are friendly and sacred, all events profitable, all days holy, all men divine." Ralph Waldo Emerson, *Essays I*, 'History'. 니체는 오버베크에게 보낸 편지에서 이 구절을 언급한다. 이 구절은 《즐거운 학문》의 초판에서 책 제목과 함께 일종의 권두언으로 사용된다. "프란츠 오버베크에게 보낸 편지, 1882년 12월 25일", KSB 6, 312쪽; "내게 '모든 체험이 유용하고, 모든 날이 신성하고, 모든 인간이 신적이라는 사실을 증명할 더없이 아름다운 기회를 만드네."

그대들은 나의 동정심 주위에 구제 불능의 파렴치한 거지들이 몰리게 했다. 이렇게 하여 그대들은 나의 덕의 믿음에 상처를 입혔다.

내가 나의 가장 신성한 것을 제물로 바치자, 그대들의 '경건함'은 즉각 그대들의 기름진 제물을 그 옆에 놓았다. 그대들의 기름에서 나오는 증기로 나의 가장 신성한 것을 질식시키기 위해서였다.

일찍이 나는 예전에는 한 번도 춤추지 않았던 춤을 추고자 했다. 온 하늘을 훨훨 날며 춤추고자 했다. 그때 그대들은 나의 가장 사랑하는 가수를 설득했다.

그리하여 이 가수는 이제 소름 끼치는 음울한 곡조로 노래하기 시작했다. 아, 그의 노래는 내 귀에 마치 음산한 뿔피리 소리처럼 들렸다!

살인마 같은 가수여, 사악함의 도구여, 순진무구한 자여! 나는 이미 최고의 춤을 출 준비가 되어 있었다. 그런데 그때 그대는 그대의 노랫소리로 나의 황홀경을 죽이고 말았다!

나는 오직 춤을 통해서만 최고의 사물들에 대한 비유를 들 줄 안다. 그런데 나의 최고의 비유는 말로 표현되지 못한 채 나의 사지에 남게 되었다!

최고의 희망은 말로 표현되지 못한 채, 구원받지 못한 채, 나에게 그대로 남아 있었다! 그리하여 내 젊은 시절의 모든 환영과 위안은 죽어버렸다!

나는 이를 어떻게 견뎌냈던가? 어떻게 이러한 상처를 이겨내고 극복했던가? 어떻게 나의 영혼은 이 무덤에서 다시 살아났던가?

그렇다. 내게는 상처 입힐 수 없는 것, 파묻을 수 없는 것, 바위라도 뚫고 나오는 것이 있다. 그것은 바로 **의지**다. 이 의지는 말없이 그리고 변함없이 세월을 뚫고 걸어간다.

나의 의지, 나의 오랜 의지는 나의 발로 자신의 길을 가고자 한다. 나의 의지는 굳세며 상처를 받지 않는다.

나의 발꿈치만큼은 상처를 입지 않는다.[17] 가장 인내심 강한 자여, 그대는 여전히 거기에 살아 있고 언제나 한결같다! 그대는 언제나 온갖 무덤을 뚫고 나왔다!

그대 속에는 내 청춘의 구원받지 못한 것이 아직 살아 있다. 그대는 삶과 청춘으로서 희망을 품고 여기 누런 무덤의 폐허 위에 앉아 있다.

그렇다. 그대는 아직도 나에게는 모든 무덤을 파헤치는 자다. 만세, 나의 의지여! 무덤이 있는 곳에서만 부활이 있다.[18]

차라투스트라는 이렇게 노래했다.

---

17) 여기서 차라투스트라는 불사의 몸을 가졌음에도 불구하고 발꿈치에 치명적인 약점을 지닌 아킬레우스의 반대 유형으로 묘사된다.

18) 〈마태복음〉 27장 51~53절. "그런데 보아라, 성전 휘장이 위에서 아래까지 두 폭으로 찢어졌다. 그리고 땅이 흔들리고, 바위가 갈라지고, 무덤이 열리고, 잠자던 많은 성도의 몸이 살아났다. 그리고 그들은, 예수께서 부활하신 뒤에, 무덤에서 나와, 거룩한 도성에 들어가서, 많은 사람에게 나타났다."

12. 자기 극복에 대하여

최고의 현자들이여, 그대들을 몰아붙이고 격정으로 불타오르게 하는 것을 그대들은 '진리에의 의지'라고 부르는가?

모든 존재자를 사유 가능한 것으로 만들려는 의지, **나는** 그대들의 의지를 이렇게 부른다!

모든 존재자를 그대들은 우선 사유 가능한 것으로 **만들려고** 한다. 그대들은 모든 존재자가 과연 사유 가능한 것인지에 대해 건강한 불신감을 가지고 의심하기 때문이다.

하지만 모든 존재자는 그대들에게 순응하고 굴복해야 한다! 그대들의 의지는 그렇게 되기를 바란다. 모든 존재자는 정신의 거울과 반사된 이미지로서 그 정신에 종속되어야 한다.

최고의 현자들이여, 이것이 권력에의 의지[19]로서 그대들의 의지 전체이다. 그대들이 선과 악 그리고 가치 평가에 대해 말할 때조차 그렇다.

그대들은 아직도 그대들이 그 앞에 무릎 꿇을 수 있는 세계를 창조하려 한다. 이것이 그대들의 마지막 희망이며 도취다.

물론 현명하지 못한 자들, 곧 군중은 한 척의 나룻배가 그 위에서 헤쳐나가고 있는 강물과 같다. 그리고 이 나룻배에는 가치 평가란 자가 가면을 쓴 채 근엄하게 앉아 있다.

그대들은 그대들의 의지와 가치를 생성의 강물에 띄웠다. 군중이 선과 악이라고 믿어왔던 것은 오래된 권력에의 의지를 드러낸다.

최고의 현자들이여, 바로 그대들이 나룻배에 이 손님들을 태웠고, 그들에게 화려한 장식과 자랑스러운 이름을 주었다. 그대들 그리고 그대들의 지배적인 의지가 그렇게 했다!

강물은 그대들의 나룻배를 저 멀리 나른다. 강물은 나룻배를 **날라야만** 한다. 부서지는 파도가 거품을 일으키고 노하여 배의 밑바닥에 부딪혀도 소용없다!

최고의 현자들이여, 강물은 그대들의 위험이 아니다. 그대들의 선과 악의 종말도 아니다. 저 의지 자체, 권력에의 의지, 지칠 줄 모르는 생식력을 가진 삶의 의지가 그대들의 위험이다.

선과 악에 대한 나의 말을 이해할 수 있도록 나는 그대들에게 삶과 모든 살아 있는 것의 방식[20]에 대해 말하리라.

나는 살아 있는 것을 추적해왔으며, 그것의 방식을 알려고 가장

---

19) '권력에의 의지(Wille zur Macht, will to power)'. 니체의 사상을 대변하는 핵심적 개념 중 하나인 이 용어는 최근 다소 중립적인 '힘에의 의지'로 옮기는 경향이 있다. 이 용어가 나치에 의해 정치적으로 오용되었다는 사실에 영향을 받은 이러한 경향은 니체의 의도를 왜곡한다. 니체는 '권력(Macht, power)'이라는 낱말에 '지배', '통치', '착취', '폭력', '약탈' 등의 부정적 현상도 포함되어 있다는 점을 익히 알고 이 용어를 선택한 것이다.

먼 길도 가장 가까운 길도 마다하지 않았다.

살아 있는 것이 입을 굳게 다물고 있었으므로 나는 백 배의 거울로 그의 시선을 포착하여 나에게 말하는 듯한 그의 눈을 읽었다. 그러자 그 눈이 나에게 말해주었다.

그러나 살아 있는 것을 발견할 때마다 나는 순종이라는 말을 들었다. 살아 있는 모든 것은 순종하는 자다.

그리고 다음이 두 번째 들은 말이다. 자기 자신에게 순종할 수 없는 자에게는 명령이 내려진다. 이것이 살아 있는 것의 방식이다.

그러나 세 번째 말은 이렇다. 명령하기가 순종하기보다 더 어렵다. 그것은 명령하는 자가 순종하는 자 모두의 짐을 지기 때문만이 아니며, 이 짐이 명령하는 자를 쉽사리 짓눌러버리기 때문만도 아니다.

내가 보기에 모든 명령에는 시도와 모험이 따른다. 살아 있는 것이 명령을 내릴 때는 언제나 자신을 거는 모험을 한다.

그렇다. 살아 있는 것은 자신에게 명령할 때에도 명령의 대가를 치러야 한다. 살아 있는 것은 자신의 율법에 대한 재판관이 되어야 하며, 복수하는 자 그리고 희생물이 되어야 한다.

---

20) '모든 살아 있는 것의 방식(Art alles Lebendigen, the way of all the living)'. 독일어 낱말 Art는 '본성', '방법', '방식', '종류'라는 뜻이 있다. '모든 살아 있는 것'은 생명체로 옮길 수도 있으나 여기서는 단순히 생명이 있는 물체 또는 무기물처럼 생명이 없는 물체의 뜻보다는 '진정으로 살아 있으려면 어떻게 살아야 하는가?'의 맥락에서 '모든 살아 있는 것의 방식'으로 옮겼다.

어찌하여 이렇게 된단 말인가! 나는 자신에게 물었다. 살아 있는 것으로 하여금 복종하면서 명령을 내리고, 명령을 내리면서도 복종하도록 설득하는 것은 무엇인가?

최고의 현자들이여, 내 말을 들어보라! 내가 삶 자체의 심장 속으로, 그 심장의 뿌리 속까지 기어들어 갔는지 진지하게 검토해보라!

살아 있는 자를 발견하는 곳, 그곳에서 나는 권력에의 의지를 발견했다. 그리고 시중을 드는 자의 의지에서도 주인이 되려는 의지를 발견했다.

약자는 강자를 섬겨야 한다고 약자는 자신의 의지를 설득하면서, 그의 의지는 좀 더 약한 자의 주인이 되려고 한다. 약자도 이러한 즐거움만큼은 포기할 수 없다.

그리고 좀 더 작은 자가 가장 작은 자에 대한 즐거움과 권력을 가지려고 좀 더 큰 자에게 헌신하는 것처럼, 가장 큰 자도 권력을 위해 헌신하고 목숨을 건다.

모험을 감행하고 위험을 무릅쓰고 죽음을 건 주사위 놀이를 하는 것은 가장 큰 자의 헌신이다.

희생과 봉사 그리고 사랑의 눈길이 있는 곳에도 주인이 되려는 의지가 있다. 좀 더 약한 자는 이때 비밀 통로를 통해 좀 더 강한 자의 성안으로, 심장 속으로 몰래 숨어들어 거기서 권력을 훔친다.

이 비밀도 삶 자체가 내게 말해주었다. "보라, 나는 **언제나 자기 자신을 극복해야 하는** 그 무엇이다."

"물론 그대들은 이것을 생식에의 의지 또는 목적에의 충동, 좀 더 높은 것, 좀 더 멀리 있는 것, 좀 더 다양한 것에 대한 충동이라고 부른다. 그러나 이 모든 것은 하나이며 하나의 비밀이다.

나는 이 하나를 단념하느니 차라리 몰락하겠다. 그리고 참으로 몰락이 일어나고 낙엽이 지는 곳에서 삶은 자신을 희생한다.

내가 투쟁이어야 하고, 생성과 목적과 여러 목적 사이의 모순이어야 한다는 것. 아, 나의 이러한 의지를 알아차리는 자는 내 의지가 얼마나 **굴곡진** 길을 가야 하는지도 알아차릴 것이다!

내가 무엇을 창조하든, 내가 그것을 얼마나 사랑하든 나는 곧 내가 창조한 것과 내 사랑을 반대해야 한다. 내 의지가 그것을 원한다.

그리고 인식하는 자여, 그대도 나의 의지의 오솔길이며 발자국일 뿐이다. 참으로 나의 권력에의 의지는 그대의 진리에의 의지라는 발로도 걸어간다.

진리를 향하여 '생존에의 의지'라는 말을 쏘았던 자는 물론 진리를 명중시키지 못했다. 이러한 의지는 존재하지 않는다!

존재하지 않는 것은 의욕할 수 없으며, 이미 존재하는 것이라면 어찌 존재하기를 의욕할 수 있겠는가!

오직 삶이 있는 곳, 그곳에 또한 의지가 있다. 그러나 그것은 삶에의 의지가 아니라 권력에의 의지라고 나는 그대에게 가르친다!

살아 있는 자에게는 삶 그 자체보다 더 높이 평가되는 것이 많다. 그리고 이러한 평가를 통해서 말을 하는 것이 바로 권력에의 의지다!"

일찍이 삶은 나에게 이렇게 가르쳤다. 그리고 최고의 현자들이여, 나는 이 가르침에 의해 그대들의 마음의 수수께끼를 풀려 한다.

참으로 나는 그대들에게 말한다. 불변의 선과 악, 그런 것은 존재하지 않는다! 선과 악은 언제나 그 자신의 힘으로 자신을 거듭 극복해야만 한다.

그대들 가치를 평가하는 자들이여, 그대들은 선과 악에 대한 그대들의 평가와 말로 폭력을 행사한다. 이것이 그대들의 숨겨진 사랑이자 영혼의 빛이며 전율이며 흘러넘침이다.

그러나 그대들의 가치 평가로부터 좀 더 강력한 폭력, 새로운 극복이 자라난다. 이것에 의해서 알과 껍데기가 깨어진다.

선과 악에서 창조자가 되려는 자는 우선 파괴자가 되어 가치를 파괴해야 한다.

이렇게 하여 최고의 악은 최고의 선에 속한다. 그러나 최고의 선은 창조적인 선이다.

그대들 최고의 현자들이여, 이렇게 말하는 것이 비록 나쁜 일이라 할지라도 우리는 오직 이 일에 대해 말해야 한다. 침묵은 더 나쁘며, 모든 숨겨진 진리는 독이 된다.

그리고 우리의 진리 앞에서 부서지는 모든 것은 부숴버리자! 아직도 지어야 할 집이 많지 않은가!

차라투스트라는 이렇게 말했다.

13. 숭고한 자들에 대하여

나의 바다 밑은 고요하다. 그 바다 밑에 익살맞은 괴물이 숨어 있다는 것을 그 누가 짐작이나 하겠는가!

나의 심연은 흔들림이 없다. 그러나 나의 심연은 유영하는 수수께끼들과 웃음으로 빛나고 있다.

나는 오늘 숭고한 자, 엄숙한 자, 정신의 참회자를 보았다. 아, 나의 영혼은 그의 추함에 얼마나 웃었던가!

가슴을 불룩하게 내밀고 숨을 가득 들이마시는 사람처럼 숭고한 자는 그곳에 말없이 서 있었다.

사냥으로 포획한 추한 진리를 매달고, 찢어진 옷을 잔뜩 껴입은 채, 몸에는 많은 가시를 달고 있었다. 그러나 장미는 보이지 않았다.

그는 웃음과 아름다움을 아직도 배우지 못했다. 이 사냥꾼은 인식의 숲에서 우울한 얼굴로 돌아왔다.

그는 야수들과 싸우다 돌아왔다. 그러나 그의 진지함에서는 아직도 한 마리의 야수가 내다보고 있다. 극복되지 않는 한 마리의 야수가!

그는 펄쩍 뛰어 덤비려는 한 마리 호랑이처럼 여전히 거기에 서 있다. 그러나 나는 이처럼 바짝 긴장한 영혼들을 좋아하지 않는다. 이처럼 뒤로 물러서 있는 자들은 모두 나의 취향에 맞지 않는다.

벗들이여, 그대들은 취향과 미각에 대해 다투어서는 안 된다고 말하는가? 그러나 삶은 모두 취향과 미각을 둘러싼 싸움이다.

취향. 그것은 바로 저울추이자 저울판이며 무게를 다는 자다. 슬프도다, 저울추와 저울판과 무게를 다는 자를 둘러싼 투쟁도 없이 살려고 하는 모든 생명은 화를 당할지어다!

이 숭고한 자기 자신의 숭고함에 싫증이 날 때 비로소 그의 아름다움이 드러날 것이다. 그때 비로소 나는 그를 맛보고 그의 참맛을 알게 될 것이다.

그가 자신에게 등을 돌릴 때 비로소 자신의 그림자를 뛰어넘을 것이다. 참으로! 자신의 태양 속으로 들어가게 될 것이다.

그는 그늘 속에 너무도 오래 앉아 있었다. 정신의 속죄자의 뺨은 창백해졌다. 그는 기다림에 지쳐 거의 굶어 죽을 지경이었다.

그의 눈에는 아직 경멸이 서려 있고, 그의 입에는 역겨움이 숨겨져 있다. 그는 지금 쉬고 있지만, 햇볕 아래에서 휴식한 적이 아직 없다.

그는 황소처럼 행동해야 하며, 그의 행복은 마땅히 대지에 대한 경멸의 냄새가 아니라 대지의 냄새를 풍겨야 한다.

나는 그가 하얀색의 황소가 되어 씩씩거리고 울부짖으며 쟁기를 끄는 모습을 보고 싶다. 그리고 그의 울부짖음도 마땅히 지상의 모든 것을 예찬해야 한다!

그의 표정은 아직 어둡다. 그의 손 그림자가 얼굴 위에 어른거리고 있다. 그의 눈의 감각은 아직도 그늘져 있다.

그의 행위 자체가 아직도 그에게 그늘을 드리우고 있다. 손이 행위 하는 자를 어둡게 만든다. 아직도 그는 자신의 행위를 극복하지 못하고 있다.

나는 그의 튼튼한 황소 목덜미를 사랑하지만, 이제는 천사의 눈도 보고 싶다.

그는 자신의 영웅적 의지도 잊어야 한다. 그는 숭고한 자뿐만 아니라 고양된 자가 되어야 한다. 창공이 그를, 의지 없는 그를 고양해야 한다.

그는 괴물을 제압하고 수수께끼를 풀었다. 그러나 그는 자신의 괴물과 수수께끼도 구원해야 하며, 이 괴물과 수수께끼를 천상의 어린아이로 변화시켜야 한다.

그의 인식은 아직 미소 짓는 법도, 질투하지 않는 법도 배우지 못했다. 그의 세차게 흐르는 열정은 아직 아름다움 속에서 잔잔해지지 않았다.

참으로 그의 열망은 포만 속에서가 아니라 아름다움 속에서 침묵하고 가라앉아야 한다! 우아함은 마음이 넓은 고결한 자의 관대함에 속한다.

팔을 머리 위로 올리고 영웅은 그렇게 쉬어야 한다. 그리고 자신의 휴식조차 그렇게 극복해야 한다.

그러나 바로 영웅에게는 **아름다움**이 모든 것 중에서 가장 어려운 것이다. 아름다움은 아무리 격렬한 의지로도 얻어낼 수 없다.

조금 넘치기도 하고 조금 모자라기도 하는 것, 바로 그것이 아름다움에서는 많은 일이며 가장 많은 일이다.

근육을 풀고 의지를 벗어던지고 서 있는 것, 이것이 그대들 모두에게는 가장 어려운 일이다. 그대들 숭고한 자들이여!

권력이 자비를 베풀고 눈에 보이는 세계로 내려올 때, 나는 그러한 하강을 아름다움이라고 부른다.

그대 권력자여, 나는 다른 누구도 아닌 그대에게 바로 아름다움을 요구한다. 그대의 선의가 그대의 권력의 마지막 자기 통제[21]가 되기를.

나는 그대가 온갖 악을 행할 수 있다고 믿는다. 그 때문에 내가 그대에게 선을 바란다.

참으로 나는 마비된 앞발을 가지고 있기에 스스로 착하다고 믿는 자들을 비웃었다!

그대는 원기둥의 덕을 추구해야 한다. 원기둥은 높이 올라갈수록 더 아름다워지고 더 부드러워지지만, 그 속은 점점 더 단단해지고 더 강해질 것이다.

그렇다. 그대 숭고한 자여, 그대는 언젠가는 아름다워져서 그대 자신의 아름다움을 거울에 비추어보아야 한다.

그때 그대의 영혼은 신적인 욕망으로 전율하게 될 것이다. 그대의 허영심에도 숭배의 마음이 깃들게 될 것이다.

---

21) 'Selbst-Überwältigung(self-overpowering)'을 통상 '자기 극복'으로 옮기는 경향이 있으나 앞서 나온 '권력자(Gewaltiger, powerful one)'와의 연관 관계에서 '자기 통제'로 옮겼다. '권력', '폭력'의 요소를 배제하고 자기 극복을 생각할 수 없다.

영혼의 비밀은 다음과 같은 것이다. 영웅이 영혼을 저버릴 때 비로소 꿈속에서 영혼에 다가간다. 영웅을 넘어선 영웅[22]이.

차라투스트라는 이렇게 말했다.

---

22) '영웅을 넘어선 영웅(Über-Held, over-hero)'. 니체는 같은 시기의 유고에서 이렇게 말한다. "호랑이 등에 탄 디오니소스, 염소의 해골, 한 마리 표범. 아리아드네는 꿈꾼다. '영웅(테세우스)이 포기한 나는 영웅을 넘어선 영웅을 꿈꾼다. 디오니소스는 말할 것도 없다!'" KSA 10, 13(1), 433쪽.

14. 교양의 나라에 대하여

나는 미래 속으로 너무 멀리 날아갔다. 공포가 나를 엄습했다.

주위를 둘러보았다. 보라! 시간이 나의 유일한 동시대인이었다.

그리하여 나는 뒤돌아 고향으로 날아갔다. 점점 더 빨리 날아갔다. 이렇게 나는 그대들, 현대인들에게로, 교양의 나라로 돌아왔다.

처음으로 나는 그대들을 위한 눈과 선한 욕망을 가지고 왔다. 참으로 나는 마음속에 동경을 가지고 돌아왔다.

그러나 무슨 일이 일어났던가? 나는 매우 불안했지만 웃을 수밖에 없었다! 내 눈은 이처럼 알록달록한 반점투성이[23]를 본 적이 없었다.

---

23) 차라투스트라가 현대인의 특징으로 묘사하고 있는 '알록달록한 반점투성이'는 플라톤의 《국가》에서 소크라테스가 민주주의를 정권 중에서 가장 잡다하게 얼룩덜룩하고 다채로운 정권이라고 말하면서 사용한 낱말 'poikilos'를 연상시킨다. 플라톤, 《국가》, 8권, 557c. Platon, *Politeia*, 같은 책, 681쪽: "아마 정체(politeia)들 중에는 이것이 가장 아름다운 것일 수도 있다. 마치 온갖 꽃의 수를 놓은 외투처럼, 이 정체도 온갖 성격으로 장식되어 있어서 가장 아름다워 보일 것이다."

발은 여전히 떨리고 가슴도 두근거렸지만 나는 웃고 또 웃었다. "여기야말로 모든 물감통의 고향이로다!" 하고 나는 말했다.

그대들 현대인들이여, 그대들은 얼굴과 사지를 오십 군데나 알록달록하게 색칠하고, 여기 이렇게 앉아서 나를 놀라게 하는구나!

게다가 오십 개의 거울이 그대들을 둘러싼 채, 그대들의 색채 유희에 아첨하고 흉내를 내고 있구나!

참으로 그대들은 결코 그대들 자신의 얼굴보다 더 나은 가면을 쓸 수 없을 것이다. 그대들 현대인들이여, 누가 그대들을 **알아볼 수 있겠는가**!

온몸에 과거의 기호들이 가득 적혀 있고, 또 이 기호들은 새로운 기호들로 덧칠해져 있다. 이렇게 그대들은 모든 기호 해독자에게서 자신을 잘 숨겨놓았다!

신장 검사자라 하더라도, 그 누가 그대들이 신장을 가졌다는 사실을 믿겠는가! 그대들은 물감과 아교 칠을 한 종잇조각으로 빚어 구워낸 것처럼 보인다.

모든 시대와 민족이 그대들의 베일을 통해 알록달록하게 내비친다. 모든 관습과 신앙이 그대들의 몸짓을 통해 알록달록하게 말한다.

누군가가 그대들에게서 베일과 겉옷 그리고 색깔과 몸짓을 벗겨내더라도, 그에게는 겨우 새들을 겁주어 쫓아낼 정도만이 남아 있을 것이다.

참으로 나야말로 이전에 색깔도 없는 그대들의 발가벗은 모습을 보고 놀랐던 새가 아닌가. 그리고 해골이 사랑의 추파를 던지자 나는 그곳에서 도망치지 않았던가.

차라리 나는 지하 세계에서, 과거의 그림자 속에서 날품팔이꾼이 되리라! 그대들보다는 지하 세계에 사는 자들이 오히려 더 살찌고 풍만하지 않은가!

벌거벗었든 옷을 입었든 그대들을 내가 견딜 수 없다는 것. 이것이야말로 나의 내장의 쓰라림이다, 그대들 현대인들이여!

미래의 모든 무시무시한 일도, 잘못 날아가버린 새들을 공포에 떨게 했던 것도 참으로 그대들의 '현실'보다는 더욱 친숙하고 다정하다.

그대들이 "우리는 전적으로 현실적이며, 신앙도 미신도 없다."라고 말하기 때문이다. 이렇게 그대들은 가슴을 내밀며 뻐긴다. 아, 내밀 가슴조차 없으면서!

그렇다. 그대들이, 알록달록한 반점투성이들이 어떻게 신앙을 **가질 수** 있겠는가! 그대들은 지금까지 신앙의 대상이 된 모든 것의 그림일 뿐이다!

그대들은 신앙 자체에 관한 걸어 다니는 반박자이며, 모든 사상의 사지를 부러뜨리는 자들이다. **나는** 그대들을 **신앙을 가질 수 없는 자들**이라고 부른다, 그대들 현실주의자들이여!

모든 시대가 그대들의 정신 속에서 서로 다투며 지껄이고 있다. 그리고 모든 시대의 꿈과 소란스러운 수다가 그대들의 깨어 있는 상태보다는 더 현실적이었다!

그대들은 열매를 맺지 못한다. **그러므로** 그대들에게는 믿음이 없는 것이다. 그러나 창조해야만 했던 자는 언제나 예언적인 꿈과 별자리 기호를 가지고 있었다. 따라서 믿음을 믿은 것이다.

그대들은 무덤 파는 자들이 그 옆에서 기다리고 있는 반쯤 열린 문이다. 그리고 이것이 **그대들의** 현실이다. "모든 것은 멸망할 가치가 있다."[24]

아, 그대들 열매 맺지 못하는 자들이여, 그대들은 어떤 모습으로 내 앞에 서 있는가, 갈비뼈는 얼마나 앙상한가! 그리고 그대들 가운데 적지 않은 사람이 이러한 사실을 알고 있었다.

그자들이 말했다. "내가 잠들어 있는 동안 어떤 신이 내게서 무언가를 몰래 훔쳐 간 게 아닌가? 참으로 조그만 여자 하나를 만들기에 충분할 만큼!"

많은 현대인은 벌써 "내 갈비뼈의 초라함은 놀랍기만 하구나!"라고 말했다.

그렇다. 그대들 현대인들이여, 그대들은 나의 웃음거리다! 그대들이 자신에 대해 놀랄 때 특히 그렇다!

내가 그대들의 놀라움에 대해 비웃지 못하고, 그대들의 그릇에 담긴 모든 구역질 나는 것을 마셔야 한다면 나에게 화가 있을지어다!

그러나 나는 **무거운 짐**을 짊어져야 하므로, 그대들의 일은 가볍게 받아들이려 한다. 딱정벌레나 풍뎅이가 내 짐 위에 앉는다고 무슨 부담이 되겠는가!

참으로 그것 때문에 나의 짐이 더 무거워지지는 않을 것이다! 그

---

24) 이것은 괴테의 《파우스트》에서 메피스토펠레스가 파우스트에게 한 말을 직접 인용한 것이다. "모든 생겨나는 것은 멸망할 가치가 있다(Alles was entsteht, ist wert, daß es zu Grunde geht)." 요한 볼프강 폰 괴테, 《파우스트》 1, 같은 책, 199~201쪽.

대들 현대인들이여, 그대들로 인해 커다란 피로감이 내게 몰려오지는 않을 것이다.

아, 나의 동경을 품고서 나는 이제 어디로 올라가야 하는가! 모든 산꼭대기에서 나는 아버지의 나라와 어머니의 나라를 내려다본다.

그러나 나는 어디에서도 고향을 발견하지 못했다. 나는 어떠한 도시에서도 정주하지 못하고, 모든 성문에서 새로 출발했다.

최근에 나의 마음을 끈 현대인들은 내게 낯설고 조롱거리일 뿐이다. 나는 아버지의 나라와 어머니의 나라에서 쫓겨난 것이다.

그러므로 나는 아직 발견되지 않은 채, 멀고 먼 바다에 있는 **아이들의 나라**만을 사랑할 뿐이다. 나는 나의 돛에게 명령하여 그 나라를 찾고 또 찾는다.

내가 나의 조상들의 아이라는 점에 대해 나는 내 아이들에게 보상하리라. 그 모든 미래에, 그리고 이 현재를 위해!

차라투스트라는 이렇게 말했다.

15. 순결한 인식에 대하여[25]

어제 달이 떠올랐을 때 나는 달이 태양을 낳으려는가 하고 생각
했다. 임신한 듯 불룩한 배를 하고 달은 지평선 위에 걸쳐 있었다.

그러나 달은 임신한 것처럼 나를 속인 거짓말쟁이였다. 그래서 나
는 달이 여자라기보다는 남자라고 믿으려 한다.

물론 달은, 밤에만 돌아다니는 이 수줍은 몽상가는 남자답지 못하
다. 정말이지 그는 양심의 가책을 받으며 지붕 위를 돌아다닌다.

그는, 저 달 속의 수도사는 음탕하고 질투심이 많아, 이 대지와 사
랑하는 자들이 누리는 온갖 즐거움을 탐내고 있기 때문이다.

그렇다. 나는 그를 좋아하지 않는다. 지붕 위를 돌아다니는 이 수
고양이를 좋아하지 않는다! 반쯤 닫힌 창가를 살금살금 기어다니는

---

25) 'Von der unbefleckten Erkenntnis'. 여기서 '더럽혀지지 않은'의 뜻을 가진 낱말
'unbefleckt(immaculate)'는 성모 마리아의 무구수태(無垢受胎)(Unbefleckte Empfängnis,
immaculate conception)를 연상시킨다. '순결한' 동정녀 마리아처럼 눈을 제외하고는 대
상과 어떤 접촉도 하지 않고 단지 빛을 반사하는 인식을 '순결한 인식'이라고 한다.

자들은 모두 역겹다!

경건하게 말없이 그는 별들의 양탄자 위를 돌아다닌다. 그러나 나는 짤랑거리는 박차 소리조차 내지 않고 살금살금 걸어 다니는 자의 발을 좋아하지 않는다.

정직한 사람이라면 걸을 때 소리가 난다. 그러나 고양이는 땅 위를 몰래 살금살금 걸어 다닌다. 보라, 달이 고양이처럼 다가온다. 정직하지 못하게.

내가 들려주는 이 비유는 그대들 감상적인 위선자들을 향한 것이다. 그대들 '순수한 인식자들'을! 그대들을 **나는** 음탕한 자들이라고 부른다!

그대들도 대지와 지상의 것을 사랑한다. 나는 그대들을 잘 알고 있다! 그러나 그대들의 사랑에는 수치심과 양심의 가책이 있다. 그대들은 달과 닮았다!

지상의 것을 경멸하라고 사람들이 그대들의 정신을 설득했다. 그러나 그대들의 뱃속까지는 설득하지 못했다. 사실 이 **뱃속**이 그대들에게서 가장 강력한 것이 아닌가!

그런데 이제 그대들의 정신은 그대들의 뱃속의 뜻을 따르는 것을 부끄러워하고, 자신의 수치심을 피하려 샛길과 거짓의 길을 걷는다.

그대들의 기만하는 정신은 자신에게 이렇게 말한다. "나에게 있어서 최고의 것은, 개처럼 혓바닥을 늘어뜨리지는 않고서, 아무런 욕망 없이 삶을 관조하는 것이다.

그리고 이기적인 욕심과 탐욕 없이 의지를 죽이고 관조하며 행복해지는 것이다. 온몸은 차갑고 잿빛이지만, 도취한 달의 눈빛으로!"

유혹당한 자는 자신을 이렇게 유혹한다. "나에게 있어서 가장 사랑스러운 것은 달이 대지를 사랑하듯이 대지를 사랑하고 오직 눈으로만 대지의 아름다움을 더듬는 것이다.

그리고 내가 사물들 앞에 백 개의 눈을 가진 거울처럼 누워 있을 뿐 사물들로부터 다른 아무것도 바라지 않는 것을 나는 만물에 대한 순결한 인식이라고 부른다."

아, 그대들 감상적인 위선자들이여, 음탕한 자들이여! 그대들의 욕망에는 순진무구함이 없다. 그 때문에 그대들은 욕망을 비방하는 것이다!

참으로 그대들은 창조하는 자, 생식하는 자, 생성을 기뻐하는 자로서 대지를 사랑하지 않는다!

순진무구함은 어디에 있는가? 생식에의 의지가 있는 곳에 있다. 자기 자신을 넘어서 창조하고자 하는 자가 내게는 가장 순수한 의지를 가진 자다.

아름다움은 어디에 있는가? 내가 모든 의지를 지니고 **의욕해야만 하는 곳**에 있다. 하나의 이미지가 단지 이미지로만 머물지 않도록 내가 사랑하고 몰락하려는 곳에 있다.

사랑하는 것과 몰락하는 것은 아득한 옛날부터 짝을 이루어왔다. 사랑에의 의지. 그것은 죽음조차 기꺼이 받아들이는 것이다. 나는 그대들 비겁한 자들에게 이렇게 말한다!

그러나 그대들은 이제 그대들의 거세된 곁눈질이 '관조'라고 불리기를 바란다! 그리고 비겁한 눈길로 자신을 어루만지게 하는 것은 '아름답다'는 세례를 받아야 한다고 말한다! 아, 고귀한 이름을 더럽히는 자들이여!

그대들 순결한 자들이여, 그대들 순수한 인식자들이여, 그대들이 결코 아이를 낳지 못하리라는 것이 그대들에게 저주가 되어야 한다. 그대들이 설령 불룩한 배로 지평선에 누워 있다 할지라도!

참으로 그대들의 입은 고상한 말로 가득하다. 그렇다고 우리가 그대들의 마음이 넘쳐흐른다고 믿어야 하는가? 그대들 거짓말쟁이들이여![26]

그러나 **나의** 말은 서툴고 멸시당하고 비뚤어진 말이다. 나는 그대들이 식사할 때 그 식탁 밑으로 떨어지는 것을 기꺼이 줍는다.[27]

나는 이러한 말들로 위선자들에게 진리를 말할 수 있다! 그렇다. 내가 주운 물고기 뼈와 조개껍데기 그리고 가시 많은 잎은 위선자들의 코를 간지럽힐 것이다!

그대들과 그대들의 식탁 주위에는 언제나 나쁜 공기가 감돌고 있다. 그대들의 탐욕스러운 생각, 그대들의 거짓말과 비밀이 공기 속에 떠돌고 있다!

우선 그대들 자신을 믿도록 하라. 그대들과 그대들의 뱃속을 믿어라! 자기 자신을 믿지 않는 자는 언제나 거짓말을 한다.

---

26) 〈마태복음〉 12장 34절, "독사의 자식들아! 너희가 악한데, 어떻게 선한 것을 말할 수 있겠느냐? 마음에 가득 찬 것을 입으로 말하는 법이다."

27) 〈누가복음〉 16장 20~21절, "그런데 그 집 대문 앞에는 나사로라 하는 거지 하나가 헌데투성이 몸으로 누워서, 그 부자의 상에서 떨어지는 부스러기로 배를 채우려고 하였다."

그대들 '순수한 자들'이여, 그대들은 그 어떤 신의 가면을 걸치고 있다. 그 어떤 신의 가면 속으로 그대들의 소름 끼치는 환형동물이 기어들었다.

그대들 '관조하는 자들'이여, 참으로 그대들은 자신을 기만한다. 차라투스트라도 한때는 그대들의 신과 같은 피부에 현혹된 바보였다. 그 피부 안에 가득 차 있는 뱀의 똬리를 알아차리지 못한 것이다.

나는 한때 그대들의 유희에서 그 어떤 신의 영혼이 유희하는 것을 볼 수 있다고 잘못 생각했다. 그대들 순수한 인식자들이여! 한때는 그대들의 재주보다 더 나은 재주는 없다고 잘못 생각했다!

멀리 떨어져 있어서 나는 뱀의 오물과 지독한 악취를 몰랐다. 도마뱀의 간계가 탐욕스럽게 기어다니는 것을 몰랐다.

그러나 나는 그대들에게 **가까이** 다가갔다. 그때 날이 밝아왔다. 그리고 이제 낮이 그대들을 찾아간다. 달의 연애는 이제 끝났다!

저기를 보라! 현장에서 발각된 달이 저기 창백한 얼굴로 서 있다. 아침놀 앞에!

벌써 그녀가, 저 이글거리며 타오르는 자가 왔기 때문이다. 대지를 향한 **태양의** 사랑이 찾아왔기 때문이다! 순진무구와 창조자의 열망이 모든 태양의 사랑이다![28]

저기를 보라. 태양이 얼마나 성급하게 바다를 건너오는가! 그대들

---

28) 독일어에서 '달(Mond)'은 남성 명사이고, '태양(Sonne)'은 여성 명사다. 여기서 차라투스트라는 단지 빛을 반사하기만 하고 아이를 낳지 못하는 '달의 사랑'과 스스로 흘러넘치는 빛으로 새로운 생명을 창조하는 '태양의 사랑'을 대조하고 있다.

은 태양이 내뿜는 사랑의 갈증과 뜨거운 숨결을 느끼지 못하는가?

태양은 바다를 빨아들이려 하고, 저 깊은 심연을 자신의 높이까지 끌어올려 마시려 한다. 그때 바다의 욕망은 천 개의 젖가슴으로 솟아오른다.

바다는 태양이 목말라 자신에게 입맞춤하기를, 그리하여 자신을 빨아들이기를 바란다.

바다는 대기가 되고, 높은 하늘이 되고, 빛의 길이 되고, 스스로 빛이 되기를 **바란다**.

참으로 나는 태양처럼 삶과 모든 깊은 바다를 사랑한다.

이것이 **나의** 인식이다. 모든 깊은 것은 올라와야 한다. 나의 높이까지!

차라투스트라는 이렇게 말했다.

16. 학자들에 대하여

내가 누워 잠들어 있을 때, 양 한 마리가 내 머리에 두른 담쟁이덩굴 화환을 먹어버리고는 "차라투스트라는 이제 학자가 아니다."라고 말했다.

양은 이렇게 말하고는 거들먹거리며 돌연히 그곳을 떠났다. 어떤 아이가 나에게 이 사실을 이야기해주었다.

나는 여기 아이들이 놀고 있는 무너진 담장 옆, 엉경퀴와 붉은 양귀비꽃 사이에 누워 있기를 좋아한다.

아이들, 그리고 엉경퀴와 붉은 양귀비꽃에게 나는 아직도 학자다. 그들은 악의를 품고 있을 때조차 순진무구하다.

그러나 양들에게 나는 이제 학자가 아니다. 이것이 나의 운명이 바라는 바다. 나의 운명에 축복이 있기를!

이것이 진실이다. 나는 학자들의 집을 나왔고, 나오면서 등 뒤로 그 문을 쾅 하고 닫아버렸다.

나의 영혼은 굶주린 채 너무 오랫동안 학자들의 식탁에 앉아 있었다. 나는 그들과 같지 않아서 호두까기 방식으로 인식에 도달하는 훈련을 받지 못했다.

나는 자유를 사랑하고 신선한 대지 위의 공기를 사랑한다. 나는 학자들의 위엄과 존경 위에서 잠들기보다는 차라리 황소 가죽 위에서 잠자려 한다.

나는 너무나 뜨겁고, 나 자신의 사상으로 불타오르고 있다. 그 때문에 나는 자주 숨을 쉬지 못한다. 그래서 나는 먼지투성이의 모든 방을 떠나 야외로 나가야만 한다.

그러나 학자들은 서늘한 그늘 속에 시원하게 앉아 있다. 그들은 모든 일에 있어서 구경꾼이 되려고 하며, 태양이 내리쬐는 계단에 앉지 않으려고 한다.

길가에 서서 지나가는 사람들을 멍하니 바라보는 자들처럼, 학자들도 기다리면서 다른 사람들이 생각해낸 사상을 멍하니 바라본다.

사람들이 손을 뻗어 학자들을 잡으면 마치 밀가루 포대를 건드린 것처럼 주위에 먼지가 일어난다. 의도하지 않았음에도. 그러나 그 먼지가 곡물에서 나온 것이고, 여름 들판의 황금빛 환희에서 생겨 나온 것임을 그 누가 알겠는가?

그들은 현명한 것처럼 행세하지만, 그들의 하찮은 잠언과 진리는 나를 오싹하게 만든다. 마치 늪에서 생겨나기라도 한 것처럼 그들의 지혜에서는 자주 악취가 풍긴다. 그리고 참으로 나는 그들의 지혜에서 개구리가 개골개골하는 소리를 들은 적도 있다!

그들은 능숙하며, 그들은 영리한 손가락을 가지고 있다. 그들의 다채로움에 비하면 **나의** 단순함은 무엇이란 말인가! 그들의 손가락은 실을 꿰고, 매듭을 묶고, 천을 짜는 법을 모두 알고 있다. 이렇게 그들은 정신의 양말[29])을 짠다!

그들은 훌륭한 시계 장치다. 그러므로 태엽을 제대로 감아주기만 하면 된다! 그러면 어김없이 시간을 알려주고 아울러 수수한 소음도 들려준다.

그들은 물레방아처럼, 절굿공이처럼 일한다. 그들에게 곡물을 던져주기만 하면 된다! 그들은 곡물을 잘게 빻아 하얀 가루로 만드는 법을 이미 알고 있다.

그들은 서로를 감시하며 상대방을 잘 믿지 않는다. 하찮은 책략을 가지고 잔꾀를 부리면서 그들은 절름발이 지식을 가진 자들을 기다리고 있다. 거미처럼 기다리고 있다.

나는 그들이 언제나 조심스럽게 독을 조제하는 것을 보아왔다. 그러면서 언제나 유리 장갑을 손가락에 끼고 있었다.

또 그들은 속임수 주사위로 놀이하는 법을 알고 있었다. 그들이 땀을 뻘뻘 흘릴 정도로 주사위 놀이에 열중하는 모습을 나는 보았다.

우리는 서로에게 낯설다. 그리고 그들의 덕은 그들의 거짓말이나 속임수 주사위 놀이보다도 더 내 취향에 거슬린다.

그래서 그들과 함께 살면서도 나는 그들 위에서 살았다. 그 때문에 그들은 나를 미워했다.

---

29) '정신의 양말'. 이 비유는 '자기의식'에 관한 헤겔의 말을 암시한다. "꿰맨 양말은 찢어진 양말보다 낫다. 그러나 자기의식은 그렇지 않다." G. W. F. Hegel, *Aphorismen aus Hegels Wastebook*, in *Werke in zwanzig Bänden*, Bd. 2, (Frankfurt am Main: Suhrkamp, 1970), 558쪽.

그들은 그들의 머리 위로 누군가가 걸어 다니는 소리를 들으려 하지 않는다. 오히려 그들은 나와 그들의 머리 사이에 목재와 흙과 오물을 깔아놓았다.

그렇게 그들은 나의 발소리를 약하게 했다. 그래서 최고의 학자들은 지금까지 나에 관해 제대로 듣지 못했다.

그들은 자신과 나 사이에 모든 인간적인 결함과 약점을 깔아놓았다. 그리고 그것을 그들 집의 '방음판'이라고 부른다.

그럼에도 불구하고 나는 나의 사상을 품은 채 여전히 그들의 머리 위를 걸어 다닌다. 그리고 설령 내가 자신의 오류를 밟고 걸어 다니더라도 나는 여전히 그들과 그들의 머리 **위**에 있을 것이다.

인간은 평등하지 **않기** 때문이다. 정의가 이렇게 말한다. 내가 원하는 것을 **그들은** 감히 원해서는 안 될 것이다!

차라투스트라는 이렇게 말했다.

17. 시인들에 대하여

"내가 몸을 더 잘 알게 된 이래 나에게 정신은 정신처럼 보이는 것일 뿐이다. 그리고 모든 '불멸의 것', 그것도 하나의 비유일 뿐이다."라고 차라투스트라가 그의 제자 중 한 사람에게 말했다.

제자가 대답했다. "선생님께서 언젠가 그렇게 말씀하시는 것을 들은 적이 있습니다. 그때 선생님은 이렇게 덧붙이셨습니다. '하지만 시인들은 거짓말을 너무 많이 한다.' 선생님께서는 왜 시인들이 거짓말을 너무 많이 한다고 말씀하셨는지요?"

"왜냐고?" 차라투스트라가 말했다. "'왜'라고 묻고 있는가? 나는 왜냐고 감히 물어도 되는 그런 사람이 아니다.

나의 체험이 어제 것이란 말인가? 내가 내 견해의 근거를 체험한 것은 훨씬 오래전의 일이다.

내가 이 근거를 간직하고 있으려면, 나는 기억을 저장하는 통이 되어야 하지 않겠는가?

나의 견해 자체를 간직하는 것조차 내게는 벌써 버거운 일이다. 그리고 많은 새가 여전히 날아간다.

그리고 나의 비둘기 집에는 다른 곳에서 날아온 낯선 새도 이따금 보이는데, 그 새는 내가 손을 대면 몸을 부르르 떤다.[30]

그런데 차라투스트라가 예전에 그대에게 무슨 말을 했는가? 시인들이 거짓말을 너무 많이 한다고? 하지만 차라투스트라 또한 시인이다.

지금 그대는 차라투스트라가 여기서 진리를 말했다고 믿는가? 왜 그대는 그렇게 믿는가?"

제자가 대답했다. "나는 차라투스트라를 믿습니다." 그러나 차라투스트라는 머리를 가로저으며 미소를 지었다.

그리고 말했다. "믿음은 나를 행복하게 해주지 못한다. 특히 나에 대한 믿음은 말할 것도 없다.

그러나 어떤 사람이 매우 진지하게 시인이 거짓말을 너무 많이 한다고 말했다면 그것은 맞는 말이다. 사실 **우리는** 거짓말을 너무 많이 한다.

또 우리는 아는 것이 별로 없고 배우는 것도 서툴다. 그러므로 우리는 거짓말을 할 수밖에 없다.

그리고 우리 시인 중에서 자신의 포도주에 불순물을 섞지 않는 자가 있을까? 사실 우리의 지하실에서는 유독한 혼합물이 많이 만들어졌다. 거기서 말로 다 할 수 없는 많은 일이 일어났다.

아는 게 별로 없는 우리는 정신적으로 가난한 자들이 진심으로

---

30) 플라톤, 《테아이테토스》, 197 c-e. 플라톤은 기억하는 영혼을 새장에 비유한다.

마음에 든다. 그들이 젊은 여자들이라면 특히 그렇다!

늙은 여자들이 밤마다 이야기해주는 것들마저 우리는 애타게 갈망한다. 그리고 우리 자신은 이것을 우리에게 있는 영원한 여성성[31]이라고 부른다.

무언가를 배우는 자들에게는 **막혀 있는** 지식에 이르는 특별한 비밀 통로라도 있는 것처럼, 우리는 군중과 그들의 '지혜'를 믿는다.

그러나 모든 시인은 이렇게 믿는다. 풀밭이나 고독한 산비탈에 누워 귀를 쫑긋 세우는 자는 하늘과 땅 사이에 있는 사물들에 대해 무언가 알게 된다고.

그리고 부드러운 흥분이 찾아오면, 시인들은 언제나 자연 자체가 자신들과 사랑에 빠졌다고 믿는다.

자연이 그들의 귀에 은밀한 말과 사랑의 밀어를 속삭인다고 생각한다. 그리고 죽을 운명의 모든 사람 앞에서 이것을 자랑하고 뽐낸다.

아, 하늘과 땅 사이에는 오직 시인들만이 꿈꿀 수 있는 많은 것이 있다!

하늘 **위**에 많이 있다. 모든 신은 시인들의 비유이자 궤변이기 때문이다!

참으로 우리는 언제나 위로 이끌려 올라간다. 구름의 나라로 이끌려 올라간다. 그리고 우리는 이 구름 위에 알록달록한 껍데기 모형

---

31) '영원한 여성성(Das Ewig-Weibliche, The Eternal Feminine)'은 괴테 《파우스트》의 마지막 문장이다. "영원히 여성적인 것은 우리를 위로 이끈다." 괴테, 《파우스트》 II, 21111, 같은 책, 890쪽.

들을 얹어놓고는 이것들을 신이나 초인이라고 부른다.

이것들은 여기 구름 의자 위에 앉아도 될 만큼 충분히 가볍다! 이 모든 신과 초인은.

아, 이 모든 것의 불충분함에 대해 나는 얼마나 지쳤는가! 아, 나는 정말로 시인들에게 싫증이 난다."

차라투스트라가 이렇게 말했을 때 그의 제자는 그에게 화가 났으나 침묵을 지켰다. 차라투스트라도 말이 없었다. 그의 눈은 머나먼 곳을 바라보기라도 하듯 자신의 내면을 향하고 있었다. 마침내 그는 한숨을 쉬고 깊이 숨을 들이마셨다.

그러고 나서 말했다. "나는 오늘과 이전의 사람이다. 그러나 나의 내면에는 내일과 모레와 장래의 것이 들어 있다.

옛 시인이든 오늘의 시인이든 나는 시인들에게 지쳤다. 그들 모두가 내게는 피상적이며, 얕은 바다다.

그들은 충분히 깊이 있게 생각하지 못했다. 그렇기에 그들의 감정은 심연의 밑바닥까지 가라앉지 못했다.

약간의 욕정과 약간의 권태. 이것이 지금까지 이룬 그들의 최고의 사색이었다.

그들이 타는 모든 하프 소리는 유령의 숨결, 유령이 지나가는 소리로 들린다. 그들은 음향의 열정에 대해 지금까지 무엇을 알고 있었단 말인가!

그들은 충분히 순수하지도 못하다. 자신들의 바다가 깊어 보이게 하려고 그들 모두는 자신의 물을 흐려놓는다.

그들은 이렇게 함으로써 기꺼이 화해자의 행세를 한다. 그러나 내게 그들은 중개인이고 혼합하는 자이며 어중이떠중이에 불순한 자일 뿐이다!

아, 나는 그들의 바다에 나의 그물을 던지고 좋은 고기를 잡으려했다. 그러나 언제나 그 어떤 낡은 신의 머리만 건져 올렸다.

굶주린 자에게 바다는 이처럼 돌덩이 하나를 내주었다.[32] 그리고 시인들 자신도 아마 바다에서 나왔을 것이다.

물론 사람들은 그들에게서 진주를 발견한다. 그만큼 시인들 자신은 단단한 조개껍데기와 닮았다. 그런데 나는 시인들에게서 영혼대신 소금에 절은 점액을 자주 발견했다.

그들은 바다로부터 허영심도 배웠다. 바다야말로 공작 중의 공작이 아닌가?

바다는 모든 물소 가운데 가장 흉한 물소 앞에서도 그 꼬리를 길게 펼친다. 바다는 은과 비단으로 된 자신의 기다란 부채에 결코 싫증을 내지 않는다.

물소는 거만하게 이 모습을 바라본다. 영혼은 모래사장과 닮았고, 덤불과는 더욱 닮았지만, 늪과 가장 닮았다.

아름다움과 바다와 공작의 장식이 물소에게 무슨 소용이란 말인가! 나는 이 비유를 시인들에게 말한다.

---

32) 〈마태복음〉 7장 9~10절. "너희 가운데서 아들이 빵을 달라고 하는데 돌을 줄 사람이 어디에 있으며, 생선을 달라고 하는데 뱀을 줄 사람이 어디에 있겠느냐?

참으로 그들의 정신 자체가 공작 중의 공작이며 허영의 바다가 아닌가!

시인의 정신은 관객을 원한다. 그것이 비록 물소일지라도!

그러나 나는 이 정신에 지쳤다. 나는 이 정신 자체가 자신에게 지치게 될 날이 다가오는 것을 본다.

나는 시인들이 이미 변하여, 자신에게 시선을 돌리는 것을 보았다.

나는 정신의 속죄자들이 오는 것을 보았다. 그들은 시인들로부터 성장한 자들이다."

차라투스트라는 이렇게 말했다.

18. 커다란 사건에 대하여

바다 가운데, 차라투스트라의 행복의 섬에서 멀지 않은 곳에 섬 하나가 있었다. 그 섬에는 화산이 끊임없이 연기를 내뿜고 있었다.[33] 이 섬에 대해 군중이, 군중 가운데서도 특히 노파들이 말한다. 이 섬은 마치 하계의 문 앞에 놓여 있는 하나의 바윗덩어리와 같으며, 바로 화산을 가로질러 하계의 문으로 이어지는 좁은 길이 아래쪽으로 나 있다고 한다.

차라투스트라가 행복의 섬에 머무를 즈음, 배 한 척이 연기를 내뿜고 있는 이 섬에 닻을 내렸다. 선원들은 토끼 사냥을 하려고 상륙

---

33) 이 장의 비경을 이루는 화산은 니체가 1876년 10월부터 1877년 5월까지 7개월간 머물렀던 소렌토의 시골 저택에서 바라보던 베수비오 화산과 1882년 시칠리아 에트나 산을 방문했던 기억에 근거한다. 화산을 통상 사용하는 낱말 'Vulkan(volcano)' 대신 'Feuerberg(fire-mountain, 불 산)'로 표현한 것으로 미루어 니체가 어렸을 적 외할아버지 집의 서재에서 우연히 읽은 케르너(Junstinus Kerner, *Blätter aus Prevorst*, 1833)의 잠재 기억이 떠오른 것으로 보인다. 케르너의 이야기에는 이런 구절이 있다. "이 불지옥과 우리의 화산 사이에는 연결고리가 있는가? …… 화산의 분화구는 불타는 지옥으로 가는 통로인가?"

했다. 그러나 정오 무렵, 선장과 그 선원들이 다시 모였을 때, 그들은 갑자기 한 사내가 공중에서 자기들에게 다가오는 것을 보았다. 그리고 "때가 되었다! 때가 무르익었다!"라는 음성이 또렷하게 들려왔다. 그러나 그 형체가 매우 가까이 다가오는가 싶더니 그림자처럼 재빨리 화산이 있는 방향으로 날아갔다. 선원들은 그가 차라투스트라임을 알아보고 화들짝 놀랐다. 선장을 제외하고 그들 모두가 예전에 차라투스트라를 본 적이 있었기 때문이다. 그들은 군중과 마찬가지로, 사랑 반 두려움 반으로 그를 사랑하고 있었기 때문이다.

"저길 보라! 차라투스트라가 지옥으로 떨어진다!" 늙은 키잡이가 말했다.

이 선원들이 화산섬에 상륙한 그 시각에 차라투스트라가 사라졌다는 소문이 떠돌았다. 그래서 사람들이 그의 벗들에게 물어보았더니, 그는 어디로 가는지 말하지도 않고 밤중에 배를 탔다는 것이었다.

이렇게 불안감이 생겨났다. 사흘 후에는 선원들의 이야기로 불안감이 더해졌다. 이제 모든 군중은 악마가 차라투스트라를 잡아갔다고 말했다. 그의 제자들은 물론 이 소문을 웃어넘겼다. 제자 중 한 사람은 심지어 "나는 오히려 차라투스트라가 악마를 잡아갔다고 생각한다."라고 말했다. 그러나 그들 모두의 영혼의 밑바닥에는 근심과 그리움이 가득했다. 그러던 중 닷새 만에 차라투스트라가 그들 앞에 나타나자 그들의 기쁨은 대단할 수밖에 없었다.

다음은 차라투스트라가 불개와 나눈 대화 내용이다.

차라투스트라가 말했다. "대지는 피부로 덮여 있는데, 피부는 여러

가지 병에 걸렸다. 예컨대 이 병 중 하나는 '인간'이라는 병이다.[34]

이러한 병 중 또 하나는 '불개'라고 불린다. 이 **개**에 대하여 인간들은 많이 속이기도 하고 속기도 했다.

이 비밀을 캐내려고 나는 바다를 건너왔다. 그리고 이제 진리를 적나라하게 보았다. 참으로! 그 발끝에서 목에 이르기까지.

나는 이제 불개에 관해 잘 안다. 모든 분출의 악마와 전복의 악마들에 대해서도 마찬가지로 잘 안다. 이 악마를 두려워하는 것은 늙은 여인네들만이 아니다.

나는 소리쳤다. '나오너라, 불개야, 너의 심연에서! 그 심연이 얼마나 깊은지 실토하라! 네가 씩씩거리며 내뿜는 것은 어디서 오는 것인가?

너는 바닷물을 마음껏 퍼마신다.[35] 너의 짜디짠 웅변이 이를 말해준다! 참으로 너는 깊은 곳에 사는 개로서 너의 양분을 표면에서

---

34) 쇼펜하우어는 《의지와 표상으로서의 세계》에서 우주 속의 생명체를 이렇게 암울하게 묘사한다. "무한한 공간에는 셀 수 없이 많은 빛나는 천구(天球)들이 있으며, 그 주위에는 여러 개의 좀 더 작고 빛나는 구들이 돌고 있다. 그 별의 안은 뜨겁고, 딱딱하고 차가운 껍질로 덮여 있는데, 곰팡이가 핀 외피는 살아 있고 인식하는 존재를 낳는다." Arthur Schopenhauer, *Die Welt als Wille und Vorstellung*, II 1, (Zürich: Haffmans Verlag, 1988), 11쪽. F. Nietzsche, '방랑자와 그의 그림자' 14, 《인간적인 너무나 인간적인》 II, KSA 2, 549쪽: "세계에서 우리가 유일한 존재라고! 아, 그것은 가당치도 않은 일이다! …… 수많은 별도 지구와 마찬가지로 삶을 생산해낼 수 있는 조건을 갖추고 있다는 사실, 이러한 별들은 아주 많이 있지만 삶을 한 번도 발현해본 적이 없거나 그것에서는 오래전에 회복한 무한히 많은 별과 비교하면 거의 한 움큼밖에 되지 않는다는 사실, …… 따라서 생명이 결코 그 별들이 존재하는 목적과 궁극적인 의도는 아니었다는 사실을 알게 해줄 것이다."

너무 많이 취했다.

나는 너를 기껏해야 대지의 복화술사로 여긴다. 그리고 전복의 악마와 분출의 악마가 연설하는 것을 들을 때마다 나는 그들이 너와 같다는 것을 알았다. 짜디짜고 기만적이고 천박하다는 것을.

너희는 울부짖을 줄 알고 재를 뿌려 어둡게 만들 줄 안다! 너희는 최고의 허풍쟁이이고, 진흙을 뜨겁게 끓어오르게 하는 기술을 충분히 배웠다.

너희가 있는 곳, 그 가까이에는 언제나 진흙이 있어야 한다.[36] 그리고 해면질의 것, 속이 빈 것, 억지로 구겨 넣은 것이 잔뜩 있어야 한다. 그것들은 자유를 바란다.

너희 모두는 무엇보다도 기꺼이 '자유'를 울부짖는다. 그러나 요란한 울부짖음과 연기가 커다란 사건을 둘러싸자마자, 나는 '커다란 사건'에 대한 믿음을 잃어버렸다.

내 말을 믿어라, 지옥의 소음이라는 친구여! 커다란 사건, 그것은 우리의 가장 요란한 시간이 아니라 가장 고요한 시간이다.

새로운 소음을 일으키는 사람이 아니라 새로운 가치를 창출하는 사람을 중심으로 세계는 돌고 있다. 세계는 **소리 없이** 돌고 있다.

---

35) 〈욥기〉 40장 23절, "강물이 넘쳐도 놀라지 않으며, 요단강의 물이 불어서 입에 차도 태연하다."

36) 〈욥기〉 40장 21절, "그것은 연꽃잎 아래에 눕고, 갈대밭 그늘진 곳이나 늪 속에다가 몸을 숨긴다." 주님이 자신의 무기를 들고 다니라고 만든 짐승 베헤못(하마나 코끼리 같은 짐승)에 대해 하는 말이다.

이제 고백하라! 너희의 소음과 연기가 사라지고 나면 언제나 그 어떤 일도 거의 일어나지 않은 것 같지 않았던가. 하나의 도시가 미라가 되고 입상들이 진흙 속에 파묻힌다고 해서 무슨 상관이란 말인가!

나는 입상을 전복시키는 자들에게 말한다. 소금을 바다에, 입상들을 진흙탕 속에 던지는 것은 정말 가장 어리석은 짓이다.

너희의 경멸이라는 진흙탕 속에 입상은 쓰러져 있었다. 그러나 경멸에서 다시 생명과 생생한 아름다움이 자라는 것이 바로 입상의 법칙이다!

입상들은 이제 더 성스러운 모습으로 다시 일어선다. 그리하여 참으로! 자신들을 전복시킨 데 대하여 그대들에게 감사하리라, 그대들 전복자들이여!

그러나 왕들과 교회, 그리고 노쇠하여 덕이 쇠약해진 모든 것에 대해 나는 이렇게 충고한다. 전복당하도록 하라! 그대들이 다시 생명을 얻고, 그대들에게 다시 덕이 생겨나도록!'

나는 불개 앞에서 이렇게 말했다. 그러자 불개는 무뚝뚝하게 내 말을 가로막으며 물었다. '교회라고? 그게 도대체 무엇인가?'

내가 대답했다. '교회? 그것은 일종의 국가다. 그것도 가장 기만적인 종류의 국가다. 하지만 입을 다물라, 너 위선적인 개야. 너는 이미 너와 같은 부류를 가장 잘 알고 있지 않은가!

너 자신과 같이 국가는 위선적인 개다. 너와 마찬가지로 국가는 연기를 내뿜고 울부짖으며 말하기를 좋아한다. 너와 마찬가지로 국가는 사물의 뱃속으로부터 말하고 있다고 믿게 하기 위해서다.

국가는 지상에서 전적으로 가장 중요한 동물이 되고자 하기 때문이다. 사람들도 국가를 그렇게 생각하고 있다.'

내가 이렇게 말하자 불개는 시기심에서 미친 듯이 날뛰며 소리쳤다. '뭐라고? 지상에서 가장 중요한 동물이라고? 사람들도 그렇게 생각한다고?' 불개의 목구멍에서 증기와 끔찍한 소리가 터져 나와서 나는 불개가 분노와 시기심 때문에 질식할 수도 있다는 생각이 들었다.[37]

마침내 불개는 진정되었고, 헐떡이던 숨도 가라앉았다. 불개가 진정되자마자 나는 웃으며 말했다.

'너는 화가 났구나, 불개야. 그렇다면 너에 대한 내 말이 맞는 모양이구나!

내 말이 옳다는 것을 확인하려면 다른 불개에 대한 이야기를 들어보라. 이 불개는 참으로 대지의 심장으로부터 우러나오는 말을 한다.

그의 숨결은 황금의 입김과 황금의 비를 내뿜는다. 그의 심장이 그것을 원한다. 그러니 그에게 재와 연기 그리고 뜨거운 점액이 무슨 소용이겠는가?

오색찬란한 구름과 같은 웃음이 이 불개에게서 터져 나온다. 그는 그르렁거리는 소리와 침 뱉기와 복통을 싫어한다!

---

37) 〈욥기〉 41장 19~21절, "입에서는 횃불이 나오고, 불똥이 튄다. 콧구멍에서 펑펑 쏟아지는 연기는 끓는 가마 밑에서 타는 갈대 연기와 같다. 그 숨결은 숯불을 피울 만하고, 입에서는 불꽃이 나온다."

황금과 웃음. 그는 이것을 대지의 심장으로부터 가져온다. 네가 이 점만은 알아야 하기 때문이다. **대지의 심장은 황금으로 만들어졌다.**'

이 말에 불개는 더는 내 말을 참고 들을 수가 없었던 모양이다. 그는 부끄러운 나머지 꼬리를 내리고 매우 가냘픈 소리로 멍멍 짖어대더니 동굴 속으로 기어들어 갔다."

차라투스트라는 이렇게 이야기했다. 그러나 그의 제자들은 그의 말에 거의 귀를 기울이지 않았다. 그에게 선원들과 토끼와 공중으로 날아간 남자에 관한 이야기를 들려주고 싶은 그들의 욕구가 너무도 컸기 때문이다.

"그 일을 어떻게 생각해야 한단 말인가?" 차라투스트라가 말했다. "내가 유령이란 말인가?

하지만 그것은 내 그림자였을 것이다. 그대들은 방랑자와 그의 그림자에 대해 이미 어느 정도 듣지 않았는가?

그러나 내가 그림자를 더 짧게 잡아두어야 한다는 사실만은 분명하다. 그러지 않으면 그 그림자가 나의 명성을 망쳐버릴 테지."

차라투스트라는 다시 한번 머리를 가로저으며 의아하게 생각했다. '그 일을 어떻게 생각해야 한단 말인가?' 그는 다시 한번 말했다.

"왜 유령은 '때가 되었다! 때가 무르익었다!' 하고 외쳤을까? 도대체 **무엇을 위해서** 때가 무르익었다는 것인가?"

차라투스트라는 이렇게 말했다.

19. 예언자

"그리고 나는 크나큰 슬픔이 인간들을 덮치는 것을 보았다. 가장 뛰어난 자들도 그들의 일에 지쳐 있었다.

하나의 가르침이 선포되고, 하나의 신앙이 이와 함께 퍼져나갔으니, '모든 것은 공허하다. 모든 것은 같다. 모든 것은 이미 끝났다!'라는 것이다

그러자 모든 언덕에서 메아리가 들려왔다. '모든 것은 공허하다. 모든 것은 같다. 모든 것은 끝났다!'라고.

우리는 물론 농작물을 거두었다. 그런데 왜 모든 열매가 썩고 누레졌는가? 어젯밤 사악한 달에서 무엇이 떨어졌는가?

모든 노동은 헛된 것이 되었고, 우리의 포도주는 독이 되었으며, 사악한 눈길이 우리의 들판과 심장을 누렇게 태웠다.

우리는 모두 메말라버렸다. 불덩이가 우리 위로 떨어지면, 우리는 재처럼 이리저리 흩날린다. 그렇다. 우리는 불덩이마저 지치게 했다.

모든 샘은 바싹 말라버렸고, 바다도 뒤로 물러났다. 모든 대지는 갈라지려 하지만, 깊은 심연은 삼키려 하지 않는다!

'아, 우리가 익사할 만큼 깊은 바다가 어디에 아직 남아 있는가.' 우리의 탄식이 이렇게 울려 퍼진다. 얕은 늪 너머로.

참으로 우리는 죽기에도 너무 지쳤다. 그리하여 우리는 깬 채로 계속 살아간다. 무덤 속에서!"

차라투스트라는 한 예언자가 이렇게 말하는 것을 들었다. 그의 예언은 차라투스트라의 심금을 울렸고, 그를 변화시켰다. 그는 슬픔에 잠겨 돌아다니느라 지쳤고, 예언자가 말한 사람들과 비슷해졌다.

그리하여 그는 제자들에게 말했다. "참으로 조금만 지나면 긴 어스름이 찾아오리라. 아, 나는 나의 빛을 어떻게 구원해야 한단 말인가!

나의 빛이 이 슬픔 속에 질식하지 않기를! 나의 빛은 머나먼 세계와 아득히 먼 밤을 비추어주는 빛이 되어야 한다!"

이렇듯 걱정하면서 차라투스트라는 돌아다녔다. 그는 사흘 동안 마시지도 먹지도 쉬지도 않았으며 말도 하지 않았다. 마침내 그는 깊은 잠에 빠져들었다. 그러나 그의 제자들은 그의 곁에 앉아 긴 밤을 꼬박 새웠고, 그가 깨어나 다시 말할지 슬픔에서 회복될지를 걱정하며 기다렸다.

이것은 차라투스트라가 깨어나서 한 말이다. 그러나 제자들에게 그의 음성은 아득히 먼 곳에서 들려오는 것 같았다.

"그대들 벗들이여, 내가 꾼 꿈을 들어보아라. 그리고 그 의미를 알아낼 수 있도록 도와다오!

이 꿈은 내게는 아직 하나의 수수께끼다. 그 의미는 꿈속에 감추어져 있고 갇혀 있어서, 아직도 날개를 자유롭게 퍼덕이며 꿈을 넘어 날아오르지 못한다.

나는 모든 삶을 단념했다. 꿈속에서 말이다. 나는 밤과 무덤의 파수꾼이 되었다. 저 쓸쓸한 죽음의 산성에서 말이다.

그 위에서 나는 죽음의 관을 지키고 있었다. 퀴퀴한 냄새가 나는 지하 납골당은 승리의 징표로 가득 차 있었다. 유리관 속에서는 극복된 삶이 나를 바라보고 있었다.

나는 먼지 덮인 영원의 냄새를 맡았다. 먼지 덮인 나의 영혼은 후덥지근한 상태로 누워 있었다. 도대체 누가 이런 곳에서 자신의 영혼에 바람을 통하게 할 수 있는가!

한밤중의 밝은 빛이 나를 둘러싸고 있었고, 그 곁에는 고독이 웅크리고 있었다. 그리고 세 번째로는 나의 여자 친구 중 가장 사악한 친구인 죽음의 정적이 귀에 거슬리게 그르렁거리고 있었다.

나는 모든 열쇠 중에서 가장 녹슨 열쇠를 가지고 있었다. 이 열쇠로 모든 문 중에서 가장 삐걱거리는 문을 열었다.

문이 열리자 불길하게 울어대는 까마귀 소리 같은 소리가 긴 복도에 울려 퍼졌다. 이 새는 기괴하게 울어댔다. 잠에서 깨어나기 싫은 것이다.

그러나 다시 침묵이 찾아오고 사방이 조용해지자 더 무서워지고 가슴이 조여왔다. 나는 이 음험한 침묵 속에 홀로 앉아 있었다.

만약 시간이란 것이 있었다면 이렇게 지나가고 살금살금 달아났을 것이다. 내가 시간에 대해 무엇을 알겠는가! 그러나 나를 잠에서 깨우는 일이 마침내 일어났다.

천둥이 치듯 문을 두드리는 소리가 세 번 났다. 그 소리는 지하 납골당에서 다시 세 차례 메아리치면서 울부짖었다. 그때 나는 문 쪽으로 갔다.

'알파! 누가 자신의 재를 산으로 나르는가?' 나는 소리쳤다. '알파! 알파! 누가 자신의 재를 산으로 나르는가?'

나는 열쇠를 밀어 넣고 문을 열려고 애썼다. 그러나 문은 손가락이 들어갈 만큼도 열리지 않았다.

그때 세찬 바람이 불어와서 문짝을 열어젖혔다. 바람은 윙윙거리는 날카롭고 예리한 소리를 내면서 나에게 검은 관 하나를 던졌다.

관은 윙윙거리는 날카롭고 예리한 소리와 함께 쪼개지면서 천 겹의 요란한 웃음소리를 토해냈다.

아이들, 천사들, 올빼미들, 바보들, 아이들만큼이나 커다란 나비들의 천 개나 되는 찌푸린 얼굴들이 나를 향해 커다란 소리로 비웃고 조롱하며 거칠게 뛰어나왔다.

나는 소스라치게 놀라 쓰러졌다. 그리고 공포에 질려 그 어느 때보다도 큰 소리로 울부짖었다.

그러나 나 자신의 울부짖는 소리가 나를 깨웠다. 그리하여 나는 정신을 차렸다."

차라투스트라는 이렇게 자신의 꿈 이야기를 하고 난 후 입을 다물었다. 아직도 꿈의 의미를 알지 못했기 때문이다. 그러나 그가 가장 사랑하는 제자가 재빨리 일어나 차라투스트라의 손을 잡으면서 말했다.

"그대의 삶 자체가 우리에게 이 꿈을 해석해줍니다. 아, 차라투스트라여!

그대 자신이 죽음의 성문을 열어젖히는 날카롭게 윙윙거리는 바람이 아닙니까?

그대 자신이 삶의 온갖 악의와 천사의 얼굴로 가득 찬 관이 아닙니까?

참으로 차라투스트라는 아이의 천 겹 웃음처럼 모든 죽은 자의 방으로 들어갑니다. 이 밤과 무덤의 파수꾼, 그리고 불길한 열쇠 다발을 쩔렁거리는 자들을 비웃으며.

그대는 웃음소리로 그들을 놀라게 하고 넘어뜨립니다. 그들의 기절과 깨어남은 그들에 대한 당신의 힘을 입증할 것입니다.

기나긴 어스름과 죽음의 권태가 다가올지라도 그대는 우리의 하늘에서 사라지지 않을 것입니다. 그대 삶의 대변자여!

그대는 우리에게 새로운 별과 새로운 밤의 장관을 보여주었습니다. 참으로 당신은 웃음 그 자체를 마치 알록달록한 빛깔의 천막처럼 우리의 머리 위로 펼쳤습니다.

아이의 웃음소리가 이제 관들로부터 솟아오를 것입니다. 이제 모든 죽음의 권태를 향하여 언제나 거센 바람이 불어와 승리를 거둘 것입니다. 우리에게는 그대 자신이 이것에 대한 보증인이며 예언자입니다!

참으로 **그대는 그대의 적들을 꿈에서 보았습니다**. 그것은 당신의 가장 괴로운 꿈이었습니다.

그러나 그대가 꿈에서 깨어나 그들로부터 그대 자신에게 돌아왔던 것처럼, 그들 자신도 스스로 깨어나 그들로부터 그대에게 돌아올 것입니다!"

제자는 이렇게 말했다. 다른 모든 제자도 차라투스트라 주위로 몰려들어 그의 두 손을 잡고, 그가 침대와 슬픔을 떠나서 그들에게 돌아오도록 설득하려고 했다. 그러나 차라투스트라는 그의 침상 위에 똑바로 앉아 있었는데, 그의 시선이 낯설었다. 마치 낯선 고장을 오랫동안 떠돌아다니다 귀향한 사람처럼 그는 제자들을 바라보았고, 그들의 얼굴을 찬찬히 살폈다. 하지만 그는 여전히 제자들의 얼굴을 알아보지 못했다. 그러나 제자들이 그를 자리에서 일으켜 세우자, 보라, 그 순간 그의 눈빛이 갑자기 변했다. 그는 그동안 일어난 모든 일을 알아차리고, 수염을 쓰다듬으며 힘찬 목소리로 말했다.

"좋다! 지금이야말로 이 일을 할 때다. 그러니 제자들아, 신나는 잔치를 열도록 하라, 그것도 곧! 이렇게 악몽을 보상하려 하니!

예언자는 내 곁에서 먹고 마시게 하라. 참으로 나는 그에게 그가 한번 빠지면 헤어나올 수 없는 바다를 보여주고자 한다!"

차라투스트라는 이렇게 말했다. 그러고 나서 그는 꿈을 풀이해준 제자의 얼굴을 오랫동안 바라보면서 머리를 가로저었다.

20. 구원에 대하여

어느 날 차라투스트라가 큰 다리를 건너가고 있을 때 불구자와 거지들이 그를 둘러쌌다.**38)** 한 꼽추가 그에게 이렇게 말했다.

"보시오, 차라투스트라여! 군중도 그대에게서 배우고 그대의 가르침을 믿게 되었소. 하지만 군중이 그대를 전적으로 믿게 하려면 아직 한 가지가 필요하오. 그대는 우선 우리 불구자들도 설득해야 하오! 지금 여기에 골라 뽑은 불구자들이 많이 있으니, 그대는 참으로 절호의 기회를 맞이했소! 그대는 장님의 눈을 뜨게 하고, 절름발이를 걷게 할 수 있소. 그리고 등에 너무 많은 짐을 짊어진 자에게서 약간의 짐도 덜어줄 수 있소. 내 생각에는 이것이야말로 불구자들이 그대를 믿게 만드는 올바른 방법일 것이오!"

그러나 차라투스트라는 그 사람에게 이렇게 대답했다. "꼽추에게

---

38) 〈마태복음〉 15장 30절, "많은 무리가, 걷지 못하는 사람과 지체를 잃은 사람과 눈먼 사람과 말 못하는 사람과 그 밖에 아픈 사람을 많이 데리고 예수께로 다가와서 그 발 앞에 놓았다. 그러자 예수께서는 그들을 고쳐주셨다."

서 혹을 떼어내면, 그에게서 정신을 떼어내는 것이다. 그리고 장님의 눈을 뜨게 하면, 그는 지상에서 나쁜 일을 너무 많이 보게 되어 그를 낫게 한 자를 저주하게 된다. 절름발이를 걷게 하는 자는 그에게 최대의 해악을 끼치는 것이다. 걷게 되자마자 그의 악덕도 그와 함께 걷기 때문이다. 군중은 불구자에 대해 이렇게 가르친다. 그리고 사람들이 차라투스트라에게서 배운다면, 차라투스트라라고 군중에게서 배우지 못할 까닭은 없지 않은가?

'이 사람에게는 눈이 하나 없고, 저 사람에게는 귀가 하나 없고, 세 번째 사람에게는 다리가 없다는 것을, 거기에다 혀나 코나 머리를 잃어버린 사람들도 있다는 것을' 나는 보았거니와 그런 것은 내가 인간들과 함께 지내며 본 것 가운데 가장 대수롭지 않은 일이다.

나는 이보다 더 나쁜 일들과 여러 가지 끔찍한 일들을 보았으며 또 보고 있다. 그것들에 대해서는 침묵하고 싶지도 않을 정도다. 다시 말해 한 가지를 너무 많이 가지고 있을 뿐 다른 모든 것은 결핍된 인간들이 있다. 하나의 커다란 눈, 혹은 하나의 커다란 주둥이, 혹은 하나의 커다란 배, 혹은 그 밖의 커다란 어떤 것 이외에는 아무것도 가지지 않은 인간들이 있다. 이런 자들을 나는 전도된 불구자라고 부른다.

내가 나의 고독에서 벗어나 처음으로 이 다리를 건넜을 때, 나는 내 눈을 믿을 수 없어 보고 또 보다가 마침내 말했다. '저 귀를 보라! 사람만큼이나 커다란 귀다!' 더 자세히 보았더니 정말이지 그 귀밑에서 가련할 만큼 작고 빈약하고 여윈 그 어떤 것이 움직이고 있었다. 참으로 이 거대한 귀는 작고 가느다란 줄기 위에 얹혀 있었다. 그런데 그 줄기는 바로 인간이었다! 눈에 안경을 썼다면 시기심에 가득 찬 작은 얼굴까지 볼 수 있었을 것이다. 게다가 부풀어 오른 작은 영혼이 이 줄기에 매달려 대롱거리는 것도 볼 수 있었을 것이다. 그런데 군중이 내게 말하기를, 이 거대한 귀는 인간일 뿐만 아니라 위대한 인간, 곧 천재라는 것이었다. 그러나 나는 군중이 위대한 인간에 관해 말할 때 결코 군중을 믿지 않았으며, 이 커다란 귀야말로 한 가지만 너무 많이 갖고 있고 다른 모든 것은 너무 적게 가진 전도된 불구자라는 생각을 고수했다."

차라투스트라는 꼽추에게, 그리고 그를 입과 대변인으로 내세운 자들에게 이렇게 말하고 나서는 잔뜩 불쾌한 기분으로 제자들을 향해서 말했다. "참으로, 나의 벗들이여, 인간들 사이를 돌아다니노라면 나는 마치 인간의 파편들과 절단된 손발들 사이를 돌아다니는 것 같다!

인간이 산산조각이 나서 싸움터나 푸줏간에서처럼 흩어져 있는 광경을 보는 것은 무서운 일이다.

내 눈이 현재에서 과거로 달아나더라도 언제나 같은 광경을 본다. 파편들과 절단된 손발들과 무시무시한 우연들. 그러나 거기에 인간은 없다!

이 지상에서의 현재와 과거. 아! 나의 벗들이여, 이것이 **내가** 가장 참기 어려운 것이다. 그러므로 내가 반드시 올 수밖에 없는 것을 예언하는 자가 아니라면, 나는 살 수 없었을 것이다.

예언자, 의욕하는 자, 창조하는 자, 미래 자체 그리고 미래로의 다리. 그리고 아, 이 다리 곁에 서 있는 불구자와 같은 존재. 이 모든 것이 차라투스트라다.

그대들도 자주 '우리에게 차라투스트라는 누구인가? 그를 어떻게 불러야 하는가?'라고 물어왔다. 그리고 나 자신과 마찬가지로 질문함으로써 그대들은 자신의 질문에 대답해왔다.

그는 약속하는 자인가, 아니면 성취하는 자인가? 정복자인가, 아니면 상속자인가? 가을인가, 아니면 쟁기인가? 의사인가, 아니면 치유된 자인가?

그는 시인인가, 아니면 진실한 자인가? 해방자인가, 아니면 구속하는 자인가? 선한 자인가, 아니면 사악한 자인가?

나는 미래의 파편들, 내가 직관하는 저 미래의 파편들인 인간들 사이를 돌아다닌다.

그리고 파편이자 수수께끼이며 섬뜩한 우연인 것을 하나로 압축하고 모으는 것이 나의 모든 창작이며 노력이다.

그러므로 인간이 시인이며 수수께끼를 푸는 자 그리고 우연의 구원자가 아니라면, 나는 내가 인간이라는 것을 어떻게 견디겠는가!

지나간 것을 구원하고 그 모든 '그러했다'를 '내가 그렇게 되기를 원했다'로 바꾸는 것. 이것이야말로 내가 구원이라고 부르는 것이다!

의지, 그것은 해방하는 자와 기쁨을 가져다주는 자의 이름이다. 나의 벗들이여, 나는 그대들에게 이렇게 가르쳤다! 그러나 거기에다 이것도 배워라. 의지 자체는 아직도 감옥에 갇힌 죄수다.

의욕은 해방한다. 그러나 이 해방하는 자조차 사슬에 묶는 그것의 이름은 무엇인가?

'그러했다.' 이것은 의지가 이를 가는 소리이며 더없이 고독한 슬픔의 이름이다. 이미 행해진 일에 대해 무기력한 의지는 모든 과거에 대해 악의적인 방관자다.

의지는 과거로 되돌아가는 것을 의욕할 수 없다. 의지가 시간을 부수지 못하고 시간의 욕망을 이기지 못한다는 것. 이것이 의지의 더없이 고독한 슬픔이다.

의욕은 해방을 가져온다. 의욕은 슬픔에서 벗어나고 자신의 감옥을 조롱하기 위해 무슨 궁리를 하는가?

아, 감옥에 갇힌 모든 죄수는 바보가 된다! 갇혀 있는 의지도 바보 같은 방식으로 자신을 구원한다.

시간이 거꾸로 흐르지 않는다는 것. 이것이 의지의 분노다. '과거에 있었던 것'. 이것이 의지가 굴릴 수 없는 돌의 이름이다.[39]

그리하여 의지는 분노와 불만에 가득 차서 돌을 굴리고 자신과 같이 분노와 불만을 느끼지 않는 것에 복수한다.

해방하는 자인 의지는 이렇게 고통을 주는 자가 되었다. 그리고 고통을 받는 모든 것에게 의지는 복수한다. 그 자신이 되돌아갈 수 없다는 것에 대한 복수다.

시간에 대한 반감, 그리고 '그러했다'에 대한 의지의 반감. 그렇다. 이것이, 이것만이 **복수** 그 자체다.

참으로 우리의 의지 안에는 커다란 어리석음이 살고 있다. 이 어

---

39) 예수가 부활한 이후에 여인들은 무덤을 막았던 돌이 굴려져 나간 것을 발견한다. 〈누가복음〉 24장 2절, "그들은 무덤 어귀를 막은 돌이 무덤에서 굴려져 나간 것을 보았다."

리석음이 정신을 배움으로써 모든 인간적인 것에 대해서는 저주가 되고 말았다!

복수의 정신. 나의 벗들이여, 이것이 지금까지는 인간들의 최상의 성찰이었다. 그리고 고통이 있는 곳에는 언제나 징벌이 있기 마련이었다.

복수는 스스로를 '징벌'이라고 칭한다. 복수는 거짓말로써 선한 양심을 가장한다.

의욕하는 자에게는 되돌아가기를 의욕할 수 없음으로 인한 고통이 있기에, 의욕하는 것 자체와 모든 삶은 징벌일 수밖에 없다!

그리하여 정신 위에 겹겹이 구름이 쌓이고, 마침내 망상이 '모든 것은 사라진다. 그러므로 모든 것은 사라질 가치가 있다!'라고 설교하게 된 것이다.

'시간은 자신의 아이들을 먹어 치워야 한다는 저 시간의 법칙, 이것이야말로 정의다.' 망상은 이렇게 설교했다.

'사물들은 정의와 징벌에 따라 윤리적으로 정리되어 있다. 아, 사물의 흐름과 '실존'이라는 징벌로부터 구원받을 수 있는 길은 어디에 있는가?' 망상은 이렇게 설교했다.

'영원한 정의가 있다면 구원이 있을 수 있는가? 아, '그러했다'라는 돌은 굴릴 수 없구나. 그러므로 모든 징벌은 영원해야 한다!' 망상은 이렇게 설교했다.

'어떠한 행위도 없앨 수 없다. 어떻게 행위가 징벌에 의해 없었던 것으로 될 수 있단 말인가! 실존이라는 것도 영원히 되풀이되는 행위와 죄책일 수밖에 없다는 것. 이것, 이것이야말로 '실존'이라는 징벌에서 영원한 것이다!

의지가 마침내 자기 자신을 구원하고 의욕이 곧 무욕이 되지 않는 한, 나의 벗들이여, 이것이야말로 망상이 꾸며낸 노래라는 사실을 그대들은 알고 있다!'

내가 그대들에게 '의지는 창조하는 자다.'라고 가르쳤을 때 나는 그대들을 이 터무니없는 노래에서 벗어나도록 이끌었다.

그 모든 '그러했다'는 파편이자 수수께끼이고 끔찍한 우연이다. 창조적 의지가 그것에 대해 '내가 그렇게 되기를 원했다.'라고 말할 때까지는.

창조적 의지가 그것에 대해 '그렇게 되기를 내가 원한다! 그렇게 되기를 나는 원할 것이다!'라고 말할 때까지는.

하지만 의지가 이미 그렇게 말했던가? 언제쯤 이런 일이 일어날 것인가? 의지는 벌써 자기 자신의 어리석음이라는 마구에서 벗어났는가?

의지는 벌써 자기 자신을 구원하는 자, 기쁨을 가져다주는 자가 되었단 말인가? 의지는 복수의 정신과 이를 부드득 가는 모든 소리를 잊었는가?

그리고 누가 의지에게 시간과의 화해를, 그리고 모든 화해보다도 더 높은 것을 가르쳤는가?

의지는, 권력에의 의지는 모든 화해보다도 더 높은 것을 의욕해야 한다. 하지만 의지에게 어떻게 이런 일이 일어나는가? 누가 의지에게 돌아가기를 의욕하는 것도 가르쳤는가?"

이야기가 이쯤에 이르렀을 때, 차라투스트라는 갑자기 말을 멈추었는데 극도로 놀란 사람처럼 보였다. 놀란 눈으로 그는 제자들을 바라보았다. 그의 눈은 마치 화살처럼 제자들의 생각과 속내를 꿰뚫어 보았다. 그러나 그는 잠시 후 다시 웃으면서 온화하게 말했다.

"사람들과 함께 사는 것은 어렵다. 침묵하기가 매우 어렵기 때문이다. 수다스러운 사람에게는 특히 그렇다."

차라투스트라는 이렇게 말했다. 꼽추는 자신의 얼굴을 가린 채 대화를 귀담아듣고 있었다. 그러나 차라투스트라의 웃음소리를 듣자 꼽추는 호기심 어린 눈으로 그를 올려다보며 천천히 말했다.

"차라투스트라는 왜 자기 제자들에게 말하는 것과는 다르게 우리에게 말하는가?"

차라투스트라가 대답했다. "그게 무슨 놀랄 일인가! 꼽추에게는 꼽추에게 어울리는 말로 하는 것이다!"

"좋다." 꼽추가 말했다. "제자들에게는 비밀을 털어놓아도 좋겠지.

하지만 차라투스트라는 왜 자기 자신에게 말하는 것과는 다르게 제자들에게 말하는가?"

21. 실천적 인간-지혜[40]에 대하여

무서운 것은 산꼭대기가 아니라 비탈이다!

눈길은 **아래로** 떨어지고 손은 **위로** 내뻗는 비탈. 여기서 마음은 자신의 이중 의지 앞에서 현기증을 일으킨다.

아, 벗들이여, 그대들은 내 마음의 이중 의지도 잘 알고 있지 않은가?

나의 눈길은 높은 곳으로 치솟아 올라가고 내 손은 심연을 붙든 채 자신을 지탱하고자 하는 것. 이것, 바로 이것이 **나의** 비탈이며 나의 위험이다!

나의 의지는 인간에게 매달려 있다. 초인을 향해 위로 끌어 당겨

---

40) 'Menschen-Klugheit(human prudence)'. 독일어 낱말 'Klugheit'는 '영리한', '신중한', '판단력 있는'의 뜻을 가진 형용사 'klug'의 명사형으로서 영리, 총명, 신중, 지혜라는 뜻이 있다. 철학적으로 이 낱말은 구체적인 상황에서 모든 요소를 고려하여 올바르게 행동하는 능력과 실천적 지식을 의미하는 그리스어 프로네시스($\phi\rho\acute{o}\nu\eta\sigma\iota\varsigma$, lat. prudentia)에서 유래한다. 이런 점을 고려하여 여기서는 '실천적 인간-지혜'로 옮겼다.

지기 때문에 나는 쇠사슬로 자신을 인간에게 묶는다. 나의 또 다른 의지가 위로 올라가려 하기 때문이다.

그 때문에 나는 인간들 사이에서 마치 그들을 모르는 것처럼 장님으로 살고 있다. 나의 손이 확고한 것을 잡고 있다는 믿음을 전적으로 잃어버리지 않기 위해서다.

나는 그대들 인간들을 알지 못한다. 이러한 어둠과 위로가 자주 내 주위에 퍼져 있다.

나는 온갖 악한이 오가는 성문 옆에 앉아서 묻는다. 누가 나를 속이려 하는가?

사기꾼들을 경계하지 않으려고 나를 속이도록 내버려두는 것, 이것이 나의 첫 번째 실천적 인간-지혜다.

아, 내가 인간을 경계한다면, 어떻게 인간이 하늘로 떠오르려는 나의 공을 붙들어 매는 닻이 될 수 있단 말인가! 나는 너무도 쉽게 위로 끌려가고 말 것이다!

조심하지 말아야 한다는 섭리가 나의 운명에 드리워져 있다.

그러므로 인간들 사이에서 배고픔과 갈증으로 죽고 싶지 않은 자는 어떠한 잔으로든 마실 줄 알아야 한다. 그리고 인간들 사이에서 깨끗하게 남아 있고자 하는 자는 더러운 물로도 씻을 줄 알아야 한다.

그래서 나는 위로 삼아 자주 이렇게 말했다. "자! 기운을 내자! 변치 않는 마음이여! 그대는 한 가지 불행에서 벗어났다. 그러니 이것을 그대의 행복으로 누려라!"

자부심이 강한 자들보다는 허영심이 많은 자들을 아끼는 것, 이것이 나의 또 다른 실천적 인간-지혜다.

상처 입은 허영심은 모든 비극의 어머니가 아닌가? 그러나 자부심이 상처를 입은 곳에서는 자부심보다 더 나은 것이 자라나게 될 것이다.

삶이 보기 좋은 것이 되려면 삶의 연기를 멋지게 해내야 한다. 하지만 그러기 위해서는 좋은 배우가 필요하다.

나는 허영심 많은 자들이 모두 훌륭한 배우임을 발견했다. 그들은 연기하고, 관객이 즐거운 마음으로 자신들의 연기를 보기를 바란다. 그들의 모든 정신은 이러한 의지에 집중되어 있다.

그들은 스스로 연출하고 스스로 꾸며낸다. 나는 그들 가까이에서 삶을 구경하는 것을 좋아한다. 그것은 우울한 마음을 치료해준다.

나는 허영심 많은 자들을 아낀다. 그들은 나의 우울한 마음을 고쳐주는 의사들이고 내가 연극에 이끌리듯 인간에게 이끌리도록 하기 때문이다.

그리고 그 누가 허영심 많은 자들이 가진 겸손의 깊이를 잴 수 있는가! 나는 그들의 겸손 때문에 그들을 좋아하고 동정한다.

허영심 많은 자는 그대들에게서 자신에 대한 믿음을 배우려 한다. 그는 그대들의 눈길을 먹고 살며, 그대들의 두 손에서 나오는 칭찬을 먹어 치운다.

그대들이 그에 대해 호의로 거짓말을 한다면, 그는 그대들의 거짓말조차 믿는다. 그는 마음속 깊은 곳에서 "**나는** 무엇인가?" 하고 탄식하고 있기 때문이다.

만약 자기 자신을 모르는 것이 참된 덕이라면, 허영심 많은 자는 자신의 겸손을 알지 못한다!

그리고 나의 세 번째 실천적 인간-지혜는 그대들이 두려움에 떨고 있다고 해서 내가 **악인들**의 눈길을 싫어하지 않는다는 것이다.

나는 뜨거운 태양이 부화시키는 경이로운 것들, 곧 호랑이와 야자나무와 방울뱀을 보면 행복하다.

인간들 사이에도 뜨거운 태양이 낳은 아름다운 새끼들이 있고, 악인들에게도 경이로운 것이 많지 않은가.

그대들 중 최고의 현자조차 내게는 그다지 현명하게 보이지 않듯이, 인간의 악의도 평판만큼 대단하지 않다는 것을 알았다.

그래서 나는 자주 머리를 흔들면서 물었다. "그대들 방울뱀들이여, 그대들은 왜 아직도 딸랑거리고 있는가?"

참으로, 악에도 아직은 미래가 있다! 그리고 가장 뜨거운 남국(南國)은 인간에게 아직 발견되지 않았다.

폭이 12피트에 불과하고 생후 3개월밖에 되지 않았으면서 얼마나 많은 것이 벌써 가장 사악한 악으로 불리는가! 하지만 언젠가는 좀 더 큰 용들이 세상에 나타날 것이다.

초인이 용을 가지려면, 자신에게 어울리는 거대한 용을 가지려면 훨씬 뜨거운 태양이 축축한 원시림 위에 작열해야 하기 때문이다.

우선 그대들의 살쾡이가 호랑이가 되고, 그대들의 독두꺼비가 악어로 변해야 한다. 훌륭한 사냥꾼은 사냥을 훌륭하게 해야 하기 때문이다!

참으로, 그대들 선하고 의로운 자들이여! 그대들에게는 우스운 점이 많다. 특히 지금까지 '악마'라고 불린 것에 대한 그대들의 두려움이 그렇다!

그대들의 영혼은 위대한 것과는 맞지 않다. 그러므로 그대들은 초인이 선의를 갖고 있다 하더라도 **두려운** 것이다!

그대들 현자들과 지자들이여, 그대들은 초인이 벌거벗고 즐겨 목욕하는 지혜의 뙤약볕으로부터 달아나리라!

나와 눈을 마주친 그대들 최고의 인간들이여! 이것이 그대들에 대한 나의 의심이고 은밀한 웃음이다. 나는 그대들이 나의 초인을 악마라고 부르리라 추측한다!

아, 나의 이 최고이며 최선인 자들에게 싫증이 났다. 그들의 **높이**에서 벗어나 나는 저 위, 저 밖, 저쪽으로 초인에 이르기를 열망했다!

이 최선의 인간이라는 자들이 벌거벗고 목욕하는 모습을 보았을 때 공포의 전율이 나를 엄습했다. 그때 나에게는 일찍이 먼 미래를 향해 날아갈 날개가 자라났다.

그 어떤 조각가가 일찍이 꿈꾸었던 것보다 더 먼 미래를 향해, 더 남쪽의 남국을 향해, 신들이 모든 옷을 부끄럽게 여기는 그곳으로!

그러나 나는 그대들이 변장하고 있는 모습을 보고 싶다, 그대들 이웃들이여, 멋지게 차려입고 허풍 떨고 위엄을 부리며 '선하고 의로운 자'처럼 변장한 모습을.

그리고 나도 변장한 채 그대들 사이에 앉아 있고 싶다. 내가 그대들과 나를 **구분하지 못하도록 하기** 위해서. 이것이 나의 마지막 실천적 인간-지혜다.

차라투스트라는 이렇게 말했다.

22. 가장 고요한 시간

나의 벗들이여, 내게 무슨 일이 일어났는가? 그대들이 보는 것처럼 나는 당황하고 쫓기고 마지못해 떠나려 한다. 아, 그대들에게서 떠나려 한다!

그렇다. 다시 한번 차라투스트라는 자신의 고독 속으로 돌아가야 한다. 내키지 않지만 곰은 이번에는 자기 동굴로 돌아가야만 한다!

내게 무슨 일이 일어났는가? 누가 이런 명령을 내리는가? 아, 나의 화난 여주인이 그것을 원한다. 그녀가 나에게 그렇게 말했다. 내가 그대들에게 그녀의 이름을 말한 적이 있었던가?

어제저녁 무렵 나의 **가장 고요한 시간**이 내게 말했다.[41] 이것이 나의 무서운 여주인의 이름이다.

일은 이렇게 되었던 것이니, 갑자기 떠나는 사람에 대해 그대들의

---

41) 플라톤, 《소피스트》, 263e: "영혼이 자기 자신과 나누는 내면적 대화는 소리 없이 이루어지는데, 이것만이 사유라고 불린다." Platon, *Sophistes*, *Werke*, Bd. 6, 같은 책, 385쪽.

마음이 웅어리지지 않도록 나는 모든 것을 말하지 않을 수 없구나!

그대들은 잠에 빠져드는 자의 공포를 알고 있는가?

땅바닥이 꺼지고 꿈이 시작되므로 그는 발가락까지 놀란다.

이것을 나는 그대들에게 비유로 말한다. 어제, 가장 고요한 시간에, 땅바닥이 꺼지고 꿈이 시작되었다.

시곗바늘이 움직였고, 나의 삶의 시계는 숨을 죽였다. 지금까지 내 주위에서 그러한 고요를 경험해본 적이 결코 없었기 때문에, 나의 심장은 깜짝 놀랐다.

이때 무언가가 내게 소리 없이 말했다.**42) "차라투스트라여, 그대는 그것을 알고 있는가?"**

이 속삭임에 나는 깜짝 놀라 비명을 질렀다. 얼굴에서는 핏기가 가셨다. 그러나 나는 아무 말도 하지 않았다.

그러나 이때 무언가가 다시 한번 소리 없이 내게 말했다. "그대는 그것을 알고 있다, 차라투스트라여. 하지만 그대는 그것을 말하지 않는다!"

그래서 마침내 나는 반항하는 자처럼 대답했다. "그렇다. 나는 그것을 알고 있다. 하지만 그것을 말하지 않겠다!"

그때 무언가가 다시 내게 소리 없이 말했다. **"그대가 원하지 않는**

---

42) 'Dann sprach es ohne Stimme zu mir(Then it spoke to me without voice)'. 여기서 '내게 소리 없이 말하는' 주체를 비인칭 주어 es(it)로 표현했다는 점에 주목해 '무언가가'로 옮겼다. 비인칭 주어는 동사로 표현되는 어떤 사건이 일어났지만 그 사건의 주체를 특정할 수 없을 때 사용한다.

다고? 차라투스트라여, 그게 사실인가? 그대의 반항심 속에 숨지 마라!"

그래서 나는 어린아이처럼 울었고 벌벌 떨며 말했다. "아, 나는 벌써 말하려고 했다. 하지만 내가 어떻게 말할 수 있겠는가! 부디 이것만은 면하게 해다오! 내 힘을 넘어서는 일이다!"

그때 무언가가 다시 내게 소리 없이 말했다. "무슨 문제란 말인가, 차라투스트라여! 그대의 말을 하고 부서져라!"

이에 나는 대답했다. "아, 그것이 **나의** 말인가? 나는 누구인가? 나는 좀 더 고귀한 자를 기다리고 있다. 그 사람 앞에서 나는 부서질 만한 가치도 없다."

그때 무언가가 다시 내게 소리 없이 말했다. "무슨 문제란 말인가? 그대는 내게 아직도 충분히 겸손하지 않다. 겸손은 가장 단단한 가죽을 두르고 있다."

그래서 나는 대답했다. "나의 겸손의 가죽이 견뎌내지 못한 것이 무엇이란 말인가! 나는 나의 높은 산기슭에 살고 있다. 나의 꼭대기들은 얼마나 높은가? 아무도 나에게 그것을 지금까지 말해주지 않았다. 그러나 나는, 나의 골짜기는 잘 알고 있다."

그때 무언가가 다시 내게 소리 없이 말했다. "아, 차라투스트라여, 산을 옮겨야 하는 자는 골짜기와 낮은 지대도 옮기게 된다."

그래서 나는 대답했다. "지금까지 내 말은 어떠한 산도 옮기지 못했고, 내가 한 말은 어떠한 인간에게도 도달하지 못했다. 나는 인간들에게 다가갔지만, 아직도 그들에게 도달하지 못했다."

그때 무언가가 다시 내게 소리 없이 말했다. "그대가 **그것에 대해**

무엇을 알겠는가! 이슬은 가장 적막한 밤에 풀 위에 내린다."

그래서 나는 대답했다. "내가 나의 길을 발견하고 그 길을 걸어갔을 때 사람들은 나를 비웃었다. 그리고 사실 그때 내 발이 떨렸다.

그래서 그들은 내게 이렇게 말했다. '너는 길을 잊더니, 이제는 걷는 것조차 잊어버렸구나!'"

그때 무언가가 다시 내게 소리 없이 말했다. "그들의 조롱이 무슨 상관인가! 그대는 복종을 잊어버린 자다! 이제 그대는 명령을 내려야 한다!

만인에게 가장 필요한 자가 **누구**인지를 그대는 모르는가? 그는 위대한 일을 명령하는 자다.

위대한 일을 실행하는 것은 어렵다. 그러나 더 어려운 것은 위대한 일을 명령하는 것이다.

권력을 가지고 있으면서도 지배하려 하지 않는 것, 그것이 그대의 가장 용서받지 못할 점이다."

그래서 나는 대답했다. "내게는 온갖 명령을 내리기 위한 사자의 목소리가 없다."

그때 무언가가 다시 내게 속삭이듯 말했다. "폭풍우를 몰고 오는 것은 가장 조용한 말이다. 비둘기 걸음으로 오는 사상이 세계를 움직인다.

아, 차라투스트라여, 그대는 올 수밖에 없는 자의 그림자로서 걸어가야 한다. 그러면 그대는 명령할 것이고, 명령하면서 앞장서 갈 것이다."

그래서 나는 대답했다. "나는 부끄럽다."

그때 무언가가 다시 내게 소리 없이 말했다. "그대는 어린아이가 되어야 하며 수치심을 몰라야 한다.

그대에게는 젊음의 긍지가 아직도 남아 있고, 뒤늦게 젊어졌다. 그러나 어린아이가 되려는 자는 자신의 젊음조차 극복해야 한다."

그래서 나는 한참 동안 곰곰이 생각하며 벌벌 떨었다. 그러나 마침내 나는 처음에 말한 것과 같은 말을 했다. "나는 원하지 않는다."

그러자 내 주위에서 웃음이 터졌다. 아, 이 웃음소리가 얼마나 나의 내장을 찢고 나의 심장을 도려내던지!

마지막으로 무언가가 다음과 같이 말했다. "아, 차라투스트라여, 그대의 과일은 익었으나, 그대는 그대의 과일에 어울릴 만큼 익지 못했구나!

그러므로 그대는 다시 고독 속으로 돌아가야 한다. 그대는 더 무르익어야 한다."

그것은 다시 한번 웃고는 사라졌다. 그러자 나의 주위는 이중의 고요에 둘러싸인 것처럼 고요해졌다. 나는 땅바닥에 누워 있었고, 온몸에서 땀이 흘러내렸다.

이제 그대들은 모든 이야기를 들었다. 내가 왜 나의 고독 속으로 돌아가야 하는지도 들었다. 나의 벗들이여, 그대들에게 아무것도 숨기지 않았다.

그러나 그대들은 내게서 이 말도 들었다. **누가** 모든 인간 중에서 여전히 가장 말이 없으며, 또 그렇게 되기를 원하는가를!

아, 나의 벗들이여! 내겐 아직도 그대들에게 할 말이 있다.[43] 내겐 아직도 그대들에게 줄 것이 있다! 그런데 왜 나는 그것을 그대들에게 주지 않는가? 내가 인색하단 말인가?

차라투스트라가 이 말을 했을 때, 엄청난 고통이, 그리고 벗들과의 이별이 가까워졌다는 생각이 그를 엄습했다. 그래서 그는 큰 소리로 울었다. 아무도 그를 위로할 수 없었다. 그러나 밤이 되자 그는 벗들과 헤어져 홀로 길을 떠났다.

---

43) 〈요한복음〉 16장 12절, "아직도, 내가 너희에게 할 말이 많으나, 너희가 지금은 감당하지 못한다."

3부

**Also
sprach
Zarathustra**

"높이 오르려 할 때 그대들은 위를 올려다본다.
그런데 나는 이미 높은 곳에 있기에 아래를 내려다본다.
그대들 중에 그 누가 웃으면서 높이 올라와 있을 수 있는가?
가장 높은 산에 오르는 자는
모든 비극적 유희와 비극적 심각함을 비웃는다."

— 차라투스트라, 1부 〈7. 읽기와 쓰기에 대하여〉, 73~74쪽.

1. 방랑자

차라투스트라가 아침 일찍 다른 해안에 다다르려고 섬의 등성이를 넘어간 것은 한밤중이었다. 그는 그곳에서 배를 탈 생각이었다. 그곳에 다른 나라의 배들도 즐겨 닻을 내리는 훌륭한 정박지가 하나 있었던 것이다. 배들은 행복의 섬을 떠나 바다를 건너려는 많은 사람을 실어 날랐다. 산을 오르면서 차라투스트라는 젊은 시절부터 해온 수많은 외로운 방랑을 회상했다. 얼마나 많은 산과 산등성이와 산꼭대기를 올랐던가.

그는 마음속으로 말했다. '나는 방랑자이며 산을 오르는 자다. 나는 평지를 사랑하지 않는다. 그리고 나는 오랫동안 한자리에 가만히 있지 못하는 것 같다.

앞으로 내가 어떤 운명을 맞이하고 어떤 체험을 하든, 거기에는 방랑과 산을 오르는 일이 있을 것이다. 인간은 결국 자기 자신만을 체험할 뿐이다.

내게 우연한 일들이 닥칠 수 있는 그런 때는 지나갔다. 이미 나 자신의 것이 아닌 그 어떤 일이 새삼 내게 **일어날 수** 있단 말인가!

그것은 그냥 되돌아온다. 그것은 마침내 집으로 돌아올 뿐이다. 나의 고유한 자아, 그리고 자신을 떠나 오랫동안 낯선 곳을 떠돌며 온갖 사물과 우연 사이에 흩어져 있었던 것이.

나는 한 가지 사실을 더 알고 있다. 나는 이제 마지막 정상, 내게 그토록 오랫동안 남겨진 것 앞에 서 있다. 아, 더없이 험난한 나의 길을 이제 올라가야 한다! 아, 나의 더없이 고독한 방랑을 시작해야 한다.

나와 같은 부류의 사람은 이러한 시간을 피하지 못한다. 자신에게 이렇게 말하는 시간을. 이제 비로소 그대는 위대함에 이르는 그대의 길을 간다! 정상과 심연, 그것은 이제 하나로 연결되었다!

그대는 위대함에 이르는 그대의 길을 간다. 지금까지 그대의 최후의 위험이라고 불리던 것이 이제 그대의 최후의 피난처가 되었다!

그대는 위대함에 이르는 그대의 길을 간다. 그대의 뒤에 돌아갈 길도 없다는 것이 이제 그대에게 최후의 용기를 불러일으켜야 한다!

그대는 위대함에 이르는 그대의 길을 간다. 아무도 그대의 뒤를 몰래 밟아서는 안 된다! 그대의 발 자체가 그대가 걸어온 길을 지웠고, 그 길 위에는 불가능이라고 쓰여 있다.

그리고 만약 그대가 타고 오를 사다리가 이제 없다면, 자신의 머리를 딛고 올라갈 줄 알아야 한다! 그러지 않고서 어떻게 위로 올라가려는가?

그대 자신의 머리를 타고, 그대 자신의 심장을 뛰어넘어 가라! 그대의 가장 부드러운 것도 이제 가장 단단한 것이 되어야 한다.

언제나 자기 자신을 지나치게 아끼기만 하는 자는 결국 그렇게 너무 아끼다 병들고 만다. 그러니 단단하게 만드는 것을 칭송하라![1] 나는 버터와 꿀이 넘쳐흐르는 땅을 칭송하지 않는다!

많은 것을 보려면 자기 자신에게서 눈을 **돌릴** 줄 알아야 한다. 산을 오르는 모든 사람에게는 이러한 준엄함이 필요하다.

인식하는 자로서 눈에 보이는 것에 지나치게 집착한다면, 어떻게 만사에 있어서 겉으로 드러난 근거 이상의 것을 볼 수 있겠는가!

그러나 아, 차라투스트라여, 그대는 모든 사물의 근거와 그 배후를 보려고 했다. 그러므로 그대는 그대 자신을 넘어 올라가야 한다. 위로, 더 위로, 그대의 별들이 그대의 발**아래** 놓일 때까지!

그렇다! 나 자신과 나의 별들마저도 저 아래로 내려다보는 것, 나는 그것을 나의 **정상**이라 부른다. 그것은 나의 **마지막** 정상으로 내게 남겨진 것이다!'

차라투스트라는 산을 오르면서 준엄한 잠언으로 마음을 달래며 자신에게 이렇게 말했다. 그 어느 때보다도 마음의 상처가 깊었기 때문이다. 이윽고 산등성이의 꼭대기에 올랐을 때, 보라, 그의 눈앞

---

1) '단단해지다.' 오버베크에게 쓴 편지에서 니체는 이렇게 말한다. "프란츠 오버베크에게 보낸 편지, 1884년 4월 30일", KSB, 497~498쪽. "'단단해져라'라는 차라투스트라의 경고가 나와 관련하여 어떤 의미인지를 네가 알고 있다고 나는 생각한다. 각 개인을 어떻게 공정하게 다룰 수 있는지, 그리고 근본적으로 나에게 가장 적대적인 것을 더없이 온화하게 다룰 수 있는지에 관한 나의 감각은 과도하게 발전되어서 거듭 위험을 불러일으킨다. 나에게뿐만 아니라 나의 과제에 대해서 그렇다. 여기서 단단해지는 것이 필요하다. 그리고 교육을 위해서 때로는 잔인함이 필요하다."

에 다른 바다가 펼쳐져 있었다. 그는 조용히 서서 오랫동안 말이 없었다. 그 정상의 밤은 차갑고 맑았으며 별빛으로 환했다.[2]

그는 마침내 슬픔에 잠겨 말했다. "나는 나의 운명을 알고 있다. 좋다! 각오가 되었다. 나의 마지막 고독이 이제 막 시작되었다.

아, 내 발밑의 이 검고 슬픈 바다여! 아, 이 무겁고 음울한 불쾌감이여! 아, 운명과 바다여! 나 이제 그대들에게로 **내려**가야만 한다.

나는 나의 가장 높은 산 앞에, 나의 길고도 긴 방랑 앞에 서 있다. 그러므로 나는 우선 일찍이 내가 내려갔던 것보다 더 깊이 내려가야만 한다.

내가 일찍이 내려갔던 것보다 더 깊이 고통 속으로, 고통의 검디검은 밀물에 다다를 때까지! 나의 운명이 그러길 원한다. 좋다! 각오가 섰다.

일찍이 나는 이렇게 물었다. 가장 높은 산들은 어디서 오는가? 그리고 나는 그것들이 바다에서 온다는 것을 배웠다.

그 증거는 산의 바위와 산 정상의 암벽에 쓰여 있다. 가장 높은 것은 가장 깊은 것에서 나와 그 높이에 도달해야 한다."

차라투스트라는 싸늘한 산꼭대기에서 이렇게 말했다. 그러나 바다에 가깝게 다가가 마침내 절벽 밑에 홀로 서게 되었을 때, 그는

---

2) 별빛은 항상 동경과 방향을 의미한다. 칸트는 도덕법을 별빛에 비유하며 이렇게 말한다. "내 머리 위의 별이 총총한 하늘과 내 마음속의 도덕법." 임마누엘 칸트, 《실천이성비판》, 맺는말.

오는 길에 몸이 지쳤으나 그 어느 때보다도 그리움에 사무쳤다.

"만물이 아직 잠들어 있구나." 그가 말했다. "바다도 잠들어 있다. 바다의 눈은 잠에 취해 낯선 눈길로 나를 바라보는구나.

하지만 바다의 숨결은 온화하다. 나는 그것을 느낀다. 나는 바다가 꿈꾸고 있다는 것도 느낀다. 바다는 딱딱한 베개 위에서 꿈을 꾸며 몸을 뒤척이고 있구나.

들어라! 들어라! 나쁜 기억 때문에 바다가 신음하고 있지 않은가! 아니면 나쁜 기대 때문인가?

아, 그대 어둠의 괴물이여, 나는 그대와 더불어 슬프고, 그대 때문에 나 자신을 원망한다.

아, 내 손이 썩 강하지 못하니 어쩌겠는가! 참으로 기꺼이 그대를 나쁜 꿈에서 구해주고 싶다!"

차라투스트라는 이렇게 말하면서 우울하고 비통한 마음으로 자신을 비웃었다. 그는 말했다. "뭐라고! 차라투스트라여! 그대는 바다에게 위로의 노래라도 불러주려는가!

아, 그대 마음씨 좋은 바보 차라투스트라여, 그대 너무도 쉽게 믿는 자여! 그대는 언제나 그러했다. 그대는 언제나 신뢰하는 마음으로 모든 무시무시한 것에 다가갔다.

온갖 괴물을 그대는 쓰다듬어주려고 했다. 따뜻한 숨결, 앞발에 조금 난 부드러운 털. 그것만으로도 그대는 그것을 사랑하고 유혹하려 했다.

사랑은 가장 고독한 자의 위험이다. **살아 있기만 하면** 그 무엇이든 사랑하는 것은 가장 고독한 자에게는 위험한 일이다! 참으로 사랑에 있어서 나의 어리석음과 겸손은 우습기만 하다!"

차라투스트라는 이렇게 말하고는 다시 한번 웃었다. 그러나 그 순간 그는 떠나온 벗들을 떠올렸다. 그리고 생각만으로 그들에게 몹쓸 짓이라도 한 것처럼 그는 그 생각 때문에 화가 났다. 그러고 나서 그 웃던 자는 곧 울기 시작했다. 분노와 동경 때문에 차라투스트라는 비통하게 울었다.[3]

---

3) 베드로는 예수를 세 번 부인하고 나서 비통하게 울었다. 〈마태복음〉 26장 75절, "베드로는 '닭이 울기 전에, 네가 나를 세 번 부인할 것이다' 하신 예수의 말씀이 생각나서, 바깥으로 나가서 몹시 울었다."

2. 환영과 수수께끼에 대하여

1

차라투스트라가 배에 탔다는 소문이 선원들 사이에 퍼졌다. 행복의 섬에서 온 어떤 남자가 그와 함께 승선했기 때문이다. 그 소문을 듣고 커다란 호기심과 기대가 생겨났다. 그러나 차라투스트라는 이틀 동안 아무 말도 하지 않았으며, 슬픔으로 인해 냉정해지고 귀머거리가 되어 어떤 눈짓이나 어떤 물음에도 대답하지 않았다. 그러다가 이틀째 되는 날 저녁, 그는 여전히 입은 다물고 귀만은 다시 열었다. 먼 곳에서 와서 먼 곳으로 가는 이 배에는 귀 기울여 들을 만한 진기하고 위험천만한 일이 많았기 때문이다. 차라투스트라는 멀리 여행하고 돌아다니면서 위험 없이는 살 수 없는 모든 사람의 벗이 아니었던가. 그리고 보라! 듣고 있는 동안 마침내 그의 혀가 풀리고 마음의 얼음이 부서졌다. 그리하여 그는 이렇게 말하기 시작했다.

"그대들 대담한 탐구자들이여, 실험자들이여,[4] 그리고 일찍이 교활한 돛을 달고 무시무시한 바다를 항해한 자들이여!

피리 소리에 홀려 온갖 미궁의 골짜기로 끌려들어 가는 영혼을 지닌, 수수께끼에 취한 자들이여, 어스름을 즐기는 자들이여!

그대들은 겁먹은 손으로 한 가닥 실을 더듬어 찾아보려 하지 않고, **추측**할 수 있는 곳에서 굳이 **추론**하는 것을 미워한다.

그대들에게만 내가 **본** 수수께끼를 들려준다, 가장 고독한 자의 환영을.

최근에 나는 시체와 같이 빛바랜 어스름 속을 걸었다. 입을 굳게 다문 채 우울하고 비통하게. 내게 단 하나의 태양만이 진 것은 아니었다.

자갈밭을 가로질러 고집스럽게 위로 올라긴 오솔길, 풀포기도 관목도 자랄 수 없는 심술궂고 쓸쓸한 오솔길. 이러한 산속의 오솔길이 나의 고집스러운 발밑에서 달그락거리는 소리를 냈다.

비웃듯이 달그락거리는 자갈 소리에도 묵묵히 그 위를 걷고, 미끄러운 돌을 밟으면서 나의 발은 힘겹게 위를 향해 올라갔다.

저 위로, 내 발을 아래로 심연으로 끌어내리는 정령, 나의 악마이자 최대의 숙적인 중력의 영에 저항하면서 올라갔다.

저 위로, 반은 난쟁이고 반은 두더지인, 절름거리면서 남을 절름거리게 만드는 이 중력의 영이 내 위에 걸터앉아 나의 귓속으로 납

---

4) 독일어 낱말 '탐구자(Sucher, Searcher)'와 '실험자(Versucher, Expermenter)' 사이에는 언어유희가 있다. 실험자의 동사 원형 versuchen은 '유혹하다'와 '실험하다'의 이중적 의미를 지니고 있다.

을, 나의 뇌 속으로 납덩이 같은 사상을 방울방울 떨어뜨리고 있었지만 내 발은 저 위로 올라갔다.

'아, 차라투스트라여, 그대 지혜의 돌이여!' 중력의 영은 비웃듯이 한 마디 한 마디 속삭였다. '그대는 자신을 높이 던졌으나, 모든 던져진 돌은 반드시 떨어지기 마련이다!

아, 차라투스트라여, 그대 지혜의 돌이여, 그대 투석기로 던져진 돌이여, 그대 별의 파괴자여! 그대는 자신을 너무 높이 던졌다. 그러나 모든 던져진 돌은 떨어지기 마련이다!

아, 차라투스트라여, 그대 자신에게로 돌아와 자신을 돌로 죽이는 선고를 받은 자여, 그대는 돌을 멀리 던졌다. 하지만 그 돌은 **그대** 머리 위로 다시 떨어지리라.'

그러고 나서 난쟁이는 입을 다물었다. 오랫동안 침묵이 흘렀다. 그의 침묵은 나를 답답하게 했다. 이런 식으로 둘이 있는 것은 참으로 혼자 있는 것보다 더 외로운 법이다!

나는 오르고 또 올랐고 꿈꾸고 생각했다. 그러나 모든 것이 나를 짓눌렀다. 나는 심한 고통에 지치고 더 심한 악몽 때문에 잠에서 깨어나는 병자와 같았다.

그러나 내 안에는 내가 용기라고 부르는 그 어떤 것이 있었다. 그것이 지금까지 나의 모든 좌절감을 사라지게 했다. 이 용기가 마침내 내게 걸음을 멈추고 말하라고 명령했다. '난쟁이여! 그대인가, 아니면 나인가!'

용기는 최고의 살해자다, 공격하는 용기야말로. 모든 공격 속에는 낭랑하게 울려 퍼지는 승리의 소리가 있기 때문이다.

인간은 가장 용감한 동물이다. 그리하여 인간은 모든 짐승을 극복했다. 승리의 소리를 울리면서 인간은 모든 고통마저 극복했다. 인간의 고통은 더없이 가장 깊은 고통이었다.

용기는 심연 앞에서의 현기증도 죽인다. 인간이 서 있는 곳치고 심연 아닌 곳이 있던가! 본다는 것 자체가 심연을 보는 것이 아닌가?

용기는 최고의 살해자다. 용기는 동정도 죽인다. 동정이야말로 가장 깊은 심연이다. 삶을 깊이 보는 것만큼 인간은 고통도 깊이 본다.

그러나 용기는, 공격하는 용기는 최고의 살해자다. '그것이 삶이었던가? 좋다! 그렇다면 다시 한번!'이라고 말함으로써 용기는 죽음조차 죽인다.

이러한 말에서는 승리의 소리가 힘차게 울려 퍼진다. 귀 있는 자는 들을지어다."[5]

2

"멈춰라, 난쟁이여!" 내가 말했다. "나인가, 아니면 그대인가? 하지만 우리 둘 중에 더 강한 자는 나다. 그대는 나의 심연의 사상을 알지 못한다! 이 사상을 그대는 감당할 수 없을 것이다."

---

5) 〈마태복음〉 11장 15절, "들을 귀가 있는 사람은 들어라." 〈마가복음〉 4장 9절, "예수께서 덧붙여서 말씀하셨다. '들을 귀가 있는 사람은 들어라.'" 〈누가복음〉 8장 8절과 14장 35절에서도 반복적으로 나온다.

　　　　　　　　3부

이때 내 몸이 가벼워졌다. 난쟁이가, 이 호기심 많은 난쟁이가 내 어깨에서 뛰어내린 것이다! 그러고는 내 앞에 있는 돌 위에 쪼그리고 앉았다. 우리가 발을 멈춘 바로 그곳에 성문으로 통하는 길이 있었다.

"이 성문을 가로질러 나 있는 길을 보라, 난쟁이여!" 나는 계속해서 말했다. "그것은 두 개의 얼굴을 갖고 있다. 두 길이 여기서 만난다. 지금까지 이 두 길을 끝까지 가본 사람은 없다.

뒤쪽으로 나 있는 이 기나긴 오솔길, 이 길은 하나의 영원으로 이어진다. 그리고 밖으로 나 있는 저 기나긴 오솔길, 그것은 다른 하나의 영원이다.

그 두 길은 서로 모순된다. 그것들은 서로 정면으로 부딪친다. 그리고 여기, 이 성문에서 두 길이 마주친다. 성문의 이름이 위쪽에 '순간'이라고 쓰여 있다.

그대 난쟁이여, 그러나 누군가가 그 길 가운데 하나를 따라 더 앞으로 더 멀리 간다면, 이 길들이 영원히 서로 모순된다고 생각하는가?"

그러자 난쟁이가 경멸하듯이 중얼거렸다. "모든 직선은 우리를 속인다. 모든 진리는 곡선이며, 시간 자체도 하나의 원이다."

"그대 중력의 영이여!" 나는 화를 내며 말했다. "그렇게 쉽게 생각하지 마라! 그렇지 않으면 나는 그대가 쪼그리고 앉아 있는 그곳에 그대를, 절름발이를 그대로 쪼그리고 앉아 있게 내버려둘 것이다. 사실은 내가 그대를 **높은 곳까지** 지고 오지 않았던가!"

"보라, 이 순간을!" 나는 계속해서 말했다. "이 순간이라는 성문을 가로질러 나 있는 길로부터 기나긴 영원의 오솔길 하나가 **뒤쪽으로**

뻗어 있다. 우리 뒤에 하나의 영원히 놓여 있는 것이다.

만물 가운데서 걸을 **수 있는** 것이라면 이미 언젠가 이 오솔길을 걷지 않았겠는가? 만물 가운데서 일어날 **수 있는** 일은 이미 언젠가 일어나고 행해지고 지나가버리지 않았겠는가?

그리고 모든 것이 이미 존재했던 것이라면 그대 난쟁이는 이 순간을 무엇이라고 생각하는가? 이 성문을 가로질러 나 있는 이 길 또한 이미 존재했었음이 분명하지 않은가?

만물은 굳게 연결되어 있어서, 이 순간이 다가올 모든 일을 자신에게로 끌어당기고 있지 않은가? **그리하여** 이 순간은 자신마저도 끌어당기고 있지 않은가?

만물 가운데서 걸을 수 있는 것이라면 이 바깥으로 통하는 기나긴 오솔길을 언젠가 걸어**야만** 하기 때문이다!

달빛 속에 느릿느릿 기어다니는 이 거미와 이 달빛 자체, 영원한 사물들에 대해 함께 속삭이며 성문을 가로질러 나 있는 길에 앉아 있는 나와 그대, 우리는 모두 이미 존재했음이 분명하지 않은가?

그리고 되돌아와 우리 앞에 있는 저 다른 오솔길, 그 길고도 무시무시한 오솔길을 걸어가야 하지 않는가. 그리하여 우리는 영원히 되돌아올 수밖에 없지 않은가?"

나는 점점 더 목소리를 낮추면서 이렇게 말했다. 내 생각과 속내가 두려웠다. 그때 갑자기 가까운 곳에서 개 **짖는** 소리가 들렸다.

내 일찍이 개가 저토록 짖어대는 소리를 들은 적이 있었던가? 내 생각은 뒤로 달려갔다. 그렇다! 나의 어린 시절, 아득히 먼 어린 시절로.

그때도 어떤 개가 그렇게 짖어댄 적이 있었다. 개들조차 유령을 믿는, 더없이 고요한 한밤중에 개 한 마리가 털을 곤두세우고 머리를 치켜든 채 떨고 있는 것을 본 적이 있었다.

나는 그 모습에 측은한 생각이 들었다. 바로 그때 보름달이 죽음처럼 말없이 집 위로 떠올랐다. 그 둥근 불덩어리는 바로 그때 멈추어 섰다. 평평한 지붕 위에 조용히, 마치 남의 땅 위에 멈추어 서 있기라도 한 것처럼.

그러나 그 개는 소스라치게 놀랐다. 개들은 도둑과 유령의 존재를 믿었기 때문이다. 그리하여 다시 이렇게 개가 짖는 소리를 듣고 나는 새삼 측은한 생각이 들었다.

그런데 난쟁이는 어디로 갔는가? 성문을 가로질러 나 있는 길은? 거미는? 그리고 그 모든 속삭임은? 내가 꿈을 꾼 것인가? 내가 깨어 있었던가? 갑자기 나는 험준한 절벽 사이에 서 있었다. 홀로, 적막하게, 황량하기 그지없는 달빛 속에.

그런데 거기에 어떤 사람이 누워 있었다! 거기에! 그리고 거기에서 날뛰고 털을 곤두세우고 낑낑거리던 개가, 이제 내가 오는 것을 보고는 다시 짖었다. 거기에서 개가 **부르짖었다**. 내 일찍이 개가 그토록 도움을 청하며 울부짖는 것을 들은 적이 있었던가?

참으로, 내가 그때 본 것, 그러한 것을 나는 본 적이 없었다. 나는 어떤 젊은 양치기가 몸을 비틀고 구역질하고 경련을 일으키며 얼굴을 찡그리고 있는 것을 보았다. 그의 입에는 시커멓고 육중한 뱀 한 마리가 매달려 있었다.

내 일찍이 인간의 얼굴에서 그토록 심한 구역질과 창백한 공포를 본 적이 있었던가? 그는 혹시 자고 있었던 것일까? 뱀이 그의 목구멍 속으로 기어들어, 그곳을 꽉 문 것이다.

나는 손으로 뱀을 잡아당기고 또 잡아당겼다. 소용없었다! 아무리 잡아당겨도 뱀은 목구멍에서 나오지 않았다. 그때 내 안에서 "물어 뜯어라! 물어뜯어라!"라고 외치는 소리가 들렸다.

"대가리를 물어라! 물어뜯어라!" 이렇게 내 안에서 그 무엇이 외쳤다. 나의 공포, 나의 증오, 나의 구역질, 나의 연민, 내게 있는 좋고 나쁜 것이 한꺼번에 내 안에서 소리를 질렀다.

나를 둘러싸고 있는 그대들 대담한 자들이여! 그대 탐구자들, 실험자들이여! 그리고 그대들 가운데 교활한 돛을 달고 미지의 바다를 항해하는 자들이여! 그대들 수수께끼를 즐기는 자들이여!

내가 그때 본 수수께끼를 풀어다오. 더없이 고독한 자의 환영을 해석해다오!

그것은 하나의 환영이며 예견이었기 때문이다. 그때 비유 속에서 나는 **무엇**을 보았는가? 그리고 언젠가 오고야 말 그자는 **누구**인가?

뱀이 목구멍 속으로 기어들어 간 그 양치기는 **누구**인가? 가장 무겁고 가장 검은 모든 것이 목구멍 속으로 기어들어 가게 될 그 인간은 **누구**인가?

어쨌든 양치기는 내가 고함을 쳐 말한 대로 물어뜯었다. 제대로 물어뜯었다! 뱀 대가리를 저 멀리 뱉어버렸다! 그러고는 벌떡 일어섰다.

더는 양치기도 아니고 인간도 아닌, 변화한 자, 빛에 둘러싸인 자로서 그는 **웃고 있었다**! 일찍이 지상에서 그가 웃듯이 웃은 자는 아무도 없었다!

아, 나의 형제들이여, 내가 들은 웃음은 인간의 웃음이 아니었다. 그리고 이제 갈증이, 결코 잠재울 수 없는 동경이 나를 갉아 먹는다.

이러한 웃음에 대한 나의 동경이 나를 갉아 먹는다. 아, 이제 삶을 어떻게 견딜 것인가! 그리고 지금 죽어야 하는 것을 어떻게 견딜 것인가!

차라투스트라는 이렇게 말했다.

3. 의지에 반하는 행복에 대하여

이러한 수수께끼와 쓰라림을 가슴속에 간직한 채 차라투스트라는 계속 항해했다. 그러나 행복의 섬들과 벗들을 떠난 지 나흘이 지나서야 그는 자신의 모든 고통을 극복했다. 승리감에 섞어 굳건한 발로 그는 다시 자신의 운명을 밟고 섰다. 그때 차라투스트라는 환호하며 기뻐하는 자신의 양심을 향해 이렇게 말했다.

"나는 다시 혼자이고, 홀로 맑은 하늘과 드넓은 바다와 더불어 있으며, 또 그러기를 바란다. 내 주위는 다시 오후가 되었다.

내 일찍이 나의 벗들을 처음 만난 것도 오후였고, 또다시 만난 것도 오후였다. 모든 빛이 점점 고요해지는 시간이었다.

하늘과 땅 사이에서 아직도 떠돌고 있는 행복은 지금도 여전히 자신이 머물 밝은 영혼을 찾고 있기 때문이다. **행복에 넘쳐** 이제 모든 빛은 더욱 고요해졌다.

아, 내 삶의 오후여! 일찍이 **나의** 행복도 머물 곳을 찾아 골짜기로 내려갔다. 그곳에서 나의 행복은 마음을 활짝 열고 환대하는 이 영혼들을 찾아냈다.

아, 내 삶의 오후여! 이 하나, 나의 사상이 힘차게 뿌리내리고 내 최고 희망의 아침놀을 얻을 수 있다면 내 무엇인들 내주지 못하겠는가!

창조하는 자는 일찍이 길동무와 **자신의** 희망을 이룰 아이들을 찾아다녔다. 그런데 보라, 창조하는 자는 그가 먼저 저들을 창조하지 않고서는 저들을 찾을 수 없다는 사실을 알게 되었다.

그리하여 나는 나의 아이들에게 다가가기도 하고 그 아이들에게서 돌아서기도 하면서, 나의 일을 수행하고 있다. 자신의 아이들을 위해 차라투스트라는 자기 자신을 완성해야만 한다.

사람은 근본적으로 자기 아이와 자기 일만을 사랑하기 때문이다. 그리고 자기 자신에 대한 커다란 사랑이 있다면, 그 사랑은 잉태의 징조다. 나는 그것을 알게 되었다.

나의 아이들은 첫봄을 맞이하여 푸릇푸릇 자라고 있다. 나의 정원과 나의 최고의 토양에서 자라는 나무들이 나란히 서서 함께 바람에 흔들리고 있다.

참으로! 이러한 나무들이 함께 나란히 서 있는 곳, 거기에 행복의 섬들이 **있다**!

그러나 언젠가 나는 그 나무들을 뽑아내어 하나하나 따로 심으려 한다. 각각의 나무가 고독과 반항과 예지를 배우도록.

그 나무들은 각각 불굴의 삶의 살아 있는 등대로서, 옹이로 울퉁불퉁하고 휘어진 채 유연하면서도 굳건하게 바닷가에 서 있어야 한다.

폭풍이 바닷속으로 돌진하고 산맥의 긴 코가 물을 빨아들이는 곳,

그곳에서 각각의 나무는 언젠가는 **자신의** 시험을 이겨내고 깨달음을 얻기 위해 밤낮을 뜬눈으로 경계해야 한다.

각각의 나무가 과연 나의 부류이며 나의 혈통인지, 장구한 의지의 주인인지, 말할 때도 과묵한지, 주면서 받는다고 생각할 만큼 관대한지가 확인되고 검증되어야 한다.

각각의 나무가 과연 언젠가 나의 길동무가 되고, 차라투스트라와 함께 창조하고 축제를 벌이는 자, 만물의 좀 더 온전한 완성을 위해 나의 의지를 나의 서판에 기록하는 그러한 자인지를 알아보기 위해서다.

그리고 그러한 자를 위해, 또 그와 같은 자들을 위해 나는 **나 자신을** 완성해야 한다. 그리하여 나는 이제 나의 행복을 회피하고 모든 불행에 나를 내맡긴다. **나**에 대한 마지막 시험과 깨달음을 위해.

참으로 내가 떠나야 할 시간이 되었다. 방랑자의 그림자와 더없이 긴 시간과 가장 고요한 시간, 이 모든 것이 나에게 '때가 무르익었다!'라고 말했다.

바람이 열쇠 구멍으로 불어와 '오라!'라고 내게 말했다. 문은 교묘하게 활짝 열리면서 '가라!'라고 말했다.

그러나 나는 나의 아이들에 대한 사랑의 사슬에 묶여 누워 있었다. 욕망이 나에게 이러한 올가미를 씌운 것이다. 내 아이들의 제물이 되고 그들을 위해 나 자신을 버리고자 하는 사랑에 대한 욕망이.

욕망하는 것, 그것은 내게 이미 나 자신을 잃어버렸음을 뜻한다. **나는 너희를 갖고 있다. 나의 아이들아!** 이러한 소유에서 모든 것은 확실해야 하며, 그 어떤 욕망도 남아 있어서는 안 된다.

내 사랑의 태양은 알을 품듯 내 머리 위에서 내리쬐고 있었고, 차라투스트라는 자신의 체액 속에서 끓고 있었다. 그때 그림자와 의심이 내 머리 위로 날아가버렸다.

나는 이미 찬 서리와 겨울을 갈망하고 있었다. '아, 찬 서리와 겨울이 나를 다시 부러뜨리고 깨뜨렸으면!' 하고 나는 탄식했다. 그러자 얼음처럼 차가운 안개가 내 안에서 피어올랐다.

나의 과거가 그 무덤들을 파헤치며 나타났고, 산 채로 파묻힌 많은 고통이 깨어났다. 그것들은 수의에 싸인 채 푹 잠자고 있었을 뿐이다.

모든 것이 징표가 되어 "때가 되었다!"라고 내게 소리쳤다. 그러나 나는 듣지 않았다. 마침내 나의 심연이 요동치고 나의 사상이 나를 물어뜯을 때까지.

아, 심연의 사상이여, 그대는 **나의** 사상이 아니던가! 그대가 무덤을 파헤치는 소리를 들어도 더는 떨지 않을 힘을 나는 언제 지니게 될 것인가?

그대가 무덤을 파헤치는 소리를 들을 때, 나의 심장은 목까지 두근거린다! 그대의 침묵도 내 목을 조르려 하는구나, 그대 심연처럼 침묵하는 자여!

내가 그대에게 **올라오라고** 감히 부른 적은 결코 없었다. 내가 그대를 내 몸에 지니고 다니는 것만으로도 충분했다! 나는 최고조에 달한 사자의 자유분방과 오만불손에 이를 만큼 강하지는 못했다.

그대의 무게만으로도 나는 이미 언제나 두려웠다. 그러나 나는 언젠가 그대에게 올라오라고 소리칠 힘과 사자의 목소리를 찾고야 말리라!

내가 우선 이 일에서 나 자신을 극복한다면, 나는 좀 더 위대한 일에서 나를 극복하리라. 그러면 하나의 **승리**는 나의 완성을 보증하는 봉인이 되리라!

그때까지 나는 미지의 바다 위를 떠돌 것이다. 우연, 부드러운 혀로 말하는 우연이 나에게 아첨을 떤다. 앞으로도 뒤로도 둘러보지만, 아직 끝은 보이지 않는다.

아직도 내게는 마지막 결전의 시간이 오지 않았다. 아니면 그 시간이 지금 막 나에게 온 것일까? 참으로, 바다와 삶이 음흉한 아름다움으로 나를 둘러싸고 바라보고 있다!

아, 내 삶의 오후여! 아, 저녁을 앞둔 행복이여! 아, 대양의 항구여! 아, 불확실성 속에 깃든 평화여! 내 그대들을 어찌 믿겠는가!

참으로, 나는 그대들의 음흉한 아름다움을 믿지 않는다! 나는 벨벳처럼 아주 부드러운 미소를 믿지 않는 연인과 같다.

질투심 많은 자가 냉정하면서도 부드럽게 더없이 사랑하는 이를 밀쳐내는 것처럼, 나는 이 더없이 행복한 시간을 밀쳐낸다.

가라, 그대 더없이 행복한 시간이여! 그대와 함께 나의 의지에 반하는 행복이 나를 찾아왔다! 나는 더없이 깊은 고통을 기꺼이 느끼려고 여기에 서 있다. 그대는 좋지 못한 때에 찾아왔다!

가라, 그대 더없이 행복한 시간이여! 차라리 저쪽, 내 아이들이 있는 곳에 머물 곳을 마련하라! 서둘러라! 그리고 저녁이 오기 전에 나의 행복으로 아이들을 축복하라!

벌써 저녁이 가까워졌다. 해가 저문다. 가라, 나의 행복이여!"

차라투스트라는 이렇게 말했다. 그러고는 밤새도록 그의 불행을 기다렸다. 그러나 헛되이 기다렸다. 밤은 여전히 밝고 고요했으며, 행복 자체가 점점 더 가까이 다가왔다. 그러나 아침 무렵 차라투스트라는 마음속으로 웃고, 비웃듯이 말했다. "행복이 내 뒤를 쫓아온다. 내가 여자들의 꽁무니를 쫓아다니지 않기 때문에 이렇게 된 것이다. 어쨌든 행복은 여자다."

4. 해 뜨기 전에

아, 내 머리 위의 하늘이여, 그대 순수한 자여! 심오한 자여! 그대
빛의 심연이여! 그대를 바라보며 나는 신성한 욕망에 전율한다.

그대의 높이로 나를 던져 올리는 것, 그것이 **나의** 깊이다! 그대의
순수함 속에 나를 숨기는 것, 그것이 **나의** 순진무구함이다!

신의 아름다움이 신의 모습을 가리듯, 그대 하늘은 그대의 별들을
숨긴다. 그대는 말하지 않는다. **그렇게** 그대는 자신의 지혜를 내게
알린다.

그대는 오늘 사나운 바다 위로 말없이 내게 떠올랐고, 그대의 사
랑과 수줍음은 나의 사나운 영혼에 계시를 전한다.

그대는 자신의 아름다움 속에 몸을 숨긴 채 아름답게 내게로 왔
고, 그대의 지혜를 드러내며 말없이 내게 말한다.

아, 어떻게 내가 그대 영혼의 온갖 수줍음을 알아차리지 못한단
말인가! 해 뜨기 **전에** 그대는 더없이 고독한 자인 나에게 왔다.

우리는 처음부터 친구가 아니던가. 우리는 원한도, 공포도, 이유
도 함께 나누고 있지 않은가. 우리는 태양까지도 나누어 갖는다.

우리는 너무 많은 것을 알고 있기에 서로 말하지 않는다. 우리는 서로 침묵하며, 우리가 알고 있다는 사실을 서로 미소로 전한다.

그대는 나의 타오르는 불에서 나오는 빛이 아닌가? 그대는 나의 통찰에 대한 자매의 영혼을 갖고 있지 않은가?

우리는 함께 모든 것을 배웠다. 우리는 함께 자신을 넘어 자신에게로 오르는 법과 구름 한 점 없이 환하게 미소 짓는 법을 배웠다.

우리의 발아래로 강제와 목적과 죄책이 비처럼 자욱하게 김을 내뿜을 때, 밝은 눈으로 멀리 떨어진 곳에서 저 아래를 향하여 해맑게 미소 짓는 법을 배웠다.

그리고 나는 홀로 방랑했다. 밤마다 미로에서 헤매며 나의 영혼은 **무엇**을 갈구했던가? 나는 산에 올랐고, 산 위에서 내가 그대가 아니라면 그 **누구**를 찾았던가?

나의 모든 방랑과 산행은 불가피한 것이었으며, 무력한 자의 미봉책이었다. 나의 의지 전부가 바란 것은 오로지 **날아가는 것, 그대 안으로** 날아가는 것일 뿐이다!

나는 떠다니는 구름과 그대를 더럽히는 모든 것을 무엇보다 증오하지 않았던가? 나는 그대를 더럽힌 나 자신의 증오도 증오했다!

떠다니는 구름을, 이 살금살금 돌아다니는 도둑고양이들을 보면 나는 화가 난다. 이 고양이들은 그대와 내가 공유하는 것을 빼앗아 간다. 저 거대하고 끝없는 '그렇다'와 '아멘'이라는 말을.**6)**

이렇게 중간에 끼어드는 중개자와 간섭자들, 떠다니는 구름을 보면 나는 화가 난다. 축복할 줄도 모르고 철저하게 저주할 줄도 모르는 이도 저도 아닌 중간치들을 보면.

나는 그대 티 없이 맑은 하늘이 떠다니는 구름으로 더럽혀진 걸 보느니 차라리 닫힌 하늘 아래 큰 통 속에, 하늘 없는 심연 속에 앉아 있을 테다!

나는 자주 번개의 황금 줄로 떠다니는 구름을 묶어두기를 갈망했다. 나는 주전자 모양으로 솟아오른 구름의 배를 북으로 삼아 두들기고 싶었다.

분노한 북 치는 고수로서, 그들이 내게서 그대의 '그렇다!'와 '아멘!'을 빼앗아가기 때문이다. 그대 내 머리 위의 하늘이여! 그대 순수한 자여! 빛나는 자여! 그대 빛의 심연이여! 떠다니는 구름이 그대에게서 **나의** '그렇다!'와 '아멘!'을 빼앗아가기 때문이다.

나는 이 신중하고 의심 많은 고양이의 조용함보다는 차라리 소음과 천둥과 폭풍우의 저주를 바라기 때문이다. 그리고 나는 누구보다도 살금살금 걷는 자, 이도 저도 아닌 중간치, 의심하고 망설이며 떠다니는 구름 모두를 가장 미워하기 때문이다.

그러므로 '축복할 줄 모르는 자는 저주하는 법을 **배워야** 한다!' 이 밝은 가르침이 밝은 하늘로부터 내게로 내려왔다. 이 별은 어두운 밤에도 나의 하늘에 떠 있다.

그대 순수한 자여! 빛나는 자여! 그대 빛의 심연이여! 그대가 내 주위에 있기만 하면, 나는 축복하는 자이며 '그렇다!'라고 말하는 자

---

6) 〈고린도후서〉 1장 20절, "하나님의 모든 약속은 그리스도 안에서 '예'가 됩니다. 그러므로, 그리스도로 말미암아, 우리는 '아멘' 하면서 하나님께 영광을 돌리는 것입니다."

다. 그때 나는 모든 심연 속으로 '그렇다!'라고 말하는 나의 축복을 가져간다.

나는 축복하는 자, '그렇다!'라고 말하는 자가 되었다. 나는 언젠가 축복을 내릴 두 손의 자유를 얻고자 오랫동안 고투했고 고투하는 자였다.

그런데 이것이 나의 축복이다. 모든 사물 위에 그 사물 자체의 하늘로서, 그 둥근 지붕으로서, 하늘색의 종으로서, 그리고 영원한 안전으로서 펼쳐져 있도록 하라. 이렇게 축복하는 자는 행복할지어다!

만물은 영원의 샘에서, 그리고 선악의 저편에서 세례를 받기 때문이다. 그러나 선과 악 자체는 어중간한 그림자, 축축한 슬픔, 떠다니는 구름일 뿐이다.

"만물 위에는 우연이라는 하늘, 순진무구함이라는 하늘, 뜻밖이라는 하늘, 자유분방함이라는 하늘이 있다."라고 가르친다면, 참으로 그것은 축복이지 결코 모독은 아니다.

'뜻밖.'[7] 이것이야말로 세계의 가장 오래된 귀족이다. 나는 이 귀족을 만물에 되돌려주었고, 만물을 목적이라는 노예 상태에서 구해주었다.

어떠한 '영원의 의지'도 만물 위에서 군림하거나 그것들을 의욕하

---

7) 'Von Ohngefähr(By chance)'. 이 낱말은 '우연'이라는 의미를 지니고 있으나 같은 뜻의 다른 낱말 'Zufall'과 구별하려고 '뜻밖'으로 옮겼다. 독일어에서 접두사 'Von(폰)'은 귀족을 지칭한다는 점을 고려하여 니체는 Von이 들어가는 이 관용어를 귀족으로 부르고 있다. '우연이라는 귀족'.

기를 원치 않는다고 내가 가르쳤을 때, 나는 이 자유와 천상의 명랑함을 하늘색 종처럼 만물 위에 걸어놓은 것이다.

"모든 일에 있어서 불가능한 것이 하나 있으니, 그것은 곧 합리성이다."라고 내가 가르쳤을 때, 나는 저 의지의 자리에 자유분방함과 어리석음을 앉힌 것이다.

약간의 이성, 별에서 별로 흩어져 있는 지혜의 씨앗, 이 효모는 만물에 섞여 있다. 지혜는 이 어리석음을 위해 만물에 섞여 있는 것이다![8]

약간의 지혜는 이미 가능하다. 그러나 나는 만물에서 이러한 행복한 확신을 발견했다. 만물은 오히려 우연이라는 발로 **춤추고자** 한다.

아, 내 머리 위의 하늘이여, 그대 순수한 자여! 높은 자여! 영원한 이성이라는 거미도 이성의 거미줄도 없는 것, 그것이 내게는 바로 그대의 순수함이다.

그대는 얼굴을 붉히는가? 말로 표현할 수 없는 것을 내가 말했는가? 그대를 축복하려고 한다면서 오히려 모독했단 말인가?

아니면 그대가 얼굴을 붉힌 것은 우리 둘이 함께 있다는 부끄러움 때문인가? 이제 **낮**이 밝아오니 그대는 내게 가라고, 침묵하라고

---

8) 니체는 여기서 플라톤이 《티마이오스》에서 서술하고 있는 우주의 모습을 뒤집어놓는다. 《티마이오스》에서 신적인 조물주는 우주의 영혼을 섞어 별들 속에 영혼의 씨앗을 뿌리며, 이렇게 이루어진 우주는 '잘못된 원인'으로 알려진 비합리적 저항의 아주 적은 힘을 제외하면 대부분 이성(nous)에 의해 지배를 받는다. Platon, *Timaios*, 41d~42d, *Werke*, Bd. 7, 67~69쪽.

명령하는가?

세계는 깊다. 일찍이 낮이 생각한 것보다 더 깊다. 낮이 되었다고 모든 것이 말을 해도 되는 것은 아니다! 그러나 낮이 밝아오고 있다. 그러니 이제 우리 헤어지자!

아, 내 머리 위의 하늘이여, 그대 수줍어하는 자여! 타오르는 자여! 아, 그대 해 뜨기 전의 나의 행복이여! 낮이 밝아오고 있다. 그러니 이제 우리 헤어지자!

차라투스트라는 이렇게 말했다.

5. 왜소하게 만드는 덕에 대하여

1

다시 뭍에 오른 차라투스트라는 곧바로 그의 산과 동굴로 가지 않고, 여러 길을 탐색하고 많은 질문을 하면서 이것저것 알아보았다. 그는 자신에 대해 농담 삼아 이렇게 말했다. "수없이 굽이굽이 흘러 자신의 원천으로 되돌아가는 강을 보라!" 그는 그동안 **인간에게** 무슨 일이 일어났는지, 인간이 더 위대해졌는지, 아니면 더 왜소해졌는지 직접 알아내고 싶은 것이다. 그때 그는 새로운 집들이 줄지어 서 있는 것을 보고는 의아하게 생각하며 말했다.

"이 집들은 뭐란 말인가? 참으로, 이 집들은 위대한 영혼이 자신을 비유하려고 지은 것은 아니군!

혹시 어떤 멍청한 아이가 자기 장난감 상자에서 이 집들을 꺼낸 것인가? 그렇다면 다른 아이가 그것들을 도로 자기 상자에 갖다 넣었으면 좋겠다!

그리고 이 거실과 작은 방들. 어른들이 그곳을 들락거릴 수 있을까? 이 방들은 비단 인형들을 위해서 만들어진 것으로 보인다. 혹은 자기 자신도 조금씩 뜯어먹도록 내버려두는 군것질 좋아하는 사람을 위해 만들어진 것처럼 보이기도 한다."

차라투스트라는 멈추어 서서 생각에 잠겼다. 마침내 그는 슬픈 목소리로 말했다. "**모든 것**이 더욱 왜소해졌구나!

어디를 보나 문들이 더 낮아졌다. **나와 같은** 부류의 사람은 아직 이 문으로 들어갈 수 있긴 하지만 허리를 굽혀야만 한다.

아, 내가 더는 허리를 굽힐 필요가 없는, **소인배들 앞에서** 허리를 굽히지 않아도 되는 고향으로 언제나 돌아가려나?" 차라투스트라는 탄식하며 먼 곳을 바라보았다.

바로 그날 그는 인간을 왜소하게 만드는 덕에 대해 말했다.

2

나는 두 눈을 똑바로 뜨고 이들 군중 사이를 지나간다. 그들은 내가 그들의 덕을 질투하지 않음을 용서하지 않는다.

그들은 나를 물어뜯는다. 소인배들에게는 왜소한 덕이 필요하다고 내가 그들에게 말하기 때문이다. 소인배들이 **필요하다**는 사실을 내가 쉽게 받아들일 수 없기 때문이다.

나는 여기 낯선 농가에 있는 수탉과 같다. 암탉들조차 그 수탉을 쪼아대지만, 나는 이 암탉들을 언짢게 생각하지 않는다.

나는 모든 자잘한 짜증 나는 일들에 대해 그러하듯 암탉들에 대해서도 공손하다. 왜소한 것에 대해 가시 돋쳐 발끈하는 것은 고슴도치에게나 필요한 지혜일 것이다.

밤에 불 가에 앉으면 그들은 모두 내 이야기를 한다. 나에 대해 말하지만, 그 누구도 나에 대해 생각하지는 않는다!

이것이 내가 알게 된 새로운 고요함이다. 나를 둘러싼 그들의 소음은 나의 사상을 외투로 덮어버린다.

그들은 서로 떠들어댄다. "이 음산한 구름이 우리에게 무슨 짓을 하려는가? 이 구름이 전염병을 퍼뜨리지 못하도록 지켜보자!"

최근에는 어떤 여자가 내게 오려는 아이를 낚아채며 소리쳤다. "아이들을 멀리 데려가세요![9] 저런 눈은 아이들 영혼을 태워버린답니다."

내가 말이라도 하면 그들은 기침한다. 그들은 기침으로 거센 바람을 막아낼 수 있다고 생각한다. 그들은 내 행운의 광풍을 헤아리지 못한다.

"차라투스트라를 위해 낼 시간은 없어." 그들은 이렇게 반박한다. 하지만 차라투스트라를 위해 낼 '시간이 없다'고 할 때 그 시간이란 것이 도대체 뭐란 말인가?

---

9) 〈누가복음〉 18장 15~16절, "사람들이 아기들까지 예수께로 데려와서, 쓰다듬어주시기를 바랐다. 제자들이 보고서, 그들을 꾸짖었다. 그러자 예수께서 아기들을 가까이에 부르시고, 말씀하셨다. '어린이들이 내게로 오는 것을 허락하고, 막지 말아라. 하나님의 나라는 이런 사람의 것이다.'"

그들이 나를 찬양한다고 해도 내가 어떻게 **그들의** 찬양 위에 누워 잠들 수 있겠는가? 내게는 그들의 칭찬이 가시 박힌 허리띠와 같다. 그 허리띠는 풀어놓아도 나를 할퀸다.

나는 그들에게서 이것도 배웠다. 칭찬하는 자는 돌려주는 것처럼 꾸며대지만, 사실은 더 많이 받기를 바란다!

그들이 칭찬하고 유혹하는 선율이 마음에 드는가를 내 발에게 물어보라! 참으로 나의 발은 이러한 박자와 똑딱거리는 소리에 맞춰 춤추고 싶어 하지도 가만히 서 있고 싶어 하지도 않는다.

그들은 나를 왜소한 덕으로 유혹하고 칭찬하려고 한다. 그들은 작은 행복의 똑딱거리는 소리에 따르라고 내 발을 설득한다.

나는 두 눈을 똑바로 뜨고 이들 군중 사이를 지나간다. 그들은 더 왜소해졌고 점점 더 왜소해지고 있다. **행복과 덕에 대한 그들의 가르침이 그렇게 만든다.**

다시 말해 그들은 덕에 있어서도 겸손하다. 그것은 안락함을 바라기 때문이다. 겸손한 덕만이 안락함과 어울린다.

물론 그들도 나름대로 걷고 앞으로 나아가는 법을 배운다. 그것을 나는 그들의 **절뚝거림**이라고 부른다. 그들은 서둘러 걸어가는 모든 자에게 장애물이 된다.

그들 중 여럿은 앞으로 나아가면서 뻣뻣한 목으로 뒤돌아본다. 나는 이러한 자들의 몸을 향해 즐겨 달려 나간다.

발과 눈은 거짓말을 해서는 안 되며, 거짓을 말했다고 해서 서로 벌해서도 안 된다. 하지만 소인배들에게는 많은 거짓이 있다.

그들 중 몇몇은 의욕할 수 있지만, 대부분은 의욕의 대상일 뿐이다.

그들 중 몇몇은 진짜지만, 대부분은 서투른 배우에 지나지 않는다.

그들 중에는 자신도 모르는 사이에 배우가 된 자, 마지못해 배우가 된 자도 있다. 진짜는 언제나 드물며, 진짜 배우는 특히 그렇다.

여기에 남자다운 남자는 드물다. 그러므로 그들의 여자들이 남성화되는 것이다. 충분히 남자다운 남자만이 여자 속에 있는 참다운 **여자를 구원할** 것이기 때문이다.

그리고 내가 그들 사이에서 발견한 가장 사악한 위선은 이것이다. 명령을 내리는 자조차 섬기는 자의 덕을 가장한다.

"나는 섬긴다. 그대는 섬긴다. 우리는 섬긴다." 여기서는 지배하는 자들의 위선도 이처럼 기도한다. 슬프다, 으뜸가는 주인이 다만 으뜸가는 하인일 뿐이라니!¹⁰⁾

아, 내 눈의 호기심은 그들의 위선 속으로도 날아 들어갔다. 그리하여 햇살이 비쳐드는 창가에서 그들이 누리는 그 모든 파리의 행복과 윙윙거리는 날갯짓 소리를 알게 되었다.

선의가 있는 곳에서 나는 그만큼의 약점을 본다. 정의와 동정이 있는 곳에서 나는 그만큼의 약점이 있음을 본다.

그들은 서로 둥글둥글 잘 지내고 정직하고 친절하다. 마치 작은 모래알들이 다른 모래알들과 둥글둥글 잘 지내고 정직하고 친절하듯이.

작은 행복을 겸손하게 얼싸안는 것, 이것을 그들은 '순종'이라고

---

10) 프로이센 왕국의 프리드리히 대왕이 1752년 후손들에게 남긴 두 가지 유서 중 첫 번째 구절에 적혀 있는 금언이다. "군주는 제1의 하인이다."

부른다! 그러면서 그들은 어느새 새로운 작은 행복을 향해 겸손하게 곁눈질한다.

그들은 근본적으로 한결같이 단 한 가지만을 원한다. 이는 누구로부터도 고통을 받지 않는 것이다. 그러므로 그들은 그 누구보다도 먼저 모두에게 친절을 베푼다.

그러나 이것은 **비겁함**이다. 이미 그것이 덕이라고 불리긴 하지만.

그리고 그들, 이 왜소한 자들이 거칠게 말하더라도, **나는** 거기서 그들의 쉰 목소리만을 들을 뿐이다. 바람만 살짝 불어도 그들의 목소리는 쉬고 만다.

그들은 영리하며, 그들의 덕은 영리한 손가락을 지니고 있다. 그러나 그들에게는 주먹이 없다. 그들의 손가락은 주먹 속으로 기어들어 숨을 줄 모른다.

그들에게 있어서 덕이란 겸손하고 양순하게 길들이는 것이다. 그리하여 그들은 늑대를 개로 만들었고, 인간 자체를 인간 최고의 가축으로 만들었다.

"우리는 우리의 의자를 중간에 놓았다." 그들은 히죽거리며 내게 말했다. "죽어가는 검투사와 배부른 돼지에게서 똑같이 멀리 떨어진 중간에."

하지만 이것은 **평범한 중간치**일 뿐이다. 비록 그것을 이미 중용이라고 부르고 있더라도.

3

나는 이들 군중 사이를 지나가며 많은 말을 떨어뜨린다. 그러나 그들은 받아들일 줄도, 간직할 줄도 모른다.

그들은 내가 쾌락과 악덕을 비방하러 오지 않았다는 것을 의아하게 생각한다. 참으로, 나는 소매치기들을 조심하라고 경고하려고 온 것은 아니다!

그들은 내가 그들의 영리함을 더욱 재치 있고 더욱 예리하게 만들어줄 준비가 되어 있지 않음을 의아하게 여긴다.

석필처럼 나를 긁어대는 목소리를 가진, 잘난 체하는 자들만으로는 아직 충분하지 못한 것처럼!

그리고 내가 "흐느껴 울며 두 손을 모으고 숭배하는 그대들 내면의 모든 비겁한 악마를 저주하라!"라고 소리치면, 그들은 "차라투스트라는 신을 부정한다."라고 외친다.

특히 순종을 가르치는 그들의 교사들이 그렇게 외친다. 하지만 나는 바로 그러한 교사들의 귀에 대고 이렇게 외치고 싶다. 그렇다! **나는** 신을 부정하는 자, **차라투스트라**다!

이 순종의 교사들! 왜소하고 병들고 부스럼 딱지가 덮인 곳이면 어디든 그들은 기어다닌다. 다만 구역질이 나서 나는 그것들을 눌러 죽이지 않을 뿐이다.

좋다! **그들의** 귀에 들려줄 나의 설교는 이렇다. 나는 신을 부정하는 자, 차라투스트라다. 이자는 이렇게 말한다. "내가 그의 가르침을 기뻐할 정도로 나보다 더 신을 부정하는 자는 누구인가?"

나는 신을 부정하는 자, 차라투스트라다. 나는 어디서 나와 같은 자를 찾을 수 있는가? 스스로 자신의 의지에 순종하면서 그 어떤 순종도 거부하는 자는 모두 나와 같은 자다.

나는 신을 부정하는 자, 차라투스트라다. 나는 **나의** 냄비 속에서 모든 우연을 요리한다. 그리고 우연이 거기서 잘 요리되었을 때 비로소 나는 그 우연을 **나의** 음식으로 환영한다.

참으로 많은 우연이 도도하게 내게로 다가왔다. 하지만 나의 의지는 더 도도하게 우연을 향해 말했다. 그러자 우연은 애원하며 무릎을 꿇었다.

내 곁에서 숙소와 마음을 얻기를 애원하면서, 그리고 아양을 떨며 "보라, 아, 차라투스트라여, 벗만이 벗을 찾아온다!"라고 설득했다.

그러나 **나의** 말을 들을 귀를 가진 자가 아무도 없는 곳에서 무슨 말을 하겠는가! 그러므로 나는 바람 불어오는 사방을 향해 이렇게 외치려고 한다.

그대 왜소한 자들이여, 점점 더 작아지고 있구나! 그대 안락한 자들이여, 산산이 부서지고 있구나! 그대들은 멸망하고 말리라.

그대들의 많은 왜소한 덕, 그대들의 작은 단념, 그대들의 작은 순종 때문에!

너무 부드럽고, 너무 관대한 것, 이것이 그대들의 토양이다! 하지만 나무가 **크게** 자라려면 단단한 바위를 뚫고 굳게 뿌리를 내려야 한다.

그대들이 단념하는 것조차 온 인류의 미래라는 직물을 짠다. 그대들의 무(無)마저도 거미줄이며, 미래의 피를 빨아먹고 사는 거미다.

그대 왜소한 도덕군자들이여, 그대들은 받을 때도 마치 훔치듯이 한다. 그러나 악당들마저도 **명예심**이 있어 "빼앗을 수 없을 때만 훔쳐야 한다."라고 말한다.

"그것은 주어진다." 이것 역시 순종의 가르침이다. 그러나 나는 그대 안락한 자들에게 "그것은 빼앗길 것이며, 그대들은 더욱더 많은 것을 빼앗길 것이다!"라고 말한다.

아, 그대들은 그 모든 **어중간한** 의욕을 버리고, 어중간한 태만이든 행동이든 단호하게 결정해야 한다!

"그대들이 의욕하는 것을 언제든 행하라. 하지만 그보다 먼저 **의욕할 수 있는** 자가 되어라!" 아, 그대들이 나의 말을 이해할 수 있다면!

"그대들의 이웃을 언제나 자신처럼 사랑하라. 하지만 우선 **자기자신을 사랑하는** 자가 되어라!

커다란 사랑으로 사랑하며, 커다란 경멸로 사랑하라!" 신을 부정하는 자, 차라투스트라는 이렇게 말한다.

하지만 **나의 말을 들을** 귀를 가진 자가 아무도 없는 곳에서 내가 무슨 말을 하겠는가! 여기서 내가 말하기에는 여전히 한 시간쯤 이르다.

나는 이들 군중 사이에서 나 자신의 선구자이며, 어두운 골목길로 울려 퍼지는 나 자신의 닭 울음소리다.

하지만 그들의 시간은 다가온다! 그리고 나의 시간도 오고 있다! 매시간 그대들은 더 왜소해지고 더 가난해지고 더 메말라간다. 가련한 잡초여! 가련한 토양이여!

그대들은 **곧** 마른풀이나 황야같이 내 앞에 서게 되리라. 참으로!

그대들 자신에게 지쳐, 물보다는 **불**을 더욱 갈망하면서!

아, 축복받은 번갯불의 시간이여! 아, 정오 이전의 비밀이여! 나는 언젠가 그들을 내달리는 불로 만들고, 불꽃의 혀를 가진 예고자로 만들리라.[11]

그들은 언젠가는 불꽃의 혀로 이렇게 알려야 한다. "다가온다, 가까이 있다, **위대한 정오가!**"

차라투스트라는 이렇게 말했다.

---

11) '불꽃의 혀'. 악인을 오히려 의롭다고 하는 불의에 대한 응징. 〈이사야서〉 5장 24절, "그러므로 지푸라기가 불길에 휩싸이듯, 마른 풀이 불꽃에 타들어 가듯, 그들의 뿌리가 썩고, 꽃잎이 말라서, 티끌처럼 없어질 것이다." 〈사도행전〉 2장 3절, "그리고 불길이 솟아오를 때 혓바닥처럼 갈라지는 것 같은 혀들이 그들에게 나타나더니, 각 사람 위에 내려앉았다."

6. 올리브산[12]에서

고약한 손님인 겨울이 내 집에 앉아 있다. 내 손은 그의 우정 어린 악수로 파래졌다.

나는 이 고약한 손님을 존중하지만, 기꺼이 그가 혼자 앉아 있도록 내버려둔다. 나는 즐겨 그에게서 달아난다. **잘** 달릴 수만 있다면 그에게서 달아날 수 있다.

따뜻한 발과 따뜻한 생각을 가지고서 나는 바람 잔잔한 그곳, 나의 올리브산 양지바른 곳으로 달려간다.

거기서 나는 나의 엄격한 손님을 보고 웃으면서도 그에게 친절히 대한다. 그가 내 집에서 파리를 내쫓고 허다한 작은 소란도 조용하게 잠재우기 때문이다.

그는 모기 한 마리가 왱왱거리는 것도 견디지 못하기 때문이다.

---

12) 키드론 계곡을 경계로 서쪽으로 옛 예루살렘과 이웃하고 있는 산으로 감람산으로 불리기도 한다.

하물며 두 마리야 말해 무엇하리. 그는 골목길도 적막하게 만들어, 밤이면 달빛마저 그곳을 두려워한다.

그는 까다로운 손님이다. 하지만 나는 그를 존중하며, 나약한 자들처럼 배가 불룩한 불의 우상에게 기도하지는 않는다.

우상에게 기도하기보다는 차라리 이를 조금 덜덜 떠는 것이 낫다! 그것이 내 기질에 맞다. 특히 나는 발정하여 후덥지근한 김을 내뿜는 그 모든 불의 우상을 싫어한다.

나는 누구를 사랑하든 여름보다는 겨울에 더욱 사랑한다. 겨울이 내 집을 찾아온 이후로 나는 이제 나의 적들을 더욱 잘 비웃는다.

참으로 통쾌하게, 내가 침대로 **기어들어 갈** 때조차. 기어들어 온 나의 행복도 그때 웃어대고 장난을 친다. 나의 거짓 꿈조차 웃어댄다.

나는 기어다니는 자인가? 내 평생 내가 권력자 앞에서 긴 적은 단 한 번도 없다. 만약 내가 거짓말을 한 적이 있다면, 그것은 사랑하는 마음에서 한 것이다. 그 때문에 나는 겨울 침대 속에서도 즐겁다.

화려한 침대보다는 소박한 침대가 나를 더 따뜻하게 해준다. 내가 나의 가난을 질투하기 때문이다. 그리고 가난은 겨울에 내게 가장 충실하다.

나는 하루하루를 악의로 시작하고, 냉수욕으로 겨울을 조롱한다. 그 때문에 엄격한 내 집 손님은 투덜거린다.

나는 조그만 양초로 그를 즐겨 간질인다. 겨울이 마침내 잿빛 여명으로부터 하늘을 드러내도록.

나는 아침에 심술궂다. 우물가에서 두레박 소리가 덜거덕거리고, 따뜻한 입김과 더불어 말들의 울음소리가 잿빛 거리로 울려 퍼지는 이른 시간에.

그때 나는 밝은 하늘이 마침내 내게 밝아오기를 기다린다. 백발의 노인, 흰 수염을 단 겨울 하늘이.

자주 자신의 태양조차 숨겨버리는 말 없는 겨울 하늘이!

이 하늘로부터 나는 길고 밝은 침묵을 배운 것일까? 아니면 그가 내게서 배운 것일까? 그것도 아니면 우리 각자가 그것을 스스로 생각해낸 것일까?

모든 좋은 사물의 근원은 천 겹으로 되어 있다. 모든 좋고 자유분방한 사물은 기쁨에 넘쳐 실존 속으로 뛰어든다. 이 사물들이 어떻게 이 실존으로의 도약을 언제나 단 한 번만 한단 말인가!

긴 침묵 또한 좋고 자유분방한 것의 하나다. 그것은 겨울 하늘처럼 둥근 눈을 가진 밝은 얼굴로 바라본다.

그것은 겨울 하늘처럼 자신의 태양과 굽힐 줄 모르는 태양의 의지를 숨긴다. 참으로, 나는 이러한 기술과 이러한 겨울의 자유분방함을 **잘** 배웠다!

나의 침묵이 침묵을 통해서 자기 자신을 드러내지 않는 법을 배웠다는 것, 이것이 나의 가장 사랑스러운 악의이자 기술이다.

말과 주사위로 요란한 소리를 내면서 나는 엄숙한 감시자들을 속여 넘긴다. 나의 의지와 목적은 이러한 모든 엄중한 감시자에게서 살그머니 벗어나야 하니까.

그 누구도 나의 바닥과 궁극의 의지를 내려다보지 못하도록, 나는 길고 밝은 침묵을 고안해냈다.

나는 영리한 자들을 허다하게 보았다. 이자들은 아무도 자신들을 간파하거나 들여다보지 못하도록 베일로 얼굴을 가리고는 자신들의 물을 흐려놓았다.

그러나 바로 그러한 자들에게 더욱 영리하고 의심하는 자와 호두 까는 자가 찾아와, 바로 그들에게서 그들이 꽁꽁 잘 숨겨놓은 고기를 낚아채버렸다!

그러나 밝고 용감하고 투명한 자들, 그들이 가장 영리하게 침묵하는 자들이다. 그들의 바닥은 너무도 **깊기**에 가장 맑은 물조차 그 바닥을 드러내지 못한다.

그대 흰 수염을 단 말 없는 겨울 하늘이여, 그대 내 머리 위에 있는 둥근 눈의 백발노인이여! 아, 그대 내 영혼과 내 자유분방함에 대한 천상의 비유여!

나는 사람들이 나의 영혼을 찢어 젖히지 못하도록 황금을 삼킨 자처럼 나 자신을 **숨겨야만** 하는가?

내 주위에 있는 모든 질투심 많은 자와 고통을 받는 자가 나의 긴 다리를 **보지 못하도록**, 나는 죽마(竹馬)를 **타야만** 하는가?

연기 자욱하고, 지나치게 덥고, 낡고, 메마르고, 슬픔에 지친 이러한 영혼들, 그들의 질투가 어떻게 나의 행복을 견뎌낼 **수 있단** 말인가?

그리하여 나는 그들에게 나의 정상에 있는 얼음과 겨울만을 보여줄 뿐, 나의 산이 여전히 온갖 태양의 띠를 두르고 있음은 보여주지 **않는다**.

그들은 다만 나의 겨울 폭풍이 휘몰아치는 소리만을 들을 뿐, 동경을 불러일으키는 무겁고도 뜨거운 남풍과도 같이 따뜻한 바다를 건너가는 내 소리는 듣지 못한다.

그들은 뜻밖에 일어난 나의 사고들과 우연들을 측은하게 여긴다. 그러나 나는 말한다. "우연이여, 나에게 올 테면 오라. 우연은 아이처럼 순진무구하다!"[13]

내가 사고와 겨울의 곤궁과 백곰 털모자와 눈 내리는 하늘 외투로 나의 행복을 감싸지 않았다면, 그들이 어떻게 나의 행복을 견딜 **수 있을** 것인가!

만일 내가 그들의 동정을, 이 질투심 많고 고통 받는 자들의 동정을 측은하게 여기지 않았다면!

만일 내가 그들 앞에서 한숨 쉬지 않고 혹한에 떨지 않았다면, 그리고 그들의 동정이 나를 감싸는 것을 참을성 있게 **허용하지** 않았다면!

내 영혼이 그들의 겨울과 혹한의 폭풍을 **숨기지 않는다**는 것, 이것이 내 영혼의 지혜로운 자유분방함이며 호의다. 내 영혼은 동상조차 숨기지 않는다.

어떤 자에게 고독은 병자의 도피다. 다른 자에게 고독은 병자들로부터의 도피다.

나는 그들이, 나를 둘러싼 이 모든 가엾은 사팔뜨기 악한들이 내

---

13) '사고들과 우연들(Unfälle und Zufälle)'. 독일어에서 '사고(Unfall)'와 '우연(Zufall)'은 '떨어지다', '벌어지다', '주어지다' 등의 뜻을 가진 동사 fallen에서 유래하는 낱말로서 모두 뜻밖에 일어나는 일을 의미한다. 〈누가복음〉 18장 16절, "그러자 예수께서 아기들을 가까이에 부르시고, 말씀하셨다. '어린이들이 내게로 오는 것을 허락하고, 막지 말아라. 하나님의 나라는 이런 사람의 것이다.'"

가 겨울 추위에 덜덜 떨고 한숨짓는 소리를 **들었으면** 한다. 이처럼 탄식하고 덜덜 떨면서도 나는 그들이 따뜻하게 덥혀놓은 방에서 달아난다.

그들이 내가 동상에 걸렸다고 함께 동정하고 함께 탄식해도 좋으련만. "그는 차가운 인식의 얼음으로 우리까지 **얼어붙게 한다!**"라고 그들은 탄식한다.

어느새 나는 따뜻한 발로 나의 올리브산을 이리저리 거닌다. 나의 올리브산의 양지바른 곳에서 나는 노래하며 모든 동정을 비웃는다.

차라투스트라는 이렇게 말했다.

7. 스쳐 지나감에 대하여

    그리하여 많은 군중과 여러 도시를 천천히 지나가면서 차라투스트라는 에움길로 그의 산과 그의 동굴로 돌아갔다. 그런데 보라, 그는 자신도 모르는 사이에 대도시의 성문 앞에 이르렀다. 그때 입에 거품을 문 바보가 두 팔을 활짝 벌린 채 그를 향해 달려와 길을 가로막았다. 그런데 이자는 사람들이 '차라투스트라의 원숭이'라고 부르는 바로 그 바보였다. 그는 차라투스트라의 어법과 억양을 조금 익혔고 또한 즐겨 그의 지혜의 보물을 빌려 썼기 때문이다. 그 바보가 차라투스트라에게 이렇게 말했다.

    "아, 차라투스트라여, 여기는 대도시입니다. 여기서 당신이 찾을 것은 아무것도 없고, 모든 것을 잃어버릴 겁니다.

    어찌하여 그대는 이 진흙탕을 걸으려 하십니까? 당신의 발이 불쌍하지도 않습니까![14] 차라리 이 문에 침을 뱉고 발길을 돌리십시오!

    여기는 은둔자의 사상에게는 지옥입니다. 여기서는 위대한 사상이 산 채로 삶겨 잘게 요리됩니다.

    여기서는 모든 위대한 감정이 썩어버립니다. 여기서는 바싹 마른 왜소한 감정만이 덜거덕거릴 수 있을 뿐입니다!

이미 정신의 도살장과 음식점 냄새가 나지 않습니까? 이 도시는 도살된 정신이 내뿜는 증기로 자욱하지 않습니까?

영혼들이 축 늘어진 더러운 누더기처럼 걸려 있는 것이 보이지 않습니까? 그런데 그들은 이 누더기로 신문도 만듭니다!

여기서 정신이 말장난이 되었다는 것을 그대는 듣지 못했습니까? 정신은 역겨운 말의 구정물을 토해냅니다! 그리고 그들은 이 말의 구정물로 신문을 만듭니다.

그들은 서로를 몰아대지만, 어디로 가는지는 모릅니다. 그들은 서로를 흥분시키지만, 왜 그런지는 모릅니다. 그들은 자신의 양철판을 두들기고, 자신의 금화를 짤랑거립니다.

그들은 추위에 떨며 화주로 몸을 따뜻하게 녹이려 합니다. 그들은 몸이 달아올라 얼어붙은 정신에서 냉기를 얻으려 합니다. 그들 모두는 병들어 있으며 여론에 중독되어 있습니다.

온갖 욕정과 악덕이 여기에 있습니다. 하지만 여기에는 덕이 있는 자도 있으며, 솜씨 있는 고용된 덕도 많이 있습니다.

솜씨 있는 덕은 글 쓰는 손가락을 갖고 있고, 앉아 기다리면서 생긴 굳은살도 갖고 있습니다. 그 덕은 가슴에 작은 별 모양의 장식을 하고, 엉덩이가 빈약한 박제한 딸애들을 낳는 축복을 받습니다.

---

14) 〈마태복음〉 10장 14절, "누구든지 너희를 영접하지 않거나 너희의 말을 듣지 않거든, 그 집이나 그 고을을 떠날 때에, 너희 발에 묻은 먼지를 떨어버려라."

여기에는 만군의 신[15] 앞에서의 경건함도 많이 있으며, 그 앞에서 독실하게 침이라도 핥겠다는 아첨도 많습니다.

'위로부터' 별과 자애로운 침이 뚝뚝 떨어집니다.[16] 별을 품지 못한 가슴은 모두 저 하늘을 동경합니다.

달에게는 자신의 궁전이 있고, 그 궁전에는 달의 바보들이 있습니다. 그러나 거지 같은 군중과 솜씨 있는 온갖 덕은 이 궁전에서 나오는 모든 것을 향해 기도를 드립니다.

'나는 섬긴다. 그대는 섬긴다. 우리는 섬긴다.' 모든 덕은 군주를 향해 이렇게 기도합니다. 그 대가로 받은 별이 마침내 빈약한 가슴에 찰싹 달라붙도록!

그러나 달은 지상적인 모든 것의 주위를 여전히 돌고 있습니다. 그러므로 군주도 모든 것 중에서 가장 지상적인 것의 주위를 돕니다. 그러나 그것은 상인들의 황금입니다.

만군의 신은 결코 금괴의 신이 아닙니다. 생각은 군주가 하지만, 조종은 상인이 합니다!

당신 마음속의 밝고 강력하고 선한 모든 것에 걸고 말합니다. 아, 차라투스트라여! 이 상인들의 도시에 침을 뱉고 돌아가십시오!

---

15) '만군의 신(Gott der Heerscharen, the God of armies)'. 〈시편〉 103장 20~21절, "주님의 모든 천사들아, 주님의 말씀을 듣고 따르는 힘찬 용사들아, 주님을 찬양하여라. 주님의 모든 군대들아, 그의 뜻을 이루는 종들아, 주님을 찬양하여라."

16) 〈이사야서〉 45장 8절, "너 하늘아, 위에서부터 의를 내리되, 비처럼 쏟아지게 하여라. 너 창공아, 의를 부어내려라."

여기서는 모든 피가 부패하고 미지근하고 거품을 내며 혈관 속을 흘러갑니다. 모든 찌꺼기가 거품을 내며 함께 떠 있는 거대한 오수 구덩이인 이 대도시에 침을 뱉으십시오!

억눌린 영혼과 빈약한 가슴, 날카로운 눈, 끈적끈적한 손가락이 가득한 이 도시에 침을 뱉으십시오.

치근대는 자, 파렴치한 자, 아무렇게나 쓰는 글쟁이와 시끄럽게 외쳐대는 고함쟁이, 열에 들뜬 야심가의 도시,

모든 썩은 것, 추잡한 것, 음탕한 것, 음울한 것, 너무 익어 문드러진 것, 곪아 터진 것, 선동적인 것이 한데 어울려 곪는 곳,

이 대도시에 침을 뱉고 돌아가십시오!"

그러나 여기서 차라투스트라는 거품을 물고 열변을 토하는 바보를 제지하면서 그의 입을 막았다.

차라투스트라가 소리를 질렀다. "제발 그만하게! 그대의 말과 어투에 구역질을 느낀 지 이미 오래네!

그대는 무슨 까닭으로 개구리와 두꺼비가 되어야만 할 정도로 그렇게 오랫동안 늪가에 살았단 말인가?

이제 그대의 핏줄 속으로는 썩고 거품을 내는 늪의 피가 흐르고 있어서 꿱꿱거리며 비방하는 것을 배운 것인가?

왜 그대는 숲으로 가지 않았는가? 아니면 왜 땅을 갈지 않았는가? 바다는 푸른 섬들로 가득하지 않은가?

나는 그대의 경멸을 경멸한다. 그리고 그대는 내게 경고하면서, 그대 자신에게는 왜 경고하지 않는가?

나의 경멸과 나의 경고하는 새는 오직 사랑으로부터만 날아오를 뿐, 늪으로부터 날아올라서는 안 된다!

그대 입에 거품을 문 바보여, 사람들은 그대를 나의 원숭이라 부른다. 그러나 나는 그대를 나의 투덜대는 돼지라고 부른다. 투덜댐으로써 그대는 어리석음에 대한 나의 예찬을 욕되게 한다.

처음 그대를 투덜대게 만든 것은 무엇이었는가? 아무도 그대에게 충분히 **아첨하지** 않았기 때문이다. 그래서 그대는 투덜댈 구실을 마련하려고 이 쓰레기 더미 위에 앉은 것이다.

마음껏 **복수할** 구실을 마련하려고! 그대 허영심 많은 바보여, 그대가 내뿜는 그 모든 거품은 말하자면 복수다. 나는 그대를 꿰뚫어 보고 있다!

그러나 그대의 바보 같은 말은, 그대가 옳을 때조차 내게 상처를 준다! 심지어 차라투스트라의 말이 백번 **옳다고** 하더라도, **그대는** 나의 말을 가지고 언제나 부정을 **저지를 것이다!**"

차라투스트라는 이렇게 말했다. 그리고 대도시를 바라보며 한숨을 쉬고는 오랫동안 침묵을 지켰다. 마침내 그는 이렇게 말했다.

"이 바보뿐 아니라 이 대도시도 구역질이 난다. 여기서나 저기서나 더 나아질 것도 없고 더 나빠질 것도 없다.

슬프다, 이 거대한 도시여![17] 나는 오래전부터 이 대도시를 태워버릴 불기둥을 볼 수 있기를 바랐다.[18]

그러한 불기둥들이 위대한 정오보다 먼저 와야 하기 때문이다. 그러나 이 일에도 때가 있고 자신의 운명이 있는 법이다!

그대 바보여, 작별의 말로 나는 그대에게 이 가르침을 전한다. 이제 사랑할 수 없는 곳에서는 **스쳐 지나가야** 한다!"

차라투스트라는 이렇게 말하고 바보와 그 대도시를 스쳐 지나갔다.

---

17) 바빌론이 화재로 파괴되는 것을 보고 상인들은 이렇게 한탄한다. 〈요한계시록〉 18장 10절, "그들은 그 도시가 당하는 고문이 두려워서, 멀리 서서, '화를 입었다. 화를 입었다. 큰 도시야! 이 강한 도시 바빌론아! 너에게 심판이 한순간에 닥쳤구나' 하고 말할 것입니다."

18) 〈출애굽기〉 13장 21절, "주님께서는, 그들이 밤낮으로 행군할 수 있도록, 낮에는 구름 기둥으로 앞서가시며 길을 인도하시고, 밤에는 불기둥으로 앞길을 비추어주셨다."

8. 변절자들에 대하여

1

아, 얼마 전까지만 해도 이 초원에서 푸르고 다채롭던 모든 것이 어느새 시들어 잿빛이 되었는가? 얼마나 많은 희망의 꿀을 나는 이곳에서 나의 벌통으로 날랐던가?

이 젊은 가슴들은 이미 모두 늙어버렸다. 늙은 것도 아니다! 다만 지치고 천박해지고 나태해졌을 뿐이다. 하지만 그들은 이를 두고 "우리는 다시 경건해졌다."라고 말한다.

얼마 전까지만 해도 나는 그들이 이른 아침에 씩씩한 걸음으로 달려 나가는 것을 보았다. 하지만 그들의 인식의 발은 지쳐버렸다. 그리하여 그들은 이제 그들이 지녔던 아침의 씩씩함마저 헐뜯는다!

참으로 그들 중 여럿이 한때 춤추는 사람처럼 발을 들었고, 나의 지혜에 깃든 웃음은 그들에게 눈짓했다. 그러면 그들은 생각에 잠겼다. 방금 나는 그들이 몸을 구부리고 십자가 쪽으로 기어가는 것을 보았다.

그들은 한때 모기와 젊은 시인처럼 빛과 자유를 찾아 훨훨 날아다녔다. 그러나 나이가 좀 들고 열정이 좀 식어버리자, 그들은 어느새 속이 시커먼 자, 뒤에서 수군거리는 자, 난로 옆에 쪼그리고 앉아 있는 자가 되어버렸다.

고독이 고래처럼 나를 삼켜버렸기 때문에 그들의 마음이 낙담한 것인가? 그들의 귀는 동경에 사무쳐 오랫동안 나의 나팔 소리, 나의 전령의 외침 소리에 **헛되이** 귀를 기울였던 것인가?

아, 그들 중에는 오랫동안 용기를 잃지 않고 자유분방한 자들이 언제나 드물다. 그런 자들에게는 정신도 끈질기다. 하지만 나머지 인간들은 **비겁하다**.

나머지 인간들, 그들은 언제나 다수이고, 일상이고, 쓸모없는 잉여이고, 흔하디흔한 자들이다! 이들 모두는 비겁하다!

나와 같은 부류의 인간이라면 누구든 나와 같은 체험을 하게 될 것이다. 그의 최초의 길동무는 시체와 어릿광대가 되어야 하기 때문이다.

그러나 그의 **신자**로 자처할 그의 두 번째 길동무는 사랑과 어리석음과 미숙한 숭배의식으로 가득한 생기 넘치는 무리다.

인간 중에서 나와 같은 부류의 인간이라면 누구나 그러한 신자들에게 자기 마음을 주지 말아야 한다. 이러한 피상적이고 비겁한 성품을 알아보는 자는 이러한 봄기운과 다채로운 초원을 믿지 말아야 한다!

만일 그들이 달리 **행동할 수 있었다면** 그들은 달리 **원했을** 것이다. 이도 저도 아닌 중간치들이 전체를 온통 망쳐버린다. 나뭇잎은 시들기 마련인 것을 무얼 한탄하겠는가!

나뭇잎이 흩날려 떨어지게 하라, 아, 차라투스트라여. 그리고 한탄하지 마라! 오히려 나뭇잎 사이로 산들바람이 불어오게 하라.

이 나뭇잎 사이로 바람이 불게 하라, 아, 차라투스트라여, **시들어 버린** 모든 것이 그대에게서 더 빨리 달아나도록!

2

이 변절자들은 "우리는 다시 경건해졌다."라고 고백한다. 그리고 그들 가운데 여럿은 너무 비겁하여 그런 고백조차 하지 못한다.

나는 그들의 눈을 들여다본다. 그리고 그들의 얼굴을 똑바로 쳐다보면서 그들의 뺨이 붉어지도록 "그대들은 다시 **기도하는** 자가 되었구나!"라고 말한다.

하지만 기도하는 것은 일종의 수치다! 모두에게 다 그런 건 아니지만, 그대와 나 그리고 머릿속에 양심을 가지고 있는 자에게는 그렇다! **그대**에게는 기도하는 것이 수치일 뿐이다!

그대도 이를 잘 알고 있다. 즐겨 두 손을 잡고 무릎에 얹은 채 안락하게 살고 싶어 하는 그대 안의 비겁한 악마, 이 악마가 그대에게 "한 분의 신이 **존재한다!**"라고 말하는 것이다.

그렇게 함으로써 그대는 빛에서 안식을 얻지 못하고 빛을 두려워하는 자들에 속하게 된다. 이제 그대는 날마다 그대의 머리를 밤과 안개 속으로 더 깊숙이 밀어 넣어야 한다!

참으로 그대는 때를 잘 골랐다. 지금 막 밤새들이 다시 날아오르기 때문이다. 빛을 두려워하는 모든 족속에게 '휴식이 없는' 저녁의 휴식 시간이 찾아온 것이다.

나는 소리를 듣고 냄새를 맡아 안다. 사냥 행진을 할 시간이 되었다. 물론 거친 사냥[19]이 아니라 온순하게 절뚝거리고 조용히 걷고 조용히 기도하는 자들을 사냥할 시간이 된 것이다.

정이 넘치는 영혼의 위선자들을 사냥할 시간이 된 것이다. 모든 마음의 쥐덫이 이제 다시 설치되었다! 내가 커튼을 걷어 올릴 때마다 작은 나방이 한 마리씩 퍼덕거리며 날아오른다.

이 작은 나방은 다른 작은 나방과 함께 거기 웅크리고 있었던 것일까? 도처에서 은밀하게 모이는 신자 공동체들의 냄새가 나기 때문이다. 작은 방들이 있는 곳에는 어디나 새로 들어온 기도 형제들과 그들의 체취가 있다.

그들은 기나긴 밤 나란히 앉아 "다시 어린아이가 되어 '사랑하는 주여'라고 부르게 해주소서!"라고 말한다. 달콤한 과자를 만들어내는 이 경건한 자들 때문에 입도 위도 상하게 된다.

혹은 그들은 기나긴 밤 교활하게 숨어 있는 십자거미를 살펴보기도 한다. 거미들에게 책략을 설교하며 "십자가 밑이야말로 거미줄을 치기에 알맞다."라고 가르친다.

---

19) '거친 사냥(Wilde Jagd, wild hunt)'. 북유럽에 널리 퍼져 있는 민속 설화로서 폭풍우가 몰아치는 밤에 허공을 질주하는 오딘의 군대를 의미한다. 'Wilde Jagd'라는 용어는 야콥 그림(Jakob Grimm)의《독일 신화》(1835)에서 유래한다.

혹은 그들은 하루 종일 늪에 낚싯대를 드리우고 앉아, 그렇게 함으로써 그들 자신이 **심오하다고** 믿는다. 그러나 고기 한 마리 없는 곳에서 낚시질하는 자를 두고 나는 피상적이라는 말조차 하고 싶지 않다!

혹은 그들은 노래하는 시인 곁에서 경건하고 기쁘게 하프 타는 법을 배운다. 이 노래하는 시인은 하프를 켜서 젊은 여인들의 마음을 울리고 싶어 한다. 그는 늙은 여인들과 그들의 칭찬에 싫증이 났기 때문이다.

혹은 그들은 박식한 반미치광이에게서 몸서리치는 것을 배운다. 그는 어두운 방에서 유령이 찾아오고, 그 대신 정신이 그에게서 완전히 달아나기를 기다린다.

혹은 그들은 투덜거리고 불평하면서 피리를 불고 돌아다니는 늙은이에게 귀를 기울인다. 이 늙은이는 음울한 바람으로부터 음울한 곡조를 배웠다. 이제 그는 바람 소리에 따라 피리를 불고, 음울한 곡조로 슬픔을 설교한다.

그들 중 몇몇은 심지어 야경꾼이 되었다. 그들은 이제 뿔피리를 불며 밤에 돌아다니고, 이미 오래전에 잠들어버린 낡은 일들을 깨울 줄 안다.

나는 어젯밤 정원 담장에서 오래된 일들에 관한 다섯 가지 말을 들었다. 그것은 늙고 우울하고 말라빠진 야경꾼들에게서 나온 말이었다.

"그는 아버지로서 자기 아이들을 충분히 돌보지 않는다. 이 점에서는 인간의 아버지들이 낫다!"

"그는 너무 늙었다! 자기 아이들을 이미 더는 돌보지 않는다." 다른 야경꾼이 이렇게 대답했다.

"도대체 그에게 아이들이 **있기나 한가**? 그 자신이 이를 증명하지 않으면 누가 증명할 수 있겠는가! 그가 언젠가는 이 점을 철저하게 증명해주기를 나는 오래전부터 바라고 있었다."

"증명한다고? 마치 **그자가** 일찍이 무언가를 증명한 적이 있었다는 듯한 말투로군! 증명한다는 것은 그에게 어려운 일이야. 그는 사람들이 그를 **믿는 것**을 중요하게 생각하지."

"그래! 그래! 신앙이, 그에 대한 신앙이 그를 행복하게 만들지. 그것이 늙은 사람들의 방식이야! 우리도 마찬가지야!"

두 늙은 야경꾼과 빛을 두려워하는 사람이 이렇게 서로 말을 나누었다. 그러고 나서 슬픈 곡조로 뿔피리를 불었다. 이것이 지난밤 정원 담장에서 일어난 일이다.

하지만 나의 심장은 우스운 나머지 뒤집혀 터질 것 같았고, 어디로 가야 할지 몰라 횡격막 속으로 가라앉고 말았다.

참으로 술 취한 나귀를 보고 또 이처럼 신을 의심하는 야경꾼의 이야기를 듣고서 내가 우스운 나머지 질식한다면, 그것은 나의 죽음이 될 것이다.

그 같은 의심을 하기에는 너무 **늦지** 않았는가? 그렇게 오래전에 잠들어버린, 빛을 두려워하는 일들을 누가 깨울 수 있단 말인가!

옛 신들은 이미 오래전에 최후를 고했다. 그리고 참으로 옛 신들은 착하고 즐거운 신들의 종말을 고하지 않았던가!

옛 신들이 죽음을 향해 '황혼 속으로 사라진' 것은 아니었다. 그건 거짓말이다! 오히려 옛 신들은 너무 **웃다가** 죽은 것이다!

그것은 신을 가장 부정하는 말, 곧 "신은 하나뿐이다! 나 이외의 다른 신을 섬기지 마라!"라는 말이 어떤 신의 입에서 나왔을 때 생긴 일이었다.

분노의 수염을 단 늙은 신, 질투의 신이 이처럼 자신을 잊은 것이다.

그러나 모든 신이 웃었고, 그들의 의자에 앉아 몸을 흔들어대며 소리쳤다. "신들은 존재하지만 하나의 신은 존재하지 않는다는 것, 바로 이것이야말로 신성함이 아닌가?"

귀 있는 자는 들을지어다.

차라투스트라는 '얼룩소'라고 불리는 도시에서 이렇게 말했다. 여기서 다시 그의 동굴과 그의 짐승들이 있는 곳으로 돌아가는 데는 이틀이면 되었다. 귀향이 가까워지자 그의 영혼은 계속해서 기뻐 어찌할 줄 몰랐다.

9. 귀향

아, 고독이여! 그대 나의 **고향**인 고독이여! 황량한 타향에서 너무 오랫동안 황량하게 살아서 나는 눈물 없이는 그대에게로 돌아갈 수 없다!

자, 어머니들이 위협하는 것처럼 손가락으로 나를 위협해다오. 자, 어머니들이 미소 짓는 것처럼 내게 미소 지어다오. 자, 제발 말해다오. "그 언젠가 마치 폭풍처럼 내게서 달아나버린 자는 누구였는가?

헤어지면서, '너무 오래 고독 속에 있었기 때문에 침묵하는 법을 잊어버렸다!'라고 외친 자는. **침묵**, 그대는 그것을 이제 배웠는가?

아, 차라투스트라여, 나는 모든 것을 알고 있다. 그대 홀로인 자여, 그대는 내 곁에 있었을 때보다 많은 사람 사이에서 더 외롭지 않았는가!

외로움[20]과 고독은 서로 다르다. 그대는 그것을 이제 배웠다! 그대가 인간들 가운데서 언제나 황량하고 낯설게 되리라는 사실을.

사람들이 그대를 사랑할 때조차 황량하고 낯설게 되리라는 사실을. 사람들은 무엇보다도 우선 **보살핌 받기를** 바라기 때문이다!

그러나 그대는 이제 여기 그대의 고향, 그대의 집에 와 있다. 여기서 그대는 무슨 말이든 다 할 수 있고, 마음속에 있는 것을 다 털어놓을 수 있다. 여기서는 감추어진 감정이든 완고한 감정이든 아무것도 부끄럽지 않다.

여기서는 만물이 어리광을 부리며 그대의 이야기에 다가와 그대에게 아양을 떤다. 만물이 그대의 등에 올라타기를 원하기 때문이다. 여기서 그대는 모든 비유 위에 올라타고 모든 진리를 향해 간다.

여기서 그대는 만물에게 솔직하고 정직하게 말을 건네도 된다. 참으로 누군가 만물과 터놓고 이야기한다면, 그것은 만물의 귀에 칭찬처럼 들리리라!

그러나 버림받아 외롭다는 것은 다른 일이다. 아, 차라투스트라여, 그대는 아직도 기억하는가! 그대가 숲속에서 어디로 가야 할지 갈피를 잡지 못하고 자신도 모르는 사이에 시체 옆에 서 있을 때, 그대의 새가 머리 위에서 울어대던 그때를.

그대가 '내 짐승들이 나를 이끌어주었으며! 짐승들 가운데 있는 것보다 인간들 가운데 있는 것이 더 위험하다는 사실을 알았다.'라고 말하던 때를. 바로 **그것이** 외로움이었다!

아, 차라투스트라여, 그대는 아직도 기억하는가? 그대가 그대의

---

20) '떠나다', '버리다', '포기하다'의 뜻을 가진 동사 verlassen의 과거분사의 명사형 Verlassenheit는 '버림받음', '쓸쓸함', '외로움'의 의미를 지니고 있다. 여기서는 영어에서 통상 '외로움(loneliness)'과 '고독(solitude)'을 구별하는 것을 고려하여 '외로움'으로 옮겼다.

섬에 앉아 빈 나무통들 사이에서 샘물처럼 솟아나는 포도주를 내주고 나누어주고, 목마른 자들에게 부어주고 따라주던 때를.

마침내 그대가 술 취한 자들 사이에서 목마른 채 홀로 앉아 '받는 것이 주는 것보다 더 행복하지 않은가? 그리고 훔치는 것이 받는 것보다 훨씬 더 행복하지 않은가?'라고 밤마다 탄식하던 때를. 바로 **그것이** 외로움이었다!

아, 차라투스트라여, 그대는 아직도 기억하는가? 그대의 가장 고요한 시간이 찾아와 그대를 그대 자신에게서 내쫓던 때를, 그대의 가장 고요한 시간이 '말하라. 그리고 부숴버려라!'라고 사악하게 속삭이던 때를.

가장 고요한 시간이 그대가 그대의 모든 기다림과 침묵을 후회하게 만들고 그대의 겸손한 용기를 좌절케 하던 때를, 바로 그것이 외로움이었다!"

아, 고독이여! 그대 나의 고향인 고독이여! 그대의 목소리는 얼마나 행복하고 다정하게 나에게 말하는가!

우리는 서로 묻지 않는다. 우리는 서로를 탓하지도 않는다. 우리는 활짝 열린 문을 통해 자유롭게 함께 들락거린다.

그대 곁은 열려 있고 밝기 때문이다. 시간도 여기서는 더 가벼운 발걸음으로 달린다. 빛 속에서보다는 어둠 속에서 시간이 더 무거워지는 법이다.

여기서는 모든 존재의 말과 그 말의 상자가 나에게 활짝 열린다. 여기서는 모든 존재가 말이 되려 하고, 여기서는 모든 생성이 나에게서 말하는 법을 배우려고 한다.

그러나 저 아래에서는, 모든 말이 헛되다! 거기서는 잊어버림과 스쳐 지나감이 최선의 지혜다. **그것을** 나는 이제 배웠다!

인간들에게 벌어지는 모든 일을 파악하려는 자는 모든 일에 손을 대야 한다. 하지만 그러기에는 내 손이 너무 깨끗하다.

나는 그들의 숨결조차 들이마시고 싶지 않다. 아, 내가 그처럼 오랫동안 그들의 소음과 더러운 숨결 가운데서 살았다니!

아, 나를 감싸고 있는 복된 고요함이여! 아, 나를 감싸고 있는 깨끗한 향기여! 아, 이 고요함은 깊은 가슴으로부터 얼마나 깨끗한 숨을 내쉬는가! 아, 얼마나 조용히 귀 기울이는가, 이 복된 고요함은!

하지만 저 아래, 거기에서는 모든 것이 말을 하지만, 모든 것을 흘려듣는다. 사람들은 종을 울려 자기들의 지혜를 알리려 하지만, 시장 상인들의 동전 소리가 그 소리를 덮어버릴 것이다!

그들에게서는 모든 것이 말을 하지만, 아무도 그것을 이해할 줄 모른다. 모든 것은 헛되이 물속으로 떨어질 뿐, 깊은 샘 속으로 떨어지는 것은 아무것도 없다.

그들에게서는 모든 것이 말을 하지만, 아무것도 이루어지지 않으며 아무것도 끝나지 않는다. 모든 것이 꼬꼬댁하며 울어대지만, 누가 자신의 둥지에 조용히 앉아 알을 품으려 한단 말인가?

그들에게서는 모든 것이 말을 하지만, 모든 것이 잘게 쪼개져 토의된다. 그래서 어제까지는 시대 자체와 시대의 이빨이 씹기에는 아직 너무도 딱딱하던 것이, 이제는 잘게 씹히고 물어뜯긴 채 요즘 사람들의 주둥이에 매달려 있다.

그들에게서는 모든 것이 말을 하지만, 모든 것이 누설된다. 그래서 한때는 깊은 영혼의 비밀이자 은밀한 이야기로 불리던 것이 오늘은 거리의 나팔수와 그 밖의 나비들의 것이 되고 말았다.

아, 인간 존재여, 그대 기이한 존재여! 그대 어두운 골목길의 소음이여! 이제 그대는 다시 내 뒤에 있다. 나의 최대의 위험이 내 뒤에 있는 것이다!

나의 최대의 위험은 언제나 보살핌과 연민 속에 있었다. 모든 인간 존재는 보살핌을 받기를, 그리고 연민을 받기를 바라고 있다.

억압된 진리와 바보의 손과 바보가 된 마음을 갖고, 그리고 연민의 정으로 말미암아 사소한 거짓말을 많이 하면서, 나는 언제나 인간들 가운데서 그렇게 살았다.

나는 위장한 채 그들 가운에 앉아 있었다. 내가 **그들을** 견뎌내고 있다고 **나 자신을** 오해할 준비를 하고, 그리고 나 자신에게 "너, 바보야, 너는 인간을 모른다!"라고 즐거이 설득하면서.

인간은 인간 사이에 살면서 인간을 잊어버린다. 모든 인간에게는 너무 많은 겉치레가 있다. 멀리 보고 저 먼 곳을 갈망하는 눈이 여기서 무슨 소용인가!

그래서 인간들이 나를 오해했을 때, 바보인 나는 거기에 대해 나보다는 오히려 그들을 아껴주었다. 나를 가혹하게 대하는 데 익숙한 나는 자주 이러한 보살핌에 대해 나 자신에게 복수했다.

독파리에 쏘이고 악의의 물방울에 의해 움푹 파인 돌처럼, 나는 그들 사이에 앉아 "모든 왜소한 것은 자기 자신의 왜소함에 대해 아무런 죄가 없다."라고 자신을 설득했다.

특히 '선한 자'를 자칭하는 자들이야말로 가장 독성이 강한 파리라는 것을 나는 알게 되었다. 그들은 순진무구하게 쏘아대며 거짓말한다. 그들이 어떻게 나에 대해 공정**할 수 있단 말인가**!

선한 자들 가운데서 사는 자에게 동정심은 거짓말을 가르친다! 동정심은 모든 자유로운 영혼을 둘러싼 공기를 숨 막히게 만든다. 선한 자들의 어리석음은 이처럼 헤아릴 수 없는 것이다.

나 자신과 나의 풍요로움을 감추는 것, **그것을** 나는 저 아래에서 배웠다. 모든 사람의 정신이 아직도 가난하다는 것을 알았기 때문이다. 내가 모든 사람에 대해 알았다고 말한 것은 나의 동정심에서 나온 거짓말이었다.

그들의 정신이 어느 정도면 **충분하고**, 어느 정도면 이미 **너무 많은 것인지**를 그들 모두에게서 알아차렸고 또 냄새 맡았다고 말한 것도 거짓말이었다!

그들의 완고한 현자들을 나는 완고하다고 하지 않고 지혜롭다고 했다. 이처럼 나는 말을 삼켜버리는 법을 배웠다. 그들의 무덤을 파는 자들을 나는 탐구자이며 실험자라고 불렀다. 나는 이처럼 말을 바꾸는 법을 배웠다.

무덤 파는 자들은 무덤을 파면서 병까지 파낸다. 낡은 폐허 밑에는 나쁜 냄새가 고여 있다. 그러므로 수렁을 휘젓지 말아야 한다. 사람은 산 위에서 살아야 한다.

나는 축복받은 콧구멍으로 다시 산의 자유를 호흡한다! 마침내 나의 코는 모든 인간 존재가 내뿜는 악취에서 구원받았다!

거품 나는 포도주에 간지럼을 타는 것처럼, 나의 영혼은 찬 공기에 간지럼을 타서 **재채기**한다. 재채기하고는 자신을 향해 환호한다.

건강하시오!

차라투스트라는 이렇게 말했다.

10. 세 가지 악에 대하여

1

꿈속에서, 지난 아침 꿈속에서 나는 오늘 어느 곳 위에 서 있었다. 세계의 저편에서 나는 저울을 들고 세계를 **달고** 있었다.

아, 아침놀이 너무 일찍 나를 찾아왔다. 이 질투심 많은 아침놀은 붉게 달아오르면서 나를 깨웠다! 아침놀은 나의 아침 꿈이 달아오르는 것을 언제나 질투한다.

시간이 있는 자에게는 측량할 수 있는 것, 유능한 계량자에게는 달 수 있는 것, 억센 날개를 가진 자에게는 날 수 있는 것, 신성한 호두 까는 자에게는 추측할 수 있는 것, 내 꿈은 세계를 이렇게 보았다.

나의 꿈은 대담한 항해자, 반쯤은 배이고 반쯤은 돌풍이며 나비처럼 말이 없고 매처럼 성미가 급하다. 이 꿈이 오늘 어떻게 세계를 달아볼 인내심과 시간을 갖게 되었는가!

그 모든 '무한한 세계'를 조롱하는 나의 지혜, 미소 지으며 깨어 있는 낮의 지혜가 은밀하게 내 꿈에게 말한 것일까? 이 지혜는 "힘이 있는 곳에서는 수(數)가 여주인이 되고, 그 수는 좀 더 큰 힘을 가진다."라고 말하니 말이다.

나의 꿈은 얼마나 확신에 차서 이 유한한 세계를 바라보는가. 새것을 욕망하는 호기심도 없이, 옛것을 욕망하는 호기심도 없이, 두려워하지도 않고 애원하지도 않으면서.

마치 잘 익은 사과가, 시원하고 부드러운 벨벳의 껍질을 가진 황금 사과가 내 손에 쥐어져 있는 것처럼, 세계는 그렇게 내게 주어졌다.

마치 나무 한 그루가, 여행에 지친 길손이 몸을 기대기도 하고 발을 얹을 수 있도록 휘어지고 가지가 넓게 벌어지고 의지가 강한 나무 한 그루가 나에게 눈짓하는 것처럼, 세계는 그렇게 나의 곁 위에 서 있었다.

마치 섬세한 손길이 내게 상자 하나를, 수줍어하면서도 존경하는 눈길을 황홀케 할 생각으로 열어놓은 상자 하나를 건네는 것처럼, 세계는 오늘 그렇게 내게 주어졌다.

인간에 대한 사랑을 몰아내기에 충분한 수수께끼도 아니고, 인간의 지혜를 잠재울 만큼 충분한 해답도 아닌, 사람들이 험담을 퍼붓는 이 세계가 오늘 내게는 인간적으로 좋은 것이었다!

오늘 이른 아침에 이렇게 세계를 저울질해보았으니 나의 아침 꿈이 얼마나 고마운가! 이 꿈, 이 마음의 위안자는 인간적으로 좋은 것으로서 나를 찾아왔다!

낮이 되면 꿈에서 본 대로 행동하고 그 가운데서 가장 좋은 점을 본받아 배우고 따라 할 것이다. 나는 이제 가장 나쁜 것 셋을 저울에 달아 인간적인 관점에서 제대로 저울질해보려고 한다.

거기서 축복하는 것을 가르치는 자는 저주하는 것도 가르쳤다. 이 세계에서 가장 저주받은 세 가지는 무엇일까? 나는 이것들을 저울에 달아보려 한다.

육욕, 지배욕, 이기심. 이 세 가지는 지금까지 가장 저주받아왔고, 가장 고약하게 비방받고 왜곡되어왔다. 나는 이 세 가지를 인간적으로 제대로 저울질해보려고 한다.

자! 여기 나의 곳이 있고, 저기 바다가 있다. 내가 사랑하는 백 개의 머리를 가진 늙고 충직한 바다가, 개와도 같은 이 괴물이 털투성이로 알랑거리며 내게로 물결치며 다가온다.

자! 여기서 나는 광란하는 바다를 내려다보며 저울을 들고 있으려 한다. 그리고 지켜볼 증인으로, 그대 은둔자인 나무여, 그대를 선택한다. 짙은 향기와 넓게 뻗은 가지를 가진 내 사랑하는 그대를!

어느 다리를 통해 현재는 미래로 가는가? 어떠한 강제에 의해 높은 것이 낮은 것으로 향하도록 하는가? 그리고 무엇이 가장 높은 것에게 명하여 더 높이 자라라고 하는가?

지금 저울은 수평을 이룬 채 조용히 있다. 내가 세 가지 묵직한 물음을 던지자, 다른 쪽 저울판에 세 가지 무거운 대답이 올라온 것이다.

2

육욕. 그것은 참회복을 걸치고 고행하는 모든 육체 경멸자에게는 가시이자 형벌 기둥이며, 저편의 세계를 믿는 자들에게서는 '세속'

으로 저주받는다. 육욕은 혼란과 오류를 가르치는 모든 교사를 조롱하며 바보로 만든다.[21]

육욕. 그것은 천민들에게는 그들을 태워버리는, 서서히 타오르는 불이다. 벌레 먹은 모든 목재와 악취 풍기는 모든 누더기에게는 언제라도 욕정에 불을 붙이고 김을 내게 하는 난로다.

육욕. 그것은 자유로운 마음을 가진 자들에게는 순진무구하고 자유로운, 지상낙원에서 누리는 행복이자 모든 미래가 현재에 바치는 넘쳐흐르는 고마움이다.

육욕. 그것은 시들어버린 자들에게게만은 달콤한 독, 하지만 사자의 의지를 가진 자들에게는 대단한 강심제, 그리고 경건하게 보존한 포도주 중의 포도주다.

육욕. 그것은 한층 더 높은 행복과 더없이 높은 희망에 대한 위대한 상징적 행복이다. 많은 사람에게 결혼과 결혼 이상의 것이 약속되었기 때문이다.

남자와 여자 사이보다 자신에게 더 낯선 많은 사람에게. 그런데 남자와 여자가 서로에게 **얼마나 낯선지**를 그 누가 완전히 알아차렸단 말인가!

육욕. 하지만 나는 내 사상의 둘레에, 또한 내 말의 둘레에 울타리

---

21) 〈고린도후서〉 12장 7절, "내가 교만하게 되지 못하도록, 하나님께서 내 몸에 가시를 주셨습니다. 그것은 사탄의 하수인이라고 할 수 있는데, 그것으로 나를 쳐서서 나로 하여금 교만해지지 못하게 하시려는 것이었습니다." '세속'으로 옮긴 독일어 낱말 'Welt(world)'는 '세계', '세상'의 의미를 지니고 있다.

를 치려 한다. 돼지와 광신자들이 나의 정원으로 침입하지 못하도록!

지배욕. 그것은 냉혹하기 그지없는 자들의 벌겋게 달아오른 채찍이며, 더없이 잔인한 자에게 남겨놓은 무시무시한 고문이며, 산 채로 불태워 죽이는 장작더미의 음산한 불꽃이다.

지배욕. 그것은 더없이 허영심 많은 군중에게 들러붙은 심술궂은 쇠파리이며, 모든 애매한 덕을 비웃고, 어떤 말[馬]이나 어떤 자만심이라도 타고 가는 조롱을 퍼붓는 여자다.

지배욕. 그것은 썩고 속이 빈 모든 것을 부수고 깨뜨리는 지진이고, 구르고 으르렁거리고 징벌하면서 회칠한 무덤을 파괴하는 자이며,[22] 섣부른 대답 옆에 번개처럼 내리꽂히는 의문 부호다.

지배욕. 그 시선 앞에서 인간은 기어다니고 머리를 조아리고 노예처럼 일하며 뱀과 돼지보다 더 비굴해진다. 마침내 그의 내부에서 커다란 경멸이 소리칠 때까지.

지배욕. 그것은 커다란 경멸을 가르치는 무서운 여선생이다. 그는 도시와 나라들의 면전에서 "너희는 물러가라!"라고 설교한다. 마침내 그것들이 "**나는** 물러가리라!"라고 외칠 때까지.

지배욕. 그러나 그것은 사람들의 마음을 유혹하면서 순결한 자와 고독한 자에게, 그리고 저 위쪽 자족하는 고귀한 자에게로 올라간다. 마치 유혹하면서 대지의 하늘에 보랏빛 행복을 그리는 사랑처

---

22) 〈마태복음〉 23장 27절, "율법학자들과 바리새파 사람들아! 위선자들아! 너희에게 화가 있다. 너희는 회칠한 무덤과 같기 때문이다. 그것은 겉으로는 아름답게 보이지만, 그 안에는 죽은 사람의 뼈와 온갖 더러운 것이 가득하다."

럼 불타오르면서.

지배욕. 그러나 고귀한 자가 아래로 내려와 권력을 갈망한다면 그 누가 그것을 **병적 욕망**이라 부르겠는가! 참으로 그러한 갈망과 하강에는 그 어떤 병적인 것도 탐욕적인 것도 없다!

고독의 저 높은 경지가 영원한 고독을 피하고 자족하지 않으려는 것. 산이 골짜기로 내려오고 높은 곳에 있는 바람이 낮은 곳으로 불어올 수도 있다.

아, 누가 그러한 동경에 대해 올바른 세례명과 덕의 이름을 찾아낼 수 있단 말인가! 차라투스트라는 이름 붙일 수 없는 것을 일찍이 '베푸는 덕'이라고 불렀다.

그리고 그때 다음과 같은 일도 일어났다. 그것은 참으로 처음 있는 일이었다! 차라투스트라는 이기심을, 강력한 영혼으로부터 샘솟는 건전하고 건강한 이기심을 복된 것으로 찬양한 것이다.

고귀한 몸이 어울리는 강력한 영혼에서, 주변의 모든 사물이 거울이 될 만큼 아름답고 승리감에 넘치며 생기 있는 영혼에서 샘솟는 이기심을.

춤추는 자인 유연하고 설득력 있는 몸, 그것의 비유와 정수는 바로 자기 희열적 영혼이다. 그리고 이러한 몸과 영혼의 자기 희열이 스스로를 '덕'이라 부르는 것이다.

그러한 자기 희열은 마치 신성한 숲으로 자신을 둘러싸듯 좋음과 나쁨이라는 말로 자신을 감싼다. 행복이라는 이름으로 자기 희열은 자신에게서 경멸스러운 모든 것을 추방한다.

자기 희열은 자신에게서 비겁한 모든 것을 추방한다. 자기 희열은 말한다. 나쁜 것, **그것은 비겁함이다**! 자기 희열은 염려하고 한숨짓고 슬퍼하는 자, 그리고 더없이 사소한 이익을 주워 모으는 자를 경멸스럽다고 여긴다.

자기 희열은 슬픔에 잠긴 모든 지혜도 경멸한다. 참으로 어둠 속에서 피어나는 지혜, 밤 그림자 같은 지혜도 있기 때문이다. 이러한 지혜는 언제나 "모든 것은 덧없다!"라고 탄식한다.

자기 희열은 소심한 불신을 하찮게 여긴다. 그리고 눈길이나 손 대신 맹세를 바라는 자도 하찮게 여긴다. 너무 지나치게 불신하는 모든 지혜도 하찮게 본다. 이러한 지혜는 비겁한 영혼의 속성이기 때문이다.

자기 희열이 더 하찮게 어기는 것은 재빨리 영합하는 자, 툭하면 드러눕는 개 같은 자, 굴종하는 자다. 이처럼 비굴하고 개 같고 온순하고 재빨리 영합하는 지혜도 있는 것이다.

자기 희열은 자신을 방어하지 않는 자, 독성 있는 침이나 사악한 눈길을 꿀꺽 삼켜버리는 자, 너무도 인내력 많은 자, 모든 것을 참고 견디는 자, 모든 일에 만족하는 자를 증오하고 구역질을 느낀다. 이것들은 노예의 속성이기 때문이다.

신들과 신들의 발길질에 굴종하든, 인간들과 인간들의 어리석은 견해에 굴종하든, 이 복된 이기심은 **모든** 노예의 속성에 침을 뱉는다.

나쁨. 기력을 잃어 주저앉고 소심하게 굴종하는 모든 것, 부자연스럽게 깜빡이는 눈, 억눌린 마음, 두텁고 비겁한 입술로 입맞춤하는 저 거짓되고 굴복하는 태도를 복된 이기심은 그렇게 부른다.

사이비 지혜.[23] 노예와 노인과 지친 자가 농담하는 모든 것을 복된 이기심은 그렇게 부른다. 그리고 특히 매우 고약하고 얼토당토 않고 말도 안 되는 성직자들의 어리석음을 복된 이기심은 그렇게 부른다.

사이비 현자들, 모든 성직자, 이 세상에 지친 자들, 그 영혼이 여자나 노예의 속성을 가진 자들. 아, 예로부터 그들의 장난질이 이기심을 얼마나 괴롭혔던가!

사람들이 이기심을 괴롭힌다는 **것**. 바로 그것이 덕으로 여겨지고 덕으로 불린 것이다! 그리고 '사심 없음.'**24)** 세상에 지친 이 모든 비겁한 자와 십자거미들 자신이 그렇게 되기를 소망한 데는 그만한 이유가 있었다!

그러나 이 모든 자에게 이제 낮이, 변화가, 심판의 칼이, **위대한 정오**가 다가오고 있다. 그러면 많은 일이 백일하에 드러나리라!

그리고 '나'를 두고 건전하고 성스럽다고 말하며, 이기심을 복되다고 말하는 자, 참으로 그는 예언자로서 그가 알고 있는 것을 말한다. **"보라, 다가온다, 가까워지고 있다, 위대한 정오가!"**

차라투스트라는 이렇게 말했다.

---

23) '사이비 지혜(After-Weisheit, pseudo-wisdom)'. 여기서 After는 엉덩이의 속어적 표현으로서 '뒤'의 의미를 지닌 부정적 접두사다.

24) '사심 없음(Selbstlos, selfless)'. '이타적인'으로 번역되기도 하는 이 낱말은 이기심의 반대로 사심이 없는 상태를 의미한다.

11. 중력의 영에 대하여

1

나의 입은 군중의 입이다. 나는 앙고라토끼들에게는 너무 거칠고 진실하게 말한다. 나의 말은 잉크를 뿜는 모든 물고기와 펜대를 든 모든 여우에게는 더 낯설게 들린다.

나의 손은 바보의 손이다. 슬프다, 모든 책상과 벽이여, 그리고 바보가 장식하거나 바보가 갈겨쓸 공간을 가진 모든 것이여!

나의 발은 말(馬)의 발이다. 이 발로 나는 어떤 장애에도 거침없이 달가닥거리며 달린다. 빠르게 질주할 때면 나는 미친 듯 즐겁다.

나의 위장은 아마도 독수리의 위장이 아닐까? 양고기를 가장 좋아하기 때문이다. 어쨌든 나의 위장이 새의 위장임은 확실하다.

때 묻지 않은 것을 조금만 먹고, 서슴없이 그 자리에서 비상하여 멀리 날아갈 준비가 되어 있는 것. 그것이 나의 천성이다. 그것이 어찌 새의 천성이 아니겠는가!

그리고 특히 내가 중력의 영에 대해 적대적이라는 것, 그것이 새의 천성이다. 참으로 나는 중력의 영에게는 불구대천의 원수, 철천지원수, 조상 대대로의 원수다! 아, 나의 적대감이 이미 날지 않은 곳이 어디 있으며, 날아가 헤매지 않은 곳이 어디 있던가!

나는 그것에 대해 노래할 수도 있으며, 또 노래하려고 한다. 비록 내가 텅 빈 집에 홀로 있어 나 자신의 귀에 대고 노래해야만 하더라도.

집 안이 청중으로 가득해야 비로소 목청이 부드러워지고 손이 수다스러워지며 눈이 빛나고 가슴이 열리는 그런 가수들도 물론 있다. 나는 그들과 다르다.

2

언젠가 인간에게 나는 법을 가르치는 자는 모든 경계석을 옮겨버릴 것이다. 모든 경계석이 스스로 그의 앞에서 공중으로 날게 될 것이다. 그리고 그는 대지에게 '**가벼운 것**'이라는 새로운 세례명을 줄 것이다.

타조는 가장 빠른 말보다도 더 빠르게 달리지만, 아직도 머리를 무거운 대지에 무겁게 처박고 있다. 아직 날지 못하는 인간도 타조와 마찬가지다.

인간에게 대지와 삶은 무겁다. 그리고 중력의 영이 그러길 **바란다**! 그러나 가벼워지고 새가 되기를 바라는 자는 자신을 사랑해야 한다. **나는** 이렇게 가르친다.

물론 쇠약한 자가 병약한 자들의 방식으로 사랑해서는 안 된다. 이러한 자들에게는 자기애도 악취를 풍기기 때문이다!

인간은 온전하고 건강한 사랑으로 자신을 사랑하는 법을 배워야 한다. 나는 이렇게 가르친다. 자기 자신을 견디느라 헤매고 돌아다니지 않도록 하기 위해서다.

그렇게 헤매고 돌아다니는 것은 '이웃 사랑'이라는 세례명으로 불린다. 지금까지 사람들은 이 말로 가장 많이 속여왔고 위선을 저질렀다. 특히 모든 세계에 짐이 되어온 자들이.

그리고 참으로, 자신을 사랑하는 법을 **배우는 것**은 오늘이나 내일을 위한 계율이 아니다. 오히려 이것은 모든 기술 중에서 가장 정교하고 가장 교묘하며 가장 커다란 인내심이 요구되는 궁극의 기술이다.

모든 소유물은 그 소유자에게는 잘 숨겨져 있기 때문이다. 그리고 모든 보물 동굴 중에서 자기 자신의 것이 가장 늦게 발굴되는 법이다. 중력의 영이 그렇게 만든다.

거의 요람에 있을 때부터 사람들은 우리에게 묵직한 말과 가치를 지참금으로 넣어준다. '선'과 '악'. 그 지참금은 이렇게 불리며, 그 지참금 때문에 사람들은 우리의 삶을 용서한다.

그리고 어린아이들이 자기 자신을 사랑하지 못하도록 제때 막으려고 사람들은 아이들을 자신들 곁으로 오도록 한다. 중력의 영이 그렇게 만든다.

우리, 우리는 사람들이 우리에게 지참금으로 준 것을 굳은 어깨에 짊어지고 험준한 산 너머로 운반해간다! 그러면서 땀을 흘리면 사람들은 우리에게 말한다. "그렇다. 삶이란 짊어지기에는 무거운 짐

이다!"라고

그러나 인간에게는 오직 인간만이 짊어지기 무거운 짐이다! 인간은 그의 어깨에 너무나 많은 낯선 것을 짊어지고 가기 때문이다. 낙타처럼 무릎을 꿇고 마음껏 짐을 싣도록 하는 것이다.

특히 외경심을 품은 강인하고 짐을 잘 지는 자, 그자는 **낯설고** 무거운 말과 가치를 너무나 많이 짊어지고 있다. 그리하여 그에게는 이제 삶이 사막처럼 보인다.

참으로! **자기 자신의 것**도 많이 짊어지기는 힘들다! 게다가 인간의 내면에 들어 있는 많은 것은 굴과 같다. 말하자면 구역질 나고 미끌미끌하며 손으로 잡기 어렵다.

그러므로 고상하게 치장한 고상한 껍데기가 중재해야 한다. 사람들은 껍데기와 아름다운 겉모습과 영리한 맹목성을 **갖추는** 기술도 배워야 한다!

많은 껍데기가 볼품없고 애처로우며 너무도 껍데기 그 자체이기 때문에 인간의 많은 부분을 거듭 기만한다. 그렇게 하여 숨겨진 많은 선의와 힘은 결코 모습을 드러내지 않는다. 가장 맛있는 음식이 그 맛을 알아줄 미식가를 만나지 못하는 것이다!

여인들, 더없이 섬세한 여인들은 알고 있다, 조금 살이 찌거나 조금 마른 것을. 아, 그 조금 속에 얼마나 많은 운명이 담겨 있는가!

인간은 발견하기 어려우며, 특히 인간 자신에게는 가장 어려운 일이다. 정신은 영혼에 대해 자주 거짓말을 한다. 중력의 영이 그렇게 만든다.

그러니 자기 자신을 발견한 자는 "이것이 **나의** 선이고 악이다."라고 말한다. 그렇게 함으로써 그는 '모든 사람을 위한 선과 모든 사람을 위한 악'에 대해 지껄이는 두더지와 난쟁이의 말문을 막는다.

참으로 나는 모든 사물이 선하며 이 세계가 최선의 세계라고 하는 자들을 좋아하지 않는다. 이러한 자들을 나는 전적으로 만족한 자라고 부른다.

모든 것의 맛을 볼 줄 아는 완전한 만족감. 이것이 최선의 취향은 아니다! '나'와 '그렇다'와 '아니다'를 말할 줄 아는, 아주 반항적이고 까다로운 혀와 위장을 나는 존경한다.

모든 것을 씹고 소화하는 것은 진정 돼지의 속성이다! 언제나 "이-아."[25]라고 외치는 것, 그것은 나귀와 나귀의 정신을 가진 자만이 배운다!

짙은 노랑과 뜨거운 빨강, **나의** 취향은 이것을 원한다. 나의 취향은 모든 색깔에 핏빛을 섞는다. 그러나 자기 집을 희게 칠하는 자는 나에게 흰색을 칠한 정신을 드러낼 뿐이다.

어떤 자는 미라에게, 어떤 자는 유령에게 반한다. 그리고 둘 다 똑같이 모든 살과 피에 적대적이다. 아, 그 둘은 나의 취향에 얼마나 거슬리는가! 나는 피를 사랑하기 때문이다.

나는 모든 사람이 침을 뱉거나 토하는 곳에서 살거나 머물고 싶지 않다. 이것이 **나의** 취향이다. 오히려 나는 도둑들과 거짓 맹세하

---

25) 나귀의 소리 '이-아(Ia)'는 '그렇다'를 의미하는 독일어 'Ya(야)'와 발음이 비슷하다. 낙타처럼 무엇에든 굴종하는 존재인 나귀의 '그렇다'는 진정한 의미의 긍정이 아니다.

는 자들 사이에서 살고 싶다. 그 누구도 입에 황금을 물고 다니지 않기 때문이다.

나에게 더 역겨운 것은 모든 아첨꾼이다. 그리고 내가 발견한 가장 역겨운 인간 짐승에게 나는 기생충이라는 세례명을 지어주었다. 이 짐승은 사랑하지는 않으려고 하면서 사랑을 먹고 살기를 원했다.

나쁜 짐승이 되느냐 아니면 나쁜 조련사가 되느냐 중에 하나만을 선택해야 하는 모든 자를 나는 가련하다고 말한다. 이러한 자들 곁에 나는 어떠한 오두막도 짓지 않을 것이다.[26]

나는 또한 항상 **기다려야만** 하는 자들도 가련하다고 부른다. 이러한 자들은 나의 취향에 거슬린다. 모든 징수원, 상인, 왕, 그 밖의 나라와 상점을 지키는 감시자 말이다.

참으로 나도 기다리는 것을 배웠다. 그것도 철저하게 배웠다. 그러나 **나를** 기다리는 것만을 배웠다. 그리고 무엇보다도 나는 서고 걷고 달리고 뛰어오르고 기어오르고 춤추는 것을 배웠다.

나의 가르침은 이렇다. 언젠가 나는 법을 배우려는 자는 우선 서고 걷고 달리고 뛰어오르고 기어오르고 춤추는 법을 배워야만 한다. 단번에 나는 법을 배울 수는 없다!

나는 줄사다리로 여러 창문을 기어오르는 것을 배웠으며, 민첩한 다리로 높은 돛대에 기어올랐다. 인식의 높은 돛대 위에 앉는 것이

---

26) 〈출애굽기〉 40장 1~2절, "주님께서 말씀하셨다. '너는 첫째 달 초하루에 성막 곧 회막을 세워라.'"

내게는 적잖은 행복으로 여겨졌다.

높은 돛대 위에서 작은 불꽃처럼 깜박거리는 것은 작은 불빛이기는 하지만, 표류하는 선원이나 난파한 사람들에게는 커다란 위안이 된다!

다양한 길과 방법으로 나는 나의 진리에 도달했다. 나의 눈길이 나의 먼 곳을 내다볼 수 있는 그 높이에 이르려고 내가 단 하나의 사다리만을 타고 오른 것은 아니었다.

그리고 나는 언제나 마지못해서만 길을 물어보았다. 그것은 언제나 나의 취향에 거슬렸다! 오히려 나는 길 자체를 물어보고 시험해보았다.

시도와 물음은 나의 모든 행로였다. 그리고 참으로, 사람들은 이러한 물음에 대답하는 법도 **배워야만** 한다! 이것이 나의 취향이다.

그것은 좋은 취향도 나쁜 취향도 아니지만, 내가 부끄러워하지도 숨기지도 않는 **나의** 취향이다.

나는 나에게 '길을' 묻는 자들에게 "이것이 이제 **나의** 길이다. 그대들의 길은 어디 있는가?"라고 대답했다. 다시 말하면 모두가 가야 할 **그런** 길은 존재하지 않는다!

차라투스트라는 이렇게 말했다.

12. 낡은 서판과 새로운 서판에 대하여

1

여기서 나는 앉아 기다리고 있다. 내 주위에는 낡고 부서진 서판들과 반쯤 쓰인 새로운 서판들이 있다. 나의 시간은 언제 오는가?

나의 하강, 나의 몰락의 시간은. 나는 다시 한번 인간들에게로 가고 싶기 때문이다.

나는 이제 그때를 기다리고 있다. 우선 나의 시간이 왔음을 알리는 조짐, 다시 말해 비둘기 떼를 거느린 웃는 사자가 내게로 와야만 한다.

그동안 나는 시간의 여유를 가진 자로서 나 자신에게 말한다. 아무도 나에게 새로운 것을 말해주지 않는다. 그래서 나는 나 자신에게 나의 이야기를 한다.

2

내가 인간들에게로 갔을 때 그들은 낡은 자만심 위에 앉아 있었다. 모두 인간에게 있어서 무엇이 선이고 악인지를 이미 오래전부터 알고 있다고 믿었다.

덕에 관한 모든 말이 낡고 싫증 나는 일로 여겨졌다. 그러므로 잠을 잘 자고 싶은 사람은 잠자리에 들기 전에 '선'과 '악'에 대해 말하곤 했다.

나는 이렇게 가르침으로써 그 잠을 방해했다. 무엇이 선이고 악인지는 **그 누구도 알지 못한다**. 창조하는 자가 아니라면!

그런데 창조하는 자는 인간의 목표를 창조하고 내시에 그 의미와 미래를 부여하는 자다. 이 창조하는 자가 비로소 어떤 것이 선이고 악일 수 있다는 **사실**을 **결정한다**.

그리고 나는 그들의 낡은 강단을, 저 낡은 자만심만이 앉아 있었을 뿐인 곳을 뒤엎으라고 그들에게 명령했다. 그들의 위대한 덕의 교사들과 성자들, 시인들과 구세주들을 비웃으라고 명령했다.

그들의 음울한 현자들, 그리고 검은 옷을 입은 허수아비처럼 경고하며 삶의 나무 위에 앉아 있던 자들을 비웃으라고 나는 명령했다.

나는 무덤들을 따라서 난 그들의 큰길가에, 심지어 썩은 고기와 독수리 옆에도 앉아 있었다. 그러면서 나는 그들의 모든 과거와 그 썩어 문드러진 영광을 비웃었다.

참으로 마치 참회의 설교자와 바보처럼 나는 그들의 크고 작은 모든 일에 대해 분개하면서 소리쳤다. 그들의 최선이 이렇게 왜소하다니! 그들의 최악이 이렇게 왜소하다니! 나는 이렇게 비웃었다.

산에서 태어난, 참으로 야생의 지혜인 나의 지혜로운 동경은 마음속으로 이렇게 소리치며 웃었다! 날개를 퍼덕거리는 나의 위대한 동경은.

이 동경은 웃는 가운데 자주 나를 앞으로 위로 저 멀리 잡아당겼다. 나는 그때 햇빛에 도취한 황홀경 속으로 화살처럼 전율하며 날아갔다.

또 꿈에서도 보지 못한 아득한 미래로, 지금까지 조각가들이 꿈꿔온 것보다 더 뜨거운 남쪽 나라로, 신들이 춤을 추며 자신들이 걸친 옷을 부끄러워하는 곳으로.

나는 비유로 말하며 시인들처럼 절뚝거리고 말을 더듬는다. 참으로, 나는 아직도 시인이어야만 한다는 사실이 부끄럽다!

그곳에서 모든 생성이 내게는 신들의 춤, 신들의 자유분방함으로 생각되고, 세계는 해방되어 제멋대로 자신에게로 다시 달아나고 있다.

그곳에서 많은 신은 서로 영원히 달아나고 영원히 다시 찾고, 행복하게 서로 반박하고, 서로에게 다시 귀 기울이고, 서로 다시 하나가 된다.

그곳에서 모든 시간이 내게는 순간에 대한 행복한 조롱처럼 생각되었고, 자유의 가시와 더불어 행복하게 놀았던 필연은 자유 자체였다.

그곳에서 나는 늙은 악마와 철천지원수, 곧 중력의 영과 이 영이 창조한 모든 것, 다시 말해 강제, 규정, 필요와 결과, 목적과 의지, 그리고 선과 악을 다시 발견했다.

춤추며 **넘어가고**, 춤추며 건너갈 수 있는 그 무엇이 거기 없을 수 있단 말인가? 가벼운 자, 가장 가벼운 자를 위해 두더지와 무거운 난쟁이들이 거기 없어야 한단 말인가?

3

내가 '초인'이라는 말을 길에서 줍고, 인간은 극복되어야 할 그 무엇이라는 것을 안 것도 그곳이었다.

그곳에서 인간은 목적이 아니라 일종의 다리라는 것, 따라서 새로운 아침놀에 이르는 길로서 행복에 겨워 자신의 정오와 저녁을 찬양한다는 것을 알았다.

위대한 정오에 대한 차라투스트라의 말을 주운 것도, 그 밖에 자줏빛의 두 번째 저녁놀처럼 내가 인간들의 머리 위로 내걸었던 것을 주운 것도 그곳이었다.

참으로 나는 그들에게 새로운 밤과 함께 새로운 별도 보여주었다. 그리고 구름과 낮과 밤 위에 나는 다채로운 장막과도 같은 웃음을 팽팽하게 펼쳤다.

나는 그들에게 **나의** 모든 창작과 노력을 가르쳤다. 즉 인간에게 있어서 단편이고 수수께끼이며 무서운 우연인 것을 하나로 뭉쳐 창작하는 것을 가르쳤다.

시인으로서, 수수께끼 푸는 자로서, 그리고 우연의 구원자로서 나는 그들에게 미래를 창조하고 **과거에 있었던** 모든 것을 창조적으로 구원할 것을 가르쳤다.

인간에게 있어서 지나간 것을 구원하고 모든 '그러했었다'를 개조하여 의지가 마침내 "나는 그렇게 되기를 바랐다! 그렇게 되기를 바랄 것이다!"라고 말하도록 가르쳤다.

이것을 나는 그들에게 구원이라고 불렀다. 이것만을 구원으로 부르라고 나는 그들에게 가르쳤다.

이제 나는 **나 자신의 구원**을 기다리고 있다. 내가 마지막으로 그들에게 돌아가기를 기다리고 있다.

다시 한번 나는 인간들에게로 가려 하기 때문이다. 인간들 사이에서 나는 몰락하려고 하며, 죽어가면서 그들에게 나의 더없이 풍요로운 선물을 주고 싶기 때문이다!

나는 이것을 내려가는 태양, 저 넘쳐흐르는 자에게서 배웠다. 태양은 그 무궁무진한 재화로부터 황금을 꺼내 바다에 흩뿌린다.

가장 가난한 어부조차 **황금**의 노로 저을 만큼! 일찍이 나는 이 광경을 보았다. 그리고 이를 바라보는 내 눈에는 하염없이 눈물이 흘렀다.

태양처럼 차라투스트라도 내려가고자 한다. 지금 그는 여기에 앉아서 기다리고 있다. 그의 주위에는 낡고 부서진 서판과 반쯤 쓰인 새로운 서판이 놓여 있다.

4

보라, 여기에 새로운 서판 하나가 있다. 하지만 나와 함께 이 서판을 골짜기로, 육신의 심장 속으로 날라줄 형제들은 어디에 있는가?

아득히 먼 곳에 있는 자들에 대한 나의 커다란 사랑은 이렇게 요구한다. **그대의 이웃을 보살피지 마라**! 인간은 극복되어야만 하는 그 무엇이다.

극복에는 여러 가지 길과 방법이 있다. 그대는 이 점을 유의하라! 하지만 어릿광대는 '인간은 **뛰어넘을** 수도 있다.'라고 생각한다.

그대의 이웃 틈에서도 그대 자신을 극복하라. 그리고 그대가 그대 힘으로 빼앗을 수 있는 권리를 남에게서 받지 마라!

그대가 하는 일을 그 누구도 그대에게 다시 행할 수 없다. 보라, 되갚음은 존재하지 않는다.

자신에게 명령을 내릴 수 없는 자는 복종해야 한다. 그리고 많은 사람은 자신에게 명령을 **내릴** 수 있지만, 자기 자신에게 복종하기에는 부족한 점이 아직 많다!

5

고귀한 영혼의 기질은 이렇다. 그러한 영혼은 아무것도 **거저** 얻으려 하지 않으며, 삶은 특히 그러하다.[27]

---

27) 〈요한계시록〉 22장 17절, "목이 마른 사람도 오십시오. 생명의 물을 원하는 사람은 거저 받으십시오." 'Umsonst(gratis)'는 '아무런 노력이나 대가 없이', '거저', '공짜로'의 의미를 지니고 있다.

천민의 부류는 거저 살려고 한다. 그러나 삶이 스스로를 내맡긴, 그리하여 저들과 다른 우리는 **이에 대해** 어떻게 가장 잘 보답할 수 있는가를 언제나 깊이 숙고한다!

"삶이 **우리에게** 약속한 것, 그것을 **우리는** 삶에게 지키고자 한다!" 라고 말한다면 그것은 참으로 고귀한 이야기가 된다.

그리고 즐길 만한 것이 없는 곳에서 즐기려고 해서는 안 된다. 즐기기를 **원해서도** 안 된다!

향락과 순진무구함은 부끄러움을 가장 많이 타기 때문이다. 그들은 사람들이 자기를 찾지 않기를 바라지 않는다. 사람들은 향락과 순진무구함을 가질 것이다. 그러나 사람들은 오히려 죄와 고통을 **찾아야** 한다!

6

아, 나의 형제들이여, 맏이인 자는 언제나 제물로 바쳐지는 법이다. 그런데 이제는 우리가 맏이다.

우리는 모두 비밀의 제단에서 피를 흘리며, 우리는 모두 낡은 우상들에게 경의를 표하려고 불에 타고 구워진다.

우리의 가장 좋은 점은 아직 젊다는 것이다. 그것이 늙은 입맛을 자극한다. 우리의 살은 연하고, 우리의 피부는 어린 양의 피부일 뿐이다. 그러니 어떻게 우리가 우상을 섬기는 늙은 성직자들의 입맛을 자극하지 않겠는가!

우리 자신 속에도 우상을 섬기는 저 늙은 성직자가 살고 있다. 그는 푸짐한 향연을 벌이려고 우리의 가장 좋은 부분을 굽는다. 아, 나의 형제들이여, 맏이가 어떻게 제물이 되지 않을 수 있단 말인가!

그러나 우리와 같은 부류의 인간은 이것을 바란다. 그리고 나는 자신을 보존하려 하지 않는 자들을 사랑한다. 나는 몰락하는 자들을 진심으로 사랑한다. 그들이야말로 저 너머로 건너가기 때문이다.

7

진실하기. 그럴 수 있는 자는 소수에 불과하다! 그리고 그럴 **수 있는** 자는 아직 그렇게 되기를 바라지 않는다! 그리고 선한 자들은 그렇게 되기가 가장 어렵다.

아, 이 선한 자들! **선한 자들은 결코 진리를 말하지 않는다.** 정신에게 그 정도로 선하다는 것은 일종의 병이다.

그들, 이 선한 자들은 양보하고 참고 견딘다. 그들의 마음은 남을 따라서 말하고, 그들의 바닥은 복종한다. 그러나 복종하는 자는 **자기 자신에게 귀를 기울이지 않는다.**

하나의 진리가 태어나려면 선한 사람들이 악이라고 부르는 모든 것이 함께 모여야 한다. 아, 나의 형제들이여, 그대들은 **이러한** 진리에 어울릴 만큼 충분히 악한가?

대담한 감행, 오랜 불신, 잔인한 부정, 권태, 살아 있는 것 속으로 파고들기. **이런 것들**은 얼마나 드물게 함께 모이는가! 그러나 이러한 씨앗으로부터 진리는 태어난다!

지금까지 모든 지식은 사악한 양심과 더불어 성장했다! 그러니 부숴버려라, 부숴버려라, 그대 인식하는 자들이여, 낡은 서판을!

8

물에 기둥이 세워지고, 판자 다리와 난간을 그 위에 놓아 강물을 건너갈 수 있다면, 참으로 그때는 그 누구도 "만물은 유전한다."라고 말하는 자를 믿지 않는다.[28]

바보들조차 그의 말을 반박한다. 그들이 말한다. "뭐라고? 만물이 유전한다고? 다리 기둥과 난간이 강물 **위에** 있지 않은가!

강물 **위에서는** 모든 것이 고정되어 있다. 사물들의 모든 가치, 다리들, 개념들, 모든 '선'과 '악'. 이러한 모든 것이 **고정**되어 있다!"

혹독한 겨울, 조련사처럼 강물을 얼어붙게 만드는 겨울이 오면, 가장 재치 있는 사람조차 불신을 배운다. 그렇게 되면 참으로 바보들

---

28) 고대 그리스의 헤라클레이토스는 엘레아학파와는 달리 현상의 끊임없는 변화와 생성에 주목했다. 헤라클레이토스의 말로 알려진 "만물은 유전한다(panta rhei)."는 플라톤의 대화편 《크라틸로스》에서 언급된다. Platon, *Kratylos, Werke*, Bd. 3, 456~457쪽. "헤라클레이토스가 말하길, 모든 것은 흘러가며 아무것도 머물지 않는다. 그가 모든 존재자를 흐르는 강물에 비유하면서 사람은 같은 강물에 두 번 들어갈 수 없다고 말한다." 이에 반해 파르메니데스는 생성과 변화를 철저하게 부정하며 궁극적 존재는 정지해 있고 영속적이며 안정적이라고 주장한다.

만 "만물은 **정지해 있어야만 하지** 않는가?"라고 말하는 것은 아니다.

"근본적으로 모든 것은 정지해 있다." 이것은 올바른 겨울의 가르침이고, 불모의 시기에 어울리는 말이며, 겨울잠을 자는 자들과 난로 주위에 쪼그리고 있는 자들에게는 좋은 위안이다.

"근본적으로 모든 것은 정지해 있다." 하지만 해동의 봄바람은 **이와 정반대로** 설교한다!

해동의 봄바람은 황소다. 그러나 밭을 가는 황소가 아니라 사납게 날뛰는 황소이며, 분노의 뿔로 얼음을 깨뜨리는 파괴자다! 그런데 깨진 얼음은 **판자 다리를 무너뜨린다!**

아, 나의 형제들이여, **이제** 만물은 **유전**하지 않는가? 모든 난간과 판자 다리가 물속으로 가라앉지 않았는가? 그 누가 아직도 '선'과 '악'에 매달려 있을 수 있는가?

"불행이로다! 축복이로다! 봄바람이 불어온다!" 부디, 이렇게 설교하라, 나의 형제들이여, 골목골목을 누비면서!

9

선과 악이라고 불리는 낡은 망상이 있다. 이 망상의 수레바퀴는 지금까지 예언자와 점성가의 주위를 돌고 있었다.

한때 사람들은 예언자와 점성가를 **믿었다. 그리하여** 사람들은 "모든 것은 운명이다. 그대는 마땅히 해야만 하기에 하게 될 것이다!"라고 믿었다.

그리고 나서 다시 사람들은 모든 예언자와 점성가를 불신하게 되었다. **그리하여** 사람들은 "모든 것은 자유다. 그대가 원하기 때문에 그대는 할 수 있다!"라고 믿었다.

아, 나의 형제들이여, 별들과 미래에 대해서 지금까지는 망상만 있었을 뿐 아무것도 알려진 것이 없었다. 그러므로 선과 악에 대해서도 지금까지 망상만 있었을 뿐 아무것도 알려진 것이 없었다!

10

"빼앗지 마라! 죽이지 마라!" 사람들은 일찍이 이런 말들을 신성하다고 했다. 이러한 말들 앞에 사람들은 무릎을 꿇고 머리를 수그리고 신을 벗었다.

하지만 내 그대들에게 묻는다. 그러한 신성한 말보다 더 고약한 강도나 살인자가 이 세상 어디에 있었던가?

모든 삶 자체에 강탈과 살인이 있지 않은가? 그리고 그러한 말들이 신성하다고 불림으로써 **진리** 자체가 살해되지 않았는가?

혹은 모든 삶에 대해 반박하고 거역하는 것을 신성하다고 부른 것은 죽음의 설교였던가? 아, 나의 형제들이여, 부숴버려라, 낡은 서판을 부숴버려라!

11

지나가버린 모든 것이 버림받는 것을 보고 나는 모든 지나가버린 것을 동정한다.

다가오는 모든 세대, 과거에 있었던 모든 것을 자신을 건네줄 다리로 해석하는 세대의 자비와 정신과 망상에 내맡겨진다!

엄청난 폭군, 약삭빠른 괴물이 나타날 수도 있다. 그는 때로는 자비롭게 때로는 무자비하게 모든 지나가버린 것을 강요하고 강제하여, 그것을 마침내 자신의 다리로, 조짐으로, 전령과 닭 울음소리로 만들지도 모른다.

그러나 또 다른 위험이 있으며 나의 또 다른 동정이 있다. 천민들의 속성을 지닌 자의 기억은 할아버지까지 거슬러 올라가지만, 그 할아버지와 함께 시간이 멈추어버린다는 사실이다.

모든 지나가버린 것은 이렇게 버림받는다. 천민이 주인이 되고 모든 시간이 얕은 물에서 익사하는 날이 언젠가 올 수도 있기 때문이다.

그러므로 아, 나의 형제들이여, 이제 **새로운 귀족**이 필요하다. 모든 천민과 모든 폭군적인 것에 맞서는 반대자가 되고 새로운 서판에 '고귀한'이라는 말을 새롭게 써넣을 그런 귀족이 필요하다.

다시 말해 **귀족이 존재하려면** 많은 고귀한 자와 많은 종류의 고귀한 자가 필요하다! 혹은 내가 한때 비유해서 말한 것처럼, "신들은 존재하지만 하나의 신만 존재하는 것은 아니라는 것이 바로 신성인 것이다!"

12

아, 나의 형제들이여, 나는 그대들을 새로운 귀족으로 서품하고 임명한다. 그대들은 미래를 낳는 자, 미래를 기르는 사육자, 미래의 씨 뿌리는 자가 되어야 한다.

참으로 그대들은 상인들처럼, 그들의 금으로 살 수 있는 귀족이 되어서는 안 된다. 값이 매겨져 있는 모든 것은 가치가 별로 없기 때문이다.

그대들이 어디서 왔는가가 아니라 어디로 가는가를 앞으로 그대들의 명예로 삼아라! 그대들 자신을 넘어서려는 그대들의 의지와 그대들의 발, 그것을 그대들의 새로운 명예로 삼아라!

참으로 그대들이 어떤 군주를 섬겼다는 것은 명예가 아니다. 군주들이 지금 무슨 소용이란 말인가! 또 현재 서 있는 것이 더욱 확고하게 서 있도록 보류되었다는 것도 명예가 아니다!

그대들의 가문이 궁정에서 궁정 예법을 익히고, 그대들이 홍학처럼 다채로운 옷을 차려입고 얕은 연못에 오랜 시간 서 있는 법을 배웠다는 것도 명예가 아니다.

서 **있을 수 있다**는 것은 궁정 사람들에게는 하나의 공로이기 때문이다. 그리고 모든 궁정 사람은 앉아도 된다는 것을 사후의 복에 속한다고 믿는다!

또 신성하다고 불리는 영이 그대들의 조상을 약속의 땅으로 인도했다는 것도 명예는 아니다. **나는** 이러한 약속의 땅을 찬양하지 않는다. 그곳에서는 모든 나무 중에서 가장 나쁜 나무, 곧 십자가가 자라났기 때문이다. 그 땅에는 찬양할 만한 것이 아무것도 없다!

그리고 참으로 이 '성령'이 자신의 기사들을 어디로 인도했든 간에 이러한 행렬에서는 염소와 거위, 그리고 십자가 낙인이 찍힌 괴팍한 인간들이 언제나 **선두에** 서서 걸어갔다!

아, 나의 형제들이여, 그대들 귀족은 뒤쪽이 아니라 **저 앞쪽을** 바라보아야 한다! 그대들은 모든 아버지의 땅, 선조의 땅에서 추방된 자들이어야만 한다!

그대들은 자기 **후손들의 땅**을 사랑해야 한다. 이 사랑이 그대들의 새로운 귀족적 특성이 되기를. 아득히 먼바다의 아직 발견되지 않은 땅을 사랑하기를! 나는 이 땅을 찾고 또 찾으라고 그대들의 돛에 명령한다.

그대들이 그대들의 조상의 후손인 것을 그대들의 후손에게 **보상해야만** 한다. **그렇게 하여** 그대들은 지나가버린 모든 것을 구원해야 한다! 나는 이 새로운 서판을 그대들의 머리 위에 내건다.

13

"무엇을 위해 사는가? 모든 것은 덧없다! 삶, 그것은 짚을 타작하는 것이다. 삶, 그것은 자기 자신을 불태우지만 따뜻해지지 않는 것이다."

이러한 고풍스러운 잡담이 아직도 '지혜'로 여겨진다. 낡고 곰팡내가 나기 **때문에** 더욱 존중받는다. 곰팡이마저 고귀해지는 것이다.

아이들이라면 그렇게 말해도 된다. 아이들은 불에 덴 적이 있어서

불을 무서워한다! 오래된 지혜의 책들에는 이처럼 유치한 점이 많다.

그리고 언제나 '짚을 타작하는' 자가 어떻게 타작하는 것을 비방할 수 있단 말인가! 사람들은 마땅히 이러한 바보들의 입에 입마개를 씌워야 한다!

이러한 자들은 식탁에 앉으면서 아무것도, 왕성한 식욕조차 가져오지 않는다. 그러면서 "모든 것은 덧없다!"라고 비방한다.

하지만 잘 먹고 잘 마시는 것은, 아, 나의 형제들이여, 참으로 하찮은 기술이 아니다. 부숴버려라, 결코 기뻐할 줄 모르는 자들의 서판을 부숴버려라!

14

군중은 "순수한 자에게는 모든 것이 순수해 보인다."라고 말한다. 그러나 나는 그대들에게 돼지 눈에는 모든 것이 돼지로 보인다고 말하련다!

그러므로 머리뿐만 아니라 심장마저 늘어뜨리고 있는 광신자와 추종자들은 "세계 자체가 하나의 더러운 괴물이다."라고 설교한다.

이러한 자들은 모두 정신이 더럽기 때문이다. 세계를 **뒤로부터** 보지 않으면 안심하지도 쉬지도 못하는 자들, 곧 저편의 세계를 믿는 자들이 특히 그렇다!

언짢게 들릴지 모르지만 나는 그들에게 대놓고 말한다. 세계는 엉덩이를 갖고 있다는 점에서는 인간과 비슷하다. **이 정도쯤은** 진실이다!

세계에는 많은 오물이 있다. **이 정도쯤은** 진실이다! 하지만 그렇다고 세계 자체가 더러운 괴물은 아니다!

세계에는 많은 것이 악취를 풍긴다는 말에는 지혜가 들어 있다. 구역질 자체가 날개를 만들어내며 샘의 원천을 알아내는 힘을 만들어낸다!

최선의 자에게도 구역질 나게 하는 무언가가 있다. 그리고 최선의 자도 극복되어야 할 어떤 것이다.

아, 나의 형제들이여, 세계에는 많은 오물이 있다는 말에는 많은 지혜가 담겨 있다!

15

나는 저편의 세계를 믿는 신앙심이 깊은 자들이 그들의 양심을 향해 참으로 악의도 허위도 없이 이런 잠언을 말하는 것을 들었다. 이 세상에 이러한 잠언보다 더 허위적이고 악의적인 것이 없는데도 말이다.

"세계가 세계로 존재하게 하라! 이에 맞서 단 하나의 손가락도 세우지 마라!"

"원하는 자가 제멋대로 사람들의 목을 조르고 찔러서 죽이고 살을 베고 도려내게 하라. 이에 맞서 단 하나의 손가락도 세우지 마라! 이렇게 함으로써 사람들은 세계를 포기하는 것을 배우게 되느니."

"그리고 그대 자신의 이성을, 그대 자신이 목 졸라 죽이도록 하라.

그것은 이 세계에서 오는 이성이기 때문이다. 이렇게 함으로써 그대 자신은 세계를 포기하는 것을 배운다."

부숴버려라, 아 나의 형제들이여, 신앙심이 깊은 자들의 이 낡은 서판을 부숴버려라! 이 세계를 비방하는 자들의 잠언을 때려 부숴라!

16

"많이 배우는 자는 모든 격렬한 욕구를 잊어버린다." 사람들은 오늘 어두운 골목 곳곳에서 이렇게 속삭인다.

"지혜는 피곤하게 만들 뿐, 아무런 보람이 없다. 그대는 요구해서는 안 된다!" 나는 이러한 새로운 서판이 공공 시장에 내걸린 것을 보았다.

부숴버려라, 나의 형제들이여, 이 **새로운** 서판도 부숴버려라! 세계에 지친 자들, 죽음의 설교자들, 그리고 또 간수들이 이 서판을 내걸었다. 보라, 그것은 또한 노예가 되라는 설교다!

그들은 엉터리로 배우고 최선의 것을 배우지 못했으며 모든 것을 너무 일찍, 너무 빨리 배웠다. 그들은 또 제대로 씹어 먹지 못했기 때문에 위장에 탈이 났다.

말하자면 그들의 정신은 탈이 난 위장이며, **이 위장이** 죽음을 권유한다! 참으로, 아, 나의 형제들이여, 정신은 위장**이기** 때문이다.

삶은 쾌락의 샘이다. 그러나 슬픔의 아버지, 곧 병든 위장으로 말하는 자의 모든 샘은 중독되어 있다.

인식한다는 것, 그것은 사자의 의지를 가진 자에게는 즐거움이다! 그러나 지쳐버린 자는 다른 사람에 의해 '의욕의 대상이 될' 뿐이며, 온갖 물결에 희롱당한다.

언제나 도중에 길을 잃어버리는 것, 이것이 언제나 허약한 인간들의 특성이다. 그리하여 그들은 피로에 지쳐 마침내 묻는다. "무엇 때문에 우리는 지금까지 길을 걸어왔던가! 모든 것이 같지 않은가!"

그러므로 그들의 귀에는 설교가 달콤하게 들린다. "아무것도 보람이 없다. 그대들은 욕구하지 마라!" 하지만 이것은 노예가 되라는 설교다.

아, 나의 형제들이여, 차라투스트라는 길에 지친 모든 사람에게 시원한 광풍으로 다가온다. 그는 많은 사람의 코가 재채기하게 할 것이다!

나의 자유로운 숨결은 벽을 뚫고 감옥 속으로, 갇혀 있는 정신 속으로 불어 들어간다.

의욕은 인간을 자유롭게 한다. 의욕이 곧 창조이기 때문이다. 나는 이렇게 가르친다. 그러니 그대들은 **오직** 창조하기 위해서만 배워야 한다!

그리고 그대들은 배운다는 것, 잘 배운다는 것이 무엇인지를 우선 나에게서 **배워야** 한다! 귀 있는 자는 들을지어다!

17

저기 나룻배가 있다. 그 배는 아마도 저 너머 광막한 무(無)로 갈 것이다. 하지만 누가 이 '아마도'에 올라타려 하겠는가?

그대들 중 누구도 죽음의 나룻배에 올라타려 하지 않는다! 그렇다면 그대들은 어찌하여 **세계에 지친 자**이고자 하는가!

세계에 지친 자들! 하지만 그대들은 아직 한 번도 대지에 등 돌린 자가 되지는 않았다. 그대들은 여전히 대지를 탐내고 있으며, 대지에 대한 자신의 권태를 아직도 사랑하고 있음을 나는 알고 있다.

그대들의 입술이 아무 까닭 없이 아래로 처져 있는 것은 아니다. 대지에 대한 작은 소망이 아직도 그 입술 위에 앉아 있기 때문이다! 그리고 눈 속에는 잊을 수 없는 지상에서의 쾌락의 조각구름이 떠다니고 있지 않은가?

이 지상에는 많은 뛰어난 창작품이 있다. 그중 어떤 것은 쓸모가 있으며, 어떤 것은 쾌적하다. 그 때문에 이 대지는 사랑할 만한 가치가 있는 것이다.

이 지상에는 여자의 젖가슴처럼 아주 잘 만들어져 쓸모 있고 동시에 쾌적한 것이 많다.

그러나 그대 세계에 지친 자들이여! 그대 지상의 게으름뱅이들이여! 그대들은 채찍질을 당해야 한다! 채찍질을 당함으로써 그대들의 발은 다시 팔팔해져야 한다!

그대들이 대지가 싫증 내는 병자이거나 늙어 쇠약해진 악마가 아니라면 그대들은 교활한 게으름뱅이이거나 살금살금 돌아다니며 군것질을 즐기는 쾌락의 고양이이기 때문이다. 다시 즐겁게 **달릴** 생각이 없다면, 그대들은 사라져야 한다!

치유할 수 없는 자들을 위해 의사가 되려고 해서는 안 된다. 차라투스트라는 이렇게 가르친다. 그대들은 사라져야 한다.

그러나 끝장을 보려면 새로운 시구를 짓는 것보다 더 많은 **용기**가 필요하다. 모든 의사와 시인은 이 점을 알고 있다.

18

아, 나의 형제들이여, 피로감이 만들어낸 서판도 있고, 게으름, 썩어빠진 게으름이 만들어낸 서판도 있다. 이것들은 이미 같은 말을 하면서도 다르게 들리기를 원한다.

보라, 여기 이 초췌한 자를! 자신의 목표에서 단 한 뼘 떨어져 있을 뿐인데도 지쳐서 여기 먼지 속에 반항적으로 누워 있다, 이 용감한 자가!

지친 나머지 길과 대지와 목표와 자기 자신에게 하품하면서, 그는 한 발짝도 더 나아가려 하지 않는다, 이 용감한 자가!

이제 태양은 그의 머리 위에서 이글거리고, 개들이 그의 땀을 핥고 있다.[29] 하지만 그는 여기에 반항적으로 누워서 오히려 탈진해 있기를 바란다.

자신의 목표에서 한 뼘쯤 떨어진 곳에서 탈진해 있기를 바라다니! 참으로 그대들은 그의 머리를 잡아끌어 그의 천국으로 데려가야 한다, 이 영웅을!

더 좋은 것은 그를 누운 자리에 그대로 내버려두는 것이다. 위로 자인 잠이 쏴쏴 소리를 내며 쏟아지는 시원한 비와 함께 그를 찾아오도록.

그가 스스로 깨어날 때까지 그를 누워 있게 내버려두어라. 그가 모든 피로를, 그리고 피로가 그를 통해 가르친 모든 것을 스스로 거두어들일 때까지!

다만, 나의 형제들이여, 그대들은 그에게서 개들을, 살금살금 돌아다니는 저 게으른 자들을 쫓아버려라. 그리고 우글거리는 모든 구더기도.

'교양 있는 자들'이라는, 저 우글거리는 구더기들을. 저 구더기들은 모든 영웅의 땀을 맛있게 배불리 먹지 않는가!

19

나는 내 주위에 원을 그려 성스러운 경계선으로 삼는다. 점점 높은 산에 오를수록 나와 함께 오르는 자는 더욱 적어진다. 나는 점점 더 성스러워지는 산들로 산맥을 만든다.

---

29) 〈누가복음〉 16장 20~21절. "그런데 그 집 대문 앞에는 나사로라 하는 거지 하나가 헌데투성이 몸으로 누워서, 그 부자의 상에서 떨어지는 부스러기로 배를 채우려고 하였다. 개들까지도 와서, 그의 헌데를 핥았다."

그러나 그대들이 나와 함께 어디로 올라가든, 아, 나의 형제들이여, **기생충들**이 그대들과 함께 오르지 않도록 지켜보라!

기생충. 그것은 벌레이고, 기어다니며 달라붙은 벌레로서, 그대들의 병들고 상처 난 부위에서 살을 찌우려고 한다.

그리고 상승하는 영혼들이 피로를 느끼는 지점을 알아내는 것, **이것이** 바로 기생충의 재주다. 기생충은 그대들의 원망과 불만 속에, 그리고 그대들의 민감한 수치심 속에 역겨운 둥지를 튼다.

강자의 약한 곳, 고귀한 자의 너무나 부드러운 곳, 기생충은 그 속에다 구역질 나는 둥지를 튼다. 기생충은 위대한 자의 조그마한 상처 부위에 산다.

모든 존재자 중 최고의 부류는 무엇이고, 가장 하찮은 부류는 무엇인가? 기생충이 가장 하찮은 부류다. 하지만 최고의 부류에 속하는 자가 가장 많은 기생충을 먹여 살린다.

다시 말해 가장 긴 사다리를 가지고 가장 깊이 내려갈 수 있는 영혼, 그 옆에 어떻게 가장 많은 기생충이 꼬이지 않을 수 있단 말인가?

자신의 내면으로 가장 멀리 달리면서 길을 잃고 방황할 수 있는 가장 포괄적인 영혼, 기쁜 나머지 우연 속으로 돌진하는 가장 필연적인 영혼.

생성 속으로 가라앉는 존재하는 영혼, 의욕과 갈망 속으로 **들어가기를 원하는** 소유하는 영혼.

자기 자신에게서 달아나면서 가장 넓은 원을 그리며 자기 자신을 따라잡는 영혼, 어리석음이 가장 달콤하게 말을 거는 더없이 지혜로운 영혼.

자기 자신을 가장 사랑하는 영혼, 그 안에서 만물이 흘러가고 역류하고, 썰물이 되고 밀물이 되는 영혼. 아, **최고의 영혼**이 어떻게 최악의 기생충들을 가지지 않을 수 있단 말인가?

20

아, 나의 형제들이여, 그래 내가 잔혹한가? 그러나 나는 말하리라. 떨어지는 것, 그것을 다시 한번 밀쳐버려야 한다고!

오늘날 모든 것이 떨어지고 쇠퇴하고 있다. 그것을 누가 지키고자 한단 말인가! 그러나 나는 그것을 밀쳐버리고 **싶다**!

그대들은 바위를 가파른 심연 속으로 굴릴 때의 희열을 알고 있는가? 오늘날의 이러한 인간들, 그들이 어떻게 나의 심연 속으로 굴러오는가를 보라!

나는 더 나은 배우들의 등장을 알리는 하나의 서막이다. 아, 나의 형제들이여! 나는 하나의 선례다! 나의 선례를 따라 **행하라**!³⁰⁾

그리고 나는 법을 가르치지 못한 자가 있다면 가르쳐라, **좀 더 빨리 추락하는 법을**!

---

30) 니체는 여기서 '놀이', '유희', '게임', '연극'의 뜻을 가진 낱말 'Spiel(play)'을 사용하여 언어 놀이를 한다. 미리 하는 놀이는 서막(Vorspiel, prelude)이고, 보여주는 놀이는 선례(Beispiel, example)이다. 〈요한복음〉 13장 15절, "내가 너희에게 한 것과 같이, 너희도 이렇게 하라고, 내가 본을 보여준 것이다."

21

나는 용감한 자들을 사랑한다. 하지만 양날의 칼을 쓰는 무사가 되는 것만으로는 충분하지 않다. **누구를** 벨 것인지도 알아야 한다!

그리고 때로는 자신을 억제하고 지나치는 것에 더 큰 용기가 들어 있다. **이렇게 함으로써** 그는 좀 더 어울리는 적을 맞이하려고 자신의 힘을 아끼는 것이다!

그대들은 증오할 만한 적을 가질 뿐 경멸할 적을 가져서는 안 된다. 그대들은 그대들의 적을 자랑스럽게 생각해야 하기 때문이다. 나는 일찍이 그렇게 가르친 적이 있다.

좀 더 어울리는 적을 맞이하려고, 아, 나의 벗들이여, 그대들은 자신을 아껴야 한다. 그러기 위해서 그대들은 많은 것을 그냥 지나쳐야 한다.

특히 그대들의 귀에 군중과 군중들에 대해 떠들어대는 많은 천민의 곁을 지나쳐야 한다.

그들의 찬성과 반대 앞에서 그대들의 눈을 맑게 유지하라! 거기에는 올바름도 많고 그릇됨도 많다. 그것을 지켜보는 자는 화가 나기 마련이다.

들여다보는 것과 칼로 베는 것, 그것은 여기서 같은 행위다. 그러므로 숲속으로 들어가서 그대들의 칼을 잠자게 하라!

그대들의 길을 가라! 그리고 군중과 군중들은 그들의 길을 가게 하라! 참으로 한 줄기 희망의 번갯불도 더는 비치지 않는 어두운 길을!

아직도 번쩍거리는 모든 것이 상인의 황금인 곳에서는 상인이 지배하도록 내버려두어라! 더는 왕들의 시대가 아니다. 오늘날 스스로를 군중이라 일컫는 자는 왕이 될 자격이 없다.

보라, 이 군중들이 지금 스스로 어떻게 상인처럼 행동하는가를. 그들은 온갖 쓰레기로부터 작디작은 이익조차 놓치지 않고 주워 모은다!

그들은 서로 엿보고, 서로에게서 무언가를 알아낸다. 이것을 그들은 '좋은 이웃 관계'라고 부른다. "나는 군중들을 다스리는 **지배자가** 되려고 한다."라는 기개를 지닌 민족이 존재했던, 아 행복했던 먼 옛날이여.

나의 형제들이여, 그 까닭은 최선의 것이 지배해야 하고, 또 최선의 것은 지배하고 **싶어 하기** 때문이다! 이와 다른 가르침이 있는 곳에서는 최선의 것이 **없다**.

22

만일 **그들이** 빵을 거저 얻게 된다면, 슬픈 일이다! **그들은** 무엇을 향해 소리칠 것인가! 그들의 생계 유지는 그들을 즐겁게 하는 진정한 오락이다. 그러므로 그들은 힘겹게 살아가야 한다.

그들은 맹수다. 그들의 '노동'에는 약탈도 있고, 그들의 '벌이'에는 책략도 있다! 그러므로 그들은 힘겹게 살아가야 한다!

그러므로 그들은 좀 더 뛰어난 맹수, 더욱 섬세하고 더욱 영리하고 **더욱 인간을 닮은** 맹수가 되어야 한다. 말하자면 인간은 최고의 맹수다.

인간은 모든 짐승에게서 이미 그 덕을 빼앗았다. 모든 짐승 중에서 인간이 가장 힘겹게 살아왔기 때문이다.

새들만이 아직 인간의 머리 위에 있을 뿐이다. 그러므로 인간이 나는 것마저 배우게 된다면, 슬프다! 인간의 약탈욕은 어디까지 높이 날아갈 것인가!

23

나는 남자와 여자에게 이렇게 바란다. 남자는 전쟁을 잘하고, 여자는 아이를 잘 낳으며, 둘 다 머리와 발로 춤을 잘 추기를.

그리고 한 번이라도 춤추지 않은 날은 잃어버린 날이기를! 그리고 한바탕 웃음을 터뜨리지 못하는 진리는 모두 거짓이기를!

24

그대들의 결혼. 그것이 나쁜 결합이 되지 않도록 조심하라! 그대들은 너무 빨리 결합한다. 그리하여 파경이 **뒤따라온다**!

왜곡된 결혼, 거짓 결혼보다는 차라리 결혼을 파괴하는 것이 낫다! 어느 여자가 나에게 이렇게 말했다. "물론 내가 결혼을 파괴했지만, 결혼이 먼저 나를 파괴했어요!"

잘못 짝지은 부부는 언제나 최악의 복수심에 불타는 자들임을 나는 보았다. 더는 혼자 지닐 수 없게 된 것에 대해 그들은 온 세상에 보복한다.

그런 까닭에 나는 정직한 사람들이 서로 이렇게 말하기를 바란다. "우리는 서로 사랑한다. 우리의 사랑을 지속하도록 서로 **조심**하자! 아니면 우리의 약속이 실수여야 한단 말인가?"

"우리가 위대한 결혼에 적합한지 알아보려고 일정 기간 작은 결혼을 해보자! 둘이 언제나 함께 있다는 건 엄청난 일이 아닌가!"

이렇게 나는 모든 정직한 자에게 권한다. 내가 만일 다른 식으로 권하고 말한다면, 초인에 대한 그리고 앞으로 오게 될 모든 것에 대한 나의 사랑은 대체 뭐란 말인가!

앞을 향해 나아갈 뿐만 아니라 **위를 향해서도** 나아가는 자손을 얻기를. 아, 나의 형제들이여, 그것을 위해 부디 결혼이라는 정원이 그대들에게 도움이 되기를!

25

옛 원천에 대해 지혜로워진 자가, 보라, 마침내 미래의 샘과 새로운 원천을 찾게 될 것이다.

아, 나의 형제들이여, 머지않아 새로운 민족들이 생겨나고, 새로운 샘이 새로운 골짜기로 좔좔 소리를 내며 흘러내릴 것이다.

다시 말해 지진으로 많은 샘이 파묻히고 많은 사람이 갈증에 허

덕이겠지만. 지진은 또한 내부의 힘과 비밀스러운 일들을 드러낸다.

지진은 새로운 샘들을 드러나게 한다. 오랜 민족들의 지진 속에서 새로운 샘이 솟아난다.

"보라, 여기에 많은 목마른 자들을 위한 하나의 샘이, 동경에 찬 많은 자를 위한 하나의 마음이, 많은 도구를 위한 하나의 의지가 있다." 누군가가 이렇게 외쳐댄다면 그 주위로 하나의 **민족**이, 다시 말해 시도하는 자들이 많이 모여들 것이다.

누가 명령할 수 있고, 누가 복종해야 하는가. 그것이 **여기서 실험된다**! 아, 얼마나 오랜 탐색과 추측과 실패 그리고 학습과 새로운 실험이 있었던가!

인간 사회, 그것은 일종의 실험이다. 오랜 세월에 걸친 탐색이다. 나는 이렇게 가르친다. 하지만 인간 사회는 명령자를 찾고 있다!

하나의 실험이다. 아, 나의 형제들이여! '계약'은 결코 **아니다**! 부숴버려라, 마음이 여린 자들, 이도 저도 아닌 중간치들의 이러한 말을 부숴버려라!

26

아, 나의 형제들이여! 인간의 모든 미래에서 최대의 위험은 어떤 자들 때문인가? 선한 자와 의로운 자들 때문이 아닌가?

"선하고 의롭다는 것이 무엇인지를 우리는 이미 알고 있고 또 이를 체득하고 있다. 아직도 그것을 찾는 자들에게 화 있을지어다!"
이렇게 말하고 마음속으로 느끼는 자들 때문인가.

악한 자들이 어떤 해를 끼친다고 하더라도, 선한 자들이 끼치는 해야말로 가장 해롭다!

세계를 비방하는 자들이 어떤 해를 끼친다고 하더라도, 선한 자들이 끼치는 해야말로 가장 해롭다.

아, 나의 형제들이여, 일찍이 어떤 사람이 착하고 의로운 자들의 마음을 꿰뚫어 보고는 이렇게 말했다. "그들은 바리새인이다." 그러나 사람들은 그의 말을 알아듣지 못했다.

선하고 의로운 자들 자신이 그의 말을 알아들을 수 없었다. 그들의 정신은 그들의 양심에 사로잡혀 있었기 때문이다. 선한 자들의 우둔함은 헤아릴 수 없을 정도로 영리하다.

그러나 진실은 이러하다. 즉 선한 자들은 바리새인이 될 **수밖에 없다**. 그들에게는 다른 선택의 여지가 없다!

선한 자들은 자신의 고유한 덕을 만들어낸 자를 십자가에 못 박을 **수밖에 없다**! 이것이 진실**이다**!

그러나 그들의 땅, 선하고 의로운 자들의 땅과 마음 그리고 토양을 발견한 두 번째 사람, 그는 "그들은 누구를 가장 미워하는가?"라고 물었던 사람이다.

그들은 **창조하는 자**를 가장 미워한다. 서판과 낡은 가치를 부수는 자, 이 파괴자를 그들은 범죄자라고 부른다.

다시 말해 선한 자들, 그들은 창조할 수 없다. 그들은 언제나 종말의 시작이다.

그들은 새로운 가치를 새로운 서판에 써넣은 자를 십자가에 못 박고, **자신에게** 미래를 제물로 바침으로써, 모든 인간의 미래를 십자가에 못 박는다!

선한 자들, 그들은 언제나 종말의 시작이었다.

27

아, 나의 형제들이여 그대들은 또한 이 말을 알아들었는가? 그리고 내가 일찍이 마지막 인간에 대해서 말했던 것도?

인간의 모든 미래에서 최대의 위험은 어떤 자들 때문인가? 선하고 의로운 자들 때문이 아닌가?

"부숴버려라, 선하고 의로운 자들을 부숴버려라!" 아, 나의 형제들이여, 그대들은 또한 이 말을 이해했는가?

28

그대들은 나에게서 달아나는가? 놀랐는가? 그대들은 이 말을 듣고 떨고 있는가?

아, 나의 형제들이여, 내가 그대들에게 선한 자들과 선한 자들의 서판을 부숴버리라고 했던 그때, 나는 비로소 인간을 자신의 먼바다로 출항시켰던 것이다.

그리하여 이제야 처음으로 인간에게 커다란 놀라움, 커다란 전망, 커다란 질병, 커다란 구토, 커다란 뱃멀미가 닥쳐온다.

선한 자들은 그대들에게 거짓 해안과 거짓 안전을 가르쳤다. 그대들은 선한 자들의 거짓말 속에서 태어났고 보호받았다. 모든 것은 선한 자들에 의해 철저하게 기만되었고 왜곡되었다.

그러나 '인간'이라는 땅을 발견한 자는 또한 '인간의 미래'라는 땅도 발견했다. 그러므로 이제 그대들은 항해자가, 용감하고 끈기 있는 항해자가 되어야 한다.

제때 똑바로 걸어라. 아, 나의 형제들이여, 똑바로 걷는 것을 배워라! 바다에는 폭풍우가 몰아친다. 많은 사람이 그대들에게 의지하여 다시 똑바로 서려고 한다.

바다에는 폭풍우가 몰아친다. 바닷속에는 모든 것이 있다. 자! 힘을 내라! 그대들, 노련한 뱃사람들의 마음이여!

조상의 땅이 뭐란 말인가! 우리의 방향키는 우리 **아이들의 땅**이 있는 곳으로 가고자 한다! 그곳을 향해 바다보다 더 거칠게 우리의 위대한 동경은 폭풍처럼 나아간다!

29

"왜 그렇게 단단한가?" 숯이 언젠가 다이아몬드에게 말했다. "우리는 가까운 친척이 아닌가?"

왜 그렇게 연약한가? 아, 나의 형제들이여, **나는** 그대들에게 이렇게 묻는다. 그대들은 나의 형제가 아니란 말인가?

왜 그렇게 연약하고 양보 잘하고 순종적인가? 그대들의 마음속에는 왜 그렇게 많은 부정과 거부가 들어 있는가? 그대들의 눈길에는 왜 운명이 그렇게 작게 들어 있는가?

그대들이 운명이 되기를 마다하고 가차 없는 자가 되기를 마다한다면, 어떻게 그대들은 나와 함께 승리할 수 있겠는가?

다시 말해 창조하는 자들은 단단하다. 그러므로 마치 밀랍 위에 찍듯 수천 년 위에 그대들의 손을 찍는 것을 그대들은 더없는 행복으로 생각해야 한다.

마치 청동에 써넣듯이, 청동보다 더 단단하고 청동보다 더 고귀하게 수천 년의 의지 위에 써넣는 것을 더없는 행복으로 생각해야 한다. 가장 고귀한 자만이 완전하게 단단하다.

그러므로 아, 나의 형제들이여, 나는 그대들의 머리 위에 이 새로운 서판을 내건다. **단단하게 되어라!**

30

아, 그대 나의 의지여! 그대 모든 역경의 전환이여! 그대 **나의** 필연이여! 모든 사소한 승리로부터 나를 지켜달라!

내가 운명이라고 부르는, 그대 내 영혼의 섭리여! 그대 내 안에 있는 자여! 내 위에 있는 자여! 위대한 운명을 위해 나를 지키고 아껴달라!

나의 의지여, 그대의 최후를 위해 그대의 마지막 위대함을 아껴두라. 그래야만 그대의 승리 속에서 그대가 가차 없을 수 있다! 아, 그누가 자신의 승리에 굴복하지 않겠는가!

아, 그 누구의 눈이 이 도취의 어스름 속에서 흐려지지 않겠는가! 아, 그 누구의 발이 승리감에 젖어 비틀거리지 않고 똑바로 서는 것을 잊지 않겠는가!

내가 언젠가 위대한 정오를 맞이할 준비를 하고 성숙해 있기를, 달아오른 청동처럼, 번개를 품은 구름처럼, 부풀어 오르는 젖가슴처럼 준비하고 성숙해 있기를.

나 자신을, 그리고 가장 은밀하게 감추어져 있는 나의 의지를 위해 준비되어 있기를. 자기의 화살을 격정적으로 갈망하는 활처럼, 자기의 별을 격정적으로 갈망하는 화살처럼.

자신의 정오를 맞아 준비한 성숙한 별처럼, 모든 것을 전멸시키는 태양의 화살에 의해 달아오르고 꿰뚫리는 행복한 별처럼.

승리를 위해 전멸의 준비를 한 태양 자체와 가차 없는 태양의 의지처럼!

아, 의지여, 모든 역경의 전환이여, 그대 **나의** 필연이여! 하나의 위대한 승리를 위해 나를 아껴달라!

차라투스트라는 이렇게 말했다.

13. 치유되고 있는 자

1

동굴로 돌아온 지 얼마 되지 않은 어느 날 아침, 차라투스트라는 미친 사람처럼 잠자리에서 벌떡 일어나 끔찍한 목소리로 외쳤다. 그리고 아직도 잠자리에 누운 채 일어나려고 하지 않는 또 한 사람이 있는 것처럼 행동했다. 차라투스트라의 목소리가 울려 퍼지자 그의 동물들이 깜짝 놀라서 달려왔고, 차라투스트라의 동굴 가까이에 있는 모든 동굴과 은신처로부터 모든 동물이 달려 나왔다. 그들에게 주어진 다리와 날개의 종류에 따라 날기도 하고 퍼덕이기도 하고, 기기도 하고 뛰기도 하면서. 그런데 차라투스트라는 이렇게 말했다.

"솟아나라, 심연의 사상이여, 나의 깊이로부터! 잠에 취한 벌레여, 나는 그대의 수탉이며 새벽이다. 깨어나라! 깨어나라! 나의 목소리는 닭 울음처럼 그대를 깨우리라!

그대의 귀를 묶은 사슬을 풀고 들어보라! 그대의 목소리를 듣고 싶기 때문이다! 깨어나라! 깨어나라! 여기서는 무덤들도 귀 기울이는 법을 배울 만큼 천둥이 치고 있다!

그대의 눈에서 졸음과 어리석고 맹목적인 모든 것을 씻어내라! 그대의 눈으로도 내 말에 귀를 기울여라. 나의 목소리는 타고난 장님에게도 치료제다.

일단 깨어나면 그대는 영원히 깨어 있어야 한다. 잠들어 있는 증조모를 깨워놓고 나서 다시 주무시라고 말하는 것은 **나의** 방식이 아니다!

그대는 몸을 움직이고 기지개를 켜고 그르렁거리는가? 깨어나라! 깨어나라! 그대는 그르렁거리지 말고 내게 말해야 한다! 신을 부정하는 자, 차라투스트라가 그대를 부르고 있다!

나, 차라투스트라, 삶의 대변자, 고통의 대변자, 둥근 고리의 대변자인 내가 그대를 부른다. 그대, 나의 더없이 깊은 심연의 사상을 부른다.

나의 건강을 빈다! 그대가 오고 있고, 나는 그대의 목소리를 듣는다! 나의 심연이 **말을 하고**, 나는 나의 궁극의 깊이를 빛 속에 드러낸다!

나의 건강을 빈다! 이리 오라! 손을 잡자. 앗, 놓아라! 아앗! 구역질, 구역질, 구역질, 슬프도다!"

2

차라투스트라는 이 말을 하자마자 갑자기 죽은 사람처럼 쓰러져

서 마치 죽은 사람처럼 오랫동안 그 자리에서 움직이지 않았다. 그리고 다시 정신을 차렸을 때도 창백한 얼굴로 몸을 벌벌 떨며 누워 오랫동안 먹지도 마시지도 않으려고 했다. 그의 이런 상태는 이레 동안 계속되었다. 하지만 독수리가 먹이를 구하러 날아간 것을 제외하고, 그의 짐승들은 밤낮으로 그의 곁을 떠나지 않았다. 독수리는 사냥해 물어온 것을 차라투스트라의 침상에 놓았다. 그리하여 차라투스트라는 마침내 노랗고 빨간 딸기, 포도, 장미사과, 향긋한 약초, 그리고 솔방울 아래 누워 있게 되었다. 그의 발치에는 독수리가 양치기에게서 힘겹게 빼앗은 두 마리의 새끼 양이 널브러져 있었다.

마침내 이레 만에 차라투스트라는 침상에서 몸을 일으켰다. 그러고는 장미사과 하나를 손에 들고 냄새를 맡으며 즐겼다. 그때 그의 짐승들은 그와 이야기할 때가 왔다고 생각했다.

그의 짐승들이 말했다. "아, 차라투스트라여, 이미 이레 동안이나 그대는 그렇게 누워 있었다. 이제 다시 그대의 발로 일어서지 않으려는가?

그대의 동굴에서 걸어 나오라. 세계는 마치 꽃밭인 양 그대를 기다리고 있다. 바람은 그대에게 오려는 진한 향기와 유희하고 있다. 그리고 모든 시냇물은 그대를 쫓아 흘러가고자 한다.

그대가 이레 동안 홀로 있었기 때문에 만물이 그대를 그리워하고 있다. 그대의 동굴에서 걸어 나오라! 만물이 그대의 의사가 되고자 한다!

새로운 깨달음이 그대를 찾아왔는가, 시디시고 묵직한 깨달음이?

마치 발효한 반죽처럼 그대는 누워 있었고, 그대의 영혼은 몸을 솟구쳐서 모든 가장자리 위로 부풀어 올랐다."

차라투스트라가 대답했다. "아, 나의 짐승들이여. 그렇게 계속 더지껄여라. 더 듣고 싶구나! 그대들이 지껄이면 나는 기운이 난다. 지껄이는 소리가 들리는 곳에서는 세계는 이미 내게 꽃밭과 같다.

말과 소리가 거기 있다는 것은 얼마나 사랑스러운 일인가. 말과소리야말로 영원히 분리된 것 사이에 걸쳐진 무지개이자 가상의 다리가 아닌가?

영혼은 저마다 다른 세계를 갖고 있다. 저마다의 영혼에게 다른영혼들은 저편의 세계다.

가장 비슷한 것들 사이에서 가상은 가장 아름답게 거짓말을 한다. 가장 작은 틈새야말로 다리를 놓기가 가장 어렵기 때문이다.

나에게, 어떻게 나의 바깥이 있을 수 있는가? 바깥은 없다! 그러나 우리는 모든 소리를 들을 때 이 점을 잊어버린다. 잊는다는 것은얼마나 사랑스러운 일인가!

사물들로부터 기운을 얻으려고 인간이 그 사물들에 이름을 붙여주고 소리를 부여하지 않았는가? 말한다는 것은 아름다운 바보짓이다. 인간은 말함으로써 모든 사물을 넘어 춤을 추게 된다.

모든 말과 소리의 모든 거짓말은 얼마나 사랑스러운가! 소리와더불어 우리의 사랑이 다채로운 무지개 위에서 춤을 추게 되니 말이다."

짐승들이 이어서 대답했다. "아, 차라투스트라여, 우리처럼 생각하는 자들에게는 모든 사물이 스스로 춤춘다. 만물은 다가와서 손을 내밀고 웃다가는 달아난다. 그리고 다시 돌아온다.

모든 것은 가고, 모든 것은 되돌아온다. 존재의 수레바퀴는 영원히 굴러간다. 모든 것은 죽고, 모든 것은 다시 꽃 피어난다. 존재의 세월은 영원히 흘러간다.

모든 것은 꺾이고, 모든 것은 새로 이어진다. 똑같은 존재의 집이 영원히 지어진다. 모든 것은 헤어지고, 모든 것은 다시 인사를 나눈다. 존재의 바퀴는 영원히 자신에게 충실하다.

모든 순간에 존재는 시작한다. 모든 여기를 중심으로 저기라는 공이 회전한다. 중심은 어디에나 있다. 영원의 오솔길은 굽어 있다."

"아, 그대들 어릿광대여, 손풍금이여!" 차라투스트라는 대답하며 다시 웃었다. "이레 동안에 이루어져야 했던 것들인데 그대들은 너무도 잘 알고 있구나.

저 괴물이 어떻게 나의 목구멍으로 기어들어 와 나를 질식시키는지를! 나는 그 괴물의 머리를 물어뜯어 뱉어버렸다.

그런데 그대들, 그대들은 벌써 이걸 가지고 리라에 맞춰 부를 노래를 만들었단 말인가? 그러나 나는 지금 여기 누워 있다. 물어뜯고 내뱉느라 지치고, 나 자신을 구제하느라 병이 들었다.

그런데 그대들은 이 모든 일을 그저 바라보고만 있었단 말인가? 아, 나의 짐승들이여, 그대들도 역시 잔인한가? 그대들은 마치 인간들처럼 나의 커다란 고통을 바라보려 했는가? 인간이야말로 가장 잔인한 짐승이다.

비극과 투우 그리고 십자가형을 보면서 인간은 지금까지 지상에서 가장 기분이 좋았다. 그리고 인간이 지옥을 생각해냈을 때도, 보라, 그들에게는 그것이 지상천국이었다.

위대한 인간이 소리라도 치면, 왜소한 자는 날듯이 달려온다. 그러고는 욕정 때문에 혀를 입 밖으로 늘어뜨린다. 그런 것을 보고 왜소한 인간들은 그 자신의 '동정'이라고 부른다.

왜소한 인간, 특히 시인은 얼마나 열심히 혀를 놀려 삶을 헐뜯고 있는가! 그의 말에 귀를 기울여라. 그러나 온갖 헐뜯음 속에 들어 있는 쾌락을 흘려듣지 마라!

이러한 삶의 고발자들. 삶은 눈 깜박할 사이에 그들을 넘어선다. 이 뻔뻔한 여자는 말한다. '그대는 나를 사랑하나요? 잠시만 기다려 주세요. 지금은 그대에게 내줄 시간이 없어요.'

인간은 자기 자신에 대해서 가장 잔인한 짐승이다. 그러므로 스스로를 '죄인'이니 '십자가를 진 자'니 '속죄자'라고 부르는 모든 사람을 만날 때, 이러한 한탄과 고발에 깃들어 있는 육욕을 흘려듣지 마라!

그런데 나 자신은 이렇게 말함으로써 인간에 대한 고발자가 되려고 하는가? 아, 나의 짐승들이여, 내가 지금까지 배운 유일한 것은 인간에게는 자신의 최선을 위해 자신의 최악이 필요하다는 것이다.

모든 최악의 것은 인간에게 있어서 최선의 **힘**이며, 최고의 창조자를 위한 가장 단단한 돌이라는 것이다. 그리고 인간은 더 선해지고 더 악해져야 한다는 것이다.

나는 인간이 약하다는 사실을 알기 때문에 **이** 고통의 십자가에 묶여 있었던 것은 아니다. 나는 오히려 아직 그 누구도 외쳐본 적 없는 소리로 외쳤다.

'아, 인간의 최악이 저토록 작다니! 아, 인간의 최선이 저토록 작다니!'

인간에 대한 커다란 권태, **그것이** 나의 목을 졸랐고 나의 목으로 기어들어 왔다. 거기에다 예언자가 예언한 것, 곧 '모든 것은 같다. 아무것도 보람이 없다. 앎이 목을 조른다.'라는 말이.

긴 황혼이, 죽도록 지치고 죽도록 취한 슬픔이 내 앞에서 절름거리며 걸어갔다. 그리고 이 슬픔이 하품하는 입으로 말했다.

'그대가 싫증을 내는 인간, 그 왜소한 인간은 영원히 회귀한다.' 나의 슬픔은 이렇게 하품을 하며 말하고, 발을 질질 끌고 걸어가며 잠을 이루지 못했다.

나에게 인간의 대지는 동굴로 변했고, 이 대지의 가슴은 내려앉았으며, 살아 있는 모든 것은 인간 부패물, 뼈 그리고 썩어빠진 과거가 되었다.

나의 탄식은 모든 인간의 무덤 위에 앉아서 더는 일어날 수 없었다. 나의 탄식과 질문은 밤낮으로 두꺼비처럼 울어대고, 목 졸리는 소리를 내며 탄식했다.

'아, 인간은 영원히 회귀한다! 왜소한 인간도 영원히 회귀한다!'

나는 일찍이 가장 위대한 인간과 가장 왜소한 인간, 이 둘의 벌거벗은 모습을 보았다. 서로 너무나 닮았고, 가장 위대한 인간조차 너무나 인간적이었다.

가장 위대한 인간조차 너무나 왜소했다! 이것이 인간에 대한 나의 권태였다! 그리고 가장 왜소한 인간조차 영원히 회귀한다는 것! 이것이 모든 실존에 대한 나의 권태였다!

아, 역겹다! 역겹다! 역겹다!" 차라투스트라는 이렇게 말하고 탄식하며 몸을 떨었다. 자신의 병이 생각난 것이다. 이때 그의 짐승들이 나서서 더는 말하지 못하게 했다.

"더는 말하지 마라, 그대 치유되고 있는 자여!" 그의 짐승들이 그에게 대답했다. "차라리 바깥으로 나가라. 세계가 마치 꽃밭처럼 그대를 기다리는 바깥으로 나가라.

장미와 꿀벌과 비둘기 떼가 있는 곳으로 나가라! 특히 노래하는 새들이 있는 곳으로 가거라. 그 새들에게서 **노래하는 법**을 배울 수 있을 테니!

노래하는 것은 치유되고 있는 자에게 어울리기 때문이다. 건강한 자라면 말을 해도 좋으리라. 건강한 자는 노래를 원하더라도 치유되고 있는 자와는 다른 노래를 원한다."

"아, 그대 어릿광대들이여, 손풍금이여, 침묵하라!" 차라투스트라는 이렇게 대답하면서 그의 짐승들에게 미소를 지었다. "그대들은 잘 알고 있는가, 내가 이레 동안에 어떤 위안을 생각해냈는지를!

내가 다시 노래해야 한다는 것, **이러한** 위안과 **이러한** 치유를 나는 생각해냈다. 그대들은 이걸로 리라에 맞춰 노래를 다시 만들려고 하는가?"

"더는 말하지 마라." 그의 짐승들이 다시 그에게 말했다. "차라리, 그대 치유되고 있는 자여, 우선 그대의 리라를 마련하라, 새로운 리라를!

아, 차라투스트라여, 보라! 그대의 새로운 노래를 위해서는 새로운 리라가 필요할 것이다.

아, 차라투스트라여, 노래하라. 마음껏 소리 질러라. 새로운 노래들로 그대의 영혼을 치유하라. 지금껏 그 어떤 인간에게도 주어진 바 없는 운명을, 그대의 커다란 운명을 짊어지도록!

아, 차라투스트라여, 그대의 짐승들은 그대가 누구이며 그대가 어떤 사람이 되어야 하는지를 잘 알고 있기 때문이다. 보라, 그대는 **영원회귀의 교사**다. 이것이 이제 **그대의** 운명이다!

그대가 최초로 이 가르침을 베풀어야 한다는 것, 이 커다란 운명이야말로 바로 그대의 최대의 위험이자 병이 아닐 수 있겠는가!

보라, 그대가 무엇을 가르치는지 우리는 알고 있다. 만물이 영원히 회귀하고, 우리 자신도 함께 영원히 회귀한다는 사실을. 또 우리가 이미 무한한 횟수에 걸쳐 존재했으며, 만물도 그러했다는 사실을.

그대는 생성의 위대한 해가 존재하며, 위대한 해라는 괴물이 존재한다고 가르친다. 그리고 이 해는 마치 모래시계처럼 새로이 흘러내리고 멈추기 위해 거듭거듭 새로이 뒤집혀야 한다고 가르친다.

그러므로 이 모든 해는 최대의 것에서도, 최소의 것에서도 언제나 같다. 그리고 우리 자신도 모든 위대한 해에 있어서 최대의 것에 있어서나 최소의 것에 있어서나 언제나 같다.

아, 차라투스트라여, 그대가 지금 죽기를 바란다면, 보라, 그때 그대가 자신에게 무슨 말을 하리라는 것도 우리는 알고 있다. 그러나 그대의 짐승들은 그대에게 아직 죽지 말라고 간청한다!

그러면 그대는 떨지 않고 오히려 행복에 겨워 안도의 숨을 내쉬며 말하리라. 커다란 무거움과 무더위가 그대에게서 떠나게 될 것이기 때문이다. 그대 인내심 강한 자여!

그대는 이렇게 말하리라. '이제 나는 죽어서 사라진다. 나는 무가 된다. 영혼도 육체와 마찬가지로 죽게 된다.

하지만 내가 얽혀 있는 원인의 매듭은 회귀하고, 이 매듭은 나를 다시 창조하리라! 나 자신이 영원회귀의 여러 원인에 속해 있으니.

나는 다시 온다. 이 태양과 더불어, 이 대지와 더불어, 이 독수리와 더불어, 이 뱀과 더불어. 그러나 하나의 새로운 삶, 또는 좀 더 나은 삶, 또는 비슷한 삶으로 다시 오는 것은 **아니다**.

나는 최대의 것에서도, 최소의 것에서도 같고, 똑같은 삶으로 영원히 돌아오는 것이다. 만물의 영원회귀를 다시 가르치려고.

위대한 대지의 정오와 인간의 정오에 대해 다시 말하기 위해서이며, 다시 사람들에게 초인을 알리기 위해서다.

나는 나의 말을 했고, 나의 말 때문에 부서진다. 나의 영원한 운명이 바라는 것이 그것이다. 나는 예고자로서 파멸의 길을 가는 것이다!

이제 몰락하는 자가 그 자신을 축복할 때가 왔다. 이렇게 차라투스트라의 몰락은 끝난다.”

짐승들은 이렇게 말을 마치고 침묵을 지키면서 차라투스트라가 그들에게 무슨 말을 해주기를 기다렸다. 그러나 차라투스트라는 짐승들이 침묵하고 있음을 눈치채지 못했다. 오히려 그는 잠들지 않았으면서도 잠든 사람처럼 두 눈을 감은 채 조용히 누워 있었다. 자신의 영혼과 이야기를 나누고 있었던 것이다. 그러나 뱀과 독수리는 그가 이처럼 침묵하는 것을 보고는, 그를 에워싼 커다란 고요를 존중하며 조심스럽게 그곳을 떠났다.

14. 위대한 동경에 대하여

아, 나의 영혼이여, 나는 그대에게 '오늘'을 말할 때 마치 '언젠가' 와 '이전에'를 말하듯 하라고 가르쳤으며, 모든 여기와 거기 그리고 저기를 넘어 원무를 추도록 가르쳤다.

아, 나의 영혼이여, 나는 그대를 모든 구석에서 구원했고, 그대에 게서 먼지와 거미와 어스름을 몰아냈다.

아, 나의 영혼이여, 나는 그대에게서 작은 수치심과 구석진 곳의 덕을 씻어냈고, 태양의 눈앞에 벌거벗은 채 서도록 그대를 설득했다.

'정신'이라 불리는 폭풍우와 함께 나는 그대의 파도치는 바다 위로 날아갔다. 나는 온갖 구름을 바다 위에서 날려 보냈으며, '죄'라고 불리는 목 조르는 여자까지도 목 졸라 죽였다.

아, 나의 영혼이여, 나는 그대에게 폭풍우처럼 '아니다'라고 말하고, 맑게 갠 하늘이 '그렇다'라고 말하듯이 '그렇다'라고 말할 권리를 주었다. 그대는 빛처럼 조용히 서 있다가 부정하는 폭풍우를 뚫고 나간다.

아, 나의 영혼이여, 나는 그대에게 이미 창조된 것과 아직 창조되지 않은 것을 누릴 자유를 되돌려주었다. 그 누가 앞으로 다가올 미래의 환희를 그대만큼 알겠는가?

아, 나의 영혼이여, 나는 그대에게 벌레가 갉아먹는 것과는 다른 경멸을 가르쳤다. 가장 경멸할 때에 가장 사랑하는 경멸, 사랑에 넘치는 경멸을 가르쳤다.

아, 나의 영혼이여, 나는 그대가 그대의 근거를 설득하여 그대에게 오게 하라고 가르쳤다. 바다가 자신의 높이까지 올라오도록 설득하는 태양처럼.

아, 나의 영혼이여, 나는 그대에게서 모든 복종과 무릎 꿇음과 '주여!'라고 말하는 것을 덜어주었다. 나는 그대 자신에게 '곤경의 전환'과 '운명'이라는 이름을 주었다.

아, 나의 영혼이여, 나는 그대에게 새로운 이름과 다채로운 장난감을 주었다. 그리고 그대를 '운명'으로, '둘레들의 둘레'로, '시간의 탯줄'로, '하늘색의 종'으로 불렀다.

아, 나의 영혼이여, 나는 그대의 토양에 마실 수 있는 온갖 지혜를 부어주었다. 모든 새로운 포도주, 기억할 수 없을 정도로 오래 묵은 도수 높은 지혜의 포도주를 부어주었다.

아, 나의 영혼이여, 나는 그대에게 모든 태양과 모든 밤과 모든 침묵과 모든 동경을 쏟아부었다. 그리하여 그대는 포도 덩굴처럼 성장했다.

아, 나의 영혼이여, 그대는 이제 너무 풍요롭고 묵직한 모습으로 거기에 서 있다. 부풀어 오른 젖가슴과 탐스러운 갈색의 황금 포도송이가 달린 포도 덩굴처럼.

행복에 쫓기고 짓눌린 채 넘치는 풍요를 주체하지 못해 기다리면서, 기다린다는 사실을 여전히 부끄러워하면서.

아, 나의 영혼이여, 이제 그 어디에도 이보다 더 사랑이 넘치고 더 많은 것을 포함하고 더 광대한 영혼은 없을 것이다! 미래와 과거가 그대에게서처럼 더 가까이 함께 머물러 있는 곳이 어디에 있겠는가?

아, 나의 영혼이여, 나는 그대에게 모든 것을 주었다. 그러므로 나의 두 손은 그대 때문에 텅 비었다. 그런데 지금! 그대는 나에게 미소 지으면서 슬픔에 가득 차 말한다. "우리 중에 누가 고마워해야 하는가?

받는 자가 받아들였다는 사실에 대해 주는 자가 고마워해야 하지 않겠는가? 주는 것은 절실한 요구가 아닌가? 받는 것은 연민 때문이 아닌가?"

아, 나의 영혼이여, 나는 그대의 슬픔에 찬 미소를 이해한다. 그대의 넘쳐흐르는 풍요 자체가 이제 그리움의 손을 뻗친다.

그대의 충만함은 쏴쏴 소리를 내면서 파도치는 바다 너머 저쪽을 바라보며 찾고 기다린다. 흘러넘치는 그리움이 미소 짓는 눈을 가진 그대의 하늘로부터 내다본다.

참으로, 아, 나의 영혼이여! 그 누가 그대의 미소를 보고 눈물을 흘리지 않을 수 있겠는가? 천사들조차 그대의 미소에 넘쳐흐르는 선의를 보고 눈물에 젖는다.

탄식하거나 눈물을 흘리지 않으려는 것은 그대의 선의, 넘쳐흐르는 선의다. 아, 나의 영혼이여, 그러나 그대의 미소는 눈물을 동경하며, 그대의 떨리는 입은 흐느낌을 동경한다.

"운다는 것은 모두 탄식하는 것이 아닌가? 탄식한다는 것은 모두

고발이 아닌가?" 그대는 자신에게 이렇게 말한다. 그러므로 그대는 그대의 고통을 쏟아내기보다는 차라리 미소 짓는다, 아, 나의 영혼이여.

그대의 충만함에 대한 그대의 모든 고통과, 그리고 포도 따는 사람과 포도 따는 가위를 기다리는 포도 덩굴의 모든 역경에 대한 그대의 모든 고통을 걷잡을 수 없는 눈물로 쏟아놓기보다는!

그러나 그대가 울지 않으려 한다면, 그대의 자줏빛 슬픔을 눈물로 달래고 싶지 않다면, 그대는 **노래해야만** 한다. 아, 나의 영혼이여! 보라, 그대에게 이렇게 예언하는 나 자신이 미소 짓고 있다.

떠나갈 듯 노래를 불러야 하리라, 모든 바다가 잠잠해지면서 그대의 동경에 귀를 기울일 때까지.

동경으로 가득 찬 고요한 바다 위로 황금빛 기적인 나룻배가 떠다니고, 그 황금 주위로 선하고 악하고 경이로운 모든 사물이 깡충거리며 뛰어다닐 때까지.

또 크고 작은 많은 짐승과 제비꽃 보라색 오솔길을 달릴 수 있을 만큼 가볍고 놀라운 발을 가진 모든 것이 깡충거리며 뛰어다닐 때까지.

그것들 모두는 황금의 기적, 자유 의지의 나룻배, 그리고 그 주인을 향해 달려간다. 그러나 그 주인은 다이아몬드로 된 포도 따는 가위를 가지고 때를 기다리는 포도 재배자다.

아, 나의 영혼이여, 그대의 위대한 해방자는 이름 없는 자다! 미래의 노래들이 비로소 그자의 이름을 발견하게 될 것이다! 참으로, 그대의 숨결은 이미 미래의 노래의 향기를 풍기고 있다.

그대는 이미 발갛게 상기되어 꿈꾸고 있고, 목이 말라 그윽한 소

3부

리를 내며 솟아오르는 모든 위안의 샘물을 마시고 있다. 그대의 슬픔은 이미 미래의 노래의 더없는 행복 속에서 쉬고 있다!

아, 나의 영혼이여, 나는 그대에게 모든 것을, 나의 마지막 것까지 주었다. 그러므로 내 두 손은 그대 때문에 텅 비어 있다. **내가 그대에게 노래하라고 명한 것**, 보라, 그것이 나의 마지막 것이었다!

내가 그대에게 노래하라고 명했으니, 이제 말해보라, 말해보라. 이제 우리 중에서 **누가** 고마워해야 하는가? 하지만 이것이 여전히 더 나을 것이다. 나에게 노래를 불러달라, 노래를 불러달라! 아, 나의 영혼이여! 그리하여 나로 하여금 감사하게 하라!

차라투스트라는 이렇게 말했다.

15. 또 다른 춤의 노래

1

"아, 삶이여, 최근에 나는 그대의 눈 속을 들여다보았다. 나는 그대의 밤의 눈 속에서 황금이 반짝이는 것을 보았다. 나의 심장은 이 환희로 멈추었다.

밤의 수면 위에 황금의 나룻배 한 척이 반짝이는 것을 보았다. 가라앉아 물에 잠겼다가 다시 손짓하며 흔들거리는 황금의 나룻배를!

미친 듯 춤추는 나의 발에 그대는 눈길을 던졌다. 웃는 듯 묻는 듯 녹이는 듯 흔들거리는 눈길을.

오직 두 번, 그대는 작은 두 손으로 그대의 딸랑이를 흔들었다. 그 순간 이미 나의 발은 춤의 열광으로 흔들거렸다.

나의 발꿈치는 들려졌고, 나의 발가락은 그대를 이해하려고 귀를 기울였다. 춤추는 자의 귀는 그의 발가락에 있지 않은가!

그대 쪽으로 나는 뛰어올랐다. 그러자 그대는 나의 도약을 피해 달아났다. 달아나며 휘날리던 그대의 머리카락이 나를 향해 혀처럼 날름거렸다.

나는 그대에게서, 그리고 그대의 뱀에게서 뛰어내렸다. 그때 그대는 이미 몸을 반쯤 돌린 채 서 있었고, 그 눈은 열망으로 가득 차 있었다.

구부러진 눈길로 그대는 나에게 구불구불한 길을 가르친다. 구불구불한 길에서 나의 발은 배운다, 계략을!

가까이 있으면 그대를 두려워하고, 멀리 있으면 그대를 사랑한다. 그대가 달아나면 나는 끌리고, 그대가 찾으면 나는 꼼짝 못 한다. 괴롭다. 하지만 나는 그대를 위해 기꺼이 그 어떤 괴로움도 감내하지 않았던가!

그대가 차가우면 내 마음에 불이 붙고, 그대가 미워하면 유혹을 받고, 그대가 달아나면 묶여버리고, 그대가 비웃으면 감동한다.

누가 그대를 미워하지 않았던가, 속박자이고 농락자이며, 유혹자이고 탐구자이며 발견자인 그대 위대한 여인을! 누가 그대를 사랑하지 않았던가, 순진무구하고 참을성 없고 바람처럼 재빠르고 아이의 눈을 가진 죄수를!

그대 전형적인 장난꾸러기여, 그대는 지금 나를 어디로 끌고 가는가? 그러고는 다시 내게서 달아나는구나, 그대 귀엽고 은혜를 모르는 말괄량이여!

나는 춤을 추며 그대를 뒤쫓고, 희미한 발자국이라도 있으면 그대의 뒤를 따라간다. 그대는 어디 있는가? 손을 내밀어달라! 아니면 손가락 하나만이라도!

여기에는 곳곳에 동굴과 덤불숲이 있다. 그러므로 길을 잃기 마련이다! 멈추어라! 그 자리에 서라! 부엉이와 박쥐들이 어지럽게 날아다니는 것을 보지 못하는가!

그대 부엉이여! 그대 박쥐여! 그대는 나를 놀리려 하는가? 우리는 어디에 있는가? 그대는 이렇게 울부짖고 요란하게 짖어대는 것을 개들에게서 배웠는가.

그대는 나에게 앙증맞은 흰 이빨을 사랑스럽게 드러내고, 악의에 찬 그대의 눈길은 더부룩한 곱슬머리 사이로 나를 향해 돌진한다!

이것은 온갖 장애를 넘어가는 춤이다. 나는 사냥꾼이다. 그대는 나의 개가 되려는가, 아니면 나의 영양이 되려는가?

이제 내 곁에 있구나! 자 빨리, 그대 악의에 찬 도약자여! 이제 위로! 저 너머로! 슬프도다! 나 자신은 도약하다 넘어졌다!

아, 그대 거만한 자여, 보라, 엎드려 자비를 애걸하는 나를 보라! 나는 그대와 더불어 좀 더 사랑스러운 오솔길을 걷고 싶다!

한적하고 다채로운 덤불을 지나가는 사랑의 오솔길을! 혹은 저기 호수를 따라 도는 오솔길을. 거기 호수에는 황금빛 물고기들이 헤엄치고 춤춘다!

그대는 이제 지쳤는가? 저 너머에 양 떼와 저녁놀이 있다. 양치기들이 피리를 불면 그 소리를 들으며 잠드는 것은 멋지지 않은가?

그대는 그토록 지쳤는가? 내가 그대를 안고 갈 테니, 팔을 그냥 늘어뜨려라! 그리고 갈증이 난다면 내가 마실 것을 줄 수도 있으련만, 그대의 입은 그것을 마시려 하지 않을 것이다!

아, 이 저주받은 재빠르고 부드러운 뱀이여, 미끄러운 마녀여! 그대는 어디로 가버렸는가? 하지만 나는 내 얼굴에서 그대의 손이 만든 두 개의 얼룩과 붉은 반점을 느낀다.

언제나 양처럼 온순한 양치기로 있는 것에 나는 참으로 지쳤다! 그대 마녀여, 지금까지는 내가 그대에게 노래를 불러주었으니 이제 는 그대가 나를 위해 소리쳐야 한다!

내가 휘두르는 채찍의 박자에 맞춰 그대가 나를 위해 춤추고 소 리쳐야 한다! 그런데 나는 채찍을 잊었단 말인가? 아니다!"

2

그러자 삶은 나에게 이렇게 대답했고, 그러면서 사랑스러운 두 귀 를 막고 있었다.

"아, 차라투스트라여, 그대의 채찍을 그렇게 무섭게 휘두르지 마 라! 그대는 잘 알고 있다. 소란이 사상을 죽인다는 것을. 그런데 방 금 아주 사랑스러운 사상이 내 머릿속에 떠올랐다.

우리는 둘 다 선한 일도 악한 일도 하지 않는 그런 자들이다. 선악 의 저편에서 우리는 우리의 섬과 푸른 초원을 발견했다. 오직 우리 둘이서만! 그러므로 우리는 서로 사이좋게 지내야 한다!

우리가 서로를 마음속 깊이 사랑하지 않는다고 하더라도, 마음속 깊이 서로를 사랑하지 않는다고 해서 서로 미워해야 한단 말인가?

내가 그대에게 호감을 갖고 있고, 때때로 너무 호의적이라는 것 을 그대는 알고 있다. 내가 그대의 지혜를 시샘하는 것이 그 이유다.

아, 지혜라는 이 늙고 미친 멍청이 여자여!

그대의 지혜가 언젠가 그대에게서 달아나 버린다면, 아! 그때는 나의 사랑도 재빨리 그대로부터 달아나리라."

그렇게 말하고 나서 삶은 깊은 생각에 잠겨 자기 뒤와 주위를 돌아보며 나지막하게 말했다. "아, 차라투스트라여, 그대는 내게 그렇게 충실하지는 않구나!

그대는 오래전부터 자신이 말한 만큼 나를 사랑하지 않았다. 그대가 곧 내 곁을 떠날 생각을 하고 있다는 것을 나는 알고 있다.

윙윙거리는 낡고 무겁고도 무거운 종이 하나 있다. 윙윙거리는 그 소리는 밤마다 그대의 동굴까지 울려 퍼진다.

한밤중에 이 종이 시간을 알릴 때, 한 번에서 열두 번까지 종이 울리는 사이에 그대는 그렇게 생각한다.

나는 알고 있다, 아, 차라투스트라여, 그대가 머지않아 내 곁을 떠날 생각을 하고 있다는 것을!"

"그렇다."라고 나는 머뭇거리며 대답했다. "하지만 그대 또한 이것을 알고 있지 않은가." 나는 그녀의 헝클어진 노랗고 멍청한 머리카락 사이로 그녀의 귀에다 대고 무언가를 속삭였다.

"아, 차라투스트라여, 그대가 그것을 **알고 있는가**? 그것을 아는 사람은 없다."

우리는 서로를 쳐다보았고, 때마침 서늘한 저녁이 깔린 푸른 초원을 바라보며 함께 울었다. 하지만 그때 내게는 삶이 이전의 나의 모든 지혜가 사랑스러웠던 것보다 더 사랑스러웠다.

차라투스트라는 이렇게 말했다.

3

하나!
아, 인간이여! 조심하라!
둘!
깊은 한밤중은 무엇을 말하는가?
셋!
"나는 잠자고 있었다, 잠을 자고 있었다.
넷!
나는 깊은 꿈에서 깨어났다.
다섯!
세계는 깊다.
여섯!
낮이 생각한 것보다 더 깊다
일곱!
세계의 슬픔은 깊다.
여덟!

기쁨은―마음의 고통보다 더 깊다.

아홉!

고통은 말한다, 사라져라!

열!

그러나 모든 기쁨은 영원을 원한다.

열하나!

―깊디깊은 영원을 원한다!"

열둘!

16. 일곱 개의 봉인[31)

(또는 '그렇다'와 '아멘'의 노래)

1

내가 예언자이고, 두 바다 사이에 치솟은 높은 산등성이 위를 방랑하는 예언자적 정신으로 충만하다면,

이 예언자적 정신이 무더운 저지대를 미워하고 지친 나머지 죽을 수도 살 수도 없는 모든 것에 적의를 품으면서 무거운 구름처럼 과거와 미래 사이를 방랑한다면,

그리고 어두운 가슴속에 번갯불과 구원의 광선을 준비하면서 '그렇다!'라고 말하고 '그렇다!'라고 웃으면서 예언자적 광선을 마련하는 번개를 잉태한다면,

이렇게 잉태한 자는 복이 있도다! 그리고 참으로, 언젠가 미래의

---

31) 〈요한계시록〉 5장 1절, "나는 또, 그 보좌에 앉아 계신 분이 오른손에 두루마리 하나를 들고 계신 것을 보았습니다. 그 두루마리는 안팎으로 글이 적혀 있고, 일곱 인을 찍어 봉하여 놓은 것이었습니다."

빛을 밝혀야 하는 자는 오랫동안 무거운 뇌우로서 산등성이에 걸려 있어야 한다!

아, 내가 어떻게 영원을 갈망하지 않을 수 있겠는가, 반지 중의 반지인 결혼반지, 회귀의 반지를 갈망하지 않을 수 있겠는가!

나는 지금껏 단 한 번도 내 아이를 낳게 하고 싶은 여자를 찾지 못했다. 내가 사랑하는 이 여자 외에는. 그대를 사랑하기 때문이다, 아, 영원이여![32]

그대를 사랑하기 때문이다, 아, 영원이여!

2

일찍이 나의 분노가 무덤들을 파헤치고, 경계석들을 밀쳐버리고, 낡은 서판들을 부수어 가파른 골짜기로 굴려버렸다면,

일찍이 나의 조롱이 곰팡내 나는 말들을 불어서 날려버리고, 내가 빗자루가 되어 십자거미들에게 다가갔다면, 그리고 말끔히 쓸어버리는 바람이 되어 낡고 축축한 묘혈을 찾아들었다면,

일찍이 내가 늙은 세계 비방자들의 기념비 옆에서 세계를 축복하고 사랑하면서, 옛 신들이 묻혀 있는 곳에 앉아 기뻐 어쩔 줄 몰랐

---

32) 플라톤, 《향연》, 212a. 디오티마는 소크라테스에게 사랑하는 사람은 신적인 영원한 아름다움과 궁극적으로 결합함으로써 진정한 덕을 얻을 수 있다고 말한다. Platon, *Symposion, Werke*, Bd. 3, 351쪽.

더라면,

하늘이 그 맑은 눈으로 허물어진 천장 사이로 바라볼 때면, 나는 교회와 신들의 무덤조차 사랑하기 때문이다. 나는 마치 풀이나 붉은 양귀비꽃처럼 부서진 교회에 즐겨 앉아 있을 것이다.

아, 내가 어떻게 영원을 갈망하지 않을 수 있겠는가, 반지 중의 반지인 결혼반지, 회귀의 반지를 갈망하지 않을 수 있겠는가!

나는 지금껏 단 한 번도 내 아이를 낳아줄 만한 여자를 찾지 못했다. 내가 사랑하는 이 여자 말고는. 그대를 사랑하기 때문이다, 아, 영원이여!

그대를 사랑하기 때문이다, 아, 영원이여!

3

일찍이 창조적인 숨결로부터, 그리고 여러 우연에게 별의 윤무를 추도록 강요하는 저 천상의 필연으로부터 한 줄기 숨결이 나를 찾아왔다면,

일찍이 행위의 긴 천둥이 불평하면서도 순종적으로 그 뒤를 따르는 저 창조적인 번개의 웃음으로 내가 웃었다면,

일찍이 내가 대지라는 신들의 탁자 위에서 대지가 진동하고 무너지고 불의 강이 용솟음쳐 오를 정도로 신들과 주사위 놀이를 했더라면,

대지는 신들의 탁자이고, 창조적인 새로운 말과 신들의 주사위 놀이로 벌벌 떨고 있기 때문이다.

아, 내가 어떻게 영원을 갈망하지 않을 수 있겠는가, 반지 중의 반지인 결혼반지, 회귀의 반지를 갈망하지 않을 수 있겠는가!

나는 지금껏 단 한 번도 내 아이를 낳아줄 만한 여자를 찾지 못했다. 내가 사랑하는 이 여자 말고는. 그대를 사랑하기 때문이다, 아, 영원이여!

그대를 사랑하기 때문이다, 아, 영원이여!

4

일찍이 내가 모든 사물이 잘 섞여 있는 저 거품 부글거리는 양념 섞는 항아리에서 실컷 마셨다면,

일찍이 나의 손이 가장 먼 것을 가장 가까운 것에, 불을 정신에, 쾌락을 고통에, 그리고 가장 나쁜 것을 가장 좋은 것에 쏟아부었다면,

나 자신이 양념 섞는 항아리 속에서 모든 사물이 잘 섞이게 만드는 저 구원의 소금 한 알갱이라면,

선과 악을 결합하는 소금이 있기 때문이다. 또 최악의 것도 양념이 될 가치가 있고 최후의 거품이 되어 넘쳐흐를 가치가 있기 때문이다.

아, 내가 어떻게 영원을 갈망하지 않을 수 있겠는가, 반지 중의 반지인 결혼반지, 회귀의 반지를 갈망하지 않을 수 있겠는가!

나는 지금껏 단 한 번도 내 아이를 낳아줄 만한 여자를 찾지 못했다. 내가 사랑하는 이 여자 말고는. 그대를 사랑하기 때문이다, 아,

영원이여!

그대를 사랑하기 때문이다, 아, 영원이여!

5

내가 바다와 바다의 성질을 가진 모든 것에 호의적이고, 더구나 바다가 나에게 분노하며 반박할 때 내가 더없는 호의를 품고 있다면,

발견되지 않은 것을 향하여 돛을 몰아가는 저 탐색의 기쁨이 내게 있다면, 항해자의 기쁨이 내게 있다면,

일찍이 나의 환희가 이렇게 외쳤다면. "해안은 사라졌다. 이제 나의 마지막 쇠사슬이 풀렸다.

무한한 것이 내 주위에서 포효하며 물결치고, 공간과 시간이 저 멀리서 반짝인다. 자, 오라! 옛 마음이여!"

아, 내가 어떻게 영원을 갈망하지 않을 수 있겠는가, 반지 중의 반지인 결혼반지, 회귀의 반지를 갈망하지 않을 수 있겠는가!

나는 지금껏 단 한 번도 내 아이를 낳아줄 만한 여자를 찾지 못했다. 내가 사랑하는 이 여자 말고는. 그대를 사랑하기 때문이다, 아, 영원이여!

그대를 사랑하기 때문이다, 아, 영원이여!

6

나의 덕이 춤추는 자의 덕이고, 내가 자주 두 발로 황금과 에메랄드의 황홀경으로 뛰어들었다면,

나의 악의가 웃음 짓는 악의이고, 장미의 비탈과 백합꽃 울타리가 내 집처럼 편안하다면,

웃음 속에는 모든 악이 나란히 함께 있지만, 이 악은 그 자체의 크나큰 행복에 의해 신성해지고 사면받기 때문이다.

그리고 모든 무거운 것이 가벼워지고, 모든 몸이 춤추는 자가 되며, 모든 정신이 새가 되는 것, 그것이 나의 알파요 오메가라면, 참으로 이것이야말로 나의 알파요 오메가다![33]

아, 내가 어떻게 영원을 갈망하지 않을 수 있겠는가, 반지 중의 반지인 결혼반지, 회귀의 반지를 갈망하지 않을 수 있겠는가!

나는 지금껏 단 한 번도 내 아이를 낳아줄 만한 여자를 찾지 못했다. 내가 사랑하는 이 여자 말고는. 그대를 사랑하기 때문이다, 아, 영원이여!

그대를 사랑하기 때문이다, 아, 영원이여!

---

33) 〈요한계시록〉 1장 8절, "지금도 계시고 전에도 계셨고 앞으로 오실 전능하신 주 하나님께서 '나는 알파요 오메가다' 하고 말씀하십니다."

일찍이 내가 내 머리 위에 고요한 하늘을 펼치고 나 자신의 날개로 나 자신의 하늘을 날았더라면,

내가 놀이를 하듯 깊디깊은 빛의 아득함 속으로 헤엄쳐가고, 나의 자유에 새의 지혜가 찾아들었더라면,

새의 지혜는 이렇게 말하지 않는가. "보라, 위도 아래도 없다! 너 자신을 던져보아라, 사방으로, 저 멀리로, 뒤로, 그대 가벼운 자여! 노래하라! 더는 말하지 마라!

모든 말은 무거운 자들을 위해 만들어진 것이 아닌가? 가벼운 자들에게는 모든 말이 거짓말이 아닌가! 노래하라! 더는 말하지 마라!"

아, 내가 어떻게 영원을 갈망하지 않을 수 있겠는가, 반지 중의 반지인 결혼반지, 회귀의 반지를 갈망하지 않을 수 있겠는가!

나는 지금껏 단 한 번도 내 아이를 낳아줄 만한 여자를 찾지 못했다. 내가 사랑하는 이 여자 말고는. 그대를 사랑하기 때문이다, 아, 영원이여!

그대를 사랑하기 때문이다, 아, 영원이여!

Friedrich
Nietzsche

Also
sprach

아, 이 세상에서 동정하는 자들보다
더 바보 같은 짓을 하는 자들이 어디 있었던가?
그리고 세상에서 동정하는 자들의 어리석음보다
더 큰 고통을 가져온 것이 어디에 있겠는가?
자신의 동정심도 뛰어넘는 높이를 아직 가지지 못하면서
사랑을 하는 모든 자에게 화 있을지어다!
언젠가 악마가 내게 "신에게도 자신의 지옥이 있으니,
인간에 대한 신의 사랑이 그것이다."라고 말했다.
또 최근에 나는 악마가 "신은 죽었다.
인간에 대한 동정 때문에 신은 죽었다."라고 말하는 것을 들었다.

— 차라투스트라, 2부 〈3. 동정하는 자들에 대하여〉, 164~165쪽.

1. 제물로 바친 꿀

차라투스트라의 영혼 위로 다시 세월이 흘렀지만, 그는 그것에 신경 쓰지 않았다. 하지만 그의 머리는 하얗게 세었다. 어느 날 그는 자신의 동굴 앞 바위에 앉아 말없이 저 먼 곳을 바라보고 있었다. 그곳에서는 구불구불한 심연 너머로 바다가 내려다보였다. 그때 그의 짐승들이 깊은 생각에 잠겨 그의 주위를 맴돌다가 마침내 그의 앞에 앉았다.

그의 짐승들이 말했다. "아, 차라투스트라여, 그대는 자신의 행복을 기다리고 있는가?" 그가 대답했다. "행복이 무슨 소용인가! 나는 이미 오래전부터 행복을 얻으려고 노력하지 않았다. 내가 뜻을 두고 있는 것은 나의 일이다." 다시 짐승들이 말했다. "아, 차라투스트라여, 그대는 좋은 것을 너무 충분히 갖고 있어 그런 말을 하는 것이다. 그대는 하늘색 행복의 호수에 누워 있지 않은가?" 그러자 차라투스트라가 웃으며 대답했다. "유쾌한 어릿광대들이여, 그대들은 그 비유를 참으로 잘 골랐다! 하지만 그대들은 또한 알고 있지 않은가. 나의 행복은 나를 짓누르고, 나에게서 떠나지 않으려 하며, 녹아

내린 역청처럼 군다."

그러자 짐승들은 다시 생각에 잠겨 그의 주위를 맴돌다가 다시 한번 그의 앞에 앉았다. 그리고 말했다. "아, 차라투스트라여, 그런 이유로 그대의 머리는 하얗게 세어 아마처럼 보이건만 그대 자신은 점점 더 노래지고 더 어두워지지 않았는가? 보라, 그대는 그대의 역청 속에 앉아 있다!" 차라투스트라가 웃으며 말했다. "무슨 말을 하는가, 나의 짐승들이여? 참으로 내가 역청이란 말을 한 것은 비방하려고 한 이야기였다. 내게 일어난 일은 익어가는 모든 과일에서도 일어난다. 나의 피를 더 짙게 하고 나의 영혼 또한 더욱 고요하게 만드는 것은 내 혈관 속을 흐르는 **꿀**이다." 이에 짐승들이 대답하면서 그의 곁으로 몰려들었다. "그럴 것이다. 아, 차라투스트라여. 하지만 오늘은 높은 산에 오르지 않으려는가? 공기가 맑아 오늘은 어느 때보다도 세상을 더 잘 볼 수 있을 것이다." 차라투스트라가 대답했다. "그렇다, 나의 짐승들이여. 그대들의 조언은 적절하고 마음에 든다. 오늘 나는 높은 산에 오르려고 한다! 그러니 거기서도 내가 노랗고 흰, 얼음처럼 신선하며 질 좋은, 막 벌집에서 채취한 황금빛 꿀을 손에 넣을 수 있게 해다오. 알아두어야 할 일이지만, 내가 산 위에서 꿀을 제물로 바치려고 하기 때문이다."

그러나 차라투스트라는 산꼭대기에 오르자, 그를 따라온 짐승들을 집으로 돌려보냈다. 혼자라는 것을 알게 되자 그는 마음껏 웃으면서 주위를 둘러보고는 이렇게 말했다.

"내가 제물에 대해, 제물로 바칠 꿀에 대해 말한 것은 하나의 간계일 뿐이었다. 참으로 유용한 어리석음이었다! 여기 산 위에서 은둔자의 동굴 앞이나 은둔자의 짐승들 앞에서 좀 더 자유롭게 말할 수 있다.

제물을 바치다니! 천 개의 손을 가진 낭비자인 나는 내게 선물로 주어진 것을 낭비한다. 그런데 어떻게 내가 제물을 바친다고 말할 수 있단 말인가!

그리고 꿀을 갈망했지만, 진정으로 내가 갈망한 것은 투덜거리는 곰과 기이하고 까다롭고 사악한 새도 입맛을 다시는 미끼와 달콤한 즙과 점액이었을 뿐이다.

사냥꾼이나 어부가 필요로 하는 최상의 미끼를 갈망했을 뿐이다. 이 세계가 짐승이 사는 어두운 숲과 같고 모든 거친 사냥꾼의 유원지와 같다면, 내겐 오히려 그 세계가 바닥을 알 수 없는 풍요로운 바다처럼 여겨지기 때문이다.

알록달록한 물고기와 바닷게로 가득 찬 바다, 신들조차 어부가 되어 그물을 던지고 싶은 바다 말이다. 이처럼 세계는 크고 작은, 기이한 것들로 가득하다!

특히 인간의 세계, 인간의 바다가 그렇다. 이 **바다**에 이제 황금 낚싯대를 던지면서 내가 말한다. 열려라, 그대 인간의 심연이여!**1)**

열려라, 그러고는 내게 그대의 물고기와 번쩍이는 게들을 던져라!

---

1) 〈마태복음〉 4장 18~19절. "예수께서 갈릴리 바닷가를 걸어가시다가, 베드로라는 시몬과 그와 형제간인 안드레가 그물을 던지고 있는 것을 보셨다. 그들은 어부였다. 예수께서 그들에게 말씀하셨다. '나를 따라오너라. 나는 너희를 사람을 낚는 어부로 삼겠다.'"

내가 가진 최상의 미끼로 오늘 기이하기 그지없는 인간이라는 물고기를 낚는다!

나의 행복을 저 멀리 사방팔방으로, 일출부터 정오를 거쳐 일몰까지 던진다. 수많은 인간 물고기가 나의 행복을 잡아당기고 거기 매달려 버둥거리는 것을 배우지나 않을까 해서다.

그 물고기들이 나의 숨겨진 뾰족한 낚싯바늘을 물고 **나의** 높이로 올라올 수밖에 없도록. 심연의 바닥에 사는 더없이 알록달록한 것들이 인간을 낚는 모든 어부 중에서 가장 악의적인 어부에게로 올라올 수밖에 없도록 하기 위해서다.

다시 말해 나는 근본적으로 원래부터 끌고 잡아당기고 잡아 올리고 끌어당기는 **그러한** 어부다. 일찍이 자기 자신에게 '있는 그대로의 네가 되어라!'[2]라고 적절하게 말한 예언자, 양육자, 그리고 훈계자다.

그러므로 지금부터는 인간들이 **이 위로** 올라오는 것이 좋겠다. 나는 아직도 내가 내려갈 때를 알리는 신호를 기다리기 때문이다. 언젠가는 그래야겠지만 아직은 인간들 사이로 내려가고 싶지 않다.

나는 여기 높은 산 위에서 교활하게 비웃으며 기다리고 있다. 인

---

2) 니체는 고대 그리스의 시인 핀다로스(Pindaros)의 이 말을 일종의 실존적 명법(命法)으로 사용한다. 《즐거운 학문》, 270, 니체전집 12, 250쪽. "너는 너 자신이 되어야 한다(Du sollst der werden, der du bist)." Pindar, Phythian Ode, 2. 72: "Become such as you are, having learned what that is." W. R. Race, *Pindar I*, Loeb Classical Library (Cambridge, Mass., and London, 1997).

내심 없는 자도 있는 자도 아닌 인내 그 자체를 잊어버린 자로서 기다리고 있다. 이자는 이제 '인내하지' 않기 때문이다.[3]

말하자면 나의 운명이 내게 시간을 준 것이다. 운명이 나를 잊은 것인가? 아니면 운명이 커다란 바위 뒤 그늘에 앉아서 파리라도 잡고 있단 말인가?

나는 참으로 나의 영원한 운명에게 감사한다. 나를 재촉하지도 몰아대지도 않고 나에게 장난질과 심술궂은 짓을 할 시간을 주었으니 말이다. 그리하여 나는 오늘 고기를 낚으려고 이 높은 산에 올라온 것이다.

높은 산에서 고기를 낚은 인간이 있었던가? 내가 여기 산 위에서 하고자 하는 것과 하고 있는 일이 어리석은 일이라 할지라도, 내가 저 밑에서 기다림에 지쳐 엄숙해지고 얼굴이 창백해지는 것보다는 더 낫다.

기다림에 지쳐 거드름 피우며 분노를 터뜨리는 자가 되고, 산 위에서 울부짖는 신성한 폭풍이 되고, 아래쪽 골짜기를 향해 '들어라, 그러지 않으면 신의 채찍으로 너희를 때리리라!' 하고 외치는 인내심 없는 자가 되기보다는.

하지만 화를 내는 그러한 자들을 내가 싫어하는 것은 아니다. 그들은 내게 웃음거리에 지나지 않을 뿐이다! 시끌벅적한 커다란 북

---

3) 〈고린도전서〉 13장 4절, "사랑은 모든 것을 덮어주며, 모든 것을 믿으며, 모든 것을 바라며, 모든 것을 견딥니다." 바울은 여기서 '모든 것을 견디는' 사랑을 말한다. 독일어 낱말 'dulden'은 '참다', '견디다', '인내하다'의 뜻을 지니고 있다.

과 같은 자들은 초조할 수밖에 없지 않은가. 오늘이 아니면 앞으로 발언할 기회를 결코 얻지 못할 것이므로!

그러나 나와 나의 운명은 오늘을 향해 말하지 않으며, 오지 않을 날을 향해서도 말하지 않는다. 우리는 말하기 위한 인내와 시간과 그 시간을 뛰어넘는 시간을 이미 가지고 있다. 언젠가 그것은 오고야 말 것이며 그냥 지나쳐가지 않을 것이기 때문이다.

누가 언젠가 오고야 말 것이며 그냥 지나쳐가지 않을 것이란 말인가? 우리의 위대한 하자르(Hazar)[4], 다시 말해 우리의 위대하고도 머나먼 인간 왕국, 차라투스트라의 천년왕국이 바로 그것이다.

그렇게 '멀다'는 것이 얼마만큼 멀다는 것일까? 그것이 나에게 무슨 상관이란 말인가! 멀다고 해서 내가 그것을 덜 확신하는 것은 아니다. 나는 두 발로 이 땅 위에 굳건히 서 있을 뿐이다.

영원한 토대 위에, 단단한 태고의 바위 위에, 이 가장 높고 가장 굳건한 원시 산맥 위에 서 있을 뿐이다. 날씨를 갈라놓는 경계선을 이루는 이 산맥 쪽으로 모든 바람이 불어온다. '어디에서? 어디로?' 라고 물으면서.

자, 웃어라, 웃어라, 나의 밝고 건강한 악의여! 높은 산에서 번쩍

---

4) '하자르'는 고대 페르시아어로 천(千)을 뜻한다. 〈요한계시록〉에서 천년(왕국)이 반복적으로 언급된다. 〈요한계시록〉 20장 5절, "그들은 살아나서, 그리스도와 함께 천 년 동안 다스렸습니다." 니체는 1884년의 유고에서 차라투스트라와 천년왕국을 언급한다. "나는 페르시아인 차라투스트라에게 영예를 돌려야 했다. 페르시아인들이 처음으로 역사를 전체적으로 사색했다. 발전의 연속, 모두가 예언자 역할을 했다. 모든 예언자는 자신의 하자르, 천년왕국을 갖고 있었고." KSA 11, 25(148), 53쪽.

이는 그대의 비웃음을 저 아래로 던져라! 그대의 번쩍이는 웃음으로 아름답기 그지없는 인간 물고기들을 나에게 꾀어내라!

모든 바닷속에 있는 것 가운데 내게 속하는 것, 모든 사물 속에 있는 '그 자체와 나를 위해 있는 것'[5], 그것을 내게로 낚아 올려라. 그것을 내게로 끌어올려라. 모든 어부 중에서 가장 악의적인 어부인 나는 그것을 기다리고 있다.

바깥으로, 저 바깥으로, 나의 낚싯바늘이여! 안으로, 아래로, 나의 행복의 미끼여! 그대의 더없이 달콤한 이슬을 방울져 떨어지게 하라, 내 마음의 꿀이여! 물어라, 나의 낚싯바늘이여, 모든 검은 슬픔의 배를 파고들어라!

바깥으로, 저 바깥으로, 나의 눈이여! 아, 내 주위에는 어찌 그리 많은 바다가 있으며, 어찌 그리 환하게 밝아오는 사람의 미래가 있는가! 그리고 나의 머리 위에는 어찌 그리 장밋빛 붉은 정적이 감돌고 있는가! 어찌 그리도 구름 한 점 없는 침묵이!"

---

5) '그 자체와 나를 위해 있는 것(mein An-und-für mich)'은 헤겔의 개념 '즉자 대자(卽自 對自, An und für sich)'를 변형시킨 것이다. '즉자'가 그 자신이 있는 그대로의 독립적인 존재라면, '대자'는 타자와의 관계에서 자기를 자각하는 존재다.

2. 도움을 청하는 외침

다음 날 차라투스트라는 다시 동굴 앞 바위에 앉아 있었다. 신선한 꿀을 포함하여 신선한 음식을 구해 오려고 짐승들은 바깥세상을 이리저리 돌아다니고 있었다. 차라투스트라가 이미 묵은 꿀을 마지막 한 방울까지 다 써버리고 낭비해버렸기 때문이다. 그는 손으로 지팡이를 잡고 그렇게 앉아서 땅 위에 자신의 그림자를 그리며 깊은 생각에 잠겨 있었다. 참으로! 자신과 자신의 그림자에 관한 생각은 아니었다. 그러다가 깜짝 놀라 몸을 움찔했다. 자신의 그림자 옆에 또 다른 그림자가 있는 것을 보았기 때문이다. 그가 재빨리 주위를 둘러보며 일어섰을 때, 보라, 그의 옆에는 그 예언자가 서 있었다. 언젠가 차라투스트라가 식탁으로 초대하여 음식을 대접한 적이 있는 바로 그 예언자. 커다란 권태를 알린 예고자인 그는 이렇게 가르쳤다. "모든 것은 같다. 아무것도 보람이 없다. 세계는 무의미하다. 앎이 목을 조른다." 그런데 그동안 그의 얼굴은 변해 있었다. 그의 눈을 들여다보는 순간 차라투스트라의 마음은 다시 한번 놀랐다. 너무도 많은 불길한 예고와 잿빛 섬광이 이 얼굴 위로 스쳐 지나갔다.

차라투스트라의 영혼에 무슨 일이 일어났는지 알아차린 예언자는 얼굴을 씻어서 없애버리기라도 하려는 듯 손으로 자기 얼굴을 닦았다. 차라투스트라도 똑같이 했다. 그러고 나서 두 사람은 말없이 정신을 가다듬고 기운을 차리면서, 서로를 다시 알아보았다는 표시로 악수를 했다.

"환영하네." 차라투스트라가 말했다. "그대 커다란 권태의 예언자여, 아무런 이유 없이 그대가 한때 나의 식탁 친구이자 손님이었던 것은 아니네. 오늘도 나와 함께 먹고 마시도록 하세. 물론 흡족해하는 늙은이가 그대와 함께 식탁에 앉는 걸 용서하게!" 그러자 예언자가 머리를 흔들며 대답했다. "흡족해하는 늙은이라니? 그대가 누구든, 또 어떤 사람이 되려 하든, 아, 차라투스트라여, 그대는 너무 오랫동안 여기 산 위에 있었다. 조금 있으면 그대의 나룻배는 더 는 이 마른땅에 머물러서는 안 된다!" 차라투스트라가 웃으면서 물었다. "그래, 내가 마른땅에 앉아 있단 말인가?" 예언자가 대답했다. "일렁이는 물결이 그대의 산을 둘러싸고 점점 높이 차오르고 있다. 커다란 곤경과 슬픔의 물결이. 이 물결은 곧 그대의 나룻배를 밀어 올려 그대를 싣고 떠날 것이다." 이 말을 들은 차라투스트라는 말을 멈추고 이상하다고 생각했다. 예언자가 계속해서 말을 이었다. "그대는 아직 아무것도 듣지 못하는가? 저 깊은 심연으로부터 우르릉거리며 포효하는 소리가 올라오지 않는가?" 차라투스트라가 다시 침묵하며 귀를 기울이자, 그때 길고 긴 외침이 들려왔다. 심연들이 서로에게 던지고 떠넘기는 외침이었다. 어느 심연도 그 외침을 간직하고 싶지 않은 것이다. 그만큼 그 외침은 불길하게 들렸다.

차라투스트라가 마침내 말했다. "그대, 나쁜 예고자여, 저것은 도움을 청하는 외침이며, 인간의 외침이다. 검은 바다 어딘가에서 들려오는 것이다. 하지만 인간의 곤경이 나와 무슨 상관인가! 나에게 남겨진 마지막 죄, 그대는 이 죄의 이름을 알고 있지 않은가?"

"**동정**이다!" 예언자는 넘쳐흐르는 마음으로 대답하면서 두 손을 쳐들었다. "아, 차라투스트라여, 나는 그대를 그대의 마지막 죄로 유혹하려고 온 것이다."

이 말이 끝나자마자 다시 한번 외침이 울려 퍼졌다. 전보다 더 길고 더 불안하게, 그리고 훨씬 더 가까운 곳에서. "들리는가? 들리는가? 아, 차라투스트라여!" 예언자가 외쳤다. "저 외침은 그대를 향하고 있다. 그대를 부르고 있다, 자, 자, 자, 때가 왔다. 때가 무르익었다!"

차라투스트라는 이 말을 듣고 침묵을 지켰다. 마음이 혼란스럽고 흔들렸다. 마침내 그가 마음속으로 머뭇거리면서 물었다. "저기서 나를 부르고 있는 자는 누구인가?"

그러자 예언자가 격한 목소리로 대답했다. "아니, 그대는 알고 있지 않은가? 그대는 무엇을 숨기는가? 그대를 향해 외치는 자는 **우월한 인간**[6]이다."

차라투스트라가 두려움에 떨며 소리쳤다. "우월한 인간이라니? **그는** 무얼 바라는가? **그는** 무얼 바란단 말인가? 우월한 인간이? 그는 여기서 무얼 바란단 말인가?" 그의 몸은 땀으로 흥건했다.

그러나 예언자는 차라투스트라의 불안에는 아랑곳하지 않고 심

4부 및 최종 부

연을 향해 귀 기울이고 또 기울였다. 하지만 한참 동안 아무 소리도 나지 않자 그는 눈길을 돌려 차라투스트라가 서서 떨고 있는 것을 보았다.

"아, 차라투스트라여." 그가 슬픈 목소리로 말하기 시작했다. "그 대가 거기 서 있는 모습을 보니 행복에 겨워 현기증을 느끼는 사람 같지는 않구나. 쓰러지지 않으려면 그대는 춤을 추어야 한다!

그러나 그대가 아무리 내 앞에서 춤추고 이리저리 옆으로 뛴다 해도, 아무도 내게 '보라, 여기에 최후의 즐거운 인간이 춤추고 있 다!'라고 감히 말하지는 않을 것이다.

그런 사람을 찾아서 이 높은 곳에 오른 사람은 헛걸음한 것이다. 여러 동굴과 동굴 속의 동굴, 은둔자들의 은신처는 찾아낼지 몰라

---

6) '우월한 인간(Der höhere Mensch, The superior human)'. 여기서 hoch(높다)의 비교급인 höher는 '보다 높은', '우월한', '뛰어난' 등의 뜻을 지니고 있다. '마지막 인간'이라 불 리는 군중이 비천한 저지대에서 사는 데 반해 '초인'은 이를 내려다볼 수 있는 자신의 높이를 갖고 있다. '우월한 인간'은 군중보다 나은 인간 유형으로서 초인의 삶을 추구 한다. 니체가 노예도덕과 주인도덕을 대비시키고, 고귀함과 비천함을 대비시킨다는 점을 고려하여 Der höhere Mensch를 '우월한 인간'으로 옮겼다. 이 개념이 종종 '차원 높은 인간', '지체 높은 인간' 또는 '보다 높은 인간' 등으로 번역되지만 차라투스트라 가 말하는 높이는 단순한 사회적 지위와 인식론적 수준을 의미하는 것이 아니라, 자기 극복의 목표로서 '우월한 것'과 '열등한 것'의 투쟁을 전제한다. 우월은 '다른 것보다 낫다', 열등은 '다른 것보다 낮다'의 뜻이므로 '우월한 인간'이 본래의 뜻을 더 잘 반영 한다. 니체는 '우월한 인간'을 허무주의 시대 인간 유형의 퇴화와의 연관 관계에서 서 술한다. KSA 11, 27(23), 280~281쪽. "모든 종류의 우월한 인간들과 그들의 곤궁과 쇠 약. 전체적으로 오늘날 우월한 인간의 운명, 그들이 멸종의 선고를 받게 된 방식. 그것 은 도움을 청하는 외침처럼 차라투스트라의 귀에 들린다. 우월한 본성의 온갖 종류의 격렬한 퇴화가 (예를 들어 허무주의가) 그에게 다가온다."

도, 행복의 수직갱, 보물 창고, 새로운 행복의 금광맥은 발견하지 못할 것이다.

행복, 이처럼 묻혀버린 자들과 은둔자들에게서 어떻게 행복을 찾아낸단 말인가! 나는 최후의 행복을 여전히 행복의 섬에서, 그리고 잊힌 저 멀리 바다 사이에서 찾아야만 하는가?

하지만 모든 것은 같고, 아무것도 보람이 없으며, 찾아다니는 것도 소용없다. 행복의 섬들도 더는 존재하지 않는다!"

예언자는 이렇게 탄식했다. 그의 마지막 탄식 소리에 차라투스트라는 깊은 구덩이에서 빛 속으로 나온 자처럼 다시 마음이 밝아지고 자신감을 되찾았다. 그는 힘찬 목소리로 외치면서 수염을 쓰다듬었다. "아니다! 아니다! 세 번을 말하지만, 아니다! **그것은** 내가 더 잘 알고 있다! 행복의 섬들은 여전히 존재한다. **그것에 대해서는** 입을 다물라, 그대 한숨짓는 슬픔의 자루여!

그것에 대해 그만 지껄여라, 그대 오전의 비구름이여! 나는 이미 그대의 슬픔에 젖어, 흠뻑 비 맞은 개처럼 여기에 서 있지 않은가?

나는 다시 몸을 말리려고 이제 몸을 털고 그대에게서 달아난다. 그대는 그 때문에 놀라지 마라! 내가 그대에게 불손하다고 생각하는가? 하지만 여기는 **나의** 궁전이다.

그대가 말하는 우월한 인간에 대해서는, 좋다! 나는 즉각 저기 숲속에서 그를 찾겠다. **그곳에서** 그의 외침이 들려오지 않았던가. 아마도 그곳에서 사악한 짐승에게 쫓기고 있는지도 모른다.

그는 **나의** 영역 안에 있다. 내 영역에서 그가 해를 입어서는 안 된다! 그리고 참으로 내 곁에는 사악한 짐승들이 많지 않은가."

이렇게 말하고 나서 차라투스트라는 가려고 몸을 돌렸다. 그때 예언자가 말했다. "아, 차라투스트라여, 그대는 못된 사람이다!

나는 이미 알고 있었다. 그대가 내게서 벗어나려 한다는 것을! 그대는 차라리 숲속으로 달려가 사악한 짐승들을 뒤쫓고자 한다!

하지만 그게 무슨 소용이 있겠는가? 저녁이면 나를 다시 보게 될텐데. 나는 그대의 동굴 속에 통나무처럼 참을성 있게 묵묵히 앉아서 그대를 기다리겠다!"

"마음대로 하시오!" 차라투스트라는 떠나가면서 뒤를 향해 소리쳤다. "내 동굴 속에 있는 내 물건은 내 손님인 그대의 것이기도 하니까!

그리고 동굴 안에서 꿀을 찾아내거든, 좋다! 그 꿀을 핥아서 먹으시오, 그대 불평투성이 곰이여. 그리하여 그대의 영혼을 달콤하게 만드시오! 저녁에 우리 둘의 기분이 좋기를 바라니까.

오늘 하루가 끝나서 기분이 좋고 즐겁다! 그리고 그대는 나의 춤추는 곰으로서 나의 노래에 맞추어 춤을 춰야 한다.

그대는 내 말을 믿지 않는가? 머리를 가로젓는가? 자, 그래! 늙은 곰아! 하지만 나도 예언자다."

차라투스트라는 이렇게 말했다.

3. 왕들과의 대화

1

차라투스트라는 산과 숲속을 한 시간도 채 가지 않아서 갑자기 기이한 행렬을 보았다. 그가 내려가려는 바로 그 길로 두 명의 왕이 맞은편에서 걸어왔다. 그들은 왕관을 쓰고 자줏빛 띠를 두르고서 홍학처럼 형형색색으로 치장하고 있었다. 그들은 짐을 진 한 마리의 나귀를 앞세워 몰고 왔다.[7] '이 왕들이 내 영토에서 무얼 하려는 걸까?' 차라투스트라는 깜짝 놀라 마음속으로 이렇게 말하고는 덤불 뒤로 재빨리 몸을 숨겼다. 하지만 왕들이 그가 있는 곳까지 다가왔을 때 그는 자기 자신에게만 말하는 사람처럼 낮은 목소리로 말했다. "기이하군! 기이해! 어떻게 저게 어울릴 수 있단 말인가? 왕은

---

7) 〈마태복음〉 21장 5절, "보아라, 네 임금이 네게로 오신다. 그는 온유하시어, 나귀를 타셨으니, 어린 나귀, 곧 멍에 메는 짐승의 새끼다."

둘인데 나귀는 한 마리뿐이니!"

그러나 두 왕은 멈추어 서서 미소를 지으면서 소리가 난 쪽을 바라보았다. 그러고는 서로 얼굴을 마주 보았다. "우리 중에도 그런 식으로 생각하는 자가 있지만, 그걸 말로 드러내는 자는 없다." 오른편 왕이 말했다.

그러자 왼편 왕이 어깨를 으쓱하며 대답했다. "아마 염소를 치는 자일 것이다. 아니면 너무 오랫동안 바위와 나무 사이에서 살아온 은둔자일 테지. 사람들과 전혀 사귀지 않고 지내다 보면 바른 예절도 저버리게 되는 법이지."

"바른 예절이라니?" 다른 왕이 못마땅해하면서 언짢게 대답했다. "우리는 도대체 누구를 피해 달아나고 있단 말인가? '바른 예절'로부터가 아닌가? 우리의 '상류사회'로부터 달아나고 있지 않은가?

참으로 금박을 입힌 가짜이며 요란하게 화장을 한 우리의 천민과 함께 살기보다는 차라리 은둔자나 염소를 치는 자들 사이에서 사는 게 낫다. 천민이 스스로를 이미 '상류사회'로 부르더라도 말이다.

천민이 스스로를 이미 '귀족'이라고 부르더라도 말이다. 그러나 그곳에서는 모든 것이 가짜고 썩었는데, 특히 피가 그렇다. 그것은 오래된 나쁜 질병과 한층 더 나쁜 돌팔이 의사들 때문이다.

오늘날 나에게 가장 좋고 가장 사랑스러운 자는 건강한 농부다. 거칠고 교활하고 고집스럽고 끈기 있는 농부다. 이들이야말로 오늘날 가장 고귀한 종족이다.

농부는 오늘날 최선의 존재다. 농부 종족이야말로 주인이 되어야 한다. 그러나 그것은 천민의 제국이다. 다시는 속지 않겠다. 천민은 잡동사니에 지나지 않는다.

천민-잡동사니. 그 안에는 모든 것이 뒤섞여 있다. 성자와 불량배, 귀공자와 유대인, 노아의 방주에서 나온 온갖 가축이 뒤섞여 있다.

바른 예절이라! 우리에게 있어서 모든 것은 거짓이고 썩었다. 아무도 더는 숭배할 줄 모른다. 우리는 바로 **이러한 자들에게서** 달아난다. 그들은 알랑거리면서도 성가신 개들이다. 그들은 종려나무 잎에 금박을 입힌다.

이런 구역질이 나를 질식시킨다. 왕인 우리 자신도 가짜가 되었기 때문이다. 오래되어 노랗게 변한 조상들의 화려한 옷과 가장 어리석은 자들, 가장 교활한 자들, 그리고 오늘날 권력과 결탁하여 온갖 폭리를 취하는 자들을 위해 만들어진 기념주화로 덮어 위장하고 있기 때문이다!

우리는 으뜸가는 자들이 **아니다**. 그런데도 우리는 그런 **척해야 한다**. 그러나 이제는 이 속임수도 지긋지긋하며 구역질이 난다.

우리는 이러한 천민들에게서 달아났다. 그 모든 울부짖는 자, 쇠파리 같은 글쟁이, 악취를 풍기는 상인, 명예욕에 몸부림치는 자, 사악한 숨결로부터 도망쳐 나왔다. 제기랄, 천민들 사이에서 살다니.

제기랄, 천민들 사이에서 으뜸인 척하다니! 아, 역겹다! 역겹다! 역겹다! 우리, 왕들이 무슨 소용인가!"

"그대의 고질병이 도졌구나." 여기서 왼편 왕이 말했다. "구역질이 그대를 덮치는구나, 나의 가련한 형제여. 하지만 누군가가 우리의 말을 듣고 있다는 걸 그대도 알 테지."

이들의 말에 눈과 귀를 기울이고 있던 차라투스트라는 숨어 있던

곳에서 곧바로 일어나 왕들에게 다가가 말하기 시작했다.

"그대들의 말에 귀를 기울이는 자, 그대들의 말을 즐겨 듣고 있는 자는, 그대들 왕들이여, 차라투스트라라고 불리는 자다.

내가 이전에 '왕들이 무슨 소용인가!'라고 말한 바로 그 차라투스트라다. 나를 용서하라. 그대들이 서로 '우리, 왕들이 무슨 소용인가!'라고 말했을 때 내가 기뻐한 것을.

그러나 여기는 **나의** 제국이고 내가 지배하는 영토다. 그런데 그대들은 나의 제국에서 무엇을 찾고 있는가? 아마도 그대들은 도중에 **내가** 찾고 있는 자를 **만났을** 것이다. 우월한 인간을 말이다."

이 말을 듣자 왕들은 자기 가슴을 치며 한목소리로 말했다. "우리의 정체가 드러나고 말았구나!

비수 같은 말로 그대는 우리 가슴의 짙은 어둠을 도려낸다. 그대는 우리의 곤경을 알아차렸다. 보라! 우리는 우월한 인간을 찾아 길을 떠났기 때문이다.

우리가 비록 왕이기는 하지만 우리보다 더 우월한 인간을 찾으러 길을 떠났다. 우리는 그에게 이 나귀를 끌고 가는 것이다. 최고의 인간이 지상에서도 최고의 지배자가 되어야 하기 때문이다.

이 지상에서 힘 있는 자들이 곧 최상의 인간이 아니라면, 인간의 모든 운명 중에서 그보다 더 가혹한 불행은 없다. 이런 경우에 모든 것은 거짓이 되고 비뚤어지고 기괴해질 것이다.

더군다나 이 힘 있는 자들이 더없이 비천한 인간이고, 인간이라기보다 오히려 짐승일 경우에는 천민의 값은 오르고 또 오를 것이고, 끝내 천민의 덕까지 나서서 '보라, 나만이 덕이다!'라고 말하게 될 것이다."

차라투스트라가 대답했다. "방금 내가 무슨 말을 들었는가? 왕들이 이렇게 지혜롭다니! 감격스럽다. 참으로 그것에 맞추어 시 한 수를 짓고 싶구나.

비록 모든 사람의 귀에 와닿지 않는 시일지라도 말이다. 나는 이미 오래전부터 기다란 귀를 배려하는 것을 잊어버렸다. 자아! 어서!"

(그런데 여기서 나귀도 말하는 일이 일어났다. 나귀가 또렷한 소리로 악의를 품은 채 "이-아."라고 소리친 것이다.)

옛날옛적에, 기원후 일 년의 일이었을 것이다.

술 마시지 않고도 취한 무녀가 말했다.[8]

"슬프도다, 세상이 기울었다!

타락이다! 타락이다! 세상이 이토록 깊이 가라앉은 적은 없었다!

로마는 가라앉아 창녀가 되고 사창가가 되었다.[9]

로마의 황제는 가라앉아 가축이 되고, 신 자신은 유대인이 되었다!

---

8) 'Sibylle(Sibyl)'는 첫 번째 델포이 신탁의 이름으로서 아폴론 숭배에서 예언의 능력을 지닌 모든 무녀를 가리킨다.

9) 〈이사야서〉 1장 21절, "그 신실하던 성읍이 어찌하여 창녀가 되었습니까? 그 안에 정의가 충만하고, 공의가 가득하더니, 이제는 살인자들이 판을 칩니다." 〈요한계시록〉 17장 5절, 창녀가 받을 심판과 관련하여 바빌론을 언급한다. "그리고 이마에는 '땅의 음녀들과 가증한 것들의 어미, 큰 바빌론'이라는 비밀의 이름이 적혀 있었습니다."

2

차라투스트라의 이 시를 듣고 왕들은 즐거워했다. 오른편 왕이 말했다. "아, 차라투스트라여, 우리가 그대를 만나러 길을 떠난 것은 얼마나 잘한 일인가!

그대의 적들이 거울에 비친 그대의 모습을 우리에게 보여주었다. 거울 속에서 그대는 찌푸린 악마의 얼굴을 하고 비웃으며 바라보고 있었다. 우리는 그대가 무서웠다.

그러나 그게 무슨 소용인가! 그대는 그대의 잠언으로 거듭해서 우리의 귀와 가슴을 찔러댔다. 그리하여 마침내 우리는 '그가 어떻게 생겼든 무슨 상관이란 말인가!'라고 말했다.

우리는 그의 말을 들어야 한다. '그대들은 새로운 전쟁을 일으킬 수단으로서 평화를 사랑해야 한다. 그것도 오랜 평화보다는 짧은 평화를!'이라고 가르치는 그의 말을 **들어야만 한다**.

'무엇이 선한가? 용감한 것이 선하다. 모든 명분을 신성하게 만드는 것은 좋은 전쟁이다.' 일찍이 이렇게 전투적으로 말한 자는 아무도 없었다.

아, 차라투스트라여, 이러한 말을 듣고 우리 몸속에 흐르고 있는 조상들의 피가 끓어올랐다. 그것은 낡은 포도주 통에 대고 봄이 하는 말과도 같았다.

칼들이 붉은 반점을 지닌 뱀들처럼 난무했을 때만 해도 우리 조상들은 삶에 대해 호의적이었다. 모든 평화의 태양은 그들에게 활기가 없고 미적지근한 것으로 여겨졌고, 오랜 평화는 그들에게 수치심을 느끼게 했다.

그들, 우리의 조상은 번쩍이는 칼들이 바싹 마른 채 벽에 걸려 있는 것을 볼 때면 얼마나 탄식했던가! 이 칼들처럼 그들은 전쟁을 갈망했다. 칼은 피를 마시고 싶어 하고, 욕망 때문에 번쩍이는 것이다."

왕들이 이처럼 열성적으로 자기 조상들의 행복에 대해 말하며 수다를 떨자, 그들의 열성을 비웃어주고 싶은 욕구가 차라투스트라를 사로잡았다. 그가 눈앞에서 보고 있는 늙고 고운 얼굴을 가진 자들은 왕들임이 분명했기 때문이다. 하지만 그는 참았다. 그가 말했다. "자! 저쪽 길로 가면 차라투스트라의 동굴이 나온다. 오늘은 기나긴 저녁이 되리라! 하지만 지금은 도움을 청하는 외침이 급히 그대들 곁을 떠나라고 나를 부른다.

왕들이 나의 동굴에 앉아서 기다린다면 나의 동굴로서도 영광이다. 하지만 물론 그대들은 오래 기다려야 할 것이다!

그래! 그게 무슨 상관인가! 오늘날 궁전이 아니라면 어디에서 기다리는 것을 더 잘 배울 수 있겠는가? 그리고 오늘날 왕들에게 남아 있는 덕의 전부는 기다릴 **수 있다는 것**이 아닌가?"

차라투스트라는 이렇게 말했다.

4. 거머리

　그러고 나서 차라투스트라는 생각에 잠겨 숲을 가로지르고 늪지대를 지나 더 멀리 더 깊이 들어갔다. 어려운 일을 골똘히 생각하는 자 누구에게나 흔히 일어나듯이, 그는 자신도 모르게 어떤 사람을 밟았다. 그러자 보라, 갑자기 외마디 비명과 두 마디 저주와 스무 개의 고약한 욕설이 그의 얼굴로 날아들었다. 그는 놀란 나머지 지팡이를 치켜들고는 밟힌 자를 다시 후려쳤다. 그러나 그는 곧 평정을 되찾았다. 그의 마음은 자신이 방금 저지른 어리석은 짓을 비웃었다.

　그는 화가 나서 일어난 밟힌 자에게 이렇게 말했다. "용서하라. 용서하고 우선 하나의 비유를 들어보라.

　머나먼 일들을 꿈꾸며 길을 가고 있는 어떤 방랑자가 호젓한 길에서 양지바른 곳에 누워 있는 개를 무심결에 밟았다.

　그래서 죽을 지경으로 깜짝 놀란 두 사람이 격분하여 불구대천의 원수처럼 서로 달려드는 일이 우리에게 일어났다.

　그렇지만 사정이 조금만 달랐더라면 그들은 서로를 껴안고 반가워했을 것이다. 이 개와 이 외로운 자가! 사실 이 둘은 외로운 자들이다!"

밟힌 자가 여전히 화를 내며 말했다. "그대가 누구든, 그대는 발로만이 아니라 비유로도 나를 너무도 심하게 밟고 있다.

자, 보라, 내가 개란 말인가?" 그러면서 앉아 있던 그자는 몸을 일으키며 맨팔을 늪에서 뽑아냈다. 애당초 그는 눈에 띄지 않게 숨어서, 늪에 사는 야생동물의 동정을 살피는 자들이 그러하듯 사지를 뻗은 채 땅바닥에 누워 있었던 것이다.

"도대체 그대는 무슨 짓을 하고 있는가!" 차라투스트라가 놀라 소리쳤다. 그의 맨팔에서 피가 많이 흘러내리는 것을 보았기 때문이다. "그대에게 무슨 일이 있었는가? 그대 불행한 자여, 못된 짐승이 그대를 물기라도 했는가?"

피를 흘리고 있는 자는 여전히 화가 난 채로 웃었다. "그대가 무슨 상관인가!" 그는 이렇게 말하고 자리를 뜨려고 했다. "여기는 나의 집이며 나의 영역이다. 묻고 싶다면 내게 물어보라. 하지만 멍청이에게는 쉽게 대답하지 않겠다."

그러자 차라투스트라는 동정 어린 목소리로 말하면서 그를 붙잡았다. "그대는 잘못 생각하고 있다. 여기는 그대의 집이 아니라 나의 영토다. 그리고 내 영토 안에서는 누구도 해를 입어서는 안 된다.

그대가 나를 뭐라 부르든 상관없다. 나는 나 자신일 뿐이다. 나 자신은 나를 차라투스트라라고 부른다.

자, 저 위쪽으로 가면 차라투스트라의 동굴이 나온다. 멀지 않은 곳이다. 내 집에서 그대의 상처를 돌보지 않겠는가?

그대 불행한 자여, 이 삶에서 그대는 잘 지내지 못했다. 처음에는 짐승에게 물렸고, 다음에는 인간에게 밟혔다!"

그런데 차라투스트라의 이름을 듣자 밟힌 자의 태도가 달라졌다. "나에게 이런 일이 일어나다니!" 그가 외쳤다. "이 삶에서 누가 나에게 신경을 쓴단 말인가? 이 사람, 곧 차라투스트라와 저 동물, 곧 피를 빨아먹고 사는 거머리를 제외한다면 말이다.

나는 마침 거머리가 있어 여기 이 늪가에 어부처럼 누워 있었고, 축 늘어진 팔을 이미 열 번이나 물렸다. 게다가 더 멋진 거머리인 차라투스트라가 나타나서 피를 탐내 물기까지 했다.

아, 이 무슨 행운인가! 아, 이 무슨 기적과 같은 일인가! 이 늪으로 나를 꾀어낸 이 하루는 찬양받아라! 오늘날 살아 있는, 더없이 생기 있는 흡혈동물은 찬양받아라. 위대한 양심의 거머리인 차라투스트라는 찬양받아라!"

밟힌 자는 이렇게 말했다. 차라투스트라도 그의 말과 그의 세련되고 존경할 만한 태도를 보고 기뻤다. "그대는 누구인가?" 그는 물으면서 손을 내밀었다. "우리 사이에는 해명하고 분명히 밝혀야 할 일이 많이 남아 있다. 날이 이미 더 맑아지고 더 밝아지고 있다고 생각하지 않는가."

"나는 **정신의 양심을 지닌 자**다." 질문을 받은 자가 대답했다. "정신의 일에서 나보다 더 엄격하고 더 엄밀하고 더 가혹한 자는 없다. 내게 그것을 가르친 사람, 곧 차라투스트라를 제외한다면 말이다.

어중간하게 많은 것을 알기보다는 차라리 아무것도 모르는 게 더 낫다! 다른 사람의 판단에 따라 움직이는 현자보다는 차라리 자기 힘에 의지하는 바보가 더 낫다! 나는 사물의 바닥까지 파고든다.

그 바닥이 크든 작든 무슨 상관인가? 그 바닥이 늪이라고 불리든 하늘이라고 불리든 무슨 상관인가? 한 뼘의 바닥만 있으면 나는 족하다. 그 바닥이 실제로 바닥이고 토대이기만 하다면!

한 뼘 정도의 바닥, 사람들은 그 위에 설 수도 있다. 올바른 지식의 양심에는 큰 것도 없고 작은 것도 없다."

"그렇다면 그대는 거머리 감정가인가?" 차라투스트라가 말했다. "그대는 거머리의 마지막 바닥까지 속속들이 파고들려 하는가, 그대 양심을 지닌 자여?"

"아, 차라투스트라여!" 밟힌 자가 대답했다. "그건 엄청난 일이다. 내가 어떻게 그런 일을 감히 시도할 수 있겠는가!

하지만 내가 대가와 감정가로서 잘 알고 있는 것은 거머리의 **두뇌**다. 그것이 나의 세계다!

그것도 역시 하나의 세계다! 그리고 여기서 나의 긍지가 말하는 것을 용서하라. 이 분야에서는 나와 대적할 자가 없기 때문이다. 그래서 '여기는 나의 집'이라고 말한 것이다.

나는 얼마나 오랫동안 이 한 가지 분야, 곧 거머리의 뇌를 파고들었던가. 미끄러운 진리가 더는 내게서 미끄러져 나가지 못하도록 말이다! 여기야말로 나의 **영토**다!

그 하나를 위해 나는 다른 모든 것을 던져버렸고, 다른 모든 것에 무관심했다. 그리하여 나의 지식 바로 곁에 나의 캄캄한 무지가 자리를 잡고 있다.

내 정신의 양심은 내가 한 가지만을 알고 그 밖의 모든 것은 알지 못하기를 바란다. 그 모든 어중간한 정신, 수증기처럼 뿌옇고 떠다니고 몽상적인 모든 것은 구역질 나게 한다.

나의 정직함이 끝나는 곳에서 나는 장님이 되고 또 장님이 되기를 바란다. 그러나 내가 알고자 하는 곳에서는 정직하고자 한다. 가혹하고 엄격하고 엄밀하고 잔인하고 가차 없기를 바란다.

아, 차라투스트라여, **그대는** 언젠가 말했다. '정신은 스스로 삶 속으로 파고드는 삶이다.' 이 말이 나를 그대의 가르침으로 이끌고 유혹했다. 참으로 나는 나 자신의 피로 나 자신의 지식을 키워왔다."

"보이는 그대로군." 차라투스트라가 말을 가로막았다. 그 양심을 지닌 자의 맨팔에서 여전히 피가 흘러내리고 있었기 때문이다. 열 마리의 거머리가 같은 자리에 들러붙어 피를 빨고 있었다.

"아, 그대 괴상한 친구여, 지금 이 모습, 곧 그대 자신이 나에게 얼마나 많은 것을 가르쳐주는가! 아마도 내가 그대의 엄격한 귀에 모든 것을 쏟아부어서는 안 될 것이다!

자! 우리 여기서 헤어지자! 하지만 그대를 다시 만났으면 한다. 저 위로 올라가면 나의 동굴이 나온다. 오늘 밤 그대는 거기서 나의 친애하는 손님이 되어주지 않겠는가!

차라투스트라가 그대를 밟은 데 대해 그대의 몸에 보상하고 싶다. 이에 대해서 나는 깊이 생각할 것이다. 그러나 지금은 도움을 청하는 외침이 급히 그대 곁을 떠나라고 나를 부른다."

차라투스트라가 이렇게 말했다.

5. 마술사

1

차라투스트라가 바위 하나를 막 돌아섰을 때, 그는 가던 길 아래쪽 멀지 않은 곳에서 한 사람을 보았다. 그자는 미친 사람처럼 손발을 마구 휘두르다가 마침내 배를 깔고 땅에 쓰러졌다. 그때 차라투스트라는 마음속으로 이렇게 말했다. '잠깐! 저기 있는 저자는 우월한 인간임이 틀림없다. 도움을 청하는 불길한 외침도 그가 질렀을 것이다. 어디 도울 길이 있는지 알아보자.' 그래서 그 사람이 땅에 엎드려 있는 곳으로 달려가 보니, 어떤 늙은이가 멍한 눈으로 떨고 있는 것이 아닌가. 차라투스트라는 그 노인을 일으켜 세우려고 몹시 애를 썼지만 아무 소용이 없었다. 그 불행한 자는 자기 옆에 누가 있다는 사실도 알아차리지 못하는 것 같았다. 오히려 애처로운 몸짓을 하며 자꾸 주위를 둘러보았다. 온 세상으로부터 버림받아 고독해진 사람 같았다. 그러다 마침내 심하게 떨며 경련을 일으키고 몸을 비틀더니 이렇게 한탄하기 시작했다.

"누가 나를 따뜻하게 녹여주는가,

누가 아직도 나를 사랑하는가?

뜨거운 손을 다오!

마음의 화로를 다오!

쓰러져 덜덜 떨면서,

사람들이 발을 따뜻하게 녹여주고 있는 반쯤 죽은 사람처럼,

아! 알 수 없는 열병으로 떨고,

날카로운 얼음의 서릿발 화살에 맞아 덜덜 떨면서,

그대에게 쫓기고 있노라, 사상이여!

이름 붙일 수 없는 자여! 베일에 싸인 자여! 무서운 자여!

그대 구름 뒤의 사냥꾼이여!

그대의 번개 때문에 쓰러져,

그대, 어둠 속에서 나를 바라보고 있는, 조롱하는 눈이여,

─나는 여기 이렇게 쓰러져 있다.

몸을 구부리고 비틀어가며,

온갖 영원한 고문에 시달리면서,

그대, 가장 잔인한 사냥꾼의

화살에 맞았노라,

그대 미지의─신이여!

더 깊이 맞혀라!

다시 한번 맞혀라!

심장을 찌르고 파헤쳐라!

촉이 무딘 화살로 하는

이 고문은 무슨 의미인가?

그대는 무엇을 다시 바라보는가,

인간의 고통에 지치지도 않고,

인간의 고통을 고소해하는 신들의 번갯불 같은 눈초리로?

그대는 죽일 생각도 없이,

고문에 고문만 되풀이하는가?

무엇 때문에—**나를** 고문하는가,

그대 인간의 고통을 고소해하는 미지의 신이여—

하하! 그대는 살금살금 다가오는가?

이런 한밤중에

그대는 무엇을 바라는가? 말하라!

그대는 나를 몰아세우고 짓누른다.

아! 벌써 너무 가까이 왔구나!

저리 가라! 저리 가라!

그대는 나의 숨소리를 듣고

그대는 나의 심장에 귀를 기울인다.

그대, 질투심 많은 자여—

도대체 무엇을 질투하는가?

저리 가라! 저리 가라! 사다리는 무엇에 쓰려는가?

그대는 **안으로** 들어오려 하는가,

나의 심장 속으로,

가장 은밀한

나의 사상 속으로 들어오려 하는가?

염치없는 자여! 미지의—도둑이여!

무엇을 훔치려 하는가?

무엇을 엿들으려 하는가?

고문으로 무엇을 얻으려 하는가,

그대 고문하는 자여?

그대—처형자인 신이여!

아니면 내가 개처럼

그대 앞에서 뒹굴어야 하는가?

순종적으로, 정신을 잃을 만큼 열렬히

그대에게—사랑의 꼬리를 흔들어야 하는가?

소용없는 일이다! 계속 찔러라,

더없이 잔인한 가시여! 아니,

나는 개가 아니라—그대가 사냥에서 잡은 짐승일 뿐이다.

더없이 잔인한 사냥꾼이여!

나는 그대의 자만심에 넘치는 포로다.

그대 구름 뒤에 숨은 강도여!

이제 말하라,

노상강도여, 그대는 **내게서** 무엇을 바라는가?

그대 번개 속에 숨은 자여! 알 수 없는 자여! 말하라,

그대는 무엇을 **바라는가**, 미지의—신이여!

뭐라고? 몸값이라고?

그대는 얼마나 많은 몸값을 바라는가?

많이 요구하라―나의 긍지가 권하는 것이 그것이니!

그리고 짧게 말하라―나의 또 다른 긍지가 권하는 것이 그것이니!

하하!

나를―그대는 원하는가? 나를?

나―전부를?

하하!

나를 고문하는가, 바보인 그대가,

나의 긍지를 짓밟고 있는 것인가?

나에게 사랑을 다오―누가 나를 여전히 따뜻하게 해주는가?

누가 아직도 나를 사랑하는가?―따뜻한 손을 다오,

마음의 화로를 다오.

나, 더없이 고독한 자에게

얼음을 다오. 아! 일곱 겹의 얼음은

적을,

적을 애타게 그리워하라고 가르친다.

다오, 어서 다오,

더없이 잔인한 적이여,

나에게―그대를!―

사라졌다!

그가 달아나버렸다.

마지막 남은 나의 유일한 동지,

나의 위대한 적,

나의 알려지지 않은 자,

나의 처형자인 신이!

—아니다! 돌아오라,

그대의 모든 고문과 함께!

모든 고독한 자 중 마지막 사람에게

아, 돌아오라!

냇물처럼 흘러내리는 나의 눈물은 모두

그대에게 흘러간다!

그리고 나의 심장의 마지막 불꽃은—

그대를 향해 불타오른다!

아, 돌아오라,

나의 미지의 신이여! 나의 고통이여! 나의 마지막—행복이여!"

2

여기서 차라투스트라는 더는 참을 수 없어 지팡이를 들어 한탄하는 자를 힘껏 내리쳤다. "그만하라!" 차라투스트라는 노기 띤 웃음을 지으며 한탄하는 자에게 말했다. "그만하라, 그대 배우여! 위조자여! 철저한 거짓말쟁이여! 나는 그대를 잘 알고 있다!

나는 그대의 발을 따뜻하게 해주려고 한다, 고약한 마술사여.[10] 나는 그대와 같은 자들을 뜨겁게 만드는 법을 잘 알고 있다!"

"그만하라." 노인은 이렇게 말하면서 땅에서 벌떡 일어났다. "더는 때리지 마라, 아, 차라투스트라여! 나는 그저 놀이 삼아 연기했을 뿐이다!

이런 것은 내가 하는 연기의 하나다. 내가 그대에게 이렇게 시연을 해 보인 것은, 내가 그대를 시험해보고 싶었기 때문이다! 그런데 참으로 그대는 나를 잘도 꿰뚫어 보았다!

그러나 그대 또한 나에게 만만치 않은 시연을 보여주었다. 그대는 **가혹한 자**다. 그대, 현명한 차라투스트라여! 그대는 그대의 '진리들'로 나를 가혹하게 내리친다. 그대의 곤봉이 나에게 **이러한** 진리를 강요한다!"

"아첨하지 마라." 차라투스트라는 여전히 흥분하여 눈살을 찌푸리며 대답했다. "그대 철저한 배우여! 그대는 거짓말쟁이다. 그대가 진리에 대해 무슨 할 말이 있단 말인가?

그대 공작 중의 공작이여, 그대 허영의 바다여, 그대는 내 앞에서

---

10) 여기서 말하는 배우와 마술사는 모두 바그너를 가리킨다. KSA 11, 26(22), 154쪽. "내가 바그너에 대해 말한 모든 것은 사실이 아니다. 나는 그것을 1876년에 느꼈다. '그에게 있어서 모든 것은 진실이 아니다. 진실한 것은 감추어져 있거나 꾸며져 있다. 그는 이 말이 지닌 나쁜 의미에서든 좋은 의미에서든 배우다.'"

무엇을 연기했는가, 그대 고약한 마술사여. 그대가 그런 모습으로 한탄하고 있었을 때 나는 **누구를** 믿어야 했겠는가?"

노인이 말했다. "**정신의 속죄자다.** 이 속죄자를 나는 연기했다. 이 말은 일찍이 그대 자신이 만들어내지 않았던가.

그는 결국 자신의 정신을 자기 자신과 맞서게 하는 시인이자 마술사이며, 자신의 사악한 지식과 양심 때문에 얼어붙고 마는 변화된 자다.

그러니 고백하라, 아, 차라투스트라여. 그대가 나의 연기와 거짓말을 알아차리기까지 한참이나 걸렸다는 것을! 그대가 두 손으로 내 머리를 받쳤을 때 **그대는** 내가 처한 곤경을 사실이라고 **믿었다.**

나는 그대가 '그는 너무 사랑받지 못했다. 너무 사랑받지 못했다!'라고 한탄하는 소리를 들었다. 이만큼이나 그대를 속인 것에 대해 나의 악의는 마음속으로 기뻐했다."

차라투스트라가 냉혹하게 말했다. "그대는 나보다 더 눈치 빠른 자도 속였을 것이다. 나는 속이는 자들을 경계하지 않는다. 나는 조심하지 않고 **살아야 한다.** 나의 운명이 그러길 바란다.

하지만 그대는—**속여야만 한다.** 그 정도로 나는 그대를 알고 있다! 그대는 두 겹, 세 겹, 네 겹, 다섯 겹으로 위장해야 한다! 그대가 방금 고백한 것도 나에게는 충분히 진실하지도 충분히 거짓이지도 못하다!

그대 고약한 위조자여, 그대가 어떻게 달라질 수 있단 말인가? 그대는 의사에게 벌거벗은 몸을 보일 때도 병을 꾸밀 것이다.

'나는 **그저** 놀이 삼아 연기했을 뿐이다.'라고 말했을 때도, 그대는 내 앞에서 거짓말을 꾸며댔다. 물론 그 말 속에는 **진지함**도 있었다. 그대는 어느 정도 정신의 속죄자**이기** 때문이다!

나는 그대를 잘 알고 있다. 그대는 모든 사람을 속이는 마술사가 되었다. 하지만 그대 자신에게는 그대의 어떤 거짓과 간계도 더는 통하지 않는다. 그대 자신이 그대의 마술에서 풀려났기 때문이다.

그대는 그대의 유일한 진리로 구역질을 수확하였다. 그대의 어떤 말도 더는 진짜가 아니다. 하지만 그대의 입, 다시 말해 그대의 입에 들러붙어 있는 구역질만은 진짜다."

여기서 늙은 마술사가 반항적인 목소리로 외쳤다. "도대체 그대는 누구인가? 오늘날 살아 있는 가장 위대한 자인 **나에게** 감히 그렇게 말하는 자는 누구인가?" 그의 눈에서 푸른 번갯불이 차라투스트라를 향해 튀어나왔다. 하지만 그는 곧바로 태도를 바꾸어 슬픈 목소리로 말했다.

"아, 차라투스트라여, 나는 지쳤다. 나의 예술에 구역질이 난다. 나는 **위대하지** 않다. 왜 내가 그런 척해야 하는가! 하지만 그대는 잘 알고 있다. 내가 위대함을 추구했다는 것을!

나는 위대한 인간을 연기로 보여주려 했고, 많은 사람을 설득했다. 하지만 이러한 거짓말은 나의 능력에 버거웠다. 이러한 거짓말로 나는 부서지는 것이다.

아, 차라투스트라여, 내게는 모든 것이 거짓말이다. 그러나 내가 부서진다는 것, 나의 이러한 파멸은 **진짜**다!"

차라투스트라는 눈길을 옆으로 돌리고는 침울하게 말했다. "그것은 그대의 영광이다. 그대가 위대함을 추구한다는 것은 그대의 영광이다. 하지만 그 과정에서 그대의 모습도 드러나고 만다. 그대는 위대하지 않은 것이다.

그대 고약하고 늙은 마술사여, 그대가 자신에게 싫증을 내고 '나는 위대하지 않다.'라고 솔직히 말하는 것, **그것이야말로** 내가 그대에게서 존중하는 그대의 최선이며 그대의 가장 정직한 점이다.

이러한 점에서 나는 정신의 속죄자로서 그대를 존중한다. 그리고 그것이 숨 한 번 쉬는 찰나에 지나지 않는다고 하더라도 이 한순간만큼 그대는 진짜였다.

그러나 말하라. 그대는 여기, **나의** 숲과 바위에서 무엇을 찾고 있는가? 그리고 내가 가는 길에 그대가 누워 있었을 때, 그대는 **내게** 무엇을 시험하려 했는가?

어떤 일에 대해서 그대는 **나를** 시험하려 했는가?"

이렇게 말하는 차라투스트라의 눈이 번쩍거렸다. 늙은 마술사는 잠시 침묵하고 나서 말했다. "내가 그대를 시험했다고? 나는 오로지 찾고 있을 뿐이다.

아, 차라투스트라여, 나는 진짜인 자, 올바른 자, 단순한 자, 명료한 자, 정직 그 자체인 인간, 지혜의 그릇, 인식의 성인, 위대한 인간을 찾고 있다!

아, 차라투스트라여, 그대는 알지 못하는가? **나는 차라투스트라를 찾고 있다.**"

여기서 둘 사이에 오랫동안 침묵이 흘렀다. 차라투스트라는 자기 자신 속에 깊이 침잠하여 눈을 감고 있었다. 그러고 나서 그는 자신의 말 상대에게로 되돌아와서 손을 잡고는 더없이 정중하면서도 교활하게 말했다.

"좋다! 저기 위로 난 길을 올라가면 거기에 차라투스트라의 동굴이 있다. 그 동굴 안에서 그대가 찾고 싶어 하는 자를 찾아도 좋다.

그리고 나의 짐승들에게 조언을 구하라. 나의 독수리와 뱀에게. 그 짐승들은 그대가 찾는 것을 도와줄 것이다. 하지만 나의 동굴은 크다.

물론 나 자신은, 나는 지금까지 위대한 인간을 보지 못했다. 오늘날 가장 섬세한 자들의 눈조차 위대한 것을 보기에는 거칠다. 이 세상은 천민의 나라이기 때문이다.

팔다리를 뻗고 으스대는 자들은 이미 많이 보았다. 그러면 군중은 소리쳤다. '자, 보라, 위대한 인간을!'이라고. 하지만 이런저런 풀무 따위가 무슨 소용인가! 결국에는 바람만 새어 나올 텐데.

너무 오랫동안 바람을 불어넣으면 개구리는 터져버리고, 바람이 새어 나온다. 부풀어 오른 자의 배를 찌르는 것, 그것을 나는 괜찮은 심심풀이라고 부른다. 이 말을 잘 들어라, 너희 소년들이여!

오늘날은 천민의 세상이다. 그러니 무엇이 크고 무엇이 작은지를 그 누가 **알 것인가**! 누가 위대한 것을 찾는 데 성공하겠는가! 오직 바보들만, 바보들만 성공할 것이다.

그대, 유별난 바보여, 그대는 위대한 인간을 찾고 있는가? 누가 그대에게 그렇게 하라고 **가르쳤는가**? 지금이 그럴 땐가? 아, 그대 고약한 탐구자여, 무엇 때문에 그대는 나를 시험하는가?"

마음의 위안을 얻은 차라투스트라는 이렇게 말하고는 웃으면서 자기의 길을 걸어갔다.

6. 일자리를 잃음

차라투스트라는 마술사에게서 벗어난 지 얼마 되지 않아, 가는 길에 다시 누군가가 앉아 있는 것을 보았다. 얼굴이 수척하고 창백하며 검은 옷을 입은 키 큰 사람이었다. **이 남자는** 차라투스트라를 무척 불쾌하게 했다. '슬프구나.' 그는 마음속으로 말했다. '저기에 슬픔이 가면을 쓰고 앉아 있구나. 내 생각에 성직자인 것 같구나. **저들이** 나의 영토에서 무얼 하려는 걸까?

어찌 된 일인가! 저 마술사에게서 겨우 벗어나는가 했더니, 또 다른 마술사가 내 길을 가로막는구나.

손을 얹어 요술을 부리는 마술사, 신의 은총으로 신비로운 기적을 행하는 자, 성유(聖油)를 바른 세계 비방자, 이런 자는 악마가 데려가야 하거늘!

그러나 악마는 있어야 할 자리에 있는 법이 없다. 언제나 너무 늦게 나타난다. 이 망할 놈의 다리 굽은 난쟁이는!'

차라투스트라는 조바심을 내며 마음속으로 이렇게 저주하고, 어떻게 하면 눈길을 돌린 채 검은 옷을 입은 남자 곁을 살짝 지나갈 수 있을지를 생각해보았다. 하지만 보라, 일은 생각처럼 되지 않았다. 바로 그 순간 앉아 있던 그자가 벌써 그를 본 것이다. 그자는 예기치 않은 행운을 만난 사람과도 같이 벌떡 일어나더니 차라투스트라를 향해 돌진해왔다.

그가 말했다. "누구인지는 모르겠으나, 그대 방랑자여. 길을 잃고 헤매는 자, 이곳에서 필시 해를 입게 될 이 늙은이를 도와주시오!

여기 이 세계는 낯설고 먼 곳이다. 게다가 야수들이 울부짖는 소리도 들었다. 그리고 나를 보호해줄 수 있는 사람도 더는 없다.

나는 최후의 경건한 사람, 홀로 숲속에 살면서 오늘날 온 세상이 다 알고 있는 일에 대해 아무것도 듣지 못한 성자이면서 은둔자인 사람을 찾고 있었다."

차라투스트라가 물었다. "온 세상이 오늘날 **무엇을** 다 알고 있다는 것인가? 온 세상이 한때 믿었던 늙은 신이 더는 살아 있지 않다는 것을 말하는가?"

그러자 늙은이가 침울하게 대답했다. "그대가 말한 그대로다. 나는 이 늙은 신을 마지막 임종까지 섬겼다.

하지만 이제 나는 일자리를 잃어 모실 주인도 없지만, 그렇다고 해서 자유롭지도 않다. 추억에 잠길 때 말고는 한시도 즐겁지 않다.

나는 마침내 늙은 교황과 교부에게 어울리는 축제를 다시 열 생각에서 이 산에 올라왔다. 경건한 추억과 예배를 위한 축제를 올리려는 것이다. 알아둬야 할 일이거니와 내가 바로 마지막 교황이기 때문이다!

하지만 이제 그토록 경건했던 그 사람은 죽었다. 노래하고 웅얼거리며 자신의 신을 끊임없이 찬양했던 숲속의 저 성자 말이다.

내가 그의 오두막을 찾아냈을 때, 그 사람은 이제 보이지 않았다. 두 마리의 늑대만이 오두막 안에서 그의 죽음을 슬퍼하며 울부짖고 있었다. 모든 짐승이 그를 사랑했기 때문이다. 그래서 나는 그곳을 빠져나왔다.

그렇다고 내가 이 숲과 산에 온 것이 헛걸음이었단 말인가? 그래서 나는 다른 사람을 찾기로 마음먹었다. 신을 믿지 않는 모든 사람 가운데서 가장 경건한 자, 곧 차라투스트라를 찾기로 결심한 것이다!"

노인은 이렇게 말하고는 자기 앞에 서 있는 사람을 날카로운 눈길로 바라보았다. 그러자 차라투스트라는 늙은 교황의 손을 잡고 경탄스러운 눈으로 한동안 그 손을 바라보았다.

그러고 나서 말했다. "자, 보라, 그대 존경스러운 자여, 이 얼마나 아름답고 기다란 손인가! 이것은 언제나 축복을 나누어주던 자의 손이다. 그런데 이제 이 손은 그대가 찾고 있는 자인 나, 차라투스트라를 꼭 붙들고 있다.

내가 바로 신을 부정하는 차라투스트라다. '내가 기꺼이 그 가르침을 받아들일 만큼 나보다 더 신을 부정하는 자는 누구인가?'라고 묻는 차라투스트라다."

차라투스트라는 이렇게 말하고는 그 늙은 교황의 사상과 속내를 꿰뚫어 보았다. 마침내 교황이 말문을 열었다.

"신을 가장 많이 사랑하고 소유했던 자, 그가 이제는 신을 가장 많이 잃어버렸다.

보라, 우리 둘 중에서 이제 내가 더 신을 부정하는 자가 아닌가?

하지만 누가 그것을 기뻐할 수 있겠는가!"

깊은 침묵 후에 차라투스트라가 생각에 잠긴 채 물었다. "마지막까지 신을 섬겼으므로 그대는 그가 **어떻게** 죽었는지 알고 있을 테지? 동정심이 그를 목 졸라 죽였다고 사람들이 말하던데, 그게 사실인가?

그 인간이 십자가에 매달려 있는 것을 보고 견딜 수 없었고, 그래서 인간에 대한 사랑이 그의 지옥이 되고, 결국은 그의 죽음이 되었다는 게 사실인가?"

늙은 교황은 대답하지 않았다. 그 대신 고통스럽고 침울한 표정을 지으면서 수줍게 눈길을 돌렸다.

"신을 그냥 보내주어라." 오랫동안 생각에 잠겼던 차라투스트라가 여전히 늙은이의 눈을 정면으로 바라보며 말했다.

"신을 그냥 보내주어라. 그는 이미 세상을 떠났다. 그대가 이 죽은 자에 대해 좋은 말만 하는 것은 그대에게 명예로운 일이지만, 그대도 나와 마찬가지로 그가 누구였는지, 그리고 그가 유별난 길을 걸어왔던 것을 잘 알고 있지 않은가."

그러자 늙은 교황이 유쾌하게 말했다. "세 눈 아래에서 하는 말이지만(그는 한쪽 눈이 멀어 있었다), 신의 일에 관한 한 나는 차라투스트라보다 더 잘 알고 있다. 그건 당연하지 않은가.

나는 오랜 세월에 걸쳐 사랑으로 그를 섬겼고, 나의 의지는 그의 모든 의지를 따랐다. 훌륭한 하인이라면 주인의 모든 것을 알고 있다. 주인이 자기 자신에게조차 숨기는 많은 것까지.

비밀로 가득 찬 숨은 신[11]이었다. 참으로 그는 아들에게 올 때조차 샛길로 왔다. 그리하여 그의 신앙의 문에는 간음이란 것이 있게 된 것이다.

그를 사랑의 신으로 찬양하는 자는 사랑이 무언지를 제대로 생각하지 않는 사람이다. 이 신은 재판관까지 되고 싶어 하지 않았던가? 그러나 사랑하는 자는 보상과 보복 저편에서 사랑한다.

동방에서 온 이 신은 젊은 시절 냉혹하고 복수심에 불탔으며, 자기가 좋아하는 사람들을 즐겁게 해주려고 지옥을 만들었다.

하지만 마침내 그는 늙고 쇠약해지고 물러지고 동정심만 남게 되어 아버지보다는 할아버지와 닮게 되었다. 아니 비틀거리는 늙은 할머니와 가장 많이 닮게 되었다.

그리하여 그는 쪼글쪼글 시들어 난로 구석에 앉아, 자기 다리에 힘이 없는 것을 한탄하며 세상에 지치고 의욕을 잃은 채, 어느 날 자신의 너무 큰 동정심 때문에 질식하고 말았다."

여기서 차라투스트라가 끼어들었다. "그대 늙은 교황이여, 그대는 그 일을 눈으로 직접 보았는가? 그는 그렇게 떠나가버렸을 수도 있다. 그랬을 수도 있고, 아니면 다른 식이었을 수도 있다. 신들은 죽을 때 언제나 다양한 방식으로 죽는다.

어쨌든 좋다! 이렇든 저렇든, 그는 이미 세상을 떠났다. 그는 나의

---

11) '숨은 신(Verborgener Gott, hidden god)'. 〈이사야서〉 45장 15절, "구원자이신 이스라엘의 하나님, 진실로 주님께서는 자신을 숨기시는 하나님이십니다." 신은 형태가 없는, 일반적인 눈으로 볼 수 없는 존재이고 오직 구원의 섭리로 스스로를 나타낸다는 '숨은 신(deus absconditus)'의 개념은 루터 신학의 핵심 문제다.

귀와 눈의 취향에 거슬렸다. 더 고약한 말은 하고 싶지 않다.

나는 밝게 바라보고 정직하게 말하는 모든 것을 사랑한다. 그러나 늙은 성직자여, 그대도 잘 알고 있다시피, 그에게는 그대와 비슷한 어떤 것이, 곧 성직자의 천성과 같은 것이 있었다. 다의적이었다는 말이다.

그는 또한 불분명하기까지 했다. 몹시 화가 나 씩씩거리는 이자는 우리가 그의 말을 제대로 이해하지 못한다고 얼마나 화를 냈던가! 하지만 그는 왜 좀 더 분명하게 말하지 않았는가?

그게 우리의 귀 탓이라면, 왜 그는 우리에게 그의 말을 잘못 알아듣는 귀를 주었는가? 우리의 귀에 진흙이 들어 있었다면, 좋다! 그렇다면 누가 이 진흙을 집어넣었단 말인가?

그자는, 제대로 수련하지 못한 이 도공은 너무도 많은 실패를 저질렀다! 그런데도 그가 자신의 항아리와 피조물이 잘못 만들어졌다면서 복수를 했다는 사실, 그것은 **좋은 취향**에 거슬리는 죄다.

경건함 속에도 좋은 취향은 있다. **이 취향이** 마침내 말했다. '**이따위** 신은 꺼져라! 차라리 신이 없는 게 낫고, 차라리 혼자 힘으로 운명을 만들고, 차라리 바보가 되고, 차라리 나 자신이 신이 되는 게 낫다!'"

귀를 곤두세우고 있던 늙은 교황이 말했다. "이 무슨 말인가! 아, 차라투스트라여, 그대는 이처럼 신앙이 없으면서도 그대가 생각하는 것보다 더 경건하구나! 그대 마음속의 어떤 신이 그대를 무신론자로 개종시켰구나.

그대로 하여금 어떤 신도 더는 믿지 못하게 하는 것이야말로 그대의 경건함이 아닌가? 그리고 그대의 너무도 커다란 정직함은 그대를 또한 선악의 저편으로 데려가리라!

자, 보라. 그대에게 무엇이 남겨져 있는가를? 그대에게는 아득한 옛날부터 축복을 내리도록 정해진 눈과 손 그리고 입이 있지 않은가. 손으로만 축복을 내리는 것은 아니다.

비록 그대는 신을 가장 부정하는 자가 되려 하지만, 나는 그대 곁에서 오랜 축복의 비밀스럽고 성스러운 향기를 맡는다. 그러면 나는 즐거워지고 또 슬퍼진다.

나를 손님으로 맞아달라, 아, 차라투스트라여, 단 하룻밤만! 지금이 지상 어디에도 그대 곁보다 더 편안한 곳은 없다!"

"아멘! 그렇게 될지어다!" 차라투스트라는 매우 의아하게 생각하면서 말했다. "저기 위로 난 길을 올라가면 차라투스트라의 동굴이 있다.

그대 존경하는 자여, 정말이지 나는 몸소 그대를 기꺼이 그곳으로 안내하고 싶다. 나는 모든 경건한 사람을 사랑하기 때문이다. 하지만 지금은 도움을 청하는 외침이 급히 그대 곁을 떠나라고 나를 부른다.

나의 영토에서는 아무도 해를 입어서는 안 된다. 나의 동굴은 좋은 항구다. 그리고 내가 가장 바라는 것은 슬퍼하는 자 모두를 굳건한 땅 위에 굳건한 두 발로 다시 서게 하는 것이다.

하지만 누가 **그대의** 슬픔을 어깨에서 내려줄 것인가? 그러기에는 나는 너무 약하다. 참으로 우리는 오래 기다려야 할지도 모른다. 그대를 위해 누군가가 그대의 신을 다시 깨울 때까지.

이 늙은 신은 더는 살아 있지 않기 때문이다. 이 신은 철저하게 죽었다."

차라투스트라는 이렇게 말했다.

7. 더없이 추악한 자

차라투스트라의 발은 다시 산과 숲을 가로질러 달렸으며, 그의 두 눈은 찾고 또 찾았다. 하지만 그의 눈이 보고 싶어 했던 사람, 곧 커다란 곤경에 빠져 절박하게 도움을 청했던 사람은 어디에도 보이지 않았다. 하지만 길을 걷는 내내 그의 마음은 기쁨과 감사함으로 가득했다. 그가 말했다. "오늘은 내게 참으로 좋은 일들을 선사해주는구나. 시작이 좋지 않았던 것의 대가로! 나는 얼마나 기이한 말 상대들을 만났던가!

나는 이제 그들의 말을 잘 익은 곡식을 씹듯이 오래 씹어야겠다. 그들의 말이 젖처럼 나의 영혼 속으로 흘러들어올 때까지, 나의 이빨은 그것들을 잘게 부수고 갈아야 한다!"

하지만 길이 다시 어떤 바위를 굽어 돌았을 때 갑자기 풍경이 바뀌었다. 차라투스트라는 죽음의 나라로 들어선 것이다. 검고 붉은 절벽들이 우뚝 솟아 있었고, 풀도 나무도 없었으며, 새소리도 들리지 않았다. 다시 말해 모든 짐승, 심지어 맹수들조차 피해 가는 골짜기였다. 다만 보기 흉하고 굵직한 녹색의 뱀들만이 늙어서 죽음을 맞으러 이곳에 왔다. 그래서 양치기들은 이 골짜기를 '뱀의 죽음'이라고 불렀다.

차라투스트라는 어두운 기억 속으로 빠져들었다. 언젠가 이 골짜기에 서 있었던 것 같은 느낌이 들었기 때문이다. 많은 무거운 생각이 그의 마음을 짓눌렀기 때문에 발걸음은 느려지고 점점 더 느려지다가 마침내 멈추어 섰다. 그가 눈을 떴을 때 길가에 무언가가 앉아 있는 것이 보였다. 인간과 비슷한 모습이었지만 결코 인간 같지 않았고, 말로 표현할 수 없는 것이었다. 그런 것을 눈으로 보았다는 사실에 차라투스트라는 갑자기 커다란 수치심에 사로잡혔다. 흰머리 언저리까지 얼굴이 붉어진 그는 눈길을 옆으로 돌린 채 이 불길한 장소를 떠나려고 발걸음을 떼었다. 하지만 그때 죽어 있던 황야가 요란해졌다. 마치 밤중에 막혀 있던 수도관으로 물이 지나가면서 소리를 내는 것처럼 땅으로부터 그르렁거리는 소리가 솟아올랐다. 그리고 마침내 이 소리는 인간의 목소리가 되고, 인간의 말이 되었다. 그 소리는 이러했다.

"차라투스트라여! 차라투스트라여! 나의 수수께끼를 풀어라! 말하라, 말하라! **목격자에 대한 복수**는 무엇인가?

나는 그대를 유혹하여 돌아오게 하는 것이다. 여기에는 미끄러운 얼음이 있다! 조심하라, 조심하라. 그대의 자부심이 여기서 다리를 부러뜨리지 않도록 하라!

그대는 스스로를 지혜롭다고 생각한다, 그대 자부심 강한 차라투스트라여! 그렇다면 이 수수께끼를 풀어라, 그대 냉혹한 호두까기여, 내가 바로 수수께끼다! 그러니 **내가** 누구인지를 말하라!"

이 말을 듣는 순간 차라투스트라의 영혼에 어떤 일이 일어났을 것 같은가? **동정심이 그를 엄습했다.** 그리하여 그는 갑자기, 오랫동안 많은 벌목꾼에게 맞서 버텨온 떡갈나무가 나무를 베어 쓰러뜨리려고 한 사람들이 놀랄 정도로 무겁게 갑자기 쓰러지듯이 땅바닥에 쓰러지고 말았다. 하지만 그는 어느새 땅에서 일어났고, 그의 표정은 굳어졌다.

"나는 그대를 잘 알고 있다." 차라투스트라는 쩌렁쩌렁한 목소리로 말했다. **"그대는 신을 살해한 자다!** 나를 지나가게 해다오.

그대는 **그대를** 본 자, 곧 그대를 끊임없이 보고 또 꿰뚫어 본 자를 **견디어내지** 못했다. 그대 더없이 추악한 자여! 그대는 이 목격자에게 복수했다!"

차라투스트라는 이렇게 말하고, 그 자리를 뜨려고 했다. 그러나 말로 표현할 수 없는 자가 그의 옷자락을 붙잡고, 다시 그르렁거리면서 할 말을 찾기 시작했다. "멈춰라!" 그가 마침내 말했다.

"멈춰라! 지나가지 마라! 나는 어떠한 도끼가 그대를 땅으로 쓰러뜨렸는지 알아냈다. 아, 차라투스트라여, 그대가 다시 일어서다니, 만세!

나는 잘 알고 있다. 신을 죽인 자, 곧 신의 살해자가 어떤 기분인지를 그대가 알고 있다는 것을. 멈춰라! 내 곁에 앉아라. 헛된 일은 아니다.

그대에게가 아니라면, 내가 누구에게 가려고 했겠는가? 멈춰라, 앉아라! 하지만 나를 바라보지는 마라! 그렇게 함으로써 나의 추악함에 경의를 표하라!

그들이 나를 뒤쫓고 있다. 이제 **그대는** 나의 마지막 피난처다. 그들은 증오 때문에 뒤쫓는 것도 **아니고** 추적자를 시켜 뒤쫓는 것도 **아니다.** 아, 이런 추적이라면 나는 비웃고 자랑하고 기뻐할 것이다.

지금까지 모든 성공은 제대로 쫓기고 있는 자의 것이 아니었던 가? 그리고 잘 뒤쫓는 자는 **따라가는 것**을 쉽게 배운다. 그는 뒤에서 쫓아가기 때문이다! 하지만 이것은 그들의 **동정심**이다.

그들의 동정심 때문에 나는 도망쳐서 그대에게로 피난하는 것이 다. 아, 차라투스트라여, 나를 보호해다오. 그대 나의 마지막 피난처 여, 그대 나를 알고 있는 유일한 자여.

신을 죽인 자의 기분이 어떠한지 그대는 잘 알고 있다. 멈춰라! 그리고 그대도 떠나고 싶다면, 그대 참을성 없는 자여, 내가 온 길로는 가지 마라. 그 길은 험하다.

그대는 내가 너무 오래 말하고 횡설수설해서 화가 났는가? 충고 까지 한다고? 하지만 내가 더없이 추악한 자임을 알아두어라.

가장 크고 가장 무거운 발을 가진 자라는 사실을. 내가 길을 가면 그 길은 험난해진다. 내가 모든 길을 짓밟아 망가뜨리기 때문이다.

그런데도 그대는 말없이 내 곁을 지나가면서 얼굴을 붉히는 것을 나는 똑똑히 보았다. 그 때문에 나는 그대가 차라투스트라라는 것 을 알아보았다.

다른 사람이었다면 그가 누구였든 간에 나에게 적선을 했을 것이 며, 눈길을 주고 말을 걺으로써 나에게 동정을 던졌을 것이다. 하지 만 나는 그 정도로 거지는 아니다. 그대도 이 점을 알고 있었다.

거지가 되기에는 나는 너무도 **풍부하다.** 위대한 것, 무시무시한 것, 더없이 추악한 것, 말로 표현할 수 없는 것을 풍부하게 가지고 있다! 아, 차라투스트라여, 그대의 수치심이 나에게는 **영광**이었다!

나는 몰려드는 동정심 많은 군중에게서 간신히 **빠져나왔다**. 오늘날 '동정은 성가시다.'라고 가르치는 유일한 자, 바로 그대를 찾기 위해서다.

신의 동정이든 인간의 동정이든, 동정은 수치심을 모르는 것이다. 도와주지 않으려 하는 것이 돕겠다고 달려드는 덕보다 더 고상할 수 있다.

그러나 **그것**, 곧 동정은 오늘날 모든 왜소한 인간에게 덕 자체라고 불린다. 왜소한 인간들은 커다란 불행과 커다란 추악함과 커다란 실패에 대해 아무런 외경심도 품지 않는다.

마치 개가 바글거리는 양 떼 너머를 바라보듯, 나는 이러한 모든 자 너머를 바라본다. 그들은 왜소하고 털이 부드러우며 마음씨가 좋은 따뜻한 회색 인간들이다.

마치 왜가리가 머리를 뒤로 젖힌 채 경멸하듯 눈을 돌려 연못 너머 저쪽을 바라보듯, 나는 눈을 돌려 혼잡한 잿빛 작은 물결과 의지 그리고 영혼의 무리 너머로 저쪽을 바라본다.

너무나 오랫동안 사람들은 그들의, 이 왜소한 인간들의 권리를 인정해주었다. **그리고** 마침내 그들에게 권력까지 주었다. 그리하여 이제 그들은 이렇게 가르친다. '왜소한 인간들이 선이라고 부르는 것만이 선하다.'

그 자신이 왜소한 인간 출신인 저 설교자가 말한 것, 곧 자기 자신을 두고 '내가 진리다.'[12]라고 증언했던 저 기이한 성자요 왜소한 인간들의 대변자가 말한 것이 오늘날 **진리**라고 일컬어지고 있다.

이 불손한 자는 이미 오랫동안 왜소한 인간들을 교만하게 만들었다. '내가 진리다.'라고 가르치면서 이자는 적지 않은 오류를 가르쳤다.

불손한 자이면서 그보다 더 정중한 호응을 받은 자가 일찍이 있었던가? 하지만 아, 차라투스트라여, 그대는 그의 곁을 지나가면서 말했다. '아니다! 아니다! 세 번을 말하지만, 아니다!'

그대는 그가 저지른 오류를 조심하라고 경고했다. 그리고 그대는 동정을 조심하라고 경고한 첫 번째 사람이었다. 모두에게도 아니고 그 누구에게도 아닌 바로 그대와 그대의 동류들에게 경고한 것이다.

그대는 심하게 고뇌하는 자들이 느끼는 수치심으로 인해 얼굴을 붉힌다. 그대가 '동정으로부터 커다란 구름이 생긴다. 조심하라, 그대들 인간들이여!'라고 말할 때 참으로 그렇다.

그대가 '모든 창조하는 자는 냉혹하다. 모든 위대한 사랑은 동정을 넘어선다.'라고 가르칠 때, 아, 차라투스트라여, 나는 그대가 날씨를 알아맞히는 법을 잘 배운 것으로 생각한다!

그대 자신도 동정을 조심하라고 자기 자신에게 경고하라! 많은 사람이 그대에게로 오고 있기 때문이다. 고뇌하고 의심하고 절망하고 물에 빠지고 추위에 얼어붙은 많은 사람이.

나는 그대에게 나도 조심하라고 경고한다. 그대는 나의 더없이 고

---

12) 〈요한복음〉 14장 6절, "예수께서 그에게 말씀하셨다. '나는 길이요, 진리요, 생명이다. 나를 거치지 않고서는, 아무도 아버지께로 갈 사람이 없다.'"

약한 수수께끼, 곧 나 자신이 누구이고 내가 무엇을 했는지를 알아냈다. 나는 그대를 쓰러뜨리는 도끼를 알고 있다.

하지만 신은 죽어야**만 했다**. 그는 **모든** 것을 보는 눈으로 보았다. 그는 인간의 깊이와 바닥을, 인간의 숨겨진 모든 치욕과 추악함을 보았다.

그의 동정은 수치심을 몰랐다. 그는 나의 가장 더러운 구석까지 기어들어 왔다. 호기심이 넘치고 너무나 성가시고 지나치게 동정하는 이자는 죽어야만 했다.

그는 언제나 **나를** 지켜보았다. 나는 그런 목격자에게 복수하고자 했다. 아니면 더는 살고 싶지 않았다.

모든 것을 보았던 신, **인간까지도** 보았던 신, 이 신은 죽어야만 했다! 인간은 그러한 목격자가 살아 있음을 **견디지** 못한다."

더없이 추악한 자는 이렇게 말했다. 그러나 차라투스트라는 자리에서 일어나 떠나가려고 했다. 창자 속까지 서늘해지는 느낌이 들었기 때문이다.

차라투스트라가 말했다. "그대, 말로 표현할 수 없는 자여, 그대는 그대가 걸어온 길로 가지 말라고 내게 경고했다. 그에 대한 감사로 나는 그대에게 나의 길을 권한다. 보라, 저기 위로 난 길을 올라가면 차라투스트라의 동굴이 있다.

나의 동굴은 크고 깊으며, 구석진 곳이 많다. 거기에는 자신을 가장 잘 숨기는 자마저도 숨을 곳을 발견할 수 있다.

동굴 바로 옆에는 기거나 날거나 뛰어다니는 짐승들을 위한 구석과 샛길이 백 개나 있다.

스스로 자기 자신을 내친 추방된 자여, 그대는 인간 사이에서 그리고 인간의 동정 사이에서 살고 싶지 않단 말인가? 자, 그렇다면 나처럼 행동하라! 그렇다면 나에게서 배워라! 오직 행동하는 자만이 배운다.

무엇보다 우선 나의 짐승들과 이야기하라! 더없이 긍지 높고 더없이 영리한 짐승, 이 짐승들은 우리 두 사람을 위한 진정한 충고자가 되리라!"

차라투스트라는 이렇게 말하고, 이전보다 더 깊이 생각에 잠겨 더 천천히 걸어갔다. 자신에게 여러 질문을 던졌으나 대답이 쉽게 나오지 않았기 때문이다.

'인간이란 얼마나 가련한가!' 그는 마음속으로 생각했다. '얼마나 추악하고, 얼마나 색색거리며, 얼마나 숨겨진 수치심으로 가득한가!

인간은 자기 자신을 사랑한다고 사람들은 내게 말한다. 아, 이 자기애는 얼마만큼 커야 한단 말인가! 이 자기애는 얼마만큼 자기를 경멸한단 말인가!

저기 있는 저자도 자기를 경멸하는 만큼 자기를 사랑했다. 내가보기에 그는 크게 사랑하는 자이며 크게 경멸하는 자다.

저 사람보다 더 깊이 자기를 경멸하는 자를 나는 아직 보지 못했다. **그것도** 또한 높이가 아닌가. 슬프다. 어쩌면 **저 사람은** 내가 그 외침을 들은 우월한 인간이 아닐까?

나는 크게 경멸하는 자를 사랑한다. 그러나 인간은 극복되어야 할 그 무엇이다."

8. 자발적으로 거지가 된 자

차라투스트라는 더없이 추악한 자를 떠났을 때 얼어붙은 듯한 추위와 외로움을 느꼈다. 춥고 외로운 많은 것이 그의 마음속으로 스며들었기 때문에 그의 팔다리가 차가워진 것이다. 그러나 그는 오르락내리락하면서 앞으로 앞으로 나아갔다. 때로는 푸른 목초지를 지나가고, 때로는 이전에 급하게 흘러내리던 개천이 바닥을 드러낸 듯 보이는 돌투성이 황무지를 지나갔다. 그러는 동안 그의 마음은 갑자기 다시 좀 더 따뜻해지고 좀 더 유쾌해졌다.

"나에게 무슨 일이 일어난 것일까?" 그는 자신에게 물었다. "무언가 따뜻하고 생기 넘치는 것이 나를 상쾌하게 한다. 그것이 내 가까이에 있음이 분명하다.

나는 이제 덜 외롭다. 미지의 길동무와 형제들이 내 주위를 돌아다니고, 그들의 따뜻한 숨결이 내 영혼을 어루만진다."

그래서 그는 주위를 유심히 살피면서 그의 외로움을 달래줄 자들을 찾았다. 그런데 보라, 거기 언덕 위에 암소들이 나란히 줄을 지어 서 있었다. 암소들이 가까이에서 냄새를 풍겼기 때문에 그의 마음이 따뜻해진 것이다. 그 암소들은 어떤 자의 말에 열심히 귀를 기울이고 있어서, 다가오는 사람에게 아무런 주의도 기울이지 않았다. 차라투스트라가 암소들 곁으로 다가갔을 때, 암소들 가운데서 말하고 있는 사람의 목소리가 분명하게 들렸다. 보아하니 암소들은 말을 하는 사람 쪽으로 모두 머리를 돌리고 있었다.

그래서 차라투스트라는 급히 뛰어 올라가 짐승들을 이리저리 헤쳐놓았다. 누군가가 여기서 암소들의 동정으로는 쉽게 치유할 수 없는 고통을 겪지 않나 걱정이 되었기 때문이다. 하지만 그는 잘못 생각한 것이었다. 보라, 거기에 한 사람이 땅바닥에 앉아, 짐승들에게 두려워할 필요가 없다고 설득하는 것 같았기 때문이다. 평화를 사랑하는 자이자 산상 설교자인 그는 자신의 눈으로 선 자체를 설교하고 있었다. "그대는 여기서 무엇을 찾고 있는가?" 차라투스트라는 의아하게 생각하며 외쳤다.

그가 대답했다. "내가 여기서 무엇을 찾느냐고? 그대 훼방꾼아! 그대가 찾고 있는 것과 같은 것을 찾고 있다. 다시 말해 이 지상에서의 행복을 찾고 있다.

그러기 위해서 나는 이 암소들에게서 배우려고 한다. 알아두어라. 나는 아침나절의 절반 동안 암소들을 설득했고, 그들이 나에게 막 알려주려던 참이었다. 그런데 왜 그대가 끼어들어 나를 방해하는가?

우리가 전향하여 암소처럼 되지 않는 한, 우리는 하늘나라에 들어가지 못한다.[13] 우리가 암소들에게 배울 것이 한 가지 있으니, 그것은 되새김질이다.

참으로 인간이 온 세계를 얻는다고 하더라도 되새김질, 이 하나를 배우지 못한다면 무슨 소용이겠는가?**14)** 그런 자는 자신의 슬픔에서 해방되지 못하리라.

자신의 커다란 슬픔, 이 슬픔은 오늘날 **구역질**이라고 불린다. 오늘날 그 마음과 입과 눈이 구역질로 가득 차 있지 않은 자가 있단 말인가? 그대도 마찬가지다! 그대도! 하지만 이 암소들을 보라!"

산상 설교자는 이렇게 말했다. 그러고는 자신의 눈길을 차라투스트라에게로 돌렸다. 지금까지는 애정 어린 눈길로 암소들만 바라보고 있었던 것이다. 그러나 차라투스트라를 보자 그의 태도가 바뀌었다. "나와 이야기하는 이자는 누구인가?" 깜짝 놀라 소리치면서 그는 땅에서 벌떡 일어났다.

"이자는 구역질을 하지 않는 인간이다. 이자는 커다란 구역질을 극복한 자, 차라투스트라 자신이다. 이것은 차라투스트라 자신의 눈이고 입이며 마음이다."

이렇게 말하면서 그는 자기와 말하고 있는 자의 두 손에 입맞춤했다. 눈에서는 눈물이 넘쳐흘렀다. 그는 예기치 않게 하늘에서 떨어진 귀한 선물과 보석을 받은 사람처럼 행동했다. 하지만 암소들은 이 모든 일을 바라보며 의아하게 생각했다.

"나에 대해서는 말하지 마라, 그대 유별난 자여! 사랑스러운 자

---

13) 〈마태복음〉 18장 3절, "너희가 돌이켜서 어린이들과 같이 되지 않으면, 절대로 하늘 나라에 들어가지 못할 것이다."

14) 〈마태복음〉 16장 26절, "사람이 온 세상을 얻고도 제 목숨을 잃으면, 무슨 이득이 있겠느냐?"

여!" 차라투스트라는 이렇게 말하면서 그의 애정 어린 몸짓을 제지했다. "우선 그대 이야기를 들려달라! 그대는 일찍이 거대한 부를 내던지고 자발적으로 거지가 된 자가 아닌가?

자신의 재산과 부자임을 부끄러워하며, 자신의 충만함과 자신의 마음을 베풀기 위해 가장 가난한 자들에게로 도망쳤던 자가 아닌가? 하지만 그들은 그대를 받아들이지 않았지."[15]

"그대도 알다시피 그들은 나를 받아들이지 않았다." 자발적인 거지가 말했다. "그래서 나는 마침내 짐승들에게로, 이 암소들에게로 온 것이다."

"그렇다면 그대는 제대로 배웠구나." 차라투스트라가 말을 중간에서 끊었다. "올바로 주는 것이 올바로 받는 것보다 얼마나 더 어려운 일인지를. 그리고 잘 베푸는 것이 하나의 예술이며, 선의를 드러내는 명장의 더없이 교활한 최후의 기술이라는 것을."

"오늘날은 특히 그렇다." 자발적으로 거지가 된 자가 말했다. "오늘날 저열한 모든 것이 반란을 일으키고 겁을 내면서도 나름대로, 곧 천민의 방식으로 교만을 떨고 있는 오늘날에 말이다.

그대도 알다시피 거대하고 불길하며 오랫동안 서서히 진행되는 천민과 노예의 반란이 일어나는 때가 왔기 때문이다. 이 반란은 점점 더 확대되고 있다!

---

15) 〈요한복음〉 1장 11절, "그가 자기 땅에 오셨으나, 그의 백성은 그를 맞아들이지 않았다."

이제 모든 자선이나 작은 기부는 저열한 자들을 분개시킬 뿐이다. 그러므로 넘치도록 부유한 자는 조심해야 할 것이다!

오늘날 배는 불룩하지만 목이 매우 가느다란 병에서 물방울을 떨어뜨리는 자들, 오늘날 사람들은 그러한 병의 목을 기꺼이 부러뜨린다.

이글거리는 탐욕, 노기를 띤 시기심, 분노에 가득 찬 복수심, 천민의 자부심. 이런 모든 것이 나의 얼굴로 날아들었다. 가난한 자에게 복이 있다는 것은 더는 진실이 아니다. 하늘나라는 차라리 암소들에게 있다."

"그런데 왜 부자들에게는 하늘나라가 없는가?" 차라투스트라는 평화를 사랑하는 자에게 다가와 암소들을 가로막으면서 시험하듯이 물었다.

"그대는 왜 나를 시험하는가?" 이 사람이 대답했다. "그대가 나보다 더 잘 알고 있지 않은가. 아, 차라투스트라여, 무엇이 나를 가장 가난한 자들에게로 몰아갔던가? 우리의 가장 부유한 자들에 대한 구역질 때문이 아니었던가?

차가운 눈과 음란한 생각을 가지고 온갖 쓰레기로부터도 이익을 긁어모으는 부의 죄수들에 대한 구역질 때문이 아니었던가? 하늘을 향해 악취를 풍기는 이 천민에 대한 구역질 때문이 아니었던가?

그들의 조상이 소매치기였거나 시체를 먹는 새였거나 넝마주이였으며, 고분고분하고 음탕하고 쉽게 잊어버리는 아내들을 둔 천민에 대한 구역질이 아니었던가? 이들 모두는 창녀와 크게 다를 바 없다.

위에도 천민, 아래에도 천민! 오늘날 '가난'하다는 것과 '부유'하다는 것은 무엇인가! 이러한 차이를 나는 잊어버렸다. 그래서 나는 달아났다. 멀리, 더 멀리, 이 암소들이 있는 곳까지."

평화를 사랑하는 자는 이렇게 말했다. 말을 하는 동안 그는 숨을 헐떡이며 땀을 뻘뻘 흘렸다. 그래서 암소들은 다시금 의아하게 생각했다. 하지만 차라투스트라는 그가 이렇게 냉혹하게 말하는 동안 내내 미소를 띠고서 그의 얼굴을 바라보았고, 말없이 머리를 가로 저었다.

"그대가 그처럼 냉혹한 말을 쓴다면, 그대 산상 설교자여, 그대는 자신에게 폭력을 가하는 것이다. 그대의 입도, 그대의 눈도 그러한 냉혹함을 견뎌낼 만큼 성장하지 못했다.

내 생각에는 그대의 위장 또한 마찬가지다. 그러한 모든 분노와 미움과 끓어오르는 흥분은 **그대의 위장**에 맞지 않는다. 그대의 위장은 좀 더 부드러운 음식을 원한다. 그대는 육식주의자가 아니다.

내가 보기에 그대는 풀과 뿌리를 먹는다. 아마도 그대는 곡물도 깨물어 부술 것이다. 분명히 그대는 육식의 즐거움을 싫어하고 꿀을 좋아한다."

"그대는 나를 잘도 알아맞혔다." 자발적으로 거지가 된 자가 홀가분해진 마음으로 대답했다. "나는 꿀을 좋아하고, 곡물도 씹어 먹는다. 나는 맛이 있고 숨을 맑게 하는 것을 찾고 있었다.

또 시간이 오래 걸리고, 빈둥거리는 자와 게으름뱅이에게 어울리는 소일거리, 씹을 것을 찾고 있었다.

물론 암소들이 이 일을 가장 잘 해냈다. 그들은 되새김질과 일광욕을 고안해냈다. 게다가 암소들은 가슴을 부풀게 하는 모든 무거운 생각을 멀리한다."

"자!" 차라투스트라가 말했다. "그대는 **나의** 짐승들, 나의 독수리와 나의 뱀도 만나보아야 한다. 이 짐승들과 같은 것은 오늘날 지상에 존재하지 않는다.

보라, 저기로 가면 나의 동굴이 나온다. 오늘 밤에는 그들의 손님이 되도록 하라. 그리고 짐승의 행복에 관해 나의 짐승들과 이야기하라.

내가 집으로 갈 때까지. 지금은 도움을 청하는 외침이 급히 그대 곁을 떠나라고 나를 부른다. 그대는 나의 거처에서 새로운 꿀, 얼음처럼 신선한 금빛 벌집의 꿀을 발견하게 될 것이다. 그것을 먹도록 하라!

하지만 지금은 빨리 그대의 암소들과 작별하라, 그대 유별난 자여! 사랑스러운 자여! 이별이 이미 힘들겠지만 말이다. 암소들은 그대의 가장 마음씨 고운 벗이고 스승이었기 때문이다!"

"내가 좀 더 사랑하는 한 사람을 제외한다면 그렇다." 자발적으로 거지가 된 자가 말했다. "그대가 좋다. 암소보다 더 좋다, 아, 차라투스트라여!"

"가라, 꺼져라! 그대 고약한 아첨꾼이여!" 차라투스트라는 화가 나서 소리쳤다. "그대는 왜 그러한 칭찬과 아첨의 꿀로 나의 기분을 망치는가?"

"가라, 꺼져라!" 그는 다시 한번 소리치면서 상냥한 거지를 향해 지팡이를 휘둘렀다. 그러자 거지는 부리나케 그곳을 떠났다.

9. 그림자

　자발적으로 거지가 된 자가 달아나고 차라투스트라가 다시 혼자 있게 되자마자, 그의 뒤쪽에서 새로운 목소리가 들렸다. 이 목소리는 이렇게 외쳤다. "멈춰라, 차라투스트라여! 기다려라! 바로 나다, 아, 차라투스트라여, 나다, 그대의 그림자다!" 하지만 차라투스트라는 기다려주지 않았다. 많은 사람이 그의 산속으로 우글거리며 몰려드는 것을 보고 갑자기 불쾌감이 들었기 때문이다. "나의 고독은 어디로 가버렸는가?" 그가 말했다.

　'정말 이건 너무 심하다. 이 산이 사람들로 우글거리다니. 나의 제국은 **이런** 세계가 아니다.[16] 내게는 새로운 산이 필요하다.

　나의 그림자가 나를 부른다고? 내 그림자가 무슨 상관이란 말인가? 쫓아올 테면 오라고 하라! 나는 그림자에게서 달아난다.'

　차라투스트라는 마음속으로 이렇게 말하고는 그곳을 떠났다. 그

---

16) 〈요한복음〉 18장 36절, "내 나라는 이 세상에 속한 것이 아니오."

러나 그의 등 뒤에 있던 자가 그의 뒤를 쫓아왔다. 그래서 곧 세 사람이 나란히 달리는 꼴이 되었다. 다시 말해 맨 앞에는 자발적으로 거지가 된 자, 그다음에는 차라투스트라, 그리고 세 번째로 맨 뒤에는 그의 그림자가 달렸다. 그들이 그렇게 달린 지 얼마 되지 않아 차라투스트라는 자신의 어리석음을 곧 깨닫고 모든 염증과 불쾌감을 단숨에 털어버렸다.

"이런!" 그가 말했다. "우리 늙은 은둔자와 성자에게도 우스꽝스러운 일들이 일어나곤 하지 않았던가?

참으로 산속에서 살다 보니 나의 어리석음이 높이 자랐구나! 지금 늙은 바보들의 다리 여섯 개가 앞뒤로 나란히 뛰어가며 달가닥거리는 소리를 듣고 있다니!

차라투스트라가 그림자 따위를 두려워한단 말인가? 어쨌든 그림자의 다리가 내 다리보다 더 긴 것처럼 보인다."

차라투스트라는 눈과 창자로 웃으면서 이렇게 말하고는 멈춰 서서 재빨리 뒤돌아보았다. 그런데 보라, 그러다가 그는 자신을 뒤쫓아오던 그림자를 하마터면 땅바닥에 쓰러뜨릴 뻔했다. 그림자가 그의 뒤에 바짝 붙어 쫓아왔고, 그 그림자는 너무 허약하기까지 했다. 그래서 그림자를 눈으로 살피던 그는 갑자기 유령을 보기라도 한 것처럼 깜짝 놀랐다. 뒤쫓아온 이자는 너무도 가늘고, 거무스레하고, 텅 비고, 낡아빠진 것처럼 보인 것이다.

"그대는 누군가?" 차라투스트라가 격한 목소리로 물었다. "그대는 여기서 무엇을 하고 있는가? 그리고 무엇 때문에 그대는 나의 그림자를 자칭하는가? 그대는 내 마음에 들지 않는다."

그림자가 대답했다. "내가 그런 자인 것을 용서해다오. 내가 그대의 마음에 들지 않더라도. 아, 차라투스트라여! 그 때문에 내가 그대와 그대의 좋은 취향을 칭송하는 것이다.

나는 이미 오래전부터 그대의 발꿈치를 쫓아다닌 방랑자다. 언제나 길 위에 있지만, 목적지도 없고, 고향도 없다. 그리하여 나는 정말로 거의 영원한 유대인과 같다. 내가 영원하지도 않고 유대인도 아니라는 점을 제외한다면 말이다.

뭐라고? 내가 언제나 길 위에 있어야 한다고? 온갖 바람에 휘날리고 정처 없이 떠돈다고? 아, 대지여, 그대는 내게 너무나 둥글었다!

나는 이미 온갖 표면 위에 앉아보았고, 지쳐버린 먼지처럼 거울과 유리창 위에서 잠을 잤다. 모든 것이 나에게서 빼앗기만 하고 아무것도 주지 않아 나는 가늘어진다. 그리하여 나는 거의 그림자처럼 된 것이다.

아, 차라투스트라여, 나는 가장 오랫동안 그대의 뒤를 따라 날아가고 걸어갔으며, 그대의 눈에 띄지 않게 숨기도 했지만, 그대의 최상의 그림자였다. 그대가 앉아 있는 곳이면 어디든 나도 앉아 있었다.

그대와 함께 나는 더없이 멀고 더없이 추운 세계를 떠돌아다녔다. 자발적으로 겨울의 지붕들과 눈 위를 달리는 유령처럼.

그대와 함께 나는 온갖 금지된 것, 더없이 고약한 것, 더없이 먼 곳으로 들어갔다. 내게 그 어떤 덕이 있다면, 그것은 내가 어떤 금지도 두려워하지 않았다는 것이다.

나는 그대와 함께 나의 마음이 일찍이 숭배하던 것을 부수어버렸고, 모든 경계석과 우상을 쓰러뜨렸으며, 더없이 험한 소망들을 쫓

4부 및 최종 부

아다녔다. 참으로 나는 어떤 범죄든지 한 번은 그 위로 지나갔다.

그대와 함께 나는 말과 가치와 위대한 이름에 대한 믿음을 잊어 버렸다. 악마가 허물을 벗을 때면 그 이름 또한 떨어져 나가지 않는 가? 이름도 껍질이기 때문이다. 어쩌면 악마 자신도 껍질에 지나지 않으리라.

'아무것도 참이 아니다. 모든 것이 허용된다.'[17] 나는 자신에게 이렇게 말했다. 나는 차디찬 물속으로 머리와 심장과 함께 뛰어들었다. 아, 그 때문에 나는 얼마나 자주 빨간 게처럼 벌거벗은 채 서 있었던가!

아, 나의 모든 선함, 모든 수치, 선한 자들에 대한 모든 믿음은 어디로 갔는가! 아, 일찍이 내가 갖고 있었던 저 거짓 순진무구함, 선한 자들과 그들의 고상한 거짓말의 순진무구함은 어디로 갔는가!

참으로 너무 자주 나는 진리의 발 뒤를 바짝 쫓아갔다. 그러자 진리는 내 머리를 발로 찼다. 이따금 나는 거짓말을 할 생각이었다. 보라! 그때 비로소 내가 진리를 명중시켰다.

너무나 많은 것이 내게 명료해졌다. 이제 아무것도 나와 상관이 없다. 그런데도 내가 어찌 나 자신을 여전히 사랑할 수 있단 말인가?

'내가 하고 싶은 대로 살아가자. 아니면 아예 살지 말자.' 내가 이

---

17) "아무것도 참이 아니다. 모든 것이 허용된다." 이 말은 11세기 페르시아 아사신파의 창시자인 하산 이 사바흐(Hassan-i Sabbah)의 말로 알려져 있다. 니체는 이 금언을《도덕의 계보》제3논문 〈금욕주의적 이상이란 무엇을 의미하는가?〉 24에서 언급한다. F. Nietzsche, *Zur Genealogie der Moral*, KSA 5, 399쪽.

렇게 원하면, 최고의 성자도 이렇게 원한다. 하지만 슬프다! **내가** 어떻게 여전히 소망을 가질 수 있단 말인가?

내게는 있는가, 아직도 목표가? **나의** 돛이 달려가는 항구가?

순풍은 불어오는가? 아, 자신이 **어디로** 가는지 아는 자만이 어떤 바람이 좋고 어떤 바람이 자신의 순풍인지를 안다.

내게 무엇이 아직 남아 있는가? 지치고 뻔뻔스러운 마음, 불안정한 의지, 파닥거리는 날개, 부러진 척추가 남아 있다.

나의 고향을 찾아내려는 이 탐색. 아, 차라투스트라여, 그대도 잘 알다시피, 이러한 탐색이 **나의** 불행이었으며, 그것이 나를 기진맥진하게 만든다.

'어디 있는가, **나의** 고향은?' 나는 이렇게 묻고 또 찾고 있다. 찾아보았지만 찾지 못했다. 아, 영원히 모든 곳에 있고, 아, 영원히 어디에도 없는, 아, 영원한 부질없음이여!"

그림자가 이렇게 말했다. 이 말을 들은 차라투스트라의 얼굴은 길어졌다. 마침내 그가 슬픈 목소리로 말했다. "그대는 나의 그림자구나!

그대가 처한 위험은 작은 것이 아니다, 그대 자유로운 정신이여, 방랑자여! 그대는 좋지 않은 하루를 보냈다. 이제 그대에게 더 좋지 않은 저녁이 찾아오지 않도록 조심하라!

그대처럼 가만히 못 있는 자들은 결국 감옥조차 행복한 곳이라고 여기게 된다. 그대는 감옥에 간힌 죄수들이 잠자는 모습을 본 적이 있는가? 그들은 편안하게 자며, 전에 없는 안전을 즐긴다.[18]

그대는 편협한 믿음, 경직되고 엄한 망상에 사로잡히는 일이 없도록 주의하라! 이제부터는 편협하고 고정된 모든 것이 그대를 유혹하고 시험할 테니 말이다.

그대는 목표를 잃었다. 슬프다, 어찌하여 그대는 이러한 상실을 웃어넘기고 잊어버리려 하는가? 이 손실과 함께, 그대는 길도 잃어버린 것이다!

그대 가련한 방랑자여, 그대 지친 나비여! 그대는 오늘 밤 휴식과 집의 아늑함을 누리려는가? 그렇다면 나의 동굴로 올라가라!

저 길로 가면 나의 동굴이 나온다! 하지만 지금 나는 얼른 다시 그대를 떠나려 한다. 이미 그림자 같은 것이 내 몸 위에 누워 있다.

나의 주위가 다시 밝아지도록 나는 홀로 가련다. 그러기 위해서는 오랫동안 즐거이 나의 두 다리에 의존해야 한다. 그러나 저녁이면 내가 있는 곳에서 춤을 추게 될 것이다!"

차라투스트라는 이렇게 말했다.

---

18) 니체는 죄수들이 잠을 잘 자는 이유를 양심의 가책을 받지 않기 때문이라고 생각한다. KSA 11, 25(18), 17쪽: "감옥에서 범죄자는 단잠을 잔다. 양심의 가책을 느끼지 않은 채."

10. 정오에

그러고 나서 차라투스트라는 걷고 또 걸었지만 더는 아무도 만나지 않았다. 혼자였고 끊임없이 자기 자신을 다시 발견했다. 그는 고독을 즐기고 맛보았으며 좋았던 일들을 몇 시간 동안이나 생각했다. 그러나 정오 무렵이 되어 태양이 바로 차라투스트라의 머리 위에 있을 때, 그는 구부러지고 울퉁불퉁 마디가 많은 노목(老木) 옆을 지나가게 되었다. 이 노목은 사랑이 넘치는 포도 덩굴에 휘감겨 자신의 모습을 숨기고 있었다. 이 나무는 노란 포도송이를 주렁주렁 매달고서 방랑자를 맞아들였다. 그는 약간의 갈증을 풀려고 포도를 한 송이 따려 했다. 하지만 포도송이를 따려고 손을 뻗었을 때, 그는 다른 욕망이 더 강렬하게 이는 것을 느꼈다. 때는 완전한 정오였으므로 이 나무 옆에 누워 잠자고 싶었다.

차라투스트라는 그렇게 했다. 그는 다채로운 풀들의 고요함과 은밀함이 깃든 땅에 눕자마자, 자신의 가벼운 갈증은 이미 잊어버린 채 잠이 들었다. 차라투스트라의 잠언이 말하는 것처럼, 한 가지 일이 다른 일보다 더 절실했기 때문이다.[19] 다만 눈만은 뜨고 있었다.

그 노목과 포도 덩굴의 사랑을 바라보며 칭송하는 데 싫증이 나지 않았기 때문이다. 하지만 잠이 들면서 차라투스트라는 마음속으로 이렇게 말했다.

"조용! 조용! 세계는 방금 완전해지지 않았는가? 내게 대체 무슨 일이 일어나고 있는가?

부드러운 바람이 잔잔한 바다 위에서 보이지 않게 가볍게, 깃털처럼 가볍게 춤추듯이, 잠이 내 위에서 춤추고 있다.

잠은 내 눈을 감겨주지 않으며, 내 영혼을 깨어 있게 한다. 잠은 가볍다. 참으로! 깃털처럼 가볍다.

잠은 나를 설득한다. 나는 모른다, 어떻게 그러는지? 잠은 알랑거리는 손길로 나의 내면을 가볍게 토닥거린다. 잠은 나를 재촉한다. 그렇다, 잠은 내 영혼이 몸을 쭉 뻗으라고 재촉한다.

내 유별난 영혼은 어찌 그리도 길게 늘어져 지쳐 있는가! 이제 겨우 정오인데 벌써 일곱 번째 날 저녁이라도 찾아왔다는 말인가?[20] 내 영혼은 너무 오랫동안 선하고 성숙한 것들 사이에서 행복에 넘쳐 방황했는가?

내 영혼은 몸을 길게 뻗고 있다. 길게, 점점 더 길게! 말없이 누워 있다, 나의 유별난 영혼은. 내 영혼은 좋은 것을 이미 너무 많이 맛

---

19) 니체의 누이동생 엘리자베트에 의하면, 이 말은 할머니가 즐겨 했던 말이라고 한다.
20) 〈창세기〉 2장 3절, "이렛날에 하나님이 창조하시던 모든 일에서 손을 떼고 쉬셨으므로, 하나님은 그날을 복되게 하시고 거룩하게 하셨다."

보았다. 이 황금의 슬픔이 내 영혼을 짓누르고, 내 영혼은 입을 삐죽거린다.

나의 영혼은 더없이 고요한 포구로 들어선 배, 오랜 항해와 불확실한 바다에 지쳐 이제 뭍에 기대고 있는 배와도 같다. 뭍이 더 믿음직하지 않은가?

그러한 배가 뭍에 정박하여 기댈 때는 한 마리 거미가 뭍에서 배까지 거미줄을 치는 것만으로도 충분하다. 더 강한 밧줄은 필요하지 않다.

지친 배가 더없이 고요한 포구에서 쉬는 것처럼, 나도 지금 뭍 가까이에서 쉬고 있다. 가느다란 실로 뭍에 묶여 성실하게 믿음직하게 기다리면서.

아, 행복이여! 아, 행복이여! 아, 나의 영혼이여, 그대는 노래하려는가? 그대는 풀밭에 누워 있다. 하지만 지금은 어떤 양치기도 피리를 불지 않는, 은밀하고 엄숙한 시간이다.

조심하라! 뜨거운 정오가 초원에서 잠들어 있다. 노래하지 마라! 조용! 세계는 완전하다.

아, 나의 영혼이여, 그대 풀밭의 새여, 노래하지 마라! 속삭이지도 마라! 자, 조용! 늙은 정오가 잠자면서 입을 움직인다. 방금 한 방울의 행복을 마시고 있지 않은가.

황금빛 행복, 황금빛 포도주의 해묵은 갈색의 한 방울을 마신 것인가? 그의 얼굴 위로 무언가 스쳐 지나간다. 그의 행복이 웃는다. 이렇게, 신이 웃는다. 조용!

'다행히도, 행복해지려면 아주 적은 것만으로도 족하다!' 나는 일찍이 이렇게 말하면서 내가 현명하다고 생각했다. 하지만 그것은 불경한 생각이었다. **그것을** 나는 이제 배웠다. 영리한 바보들이 말은 더 잘한다.

가장 적은 것, 가장 조용한 것, 가장 가벼운 것, 도마뱀의 바스락거림, 한 번의 숨결, 한 번의 스침, 순간의 눈길. 이처럼 **작은 것**이 **최고의** 행복을 만든다. 조용!

내게 무슨 일이 일어났는가. 들어보라! 시간이 날아가버렸는가? 내가 추락하는 건 아닌가? 내가 떨어지는 것은 아닌가. 들어보라! 영원의 샘 속으로 떨어지지 않았는가?

내게 무슨 일이 일어나고 있는가? 조용! 무언가가 나를 찌른다. 슬프다, 나의 심장을 찌르는 것인가? 심장을! 아, 부수어라, 파괴하라, 심장이여, 그 같은 행복을 맛본 다음에는, 그처럼 찔린 다음에는!

뭐라고? 세계는 방금 완전해지지 않았는가? 둥글게 성숙해지지 않았는가? 아, 황금의 둥근 고리여, 어디로 날아가는가? 나는 그 뒤를 쫓아간다! 빨리!

조용! (이쯤에서 차라투스트라는 기지개를 켰다. 그러고는 자기가 잠자고 있다는 것을 느꼈다.)

일어나라! 그대 잠꾸러기여! 그대 낮잠 자는 자여!" 그가 자신에게 말했다. "자, 일어나라, 그대들 늙은 다리여! 때가 왔다. 때가 지났다. 갈 길이 아직 많이 남아 있다.

그대들은 이제 푹 잤다. 도대체 얼마나 잔 것인가? 영원의 반쯤! 자, 이제 일어나라, 나의 늙은 심장이여! 그만큼 잤으니 이제 그대는 얼마나 오래 깨어 있을 수 있는가?"

(그러나 그는 다시 잠이 들었다. 그의 영혼이 그에게 맞서고 저항하면서 다시 누워버린 것이다.) "제발 나를 내버려다오! 조용! 세계는 방금 완전해지지 않았는가? 아, 황금의 둥근 공이여!"

"일어나라!" 차라투스트라가 말했다. "그대 작은 도둑이여, 그대 작은 게으름뱅이여! 뭐라고? 아직도 축 늘어져서 하품하고 탄식하며 깊은 샘 속으로 떨어지는가?

그대는 도대체 누구인가! 아, 나의 영혼이여!"(이때 그는 깜짝 놀랐다. 한 줄기 햇살이 하늘에서 그의 얼굴로 떨어졌기 때문이다.)

"아, 내 머리 위의 하늘이여. 그대는 나를 바라보는가? 그대는 나의 유별난 영혼에 귀를 기울이는가?" 그는 한숨 쉬고 말하면서 일어나 똑바로 앉았다.

"그대는 언제쯤 지상의 만물 위에 내린 이 이슬방울을 마시려는가? 그대는 언제쯤 이 유별난 영혼을 마시려는가?

언제쯤인가, 영원한 샘이여! 그대 명랑하면서도 소름 끼치는 정오의 심연이여! 언제쯤 그대는 내 영혼을 그대 속으로 다시 마시려 하는가?"

차라투스트라는 이렇게 말했다. 그러고는 마치 낯선 취기에서 깨어나듯이 나무 옆 그의 자리에서 일어났다. 그런데 보라, 태양은 아직도 그의 머리 바로 위에 떠 있었다. 그러므로 차라투스트라가 그렇게 오래 잔 것은 아니었던 모양이다.

11. 환영 인사

차라투스트라가 오랫동안 찾아 돌아다녔으나 헛수고만 하고 다시 그의 동굴로 돌아온 것은 늦은 오후가 되어서였다. 그러나 그가 스무 걸음도 채 떨어지지 않은 곳에서 동굴을 마주하고 섰을 때 예상치 못한 일이 벌어졌다. **도움을 청하는 외침**이 다시 크게 들려왔다. 이것저것 뒤섞인 길고도 묘한 외침이었다. 차라투스트라는 그 외침에 여러 목소리가 합쳐져 있는 것을 분명히 알아차렸다. 멀리서 들었더라면 마치 한 사람의 입에서 나온 외침처럼 들렸을 것이다.

차라투스트라는 그의 동굴로 뛰어 들어갔다. 그런데 보라! 이 같은 아우성 뒤에 어떤 광경이 그를 기다리고 있었던가! 거기에는 그가 낮에 만났던 자들이 모두 한자리에 앉아 있었다. 슬픔에 잠긴 예언자, 오른편 왕과 왼편 왕, 정신의 양심을 지닌 자, 늙은 마술사, 교황, 자발적으로 거지가 된 자, 그림자, 그리고 나귀가 거기에 모여 있었다. 그런데 더없이 추악한 자는 하나의 왕관을 쓰고 두 개의 자줏빛 허리띠를 두르고 있었다. 모든 추악한 자가 그렇듯 그는 변장하고 멋지게 꾸미는 것을 좋아하기 때문이었다. 그런데 이 우울한 무리 한가운데서 차라투스트라의 독수리가 깃털을 곤두세운 채 안절부절못하고 있었다. 그는 자신의 긍지에도 불구하고 대답할 수 없는 너무 많은 물음에 대답해야 했기 때문이다. 영리한 뱀은 독수리의 목을 감고 있었다.

차라투스트라는 매우 놀라면서 이 모든 광경을 바라보았다. 그러고 나서 그는 손님 하나하나를 상냥하지만 호기심 어린 눈길로 살펴보며 그들의 영혼을 읽어나갔다. 그러고는 다시 한번 놀랐다. 거기에 모여 있는 자들은 그동안 자리에서 일어나 공경하는 마음으로 차라투스트라가 말하기를 기다렸다. 그래서 차라투스트라는 이렇게 말했다.

"그대들 절망한 자들이여! 그대들 유별난 자들이여! 내가 들었던 것이 **그대들의** 도움을 청하는 외침이었단 말인가? 그렇다면 이제 알겠다. 내가 오늘 헛되이 찾아다녔던 자, 곧 **우월한** 인간을 어디서 찾을 수 있는지를.

우월한 인간, 그가 바로 나의 동굴에 앉아 있다니! 그러나 놀랄 일이 무언가! 제물로 바친 꿀과 나의 행복에 대한 교활한 감언으로 그를 나에게로 유혹한 것은 나 자신이 아니었던가?

하지만 그대들은 함께 어울려 지내는 데 서툰 것처럼 보인다. 그대들 도움을 청하는 자들이여, 여기 함께 앉아 있으면서도 서로의 마음을 언짢게 하고 있지 않은가? 우선 한 사람이 와야 한다.

그대들을 다시 웃게 만들 자, 마음씨 좋고 쾌활한 어릿광대, 춤추는 자이자 바람이자 난폭한 자, 그 어떤 늙은 바보가 와야 한다. 그대들 생각은 어떤가?

나를 용서하라, 그대들 절망한 자들이여! 내가 그대들 앞에서 이런 손님들에게 참으로 어울리지 않는 보잘것없는 말로 이야기하는 것을! 하지만 그대들은 **무엇이** 내 마음을 방자하게 만드는지를 알 리가 없다.

그대들 자신과 그대들의 모습이 그렇게 만든다. 나를 용서하라! 절망한 자를 보면 누구든 대담해지는 법이다. 모두 절망한 자를 격려할 만큼은 충분히 강하다고 스스로 생각한다.

나 자신에게도 그대들은 이러한 힘을 주었다. 좋은 선물이었다, 나의 귀한 손님들이여! 제대로 된 선물이었다! 자, 그러므로 내가 그대들에게 내 것을 내놓더라도 화내지 마라.

여기는 나의 제국이며 나의 영토다. 하지만 오늘 저녁과 오늘 밤에는 나의 것이 곧 그대들의 것이다. 나의 짐승들이 그대들을 모실 것이다. 나의 동굴이 그대들의 휴식처가 되기를!

내 집에 머물러 있는 한, 그 누구도 절망할 필요가 없다. 나의 구역에서 나는 모든 사람을 그의 맹수들로부터 지켜준다. 안전, 이것이 내가 그대들에게 제공하는 첫 번째 것이다!

두 번째 것은 나의 작은 손가락이다. 그대들은 **손가락**을 먼저 잡은 다음에 손 전체를 잡아라. 좋다! 그리고 마음까지도 가져라! 이곳에 온 것을 환영한다, 환영한다, 나의 손님들이여!"

차라투스트라는 이렇게 말하면서 사랑과 악의의 웃음을 웃었다. 이렇게 환영 인사가 끝나자 손님들은 다시 한번 머리를 숙이고, 공경하는 마음으로 침묵을 지켰다. 다만 오른편 왕이 그들을 대표하여 그에게 대답했다.

"아, 차라투스트라여, 그대가 우리에게 내민 손과 그대의 환영 인사에서 우리는 그대가 차라투스트라임을 알아차렸다. 그대는 우리 앞에서 겸손하게 자신을 낮추었다. 하마터면 그대는 우리의 공경심에 상처를 입힐 뻔했다.

그 누가 그대처럼 긍지를 지니고서도 겸손하게 몸을 낮출 수 있단 말인가? 그 점이 우리의 기운을 북돋우며, 우리의 눈과 마음을 상쾌하게 만들었다.

이것 하나만을 보기 위해서라도, 우리는 이 산보다 더 높은 산도 기꺼이 올랐을 것이다. 호기심에 넘치는 우리는 흐린 눈을 밝게 해주는 것이 무엇인지를 보려고 여기까지 올라왔다.

그리고 보라, 도움을 청하는 외침은 어느새 모두 온데간데없다. 우리의 감각과 가슴은 활짝 열려 매우 황홀해한다. 여차하면 우리의 기분이 방자해질 지경이다.

아, 차라투스트라여, 지상에는 높고 강한 의지보다 더 기쁘게 자라는 것은 없다. 이 의지는 지상의 가장 아름다운 식물이다. 이 나무 하나로 풍경 전체에 생기가 돈다.

아, 차라투스트라여, 그대처럼 자라는 자를 나는 소나무에 비유한다. 장구하고 말이 없고 엄격하고 외롭게 서 있는, 더없이 멋지고 유연하면서 장엄하기까지 한 소나무.

마침내 **자신의** 지배를 공고히 하려고 억세고 푸른 가지들을 내뻗고, 바람과 뇌우 그리고 언제나 높은 곳에 거처하는 것들에게 강한 질문을 해대는 소나무.

명령자, 승리자로서 더욱 강력하게 대답하는 소나무. 아, 이런 식물을 보려고 높은 산에 오르지 않을 자가 있겠는가?

아, 차라투스트라여, 침울한 자와 실패한 자도 여기 있는 그대의 나무에서 기운을 되찾고, 불안정한 자도 그대의 모습을 보고 안심하며 자신의 마음을 치유한다.

참으로 그대의 산과 나무에 오늘날 많은 눈길이 쏠려 있다. 하나의 커다란 동경이 일어났으며, 많은 사람이 '차라투스트라는 누구인가?'라고 묻는 것을 배웠다.

그대가 일찍이 그대의 노래와 꿀을 그 귓속에 방울방울 떨어뜨린 적이 있는 자들, 말하자면 숨어 지내는 자들, 혼자 사는 은둔자들, 둘이서 사는 은둔자들 모두가 갑자기 마음을 향해 이렇게 말했다.

'차라투스트라가 아직도 살아 있는가? 산다는 것은 더는 보람 없으며, 모든 것은 같고, 모든 것은 헛되다. 아니면, 우리는 차라투스트라와 더불어 살아야만 한다!'

'그렇게 오래전에 예고하고도 그는 왜 오지 않는가?' 많은 사람이 이렇게 묻는다. '고독이 그를 삼켜버렸단 말인가? 아니면 우리가 그에게로 가야 하는가?'

이제는 고독 자체가 물러지고 허물어졌다. 허물어져서 시신을 더는 보존하지 못하는 무덤과도 같다. 도처에 부활한 자들이 보인다.

아, 차라투스트라여, 이제 그대의 산 주위로 물결이 점점 더 차오르고 있다. 그대의 높이가 얼마나 높은, 많은 물결이 그대에게 올라오고야 말 것이다. 그렇게 된다면 그대의 나룻배도 더는 마른땅에 놓여 있지 않아도 될 것이다.

우리 절망한 자들은 지금 그대의 동굴에 와서 더는 절망하지 않고 있다. 하지만 이것은 좀 더 나은 자들이 그대에게로 오고 있음을 말하는 징표이자 조짐일 뿐이다.

사람들 가운데에서 신의 마지막 잔재라 할 수 있는 자가 스스로 그대에게 오고 있기 때문이다. 그자는 바로 커다란 동경과 커다란 구역질과 커다란 권태를 가진 모든 자다.

아, 차라투스트라여, 다시금 **희망하기**를 배우지 못한다면, 그대에게서 위대한 희망을 배우지 못한다면 더는 살고 싶어 하지 않는 모든 자가 오고 있다!"

오른편 왕은 이렇게 말했다. 그러고는 차라투스트라의 손을 잡고 입맞춤을 하려고 했다. 하지만 차라투스트라는 그의 존경하는 몸짓을 물리치고 깜짝 놀라, 마치 먼 곳으로 달아나려는 것처럼 말없이 갑작스럽게 물러섰다. 그러나 그는 잠시 후 다시 손님들 곁으로 와서 살피는 밝은 눈길로 그들을 바라보며 말했다.

"나의 손님들이여, 그대들, 우월한 인간들이여, 나는 독일식으로 분명하게[21] 말하고자 한다. 내가 여기 이 산속에서 기다린 것은 **그대들이** 아니었다."

("'독일식으로 분명하게'라고? 참으로 딱하군!" 여기서 왼편 왕이 이렇

---

21) '독일식으로 분명하게(deutsch und deutlich)'. 니체가 운율적으로 유사한 두 낱말을 연결하는 언어유희는 바그너에 대한 풍자다. 바그너가 제안한 어원에 따르면 '독일의(deutsch)' 낱말은 '가리키다', '지시하다', '의미하다'라는 뜻의 낱말 deuten에 기원을 두고 있다. "독일적이라는 것은 그러므로 우리에게 분명한 것이다." Richard Wagner, *Bayreuther Blätter 2*, Feb. 1878, 30.

게 중얼거렸다. "그는, 동방에서 온 이 현자는 친애하는 독일인을 잘 모르나 보다!

그는 아마도 '독일식으로 투박하게'라고 말하려고 했으리라. 좋다! 그것이 오늘날 최악의 취향은 아니니까 말이다!")

차라투스트라가 계속해서 말했다. "참으로 그대들 모두는 우월한 인간일지 모른다. 그러나 내가 보기에, 그대들은 충분히 높지도 강하지도 않다.

내가, 다시 말해 내 속에서 침묵하고 있으나 언제까지나 침묵하고 있지는 않을 가차 없는 자가 보기에는 말이다. 그리고 그대들이 내게 속하더라도 나의 오른팔은 아니다.

말하자면 그대들처럼 병들고 연약한 다리로 서 있는 자는, 스스로 알고 있든 숨기고 있든, 무엇보다도 **보살핌 받기**를 원한다.

그러나 나는 나의 팔과 다리를 보살피지 않는다. **나는 나의 전사들을 보살피지 않는다**. 그러니 어찌 그대들이 **나의** 전쟁에 도움이 된단 말인가?

그대들과 함께하면 내 모든 승리를 망치고 말 것이다. 그대들 중 많은 자는 요란하게 울리는 내 북소리를 듣기만 해도 쓰러지고 말리라.

또 그대들은 내가 보기에 충분히 아름답지도 못하고 혈통이 좋지도 않다. 나는 나의 가르침을 비춰줄 깨끗하고 매끄러운 거울이 필요하다. 그대들의 표면 위에서라면 나 자신의 모습조차 일그러진다.

많은 짐과 많은 추억이 그대들의 어깨를 짓누르고 있다. 고약한 난쟁이들이 그대들의 몸 구석구석에 쪼그리고 앉아 있다. 그대들 안에도 천민이 숨어 있는 것이다.

그대들이 높고 또 더 높은 종족이라 하더라도, 그대들에게는 많은 것이 굽어 있고 기형적이다. 그대들을 두들겨 바르게 펴줄 대장장이는 이 세상에 없다.

그대들은 다리에 불과하다. 우월한 자들이 그대들을 딛고 저편으로 넘어가기를! 그대들은 계단이란 뜻이다. 그러므로 그대들을 딛고 저 너머 **자신의** 높이로 오르는 자들에게 화를 내지 마라!

그대들의 씨앗으로부터 언젠가 나의 진정한 아들과 완전한 상속자가 자라날 수도 있을 것이다. 하지만 그건 먼 훗날의 일이다. 그대들 자신은 나의 유산과 이름을 물려받을 자들이 아니다.

내가 여기 이 산속에서 기다려온 것은 그대들이 아니다. 내가 마지막으로 저 산 아래로 내려간다고 하더라도 그대들과는 아니다. 그대들은 우월한 인간들이 오고 있다는 조짐으로만 나에게 왔을 뿐이다.

그대들은 커다란 동경, 커다란 구역질, 커다란 권태를 가진 인간들이 아니며 그대들이 신의 잔재라고 부른 자들도 **아니다.**

아니다! 아니다! 세 번을 말하지만, 아니다! 나는 여기 산속에서 **다른 사람들**을 기다리고 있다. 그들이 오지 않는 한 나는 여기서 단 한 발짝도 떼지 않을 것이다.

우월한 인간, 더 강한 인간, 더 승리하는 인간, 더 쾌활한 인간, 몸과 영혼이 반듯한 자들을 기다리고 있다. **웃는 사자들**은 오고야 말 것이다.

아, 나의 손님들이여, 그대들 유별난 자들이여. 그대들은 내 아이들에 대해서 아직 아무것도 듣지 못했는가? 그리고 내 아이들이 내게로 오고 있다는 것도?

말해다오, 나의 정원, 나의 행복의 섬, 나의 새롭고 아름다운 종족에 대해 말해다오. 어찌하여 그대들은 나에게 그것들에 대해 말해주지 않는가?

내가 그대들의 사랑에 간청하는 선물은 내 아이들에 대해 이야기해달라는 것이다. 그 아이들 때문에 나는 부유하며, 또 그 아이들 때문에 나는 가난해졌다. 내가 무엇인들 주지 않았던가.

이 하나를 얻으려고 무엇인들 주지 못하겠는가. **이** 아이들, **이** 살아 있는 식물들, 내 의지와 내 최고의 희망인 이 생명 나무를 위해서라면!"

차라투스트라는 이렇게 말하고는 갑자기 말을 멈추었다. 그의 동경이 그를 덮쳤기 때문이다. 그의 마음이 너무 동요해서 눈을 감고 입을 다물었다. 손님들도 모두 어찌할 바를 몰라 가만히 서 있었다. 늙은 예언자만이 손과 몸짓으로 신호를 보냈을 뿐이다.

12. 만찬

여기서 예언자가 차라투스트라와 그의 손님들이 나누는 인사를 중단시켰다. 그는 잠시의 여유도 없는 자처럼 부리나케 앞으로 나와 차라투스트라의 손을 잡고는 외쳤다. "그러나 차라투스라여!

그대는 한 가지 일이 다른 일보다 더 절실하다고 말한 바 있다. 자, 이제 **내게는** 모든 일보다도 더 절실한 일이 하나 있다.

제때 한마디 하자면, 그대는 나를 **만찬**[22]에 초대하지 않았는가? 여기에는 먼 길을 걸어온 자들이 많이 있다. 설마 말잔치만 하려는 건 아니겠지?

또 그대들 모두는 얼어 죽는 것, 물에 빠져 죽는 것, 숨이 막혀 죽은 것, 그리고 다른 신체적 곤경에 대해서 너무 많이 생각했다. 하지만 **나의** 곤경, 곧 굶주림에 대해서는 아무도 생각하지 않았다."

---

[22] 〈마태복음〉 26장 20절, "저녁때가 되어서, 예수께서는 열두 제자와 함께 식탁에 앉아 계셨다." 차라투스트라의 짐승인 독수리와 뱀 그리고 나귀를 포함하면, 차라투스트라의 만찬에 참석한 자도 모두 열둘이다.

(예언자는 이렇게 말했다. 차라투스트라의 짐승들이 이 말을 듣고는 놀라 달아났다. 그들이 낮에 동굴로 가져온 것으로는 예언자 한 사람의 배를 채우기에도 충분하지 않다고 보았기 때문이다.)

예언자가 계속해서 말했다. "목도 마르다. 여기에는 지혜의 말처럼 찰랑거리는, 다시 말해 지칠 줄 모르고 넘쳐흐르는 물소리가 이미 들려오지만, 나는 **포도주**를 마시고 싶다!

모든 사람이 차라투스트라처럼 물만 마시는 것은 아니다. 물은 지치고 시든 자에게는 맞지 않는다. **우리에게는** 포도주가 제격이다. **포도주**야말로 순식간에 회복시켜주며 즉석에서 건강을 되찾아준다!"

예언자가 포도주를 달라고 간절히 요구하는 틈을 타서 말수가 적은 왼편 왕도 말문을 열었다. "포도주라면 **우리가**, 나와 내 형제인 오른편 왕이 마련해둔 게 있다. 포도주는 충분히 있다. 나귀에 가득 실려 있다. 빵이 없을 뿐이다."

그러자 차라투스트라가 대꾸하면서 웃었다. "빵이라고? 은둔자들에게 없는 것이 바로 빵이다. 하지만 인간은 빵만으로 사는 게 아니라 질 좋은 새끼 양고기도 먹고 산다.[23] 내게 새끼 양 두 마리가 있다.

그것들을 서둘러 잡아 샐비어로 양념하여 요리하자. 나는 그렇게 양념한 것을 좋아한다. 뿌리와 열매도 부족하지 않다. 미식가나 식도락가도 만족시킬 만큼 충분히 좋은 것이다. 또 깨뜨릴 호두와 그

---

23) 〈마태복음〉 4장 4절. "성경에 기록하기를 사람이 빵으로만 살 것이 아니라, 하나님의 입에서 나오는 모든 말씀으로 살 것이다." 밤낮 사십 일을 금식한 예수는 자신을 유혹하는 악마에게 이렇게 말한다.

밖의 수수께끼도 부족하지 않다.

어서 훌륭한 만찬을 벌이자. 함께 먹으려는 자는 왕이라 할지라도 손을 보태야 한다. 차라투스트라의 집에서는 왕도 요리사가 되어야 한다."

이 제안을 모두가 진심으로 반겼다. 다만 자발적으로 거지가 된 자만이 고기와 포도주와 양념에 반대했을 뿐이다.

그가 익살스럽게 말했다. "자, 이제 미식가 차라투스트라의 말을 들어보자! 이런 만찬이나 벌이자고 동굴로, 높은 산으로 올라왔단 말인가?

그가 언젠가 우리에게 '소박한 가난을 찬양하라!'라고 가르치고 또 거지들을 쫓아버리려 해던 연유가 이제는 물론 이해된다."

그러자 차라투스트라가 그에게 대답했다. "나처럼 기분을 좀 내라. 그대 관습대로 하라. 그대 뛰어난 자여. 그대의 곡물을 잘게 씹고 그대의 물을 마시고 그대의 요리를 칭송하라. 그렇게 해서 그대의 기분이 좋아진다면!

나는 나를 따르는 자들을 위한 율법일 뿐, 만인을 위한 율법은 아니다. 그러나 내게 속하는 자들은 강한 뼈대에 가벼운 발을 가져야 한다.

전쟁과 축제를 즐기는 자여야 하며, 음울한 자나 몽상가여서는 안 된다. 아무리 어려운 일도 마치 자신의 축제처럼 받아들이는 건강하고 온전한 자여야 한다.

최상의 것은 내게 속해 있는 자와 나의 것이다. 사람들이 우리에게 주지 않으면 우리는 그것을 빼앗는다. 최고의 음식, 더없이 맑은 하늘, 가장 강력한 사상, 더없이 아름다운 여자를!"

차라투스트라는 이렇게 말했다. 그러자 오른편 왕이 대답했다. "기이한 일이다! 일찍이 현자의 입에서 이처럼 영리한 말을 들은 적이 있던가?

참으로 현자에게서 너무도 기이한 점은 이 현자가 지혜로우면서도 영리하기까지 하고, 또한 나귀가 아니라는 사실이다."

오른편 왕은 이렇게 말하고는 의아해했다. 그러자 나귀는 악의를 가지고 "이-아."라고 외치면서 그의 말에 응답했다. 하지만 이것은 여러 역사책에서 '최후의 만찬'이라고 부르는, 저 기나긴 식사의 시작이었다. 그리고 이 잔치에서는 오직 **우월한 인간에 대해서**만 이야기를 나누었다.

13. 우월한 인간에 대하여

1

내가 처음으로 인간들에게 갔을 때 나는 은둔자의 어리석음을, 커다란 어리석음을 저질렀다. 시장으로 갔던 것이다.

나는 모든 사람에게 말을 했지만, 아무에게도 말하지 않은 셈이 되고 말았다. 그날 저녁 줄타기 광대와 시체만이 나의 길동무가 되었는데, 나 자신도 거의 시체나 다름없었다.

그러나 새로운 아침과 더불어 내게는 새로운 진리가 찾아왔다. 그때 나는 "시장과 천민, 그리고 천민의 소음과 천민의 기다란 귀가 나와 무슨 상관인가!"라고 말하는 법을 배웠다.

그대들 우월한 인간들이여, 이것을 내게서 배워라. 시장에서는 아무도 우월한 인간을 믿지 않는다는 사실을. 그런데도 거기서 말하고 싶은가. 좋다! 하지만 천민은 눈을 깜박이며 말할 것이다. "우리는 모두 평등하다."라고.

천민은 눈을 깜박이며 이렇게 말한다. "그대들 우월한 인간들이여, 우월한 인간이란 없다. 우리는 모두 평등하다. 인간은 인간일 뿐이다. 신 앞에서 우리는 모두 평등하다!"

신 앞에서라고! 그러나 이제 이 신은 죽었다. 천민 앞에서 우리는 평등해지고 싶지 않다. 그대들 우월한 인간들이여, 시장을 떠나라!

2

신 앞에서라고! 그러나 이제 이 신은 죽었다! 그대들 우월한 인간들이여, 이 신은 그대들의 가장 커다란 위험이었다.

신이 무덤 속에 눕고 나서야 그대들은 비로소 부활했다. 이제 비로소 위대한 정오가 오고 있으며, 이제 비로소 우월한 인간이 주인이 된다!

아, 나의 형제들이여, 그대들은 이 말을 알아들었는가? 그대들은 놀라는구나. 그대들의 심장이 어지러운가? 여기서 심연이 그대들에게 입을 벌리고 있는가? 여기서 지옥의 개가 그대들을 향해 짖는가?

좋다! 좋다! 그대들 우월한 인간들이여! 이제 비로소 인간의 미래라는 산이 해산의 진통을 겪는다. 신은 죽었다. 이제 **우리는** 초인이 살기를 바란다.

3

더없이 근심이 많은 자는 오늘날 이렇게 묻는다. "어떻게 인간이 보존될 수 있는가?" 그러나 차라투스트라는 유일한 자이자 첫 번째 인간으로서 이렇게 묻는다. "어떻게 하면 인간이 **극복**될 수 있는가?"

내가 마음에 두고 있는 것은 초인이다. 나의 첫 번째이자 유일한 관심사는 **초인**이다. 인간이 **아니다**. 가장 가까운 이웃도, 가장 가난한 자도, 가장 고뇌하는 자도, 가장 선한 자도 아니다.

아, 나의 형제들이여, 내가 인간을 사랑할 수 있는 것은 인간이 건너가는 존재이며 몰락하는 존재이기 때문이다. 그리고 또한 그대들에게도 내가 사랑하고 희망을 지니도록 하는 많은 것이 있다.

그대들 우월한 인간들이여, 그대들이 경멸했다는 사실이 내가 희망을 품게 한다. 크게 경멸하는 자들은 크게 존경하는 자들이기 때문이다.[24]

그대들이 절망했다는 사실, 거기에는 존경할 만한 점이 많다. 그대들은 항복하는 법도 배우지 않았고, 작은 책략들도 배우지 않았기 때문이다.

오늘날에는 왜소한 자들이 주인이 되었다. 그들 모두는 복종과 겸손과 근면과 배려와 길게 이어지는 자잘한 덕을 설교한다.

---

24) 니체는 같은 시기의 유고에서 혐오가 우월한 인간의 징표라고 말한다. KSA 11, 29(52), 348쪽: "천민의 만족이 지배하는 시대에 구토감은 우월한 인간을 나타내는 표시다."

여자 같은 자, 노예 출신인 자, 특히 천민 잡동사니, **이런 자들**이 이제 모든 인간 운명의 주인이 되려고 한다. 아, 역겹다! 역겹다! 역겹다!

이런 자들은 지칠 줄 모르고 묻고 또 묻는다. "어떻게 하면 인간은 가장 좋게 가장 오래 그리고 가장 안락하게 살아남을 수 있는가?" 이렇게 물음으로써 그들은 오늘의 주인이 된다.

아, 나의 형제들이여, 오늘날의 이 주인들을 극복하라, 이 왜소한 자들을. **이런 자들**이 초인에게 가장 커다란 위험이다!

그대들 우월한 인간들이여, 자잘한 덕을, 작은 책략을, 모래알 같은 배려를, 개미 떼 같은 성급함을, 가련한 안락을, **최대 다수의 행복**을 극복하라!

그리고 굴복하느니 차라리 절망하라. 참으로 나는 그대들이 어떻게 오늘을 살아야 할지 모른다는 사실 때문에 그대들을 사랑하는 것이다. 그대들 우월한 인간들이여! **그대들이야말로** 최선의 삶을 사는 것이다!

4

아, 나의 형제들이여, 그대들은 용기가 있는가? 담대한가? 목격자들 앞에서의 용기가 **아니라**, 그 어떤 신도 더는 바라보지 않는 은둔자의 용기, 독수리의 용기를 갖고 있는가?

차가운 영혼, 나귀, 장님, 술주정뱅이를 두고 내가 담대하다고 부르는 것은 아니다. 공포를 알되 공포를 **물리치는** 자, 심연을 보되 긍지를 갖고 보는 자가 담대한 것이다.

심연을 보되 독수리의 눈으로 보는 자, 독수리의 발톱으로 심연을 **붙잡는 자**, 그가 용감한 자다.

5

"인간은 악하다." 최고의 현자들이 모두 나를 위로해주려고 이렇게 말했다. 아, 이 말이 오늘날에도 참되기를! 악은 인간의 최상의 힘이기 때문이다.

"인간은 더욱 선하고 더욱 악하게 되어야 한다." 나는 이렇게 가르친다. 초인의 최고선을 위해서는 최고의 악이 필요하다.

인간의 죄 때문에 괴로워하면서 그 죄를 짊어지는 것은,[25] 저 왜소한 자들의 설교자에게나 어울렸을 것이다. 그러나 나는 커다란 죄를 나의 커다란 **위안**으로 삼아 즐긴다.

하지만 이러한 말은 귀가 긴 자들에게 하는 말이 아니다. 모든 말이 모두의 입맛에 맞는 것은 아니다. 그것은 미묘하고 심원한 일이다. 양의 발톱으로는 그것들을 붙잡지 못한다.

---

25) 〈요한복음〉 1장 29절, "다음 날 요한은 예수께서 자기에게 오시는 것을 보고 말하였다. '보시오, 세상 죄를 지고 가는 하나님의 어린 양입니다.'"

4부 및 최종 부

6

그대들 우월한 인간들이여, 그대들은 그대들이 잘못한 것을 바로 잡으려고 내가 여기에 있다고 생각하는가?

아니면 내가 앞으로 그대들 고뇌하는 자들을 좀 더 안락하게 잠 재우려 한다고 생각하는가? 아니면 그대들 불안정한 자들, 길 잃은 자들, 잘못 올라온 자들에게 더 편안한 새로운 길을 보여주려고 한 다고 생각하는가?

아니다! 아니다! 세 번을 말하지만, 아니다! 그대들 부류 가운데 서 더 많은 사람이, 더 뛰어난 자들이 파멸해야 한다. 그대들의 삶이 더욱 힘들어지고 더욱 가혹해져야 하기 때문이다. 오직 그래야만,

오직 그래야만 인간은 번개에 맞아 부서질 **정도의 그** 높이로 성장 한다. 번개를 맞기에 충분한 높이로!

나의 마음과 나의 동경은 드문 것, 장구한 것, 머나먼 것을 향한 다. 그대들의 작고 많은 짧은 불행이 나와 무슨 상관인가!

내가 보기에 그대들은 아직도 제대로 고뇌하고 있지 않다! 그대 들은 자신들의 문제로 고뇌할 뿐, 아직 **인간 문제로** 고뇌하고 있지 않기 때문이다. 그런 것이 아니라고 말한다면, 그대들은 거짓말을 하는 것이리라! **내가** 해온 고뇌, 그대들 모두는 하고 있지 않다.

7

번개가 이미 해를 입히지 않는다는 것만으로는 내게 충분하지 않다. 나는 번개를 다른 방향으로 돌리고 싶지 않다. 번개는 **나를** 위해 일하는 것을 배워야 한다.

나의 지혜는 이미 오래전부터 구름처럼 모이고 있으며, 더 조용해지고 더 어두워지고 있다. **언젠가** 번개를 낳게 될 지혜는 이렇게 된다.

오늘날의 인간들에게 나는 **빛**이 되고 싶지도 빛으로 불리고 싶지도 않다. 나는 **그들을** 눈멀게 하고 싶다. 나의 지혜의 번개여! 그들의 눈을 뽑아버려라!

8

그대들의 능력 너머에 있는 것은 바라지 마라. 자기 능력 이상의 것을 바라는 자들에게는 사악한 속임수가 있다.

그들이 위대한 것을 원할 때는 특히 그렇다! 그들은, 이 교묘한 위조자들과 연극배우들은 위대한 것에 대한 불신을 일깨우기 때문이다.

그러다가 마침내 강한 말과 과시하기 위한 덕과 현란한 거짓 공적으로 꾸며 자신마저 속이고 곁눈질하며, 벌레가 먹어 하얗게 변한다.

이 점을 특히 조심하라, 그대들 우월한 인간들이여! 다시 말해 오늘날 내게는 정직함보다 더 소중하고 진귀한 것은 없다.

오늘날 세상은 천민들의 것이 아닌가? 그러나 천민들은 무엇이 크고 무엇이 작은지, 무엇이 올곧고 무엇이 정직한지를 모른다. 천민은 순진무구하게 구부러져 있으며 언제나 거짓말을 한다.

9

오늘날 건강한 불신을 갖도록 하라, 그대들 우월한 인간들이여, 그대들 용감한 자들이여! 그대들 솔직한 자들이여! 그리고 그대들의 근거를 비밀로 하라! 오늘날의 세상은 천민의 것이니까.

천민이 근거도 없이 한때 믿게 된 것을, 그 누가 천민에게 근거를 보여줌으로써 뒤엎을 수 있겠는가?

시장에서 사람들은 몸짓으로 상대를 설득한다. 하지만 천민은 근거를 불신한다.

시장에서 설령 진리가 승리하더라도, 그대들은 건강한 불신으로 이렇게 자문하라. "얼마나 강력한 오류가 이 진리를 위해 싸웠던가?"

또 학자들을 조심하라! 그들은 그대들을 미워한다. 그들은 아무것도 생산하지 못하기 때문이다! 그들은 차갑고 메마른 눈을 가졌으며, 그들 앞에서 모든 새는 깃털이 뜯긴 채 누워 있다.

이러한 자들은 거짓말하지 않는다고 뽐낸다. 하지만 거짓을 말할 줄 모르는 무기력이 곧 진리에 대한 사랑은 아니다. 조심하라!

열정으로부터의 자유도 인식과는 거리가 멀다! 나는 철저하게 식어버린 정신을 믿지 않는다. 거짓말할 줄 모르는 자는 진리가 무엇인지도 모른다.

10

높이 오르고자 한다면 그대들 자신의 다리를 사용하라! 그대들은 위로 **실려가는** 일이 없도록 하라. 다른 사람의 등이나 머리에 올라타지도 마라!

그대는 말을 타고 왔는가? 그대는 이제 말을 타고 목적지로 서둘러 가는가? 좋다, 나의 벗이여! 그런데 그대의 절름거리는 발도 함께 말을 타고 왔구나!

그대가 목적지에 닿아 그대의 말에서 뛰어내릴 때, 바로 그대의 **높이**에서, 그대 우월한 인간이여, 그대는 비틀거리게 될 것이다!

11

그대들 창조하는 자들이여, 그대들 우월한 인간들이여! 사람들은 오직 자기 아이만을 임신할 뿐이다.

무엇이든 곧이듣거나 설득당하지 마라! 그대들의 이웃이란 도대체 누구인가?[26] 그리고 그대들이 '이웃을 위해' 행동하더라도 이웃을 위해 창조하지는 마라!

그대들 창조하는 자들이여, 이 '무엇을 위해서'라는 것을 잊어버려라. 그대들의 덕은 그대들이 바로 무엇을 '위하여', 무엇을 '목표로', 무엇 '때문에' 어떤 일을 하지 않기를 바란다. 이러한 거짓되고 하찮은 말들에 대해서 그대들은 귀를 막아야 한다.

'이웃을 위해서'는 오직 왜소한 자들만의 덕이다. 이들 사이에서는 '유유상종'이라든지 '오는 정이 있어야 가는 정이 있다.'라는 말이 통한다. 그들은 그대들의 이기심을 누릴 권리도 힘도 없다!

그대들 창조하는 자들이여, 그대들의 이기심에는 임산부의 조심성과 경계심이 있다! 아무도 아직 눈으로 보지 못한 것, 곧 과실을 그대들의 온전한 사랑이 감싸고 아끼고 기른다.

그대들의 온전한 사랑이 있는 곳, 곧 그대들의 아이 곁에 또한 그대들의 온전한 덕도 있다! 그대들의 일, 그대들의 의지가 그대들의 '이웃'이다. 거짓 가치에 설득당하지 마라!

12

그대들 창조하는 자들이여, 그대들 우월한 인간들이여! 아이를 낳아야 할 자는 병들었고, 아이를 낳은 자는 불결하다.

---

26) 〈누가복음〉 10장 29절, "그런데 그 율법 교사는 자기를 옳게 보이고 싶어서 예수께 말하였다. '그러면, 내 이웃이 누구입니까?'"

여인들에게 물어보라. 즐거워서 아이를 낳는 것은 아니다. 산통 때문에 수탉과 시인들은 꼬꼬댁 운다.

그대들 창조하는 자들이여, 그대들에게도 불결한 것이 많이 있다. 그대들은 어미가 되어야 했기 때문이다.

새로 태어난 아이. 아, 그와 더불어 얼마나 많은 새로운 오물이 이 세상에 태어났는가! 저리 물러서라! 아이를 낳은 자는 자신의 영혼을 깨끗이 씻어야 한다!

13

그대들의 능력 이상으로 덕이 있는 사람이 되려고 하지 마라! 있을 법하지 않은 일은 자신에게 바라지 마라!

그대들의 조상들의 덕이 이미 걸어간 발자취를 따르라! 조상들의 의지가 그대들과 함께 오르지 않는다면 그대들은 어떻게 높이 오르겠다는 것인가?

첫째가 되려는 자는 꼴찌가 되지 않도록 주의하라![27] 그리고 조상의 악덕이 있는 곳에서 성자인 척하지 마라!

여자와 어울리고 독한 포도주와 멧돼지 고기를 즐겼던 조상을 가

---

27) 〈마가복음〉 9장 35절, "누구든지 첫째가 되고자 하면, 그는 모든 사람의 꼴찌가 되어서 모든 사람을 섬겨야 한다."

진 자가 자신의 순결을 고집한다면 어찌 말이 되겠는가?

바보 같은 짓이리라! 생각해보면 참으로 큰 문제로다. 이러한 자가 한 여자와 두 여자 또는 세 여자를 거느린 남편이라면, 참으로 그것은 너무 어리석은 짓이다!

이러한 자가 수도원을 세우고 그 문에다가 '성자에 이르는 길'이라고 써놓는다면, 나는 이렇게 말하리라. 무엇 때문에 그러는가! 새로운 바보짓이다!

그는 자신을 위한 교도소와 피난처를 세운 것이다. 부디 그렇게 되기를! 하지만 나는 그렇게 되리라고 믿지 않는다.

고독 속에는 고독 속으로 가져온 것이 자라며, 또한 내면의 짐승도 자란다. 이 때문에 고독은 많은 사람에게 권할 만한 것이 못 된다.

지금까지 황야의 성자들보다 더 더러운 것이 이 지상에 있었던 가? **그들 주위에는** 악마만이 아니라 돼지도 마음대로 돌아다녔다.

14

뛰어오르는 데 실패한 호랑이가 수줍고 부끄러워 어쩔 줄 모르는 것처럼, 그대들 우월한 인간들이여, 그대들이 슬그머니 옆으로 빠져나가는 것을 나는 자주 보았다. 그대들은 **주사위**를 잘못 던진 것이다!

그러나 그대들 주사위 놀이를 하는 자들이여, 그게 무슨 상관이란 말인가! 그대들은 어떻게 놀이를 하고 조롱해야 하는지 그 방법을 배우지 못한 것이다! 우리는 언제나 조롱과 놀이를 위해 마련된 커다란 탁자에 앉아 있지 않은가?

그대들이 큰일에 실패했다 하더라도, 그 때문에 그대들 자신도 실패작이란 말인가? 그리고 그대들 자신이 실패작이라 하더라도, 그 때문에 인류 자체도 실패작이란 말인가? 그런데 인류 자체가 실패작이라면, 좋다! 좋다!

15

어떤 사물이 높은 종에 속하면 속할수록, 그것이 성공하는 경우는 더 드물다. 그대들 여기에 있는 우월한 인간들이여, 그대들 모두는 실패작이 아닌가?

용기를 내라, 그게 무슨 상관이란 말인가! 얼마나 많은 일이 아직도 가능한가! 마땅히 웃어야 하는 방식으로 그대들 자신을 비웃는 것을 배워라!

그대들이 실패했고 절반만 성공했다 하더라도 무엇이 이상한가, 그대들 반쯤 파멸한 자들이여! 그대들 속에서 거세게 밀치며 다가오지 않는가, 인간의 **미래가**?

인간의 가장 멀고 가장 깊고 별처럼 가장 높은 것, 인간의 무시무시한 힘. 이 모든 것이 그대들의 항아리 속에서 서로 부딪치며 거품을 내고 있지 않은가?

많은 항아리가 부서진다 해도 무엇이 이상한가! 마땅히 웃어야 하는 방식으로 그대들 자신에 대해 비웃는 법을 배워라! 그대들 우월한 인간들이여, 아, 얼마나 많은 일이 아직도 가능한가!

참으로 얼마나 많은 일이 이미 성공했는가! 이 대지에는 자그마하고 좋고 완전한 사물들이, 잘 완성된 것이 얼마나 풍부한가!

그대들 주위에 자그마하고 좋고 완전한 사물들을 놓아두어라, 그대들 우월한 인간들이여! 이러한 사물들의 황금빛 성숙은 마음을 치유한다. 완전한 것은 희망을 지니도록 가르친다.

16

여기 지상에서 지금까지 있었던 가장 큰 죄악은 무엇이었는가? 그것은 "지금 웃고 있는 자에게 화 있을지어다!"[28]라고 한 그자의 말이 아니었던가.

그는 지상에서 웃어야 할 어떤 근거도 찾아내지 못했는가? 그렇다면 그는 제대로 찾지 않았을 뿐이다. 아이조차 여기서 그 근거를 찾아낸다.

그는 충분히 사랑하지 않은 것이다. 그랬더라면 그는 우리 웃는 자들도 사랑했을 것이다! 그러나 그는 우리를 미워하고 조롱했으며, 우리에게 울부짖고 이 가는 것을 가르쳐주겠노라고 약속했다.[29]

---

28) 〈누가복음〉 6장 25절, "너희, 지금 배부른 사람들은 화가 있다. 너희가 굶주리게 될 것이기 때문이다. 너희, 지금 웃는 사람들은 화가 있다. 너희가 슬퍼하며 울 것이기 때문이다."

사랑하지 않는다고 곧바로 저주해야만 하는가? 이것은 나쁜 취향이라고 생각된다. 그러나 그는, 이 무조건적인 자는 그렇게 했다. 천민 출신이었으니까.

그 자신이 충분히 사랑하지 않았을 뿐이다. 그랬더라면 그는 사람들이 그를 사랑하지 않는다고 해서 그토록 화를 내지는 않았을 것이다. 모든 위대한 사랑은 사랑을 **원하지** 않는다. 그것은 더 많은 것을 원한다.

이러한 무조건적인 자들을 모두 피하라! 그들은 가련하고 병든, 천민의 종족이다. 그들은 이 삶을 나쁘게 보며, 그들은 이 대지에 대해 사악한 눈을 갖고 있다.

이러한 무조건적인 자들을 모두 피하라! 그들의 발걸음은 무겁고, 그들의 마음은 후텁지근하다. 그들은 춤출 줄 모른다. 이러한 자들에게 대지가 어떻게 가벼울 수 있겠는가!

17

모든 좋은 사물은 둥글게 구불구불 목표에 접근한다. 그것들은 고양이처럼 등을 둥글게 하고, 가까이 있는 행복 앞에서 속으로 그르

---

29) 〈마태복음〉 8장 12절, "그러나 이 나라의 시민들은 바깥 어두운 데로 쫓겨나서, 거기서 울며 이를 갈 것이다."

렁거린다. 모든 좋은 사물은 웃고 있다.

어떤 자가 실제로 **자신의** 길을 가고 있는지는 그 걸음걸이가 보여준다. 자, 내가 걸어가는 것을 보라! 하지만 자신의 목표에 가까이 다가가는 자는 춤을 춘다.

참으로 나는 지금까지 입상처럼 서 있지 않았다. 지금도 나는 돌기둥처럼 뻣뻣하고 묵직하게 여기에 서 있지 않다. 나는 재빠르게 달리는 것을 좋아한다.

대지 위에 늪과 짙은 슬픔이 있다 하더라도, 발이 가벼운 자는 진창 위를 사뿐히 달리며, 마치 잘 쓸어놓은 얼음 위에서 추듯 춤을 춘다.

그대들의 마음을 고양하라, 나의 형제들이여, 높게! 더 높게! 그리고 다리도 잊지 마라! 그대들의 다리도 높이 들어라, 그대들 멋지게 춤추는 자들이여. 더 좋기로는 물구나무를 서는 것이다!

18

웃는 자의 이 면류관, 장미로 만든 이 관, 내가 이 면류관을 내 머리 위에 씌웠다. 내가 나의 커다란 웃음을 신성하다고 말했다. 오늘날 나는 이렇게 할 수 있을 만큼 강력한 다른 사람을 보지 못했다.

춤추는 자 차라투스트라, 날개로 신호를 보내는 가벼운 자 차라투스트라, 모든 새에게 신호를 보내며 날아갈 준비를 한 자, 만반의 준비를 한, 더없이 행복하고 마음이 가벼운 자.

예언자 차라투스트라, 참되게 웃는 자 차라투스트라, 성급하지도 무조건적이지도 않은 자, 뛰어오르기와 가로뛰기를 사랑하는 자, 내가 이 면류관을 내 머리 위에 씌웠다!

19

그대들의 마음을 고양하라, 나의 형제들이여, 높게! 더 높게! 그리고 다리도 잊지 마라! 그대들의 다리도 높이 들어라, 그대들 멋지게 춤추는 자들이여. 더 좋기로는 물구나무를 서는 것이다!

행복하면서도 둔한 짐승들이 있다. 처음부터 발이 굼뜬 자들도 있다. 그들은 물구나무를 서려고 애쓰는 코끼리처럼 기이하게 애쓴다.

그러나 불행 때문에 바보가 되기보다는 행복 때문에 바보가 되는 것이 낫다. 절름거리며 걷기보다는 어설프게라도 춤추는 것이 낫다. 그러므로 나에게서 지혜를 배워라. 가장 나쁜 것조차 두 가지 좋은 이면을 가지고 있다는 것을 배워라.

가장 나쁜 것조차 춤추기 좋은 다리를 갖고 있다. 그러니 부디 배워라, 그대들 우월한 인간들이여, 그대들의 곧은 다리로 서는 법을!

그러니 부디 잊어버려라, 슬픔에 빠지는 것과 모든 천민의 슬픔을! 아, 나에게는 오늘날 어릿광대들조차 슬프게 보인다! 오늘날은 천민의 세상이다.

4부 및 최종 부

20

바람처럼, 그의 산속 동굴에서 불어오는 바람처럼 행동하라. 바람은 자신의 휘파람 소리에 맞춰 춤추려 하며, 이 바람의 발자국 아래에서 바다는 떨며 뛰논다.

나귀들에게 날개를 달아주고, 암사자들의 젖을 짜는 이 멋지고 자유분방한 정신, 모든 오늘과 모든 천민에게 폭풍처럼 불어닥치는 이 정신을 칭송하라.

엉겅퀴 같은 머리, 하찮은 일에 신경 쓰는 머리, 그리고 모든 시든 잎과 잡초를 적대시하는 이 정신, 마치 초원에서 춤을 추듯 늪과 슬픔 위에서 춤을 추는 이 거칠고 멋지고 자유로운, 폭풍의 정신을 칭송하라!

천민이라는 앙상하게 마른 개와 모든 실패한 음울한 종자를 미워하는 이 정신, 모든 비관론자와 종양 환자의 눈에 먼지를 불어넣는, 모든 자유로운 정신 중에서도 가장 자유로운 이 정신, 이 웃고 있는 폭풍을 칭송하라!

그대들 우월한 인간들이여, 그대들의 가장 나쁜 점은 그대들 모두가 사람이 마땅히 춤춰야 하는 방식으로 춤추는 법을, 다시 말해 그대들 자신을 넘어서서 춤추는 법을 배우지 않았다는 것이다! 그대들이 실패했다고 해서 무슨 문제란 말인가!

얼마나 많은 일이 아직도 가능한가! 그러니 그대들 자신을 넘어서서 웃는 법을 **배워라**! 그대들의 마음을 고양하라, 그대들 멋지게 춤추는 자들이여, 높게! 더 높게! 그리고 멋지게 웃는 것도 잊지 마라!

웃는 자의 이 면류관, 장미로 만든 이 관, 나의 형제들이여, 그대들에게 이 면류관을 던진다! 웃음은 신성하다고 나는 말했다. 그대들 우월한 인간들이여, 웃는 것을 **배워라**!

14. 우울의 노래

1

차라투스트라가 이 말을 했을 때, 그는 자신의 동굴 입구 가까운 곳에 서 있었다. 그러나 마지막 말을 하고는 손님들에게서 빠져나와 잠시 탁 트인 바깥으로 몸을 피했다.

"아, 나를 둘러싼 맑은 향기여!" 그는 이렇게 외쳤다. "아, 나를 둘러싼 복된 고요함이여! 그런데 나의 짐승들은 어디 있는가? 오라, 이리 오라, 나의 독수리여, 나의 뱀이여!

말해다오, 나의 짐승들이여! 이들 우월한 인간들 모두가 좋지 않은 **냄새를 풍기는** 것은 아닌가? 아, 나를 둘러싼 맑은 향기여! 이제야 나는 알고 느낀다, 나의 짐승들이여, 내가 너희를 얼마나 사랑하는지를."

그러고 나서 차라투스트라는 다시 말했다. "나는 그대들을 사랑한다. 나의 짐승들이여!" 그가 이렇게 말하자 독수리와 뱀이 그에게로 가까이 다가와서 그를 올려다보았다. 이처럼 그들 셋은 조용히 함께 모여서 좋은 공기를 냄새 맡고 들이마셨다. 우월한 인간들 곁의 공기보다 여기 바깥 공기가 더 상쾌했기 때문이다.

2

그러나 차라투스트라가 자신의 동굴을 떠나자마자, 늙은 마술사가 자리에서 일어나 교활하게 이리저리 둘러보며 말했다. "그는 나갔다!

그대들 우월한 인간들이여, 차라투스트라와 마찬가지로 나도 이 칭송과 아첨의 이름으로 그대들을 간지럽힌다면, 어느새 나의 고약한 기만과 마술의 정령이, 나의 우울한 악마가 나를 덮친다.

이 악마는 저 차라투스트라의 철저한 적대자다. 그를 용서하라! 지금 이 악마는 그대들 앞에서 마술을 부리고 **싶다**. 바로 **자신의** 때를 만난 것이다. 나는 부질없이 이 사악한 정령과 싸우고 있다.

그대들이 어떤 말로 그대들 자신에게 명예를 부여하든, 다시 말해 그대들 자신에게 '자유 정신', 또는 '진실한 자', 또는 '정신의 참회자', 또는 '사슬에서 풀려난 자', 또는 '위대한 동경자'라고 부르든 간에,

그대들은 나처럼 **심한 구역질에** 시달리고 있고, 그대들에게 늙은 신은 죽었지만 그 어떤 새로운 신도 포대기에 싸여 요람에 누워 있지 않다. 이러한 그대들 모두를 나의 사악한 정령, 마술의 악마는 좋아한다.

그대들 우월한 인간들이여, 나는 그대들을 잘 알고 있다. 나는 그

도 잘 알고 있다. 내가 본의 아니게 사랑하고 있는 이 괴물, 이 차라
투스트라도 잘 알고 있다. 내게 그는 종종 아름다운 성자의 가면처
럼 보이기도 한다.

그는 나의 사악한 정령, 곧 우울한 악마가 마음에 들어 하는 새롭고
도 기이한 가장무도회 같다는 생각이 든다. 내가 차라투스트라를 사
랑하는 것은 나의 사악한 정령의 의지 때문이라는 생각이 자주 든다.

그런데 어느새 **이 정령**이 나를 엄습하고, 나를 다그친다, 이 우울
의 정령, 이 저녁 어스름의 악마가. 참으로, 그대들 우월한 인간들이
여, 그는 갈망하고 있다.

눈을 뜨기만 하라! 이 정령은 **발가벗은 채** 오기를 갈망한다. 남자
인지 여자인지 나는 아직 모른다. 하지만 이 정령은 온다. 이 정령은
나를 다그친다. 슬프도다! 그대들의 감각을 활짝 열어라!

날은 저물고, 모든 사물에, 가장 좋은 사물에도 이제 저녁이 찾아
온다. 이제 듣고 보아라, 그대들 우월한 인간들이여, 남자든 여자든
이 저녁 무렵 우울의 정령이 어떤 악마인가를!"

늙은 마술사는 이렇게 말하고, 교활하게 이리저리 둘러보고 나서
는 그의 하프를 잡아 들었다.

3

"대기는 맑게 개고,

어느새 이슬의 위안이

땅에 내려앉을 때,

보이지도 들리지도 않게

위안하는 이슬은 모든 온화한 위안자처럼

부드러운 신발을 신고 있다.

—그대는 기억하는가, 기억하는가, 뜨거운 마음이여,

일찍이 그대가 얼마나 목말라했는지,

천상의 눈물을, 방울방울 맺히는 이슬을,

햇볕에 그을리고 지쳐서 얼마나 목말라했는가를,

누런 풀밭의 오솔길에서

저녁 햇살의 악의적인 눈길이,

검은 나무 사이를 뚫고 그대 주위로 떨어졌다,

눈부신 태양의 눈길이, 고소해하며.

"**진리**의 구혼자라고? 그대가?—태양의 눈길은 비웃었다.

아니다! 한 사람의 시인일 뿐이다!

교활하고 약탈이나 하고 살금살금 돌아다니는 한 마리의 짐승,

거짓말해야 하고,

알면서도 고의로 거짓을 말해야 하는 자.

—먹이를 탐내고,

다채로운 가면을 쓰고,

자기 자신에게 가면이 되고,

자기 자신에게 먹이가 되는,

이러한 자가— 진리의 구혼자라고?

아니다! 어릿광대일 뿐이다! 시인일 뿐이다!

단지 다채롭게 입을 놀려대고,

어릿광대의 가면을 쓰고 다채롭게 소리 지르면서,

기만적인 말의 다리 위로 이리저리 돌아다니고,

다채로운 무지개 위로,

거짓 하늘과

거짓 대지 사이를

이리저리 헤매고 이리저리 떠도는

어릿광대일 **뿐**이다! 시인일 뿐이다!

이러한 자가— 진리의 구혼자라고?

조용히, 단단하게, 매끄럽게, 차게,

형상을 갖추지도 않았고,

신의 입상이 되지도 않았으며,

신전 앞에 세워져

신의 문지기가 되지도 않았다.

그렇다! 이러한 진리의 입상에 적대적이었고,

어떠한 황야에서도 신전 앞에서보다 편안했으며,

고양이 같은 방종으로 가득 차서

모든 창문으로부터

홀쩍! 모든 우연 속으로 뛰어들고,

온갖 원시림의 냄새를 킁킁 맡고,

병적인 동경심으로 냄새 맡으며 돌아다닌다.

그대가 원시림 속에서,

알록달록한 반점을 가진 맹수들 사이에서

죄가 될 정도로 건강하게, 다채롭고 멋지게 달리기 위해서다,

욕정이 가득한 입술로,

복에 넘치도록 조롱하고, 복에 넘치도록 지옥이 되고, 복에 넘치
도록 피에 굶주리면서,

약탈하고, 살금살금 돌아다니고, 속이면서 달리려고.

—혹은 독수리처럼 오랫동안,

오랫동안 심연을,

자신의 심연을 응시한다.

—아, 여기서 심연은 아래로,

밑으로, 안으로

점점 더 깊은 심연으로 소용돌이치며 떨어진다!

그러다가

갑자기, 일직선으로

날개를 펴고 쏜살같이

어린양들을 덮친다.

급격히, 심한 굶주림에서,

어린양을 탐한다.

어린양의 영혼을 지닌 모두에게 화를 내며,

곱슬곱슬한 털을 지닌 양처럼, 어린양의 눈으로

바라보는 모든 자에게,
잿빛의 어린양과 양의 호의를 가진
모든 자에게 격렬하게 화를 낸다!

이렇듯
시인의 동경은,
천 개의 가면을 쓴 그대의 동경은,
독수리와 같고, 표범과 같다,
그대 어릿광대여! 그대 시인이여!

그대는 인간을
신으로도 양으로도 보았다.
인간 내면에 있는 양처럼
인간 내면에 있는 신을 **찢어버리는 것**,
그리고 찢어버리면서 **웃는 것**.

이것, 이것이야말로 그대의 지극한 행복이다!
표범과 독수리의 지극한 행복이다!
시인과 어릿광대의 지극한 행복이다!

대기는 맑게 개고,
어느새 초승달은
진홍색 저녁놀 사이에서 자줏빛으로,

시기하면서 살금살금 걸어가고,

―낮에게 적의를 품고

걸음걸음마다 몰래

장미의 해먹을 낮질한다. 장미의 해먹이 가라앉을 때까지,

밤의 어둠 아래로 창백하게 가라앉을 때까지.

이처럼 나 자신도 일찍이 가라앉았다.

나의 진리에 대한 광기에서 벗어나

나의 대낮의 동경에서 벗어나,

낮에 지치고 빛에 병들어,

아래로, 저녁 쪽으로, 그림자 쪽으로 가라앉았다.

―하나의 진리 때문에

불태워지고 목말라하면서.

―그대는 아직도 기억하는가, 기억하는가, 뜨거운 마음이여,

그때 그대가 얼마나 목말라했던가를?

내가 **모든** 진리로부터

추방되었음을,

어릿광대일 뿐이다!

시인일 뿐이다!"

4부 및 최종 부

15. 학문에 대하여

마술사는 이렇게 노래했다. 그리고 함께 있던 자들은 모두 새처럼 자기도 모르는 새에 그의 교활하고도 우울한 육욕의 그물에 빠져들었다. 오직 정신이 양심적인 자만이 걸려들지 않았다. 그는 마술사에게서 재빨리 하프를 빼앗으며 소리쳤다. "공기를! 신선한 공기를 들여보내라! 차라투스트라를 들여보내라! 그대는 이 동굴을 후텁지근하고 유독하게 만든다, 그대 사악한 늙은 마술사여!

그대 거짓되고 교묘한 자여, 그대는 미지의 욕망과 야생으로 유혹한다. 슬프다, 그대 같은 자가 **진리**에 대해 떠들며 야단법석을 떨다니!

슬프다, **이러한** 마술사를 경계하지 않는 모든 자유로운 정신이여! 그들의 자유는 이렇게 끝난다. 그대는 감옥으로 되돌아가라고 가르치며 유혹하는구나.

그대 우울한 늙은 악마여, 그대의 탄식으로부터 유혹의 피리 소리가 들려온다. 그대는 순결을 찬양하며 몰래 육욕을 부추기는 자와 같다!"

양심적인 자가 이렇게 말했다. 하지만 늙은 마술사는 주위를 둘러보며 자신의 승리를 즐겼고, 그러는 중에 양심적인 자가 그에게 불러일으킨 불쾌감을 삼켜버렸다. "조용히 하라!" 그는 겸손한 목소리로 말했다. "좋은 노래는 좋은 반응을 원한다. 좋은 노래를 듣고 나서는 한참 동안 침묵해야 한다.

여기 있는 자들, 우월한 인간들은 모두 그렇게 하고 있다. 하지만 그대는 나의 노래를 제대로 이해하지 못했단 말인가? 그대 속에는 마술의 정령이 별로 없는가 보다."

그러자 양심적인 자가 대답했다. "그대는 나와 그대를 구별함으로써 나를 칭송한다. 좋다! 그런데 그대들 다른 사람들은 어찌 된 일인가? 그대들은 모두 여전히 탐욕스러운 눈길로 거기 앉아 있으니 말이다.

그대들 자유로운 영혼들이여, 그대들의 자유는 어디로 갔는가? 그대들은 발가벗고 춤추는 사악한 소녀들을 오랫동안 바라보고 있는 자들처럼 보인다. 그대들의 영혼 자체가 춤추고 있구나!

그대들 우월한 인간들이여, 그대들 속에는 저 마술사가 사악한 마술의 정령, 기만의 정령이라고 부르는 것이 더 많이 들어 있음이 분명하다. 우리는 참으로 서로 다르다.

그런데 참으로 차라투스트라가 자신의 동굴로 돌아오기 전에 우리는 서로 충분히 이야기를 나누며 생각했다. 그리하여 나는 우리가 서로 다른 **존재라는** 사실을 알게 되었다.

그대들과 나, 우리는 여기 산 위에서도 서로 다른 것을 **구하고 있다**. 다시 말해 나는 **더 많은 안전**을 구한다. 그 때문에 나는 차라투스트라에게 왔다. 그자야말로 아직도 가장 견고한 탑이며 의지이기 때문이다.

모든 것이 흔들거리고, 모든 땅이 진동하는 오늘날에. 하지만 그대들의 눈빛만 보아도 그대들은 더 많은 **불안전**을 구하고 있는 것처럼 보인다.

더 많은 전율, 더 많은 위험, 더 많은 지진을 구하고 있는 듯하다. 그대들은 갈망하고 있다. 내게는 거의 그렇게 보인다. 나의 추측을 용서해다오, 그대들 우월한 인간들이여.

그대들은 **내가** 가장 두려워하는 더없이 사악하고 더없이 위험한 삶을 갈망하고 있다. 야수의 삶을, 숲과 동굴과 가파른 산과 미로와도 같은 골짜기를 갈망하고 있다.

그대들이 제일 마음에 들어 하는 자는 위험에서 **벗어나게** 하는 지도자가 아니라, 그대들이 모든 길에서 떠나도록 하는 유혹자다. 그러나 이러한 욕망이 그대들에게 **실제로** 있다 하더라도, 나는 이것이 이루어지기는 **불가능하다**고 생각한다.

공포, 그것은 인간의 타고난 감정이고 근본적 감정이기 때문이다. 공포로부터 모든 것이, 타고난 죄와 타고난 덕이 설명된다. 공포로부터 **나의** 덕도 자라났는데, 그것은 학문[30]이라고 불린다.

말하자면 맹수에 대한 공포는 인간의 마음속에서 가장 오랫동안

---

30) 독일어 낱말 Wissenschaft(science)는 오늘날 통용되는 '학문' 또는 '과학'보다 훨씬 더 넓은 의미를 지니고 있다. '알다'라는 뜻의 동사 wissen을 기반으로 '학문 (Wissenschaft)'과 '양심(Gewissen)' 사이의 친화 관계가 암시되고 있다.

배양된 것이며, 인간이 자신 속에 숨겨두고 두려워하고 있는 짐승도 포함된다. 차라투스트라는 이것을 '내면의 짐승'이라고 부른다.

이러한 길고도 오래된 공포, 이것이 마침내 세련되게 다듬어져 영적이고 정신적인 것이 되면서 오늘날 **학문**이라고 불리게 된 것으로 보인다."

양심적인 자가 이렇게 말했다. 그러나 방금 자신의 동굴로 돌아와 마지막 말을 듣고 그 뜻을 알아차린 차라투스트라가 양심적인 자에게 한 손 가득 장미를 던져주고는 '진리'라는 말에 대해 비웃었다. "뭐라고!" 그가 소리쳤다. "내가 방금 무슨 말을 들었는가? 참으로 그대가 바보이거나, 아니면 내가 바보라는 생각이 든다. 하지만 나는 그대의 '진리'를 당장에 물구나무서게 하겠다.

말하자면 **공포**는 우리에게 예외적인 것이다. 그러나 용기와 모험, 불확실한 것이나 아직 시도되지 않은 것에 대한 기쁨. 내게는 이런 **용기**가 인류의 전체 선사였다는 생각이 든다.

인간은 가장 사납고 가장 용기 있는 짐승들이 지닌 모든 덕을 시기하여 그것들을 **빼앗았다**. 이렇게 하여 인간은 비로소 인간이 되었다.

이러한 용기, 독수리의 날개와 뱀의 지혜를 가진 이 인간의 용기가 마침내 세련되게 다듬어져 영적이고 정신적인 것이 된 것이다. 내 생각에는 이것이 오늘날 일컬어지기를—."

"**차라투스트라!**" 함께 앉아 있던 모든 자가 이구동성으로 외치면서 커다란 웃음을 터뜨렸다. 그러자 그들에게서 무거운 구름 같은 것이 피어올랐다. 마술사도 웃으면서 재치 있게 말했다. "좋다. 그는 사라졌다. 나의 사악한 정령은!

내가 그자를 사기꾼이며 거짓과 기만의 정령이라고 칭함으로써 그대들이 그를 경계하도록 하지 않았던가?

특히 그가 발가벗은 채 모습을 드러냈을 때 말이다. 하지만 **내가** 그의 간계에 대해 무얼 할 수 있단 말인가! **내가** 그와 세계를 창조하기라도 했단 말인가?

자! 우리 다시 기분을 풀고 즐거운 시간을 보내자! 차라투스트라가 성난 눈길로 바라보고 있기는 하지만. 그를 보라! 나에게 화를 내고 있지 않은가.

밤이 오기 전에 그는 나를 사랑하고 칭송하는 법을 다시 배우게 될 것이다. 그런 어리석은 일을 하지 않으면 그는 오래 살 수 없다.

그는 자신의 적들을 사랑한다.[31] 내가 보았던 모든 사람 중에서 그가 이 기술을 가장 잘 이해한다. 하지만 그는 그에 대한 복수를 자기 친구들에게 한다!"

늙은 마술사가 이렇게 말하자, 우월한 인간들은 그에게 박수갈채

---

31) 예수는 산상 설교에서 이렇게 말한다. 〈마태복음〉 5장 43~44절, "'네 이웃을 사랑하고, 네 원수를 미워하여라' 하고 말한 것을 너희는 들었다. 그러나 나는 너희에게 말한다. 너희 원수를 사랑하고, 너희를 박해하는 사람을 위하여 기도하여라." 이 점에서 니체의 생각은 크게 다르지 않다. KSA 11, 25(15), 15쪽: "적대감은 나에게 오랫동안 심각한 문제인 적이 없었다. 온통 구름으로 뒤덮인 하늘에 짓눌려 나는 한순간 누군가를 어렵지 않게 살해할 수도 있을 터이다. 내가 그런 일을 아직 저지르지 않았다는 사실에 대해 나는 이미 몇 차례 기이하게 생각했다. 나 곧바로 다시 웃고 있으니, 적이 내게 대단한 보상을 해야 할지도 모른다. 게다가 나는 내가 호의적인 감정보다 적대적인 나의 감정을 더 고마워해야 한다고 완전히 확신한다."

를 보냈다. 차라투스트라는 주위를 돌며, 악의와 사랑으로 그의 벗들과 악수를 했다. 마치 모든 자에게 무언가를 보상하고 사죄해야 하는 자이기라도 한 것처럼. 그러다가 동굴 입구 쪽으로 오게 되었을 때, 보라, 그는 다시 바깥의 신선한 공기와 자신의 짐승들이 그리워졌다. 그래서 그는 바깥으로 빠져나가려 했다.

16. 사막의 딸들 사이에서

1

"떠나지 마라!" 그때 차라투스트라의 그림자를 자처한 방랑자가 말했다. "우리 곁에 머무르라. 그러지 않으면 저 오래된 먹먹한 슬픔이 다시 우리를 덮칠지도 모른다.

저 늙은 마술사가 자신이 가진 최악의 것으로 우리를 이미 극진히 대접했다. 그래서 보라, 저 선량하고 경건한 교황은 눈에 눈물을 글썽이며 다시 마음을 가다듬고 슬픔의 바다로 출항했다.

이 왕들은 우리 앞에서 태연한 표정을 지으려는 것 같다. 오늘날 우리 중에서 **그들이야말로** 태연한 표정을 짓는 법을 가장 잘 배우지 않았는가! 하지만 내 장담하건대 목격자가 없다면 그들에게서 사악한 놀이가 틀림없이 다시 시작될 것이다.

떠도는 구름, 축축한 우울, 가려진 하늘, 도둑맞은 태양, 울부짖는 가을바람의 사악한 놀이가.

우리의 울부짖음과 도움을 청하는 외침이라는 사악한 놀이가 다시 시작될 것이다. 우리 곁에 머무르라, 아, 차라투스트라여! 이곳에는 말하고 싶어 하는 많은 숨겨진 비참함이 있다. 많은 저녁, 많은 구름, 많은 후텁지근한 공기가 있다!

그대는 힘센 남자를 위한 음식과 힘찬 격언으로 우리를 먹여주었다. 그러므로 연약하고 여성적인 정령이 후식으로 다시 우리를 덮치는 일이 없도록 해달라!

그대만이 주위의 공기를 맑고 힘차게 만든다! 지금껏 내가 지상에서 그대의 동굴 안 그대 곁에서보다 더 좋은 공기를 마신 적이 있었던가?

나는 많은 나라를 보았으며, 나의 코는 여러 가지 공기를 맛보고 평가할 줄 알게 되었다. 하지만 그대 곁에서 나의 콧구멍은 그대의 가장 커다란 기쁨을 맛본다.

예외로 한다면, 예외로 한다면, 아, 나의 옛 추억을 용서하라. 내가 일찍이 사막의 딸들 사이에서 지은, 후식을 위한 옛 노래를 하나 부르는 걸 용서하라.

그들에게도 마찬가지로 신선하고 맑은 동방의 공기가 있었다. 거기서 나는 구름 끼고 축축하고 우울한 늙은 유럽으로부터 가장 멀리 떨어져 있었다!

그때 나는 그러한 동방의 소녀들을 사랑했다. 한 점의 구름도, 한 점의 사상도 떠 있지 않은 또 다른 푸른 하늘을 사랑했다.

그대들은 믿지 못하리라. 그녀들이 춤추지 않을 때면 얼마나 얌전하게 앉아 있었는지를. 깊이 그러나 아무런 생각 없이, 마치 작은 비밀처럼, 리본으로 장식한 수수께끼처럼, 후식용 호두처럼 말이다.

4부 및 최종 부

참으로 다채롭고 이국적인 모습으로! 한 점의 구름도 없이, 풀어 보라고 내준 수수께끼처럼. 이 소녀들을 즐겁게 해주려고 나는 그 때 후식을 위한 시 한 편을 지었다."

"방랑자여!" 그림자가 이렇게 말했다. 누군가가 대답하기도 전에 그는 늙은 마술사의 하프를 손에 잡아 들고, 다리를 꼬고 앉아 차분 하고 지혜롭게 주위를 둘러보았다. 그리고 콧구멍으로 천천히 음미 하듯 공기를 들이마셨다. 새로운 나라에서 새롭게 낯선 공기를 맛 보는 자와도 같이. 그러고 나서 그는 우렁차게 노래하기 시작했다.

2

"사막은 자라난다. 사막을 품고 있는 자에게 화 있을지어다!

—아! 장엄하구나!
참으로 장엄하구나!
훌륭한 시작이여!
아프리카처럼 장엄하구나!
사자에게 어울리는,
또는 도덕을 부르짖는 원숭이에게 어울리는
—하지만 그대들과는 아무 상관 없는,
그대들 너무도 사랑스러운 여자 친구들이여,
그대들의 발밑에 내가

한 사람의 유럽인으로서, 야자나무 아래에

처음으로 앉아도 좋다는 허락을 받았다. 셀라.[32)]

참으로 놀랍다!

지금 내가 여기 앉아 있다니,

사막 가까이에, 그리고 이미

사막에서 다시 이토록 멀리 떨어져,

조금도 황폐해지지 않은 채.

이 작디작은 오아시스에

삼켜져 있는 것이다.

―이 오아시스는 방금 하품하면서

그 사랑스러운 입을 벌렸다.

모든 조그만 입 중에서 가장 향기로운 입을.

나는 그 속으로 떨어졌다,

아래로, 가로질러―그대들 사이로,

그대들 너무도 사랑스러운 여자 친구들이여! 셀라.

만세, 저 고래여, 만세,

---

32) 요한 볼프강 폰 괴테,《친화력》, 제2부, 제7장, "그 누구도 처벌받지 않고 야자수 아래
를 거닐 수 없다." 코끼리와 호랑이가 사는 이국적인 나라에서는 사람의 신념이 변화
한다는 것을 이렇게 표현한다. '셀라'는 성서의 시편에 나오는 뜻이 분명치 않은, 목
소리를 높이거나 멈추라는, 반복적인 음악적 지시어다.

자기 손님을 이토록

친절하게 대한다면! 그대는 이해하는가,

나의 박식한 암시를?

저 고래의 배에 축복 있기를.

그것이 이토록

사랑스러운 오아시스의 배라면,

이 오아시스의 배와 같다면. 하지만 나는 이를 의심한다.

—난 유럽에서 왔기 때문이다.

모든 늙은 아내보다

더 의심 많은 유럽에서.

신이여, 제발 고쳐주소서!

아멘!

지금 나는 여기에 앉아 있다.

이 작디작은 오아시스에

대추야자 열매처럼

갈색으로, 다디달게, 금빛으로 익어서

동그란 소녀의 입을 갈망하면서,

그러나 그보다는 소녀답고,

얼음처럼 차고, 눈처럼 희고, 날카로운 앞니를 더 갈망하면서,

—말하자면 모든 뜨거운 대추야자 열매의 심장은

이러한 앞니를 갈망한다. 셀라.

지금 말한 남국의 열매를

닮아서, 너무도 닮아서

나는 여기에 누워 있다. 작은

날아다니는 딱정벌레들이

이리저리 춤추며 돌아다니게 하면서,

마찬가지로 더 작고,

더 어리석고, 더 심술궂은

여러 소망과 생각이 나풀나풀 돌아다니게 하면서,

그대들에게 둘러싸여,

그대들 말없이,

그대들 예감에 넘치는

소녀 고양이들이여,

두두와 줄라이카여![33]

　─많은 감정을 한마디에

담자면 **스핑크스에 둘러싸여**

(신이여, 이렇게 말로 죄를

짓는 것을 용서해주소서!)

---

33) 두두(Dudu)는 젊은 시절 니체가 좋아한 작품인 바이런의 《돈주앙》에 나오는, 주요 인
　　물인 열일곱 살의 여자 노예다. 줄라이카(Suleika)는 괴테의 《서동시집(West-östlicher
　　Divan)》에 실린 〈줄라이카 시편〉에 나온다. 그녀는 사랑을 종교에 귀의하는 것으로
　　승화시킨 페르시아의 전설 속 주인공이다. 괴테는 아내가 죽은 뒤 알게 된 마리안네
　　폰 빌레머(Marianne von Willemer) 부인을 줄라이카로 승화시킨다.

—여기에 앉아 있다, 더없이 상쾌한 공기를 마시면서

참으로 낙원의 공기를,

밝고 가벼운 공기를, 금빛 무늬의

이처럼 상쾌한 공기는 언젠가

달에서 내려왔으리라—

옛 시인이 이야기하듯이

우연히 일어난 것인가,

아니면 자유분방함으로 일어난 것인가?

그러나 나, 의심하는 자는 이 이야기를

의심한다, 내가 유럽에서

왔기 때문이다.

모든 늙은 아내보다

더 의심 많은 유럽에서.

신이여, 제발 고쳐주소서!

아멘!

더없이 상쾌한 이 공기를 마시면서,

콧구멍을 술잔처럼 부풀리고,

미래도 없이, 기억도 없이

나 여기에 앉아 있다, 그대들

너무도 사랑스러운 여자 친구들이여,

나는 야자나무를 바라본다,

그것이 어떻게, 무희처럼

몸을 구부리고 비틀고 엉덩이를 흔드는지를,

―오래 구경하다 보면 따라 하기 마련이다!

나에게 그렇게 보이듯이 무희처럼

이미 너무 오랫동안, 위험할 정도로 오랫동안

언제나, 언제까지나 오직 한 다리로만 서 있었던가?

―그래서 나에게 그렇게 보이듯이, 잊어버렸단 말인가,

다른 쪽 다리를?

헛되긴 했어도

나는 잃어버린 한 쌍의 보석을 찾고 있었다.

―말하자면 다른 쪽 다리를―

그대들의 더없이 사랑스럽고 더없이 우아한

팔랑거리고 번쩍거리는 부채 모양의 스커트

근처의 성스러운 곳에서.

그렇다, 그대들 아름다운 여자 친구들이여,

그대들이 나의 말을 전적으로 믿는다면

야자나무는 다리를 잃어버렸다!

그것은 사라져버렸다!

영원히 사라져버렸다!

다른 쪽 다리는!

아, 이 사랑스러운 다른 쪽 다리가 애석하구나!

어디에서―머무르며 버림받은 것을 슬퍼하고 있을까?

그 외로운 다리는?

어쩌면 화가 난

누런 금발의 사자와 같은 괴물 앞에서

두려움에 떨고 있는 것일까?

아니면 이미

물어뜯기고, 뜯어 먹혔는가—

가엾구나, 슬프다! 슬프다! 뜯어 먹혔구나! 셀라.

아, 울지 마라,

연약한 마음이여!

울지 마라, 그대들

대추야자 열매의 심장이여! 젖가슴이여!

그대 감초의 마음을 가진

작은 주머니여!

더는 울지 마라,

창백한 두두여!

사나이가 되라, 줄라이카여! 용기를 내라! 용기를!

—아니 어쩌면

강하게 하는 것, 마음을 강하게 하는 어떤 것이

여기 이 자리에 있어야 하지 않는가?

엄숙한 잠언이?

장엄한 격려의 말이?

아하! 나타나라, 위험이여!

덕의 위엄이여! 유럽인의 위엄이여!

바람을 일으켜라, 다시 바람을 일으켜라,

덕의 풀무여!

아하!

다시 한번 울부짖어라!

도덕적으로 울부짖어라!

도덕적인 사자로서

사막의 딸들 앞에서 울부짖어라!

─덕의 울부짖음은,

그대들 너무도 사랑스러운 소녀들이여,

유럽인의 열정, 유럽인의 뜨거운 굶주림 이상이기 때문이다!

그리고 나는 이미 거기에 서 있다.

유럽인으로서

나는 달리 어찌할 수가 없다, 신이여, 나를 도우소서!

아멘!

사막은 자라난다, 사막을 품고 있는 자에게 화 있을지어다!"

17. 일깨움

1

방랑자이자 그림자인 자의 노래가 끝나자, 동굴 안은 갑자기 시끌 벅적한 소란과 웃음소리로 가득 찼다. 모여 있던 손님 모두가 한꺼 번에 말을 하고, 나귀조차 이렇게 고무된 분위기에 휩싸여 더는 가 만히 있지 않았기 때문에, 차라투스트라는 손님들에게 약간의 반감 과 조롱의 감정을 느꼈다. 손님들이 즐거워하는 게 기쁘긴 했지만 말이다. 그들의 즐거움이 그에게는 회복의 조짐으로 생각되었기 때 문이다. 그래서 그는 바깥으로 슬그머니 빠져나와 그의 짐승들에게 말했다.

"그들의 곤경은 이제 어디로 사라졌는가?" 그는 이렇게 말하고, 어느새 자신의 작은 역겨움을 털어내며 숨을 들이마셨다. "그들은 내게 오더니 도움을 청하는 외침을 잊어버린 모양이다!

유감스럽게도 소리를 질러대는 것은 아직 잊지 않았지만." 그러고 나서 차라투스트라는 귀를 막았다. 바로 그때 나귀의 "이-아."라는 소리가 우월한 인간들의 환호성과 묘하게 섞여서 들려왔기 때문이다.

그가 다시 말하기 시작했다. "즐거워하는군. 어찌 알겠나? 주인에게 폐가 될 수도 있다는 것을. 내게서 웃음을 배우긴 했지만, 그들이 배운 건 **나의** 웃음이 아니다.

하지만 그게 무슨 상관인가! 늙은이들인데. 그들은 나름대로 회복하고 있고, 나름대로 웃고 있다. 나의 귀는 이미 더 나쁜 일도 참고 견뎠지만, 그 때문에 언짢아하지도 않았다.

오늘은 승리의 날이다. 그는, 나의 숙적인 **중력의 영**은 이미 피해 달아나고 있다! 그처럼 불길하고 무겁게 시작된 오늘이 얼마나 멋지게 끝나려고 하는가!

오늘이 끝맺음을 **원한다**. 어느새 저녁이 찾아왔다. 훌륭한 기사인 저녁이 바다를 넘어 말을 타고 온다! 복된 자, 집으로 돌아오는 자인 저녁이 자신의 자줏빛 말안장에 앉아 흔들거리는 모습을 보라!

하늘은 맑은 눈길로 바라보고 있고, 세계는 깊이 누워 있다. 아, 그대들 나를 찾아온 모든 유별난 자여, 나와 함께 산다는 것, 그것만으로도 이미 보람 있는 일이 아닌가!"

차라투스트라는 이렇게 말했다. 그때 동굴로부터 우월한 인간들의 고함과 웃음소리가 다시 들려왔다. 그러자 그는 다시 말하기 시작했다.

"그들은 미끼를 물고 있다. 나의 미끼가 효과를 보인다. 그들에게서도 그들의 적인 중력의 영이 물러나고 있다. 그들은 이미 그들 자신을 비웃을 줄 안다. 내가 제대로 듣는 것인가?

사나이를 위한 나의 음식, 즙이 흐르고 힘이 넘치는 나의 잠언이 효과를 내고 있다. 정말이지 그들에게 배나 부풀리는 푸성귀만 먹이지는 않았다! 전사의 음식, 정복자의 음식을 먹인 것이다. 나는 이렇게 새로운 욕망을 일깨웠다.

새로운 희망이 그들의 팔과 다리에서 돌고, 그들의 심장은 기지개를 켠다. 그들은 새로운 말을 찾아내며, 그들의 정신은 곧 자유분방함을 호흡할 것이다.

이러한 음식은 물론 아이들을 위한 것은 아니며, 늙든 젊든 그리움에 가득 찬 여자들을 위한 것도 아닐 것이다. 그들의 내장은 다른 방식으로 설득해야 한다. 하지만 나는 이들의 의사도 교사도 아니다.

구역질이 우월한 인간들에게서 물러나고 있다. 그렇다! 이것은 나의 승리다. 나의 영토에서 그들은 안전하게 되고, 모든 어리석은 수치심은 사라지고, 그들은 자신의 짐을 털어버린다.

그들은 자신의 마음을 털어놓는다. 좋은 시간이 그들에게 되돌아온 것이다. 그들은 축제를 열고 되새김질을 한다. 그들은 **고마움을 느낀다.**

그들이 **고마움을 느끼는 것**, 그것을 나는 최상의 조짐으로 여긴다. 머지않아 그들은 축제를 생각해낼 것이고, 그 옛날의 기쁨을 기릴 기념비를 세울 것이다.

그들은 **치유되고 있는 자들**이다!" 차라투스트라는 마음속으로 기뻐하며 이렇게 말하고는 먼 곳을 바라보았다. 그의 짐승들은 그에게 몰려와 그의 행복과 침묵에 경의를 표했다.

2

그러나 갑자기 차라투스트라의 귀는 깜짝 놀랐다. 지금까지 시끌 벅적한 소음과 웃음소리로 가득 찼던 동굴이 순식간에 쥐 죽은 듯 이 조용해졌기 때문이다. 그의 코는 솔방울을 태울 때 나는 것과 같 은 자욱한 연기와 향기를 맡았다.

"무슨 일인가? 그들이 무슨 일을 벌이고 있는가?" 그는 이렇게 혼 잣말로 묻고는 손님들이 눈치채지 못하게 동굴 입구로 살그머니 다 가가 그들을 지켜보았다. 놀랍고도 놀라운 일이었다! 그는 도저히 자기 눈을 믿을 수 없었다!

"그들 모두가 다시 **경건해지다니, 기도하고** 있다니, 미쳤구나!" 그 는 이렇게 말하고는 말할 수 없이 놀라워했다. 그런데 참으로! 우 월한 모든 인간, 곧 두 명의 왕, 일자리를 잃은 교황, 사악한 마술사, 자발적으로 거지가 된 자, 방랑자이자 그림자인 자, 늙은 예언자, 정 신의 양심을 지닌 자, 그리고 더없이 추악한 자, 그들 모두가 아이들 처럼, 독실한 노파들처럼 무릎을 꿇고 앉아 나귀에게 숭배하고 있 는 것이 아닌가. 그리고 바로 그때 더없이 추악한 자가 마치 말로 표현할 수 없는 것이 그의 내면에서 나오려고 하는 것처럼 그르렁 거리며 헐떡이기 시작했다. 그가 이것을 실제로 말로 드러냈을 때, 보라, 그것은 그들이 숭배하고 향을 피워 올리고 있는 그 나귀를 찬 양하는 경건하고 기이한 호칭 기도였다. 그 호칭 기도는 다음과 같 이 들렸다.

"아멘! 찬송과 영광과 지혜와 감사와 존귀와 권능과 힘이 우리 신에게 영원토록 있을지어다!"[34]

—그러자 나귀가 "이-아."라고 외치며 응답했다.

"그는 우리가 져야 할 짐을 대신 짊어진다. 그는 종의 모습을 하고, 진심으로 참고 참을 뿐 결코 '아니다'라고 말하지 않는다. 그리고 자기의 신을 사랑하는 자는 자기 신을 꾸짖고 나무란다."

—그러자 나귀가 "이-아."라고 외치며 응답했다.

"그는 자신이 창조한 세상에 대해 언제나 '그렇다'라고 말하는 것을 제외하고는 아무 말도 하지 않는다. 그는 이렇게 자신의 세상을 찬양한다. 말하지 않는 것이 우리 신의 교활함이다. 그러므로 그가 잘못하는 경우는 거의 없다.

—그러자 나귀가 "이-아."라고 외치며 응답했다.

"그는 눈에 띄지 않게 세상을 다닌다. 그의 몸은 잿빛이며, 이 잿빛으로 그의 덕을 감싸고 있다. 그는 정신을 가졌지만 이를 숨기고 있다. 하지만 누구든 그의 기다란 귀를 믿는다."

—그러자 나귀가 "이-아."라고 외치며 응답했다.

"기다란 귀를 갖고 있고 오직 '그렇다'라고 할 뿐 결코 '아니다'라고 말하지 않는 것은 그 얼마나 숨겨진 지혜인가! 그는 이 세계를 자신의 형상대로,[35] 다시 말해 가능한 한 어리석게 창조하지 않았

---

34) 〈요한계시록〉 7장 12절, "아멘, 찬송과 영광과 지혜와 감사와 존귀와 권능과 힘이 우리 하나님께 영원무궁하도록 있습니다. 아멘!"

는가?”

　—그러자 나귀가 “이-아.”라고 외치며 응답했다.

　“그대는 곧은 길도 구불구불한 길도 간다. 우리 인간들이 무엇을 곧고 무엇을 구불구불하다고 생각하든, 그대는 별로 신경 쓰지 않는다. 선과 악의 저편에 그대의 나라가 있기 때문이다. 순진무구함이 무엇인지조차 모르는 것이 그대의 순진무구함이다.”

　—그러자 나귀가 “이-아.”라고 외치며 응답했다.

　“보라, 그대는 아무도 마다하지 않는다. 거지든, 왕이든 물리치지 않는다. 그대는 갓난애도 불러들이고, 악동들이 그대를 유혹할 때도 천진난만하게 ‘이-아.’라고 말한다.”[36]

　—그러자 나귀가 “이-아.”라고 외치며 응답했다.

　“그대는 암나귀와 신선한 무화과나무 열매를 좋아한다. 그대는 식성이 까다롭지 않다. 그대가 한창 배고플 때는 엉겅퀴조차 그대의 마음을 간질인다.[37] 여기에 신의 지혜가 있다.”

　—그러자 나귀가 “이-아.”라고 외치며 응답했다.

---

35) 〈창세기〉 1장 27절, “하나님이 당신의 형상대로 사람을 창조하셨으니, 곧 하나님의 형상대로 사람을 창조하셨다.”

36) 〈잠언〉 1장 10절, “아이들아, 악인들이 너를 꾀더라도, 따라가지 말아라.”

37) 〈마태복음〉 7장 16~17절, “너희는 그 열매를 보고 그들을 알아야 한다. 가시나무에서 어떻게 포도를 따며, 엉겅퀴에서 어떻게 무화과를 딸 수 있겠느냐? 이와 같이, 좋은 나무는 좋은 열매를 맺고, 나쁜 나무는 나쁜 열매를 맺는다.”

18. 나귀 축제

1

호칭 기도가 이 지점에 이르자 차라투스트라는 더는 참을 수 없어서 그 자신이 나귀보다도 더 크게 "이-아."라고 소리쳤다. 그러고는 미쳐버린 손님들 가운데로 뛰어 들어갔다. "이 무슨 짓들인가, 사람의 자식들이여?" 그는 기도하고 있는 자들을 바닥에서 와락 일으켜 세우면서 소리쳤다. "차라투스트라가 아닌 다른 자가 그대들을 보았다면 어쩔 뻔했는가.

그 누구든 이렇게 판단하리라. 새로운 신앙을 가진 그대들은 가장 사악한 신성 모독자이거나, 아니면 모든 노파 중에서 가장 어리석은 노파일 것이라고.

그리고 그대, 그대 늙은 교황이여, 나귀를 이런 식으로 숭배하는 것이 그대에게 어울린단 말인가?"

교황이 대답했다. "아, 차라투스트라여, 용서하라. 하지만 신의 일에 관해서라면 내가 그대보다 더 많이 안다. 당연한 일이 아닌가.

형태가 없는 신을 숭배하기보다는 차라리 이런 형태의 신을 숭배하겠다! 이 잠언을 생각해보라, 내 귀한 벗이여. 그대는 이 잠언에 지혜가 숨겨져 있음을 금방 알아차릴 것이다.

'신은 하나의 정신이다.'[38]라고 말한 자, 그자는 지금껏 이 지상에서 무신앙에 이르는 가장 커다란 발걸음을 내디디고 도약한 것이었다. 그러한 말은 이 지상에서 쉽사리 다시 주워 담을 수 있는 게 아니다!

이 지상에 아직도 숭배할 것이 있다는 사실에 나의 늙은 심장은 마구 뛴다. 아, 차라투스트라여, 늙고 경건한 교황의 마음을 용서하라!"

차라투스트라는 방랑자이자 그림자인 자에게 말했다. "그런데 그대는 스스로를 자유 정신이라고 부르며 또 그렇게 착각하고 있는가? 그러면서 여기서 그런 식으로 우상을 섬기며 사제 노릇을 하고 있는가?

참으로 그대는 그대의 고약한 갈색 소녀들과 있을 때보다 여기서 더 나쁜 짓을 벌이고 있다. 그대, 고약한 풋내기 신자여!"

"고약하고도 남지." 방랑자이자 그림자인 자가 대답했다. "그대의 말이 옳다. 하지만 나로서도 어찌할 도리가 없다! 옛 신이 다시 살아났으니. 아, 차라투스트라여, 그대가 무슨 말을 해도 소용없다.

더없이 추악한 자가 그 모든 일에 책임이 있다. 그자가 신을 다시

---

38) 〈요한복음〉 4장 24절, "하나님은 영이시다. 그러므로 하나님께 예배를 드리는 사람은 영과 진리로 예배를 드려야 한다."

살려냈다. 그리고 그가 일찍이 신을 죽였다고 말했지만, **죽음**이란 신들에게는 언제나 하나의 편견일 뿐이다."

그러나 차라투스트라가 말했다. "그리고 그대는, 그대 늙고 고약한 마술사는 무슨 짓을 했는가? **그대**가 그런 나귀를 신으로 믿는다면, 이 자유로운 시대에 그 누가 앞으로 그대를 믿겠는가?

그대가 한 것은 멍청한 짓이었다. 그대가, 그대 현명한 자가 어찌 그런 멍청이 짓을 할 수 있단 말인가!"

영리한 마술사가 대답했다. "아, 차라투스트라여! 그대의 말이 옳다. 어리석은 짓이었다. 내게도 그 같은 일을 하는 것이 상당히 어려웠다."

"그리고 그대는," 차라투스트라가 정신의 양심을 지닌 자에게 말했다. "깊이 생각해보라. 그리고 손가락을 코끝에 대어보라. 양심에 거리끼는 게 아무것도 없단 말인가? 그대의 정신은 이러한 기도와 이 같은 성도들이 내뿜는 공기에 물들기엔 너무도 순수하지 않은가?"

"그 무엇인가가 있다." 정신의 양심을 가진 자는 이렇게 대답하면서 손가락을 코끝으로 가져갔다. "이런 연극에는 내 양심에 유익하기까지 한 무언가가 있다.

아마도 나는 신을 믿어서는 안 되나 보다. 하지만 분명한 것은 신이 이러한 모습으로 나타날 때 가장 믿음직하다는 사실이다.

더없이 경건한 자들의 증언에 따르면, 신은 영원해야 한다. 그토록 많은 시간을 가졌으니 시간의 여유가 있다. 가능한 한 아주 천천히, 가능한 한 어리석게. **이렇게 함으로써** 그와 같은 존재는 아주 많은 것을 이루어낼 수 있지 않은가.

정신을 너무 많이 소유한 자는 어리석음과 바보스러움에 빠져들 수도 있다. 아, 차라투스트라여, 그대 자신을 생각해보라!

참으로 그대 자신을! 그대 또한 그 충만함과 지혜로 말미암아 나귀가 될 수도 있다.

완전한 현자는 아무리 구불구불한 길도 기꺼이 가지 않는가? 겉모습이 그것을 말해준다. 아, 차라투스트라여, 바로 **그대의** 겉모습이!"

"그리고 그대가 마지막으로," 차라투스트라는 이렇게 말하며 아직도 바닥에 누워 나귀를 향해 손을 높이 치켜들고 있는 더없이 추악한 자에게로 (그는 나귀에게 포도주를 바치고 있었다) 몸을 돌렸다. "말하라, 그대 말로 표현할 수 없는 자여, 그대는 여기서 무슨 짓을 했는가!

그대는 변한 것처럼 보인다. 그대의 눈은 이글거리고 있고, 고상함의 외투가 그대의 추악함 주위에 놓여 있다. 그대는 **무슨** 일을 저질렀는가?

그대가 신을 다시 살려냈다고들 하는데 그게 사실인가? 무엇 때문에 그랬는가? 신은 정당한 이유로 살해되어 제거되지 않았는가?

내게는 그대 자신이 깨어난 것처럼 보인다. 무슨 짓을 했는가? 왜 **그대는** 생각을 바꾸었는가? 무엇이 **그대를** 개종하게 했는가? 말하라, 그대 말로 표현할 수 없는 자여!"

"아, 차라투스트라여." 더없이 추악한 자가 대답했다. "그대는 악한이다!

신이 아직 살아 있는지, 아니면 다시 살아났는지, 아니면 완전히 죽었는지를 우리 둘 중에서 누가 더 잘 알겠는가? 그대에게 묻는다.

4부 및 최종 부

하지만 나는 한 가지는 알고 있다. 나는 그것을 언젠가 그대에게서 배웠다. 가장 철저하게 살해하려고 하는 자는 **웃는다는** 것을.

'사람들은 분노가 아니라 웃음으로 살해한다.' 언젠가 그대는 이렇게 말했다. 아, 차라투스트라여, 그대 숨겨진 자여, 분노하지 않고 파괴하는 자여, 그대 위험한 성자여, 그대는 악한이다!"

2

이같이 무례한 대답에 놀란 차라투스트라는 동굴 입구의 문까지 뛰어서 되돌아갔다. 그리고 모든 손님을 향해 힘찬 목소리로 외쳤다.

"아, 그대들 무례한 바보들이여, 어릿광대들이여! 무엇 때문에 그대들은 내 앞에서 위장하고 자신을 숨기는가!

그대들 한 사람 한 사람의 마음은 모두 쾌락과 악의로 안절부절 못하고 있구나. 그대들이 마침내 다시 아이처럼 되었기 때문이다. 다시 말해 경건해졌기 때문이다.

그대들이 마침내 다시 아이들처럼 기도하고, 합장하며, '사랑하는 하나님'이라고 불렀으니 말이다!

그러나 이제 **이** 아이들의 방을 떠나라. 오늘 온갖 유치한 일이 벌어지고 있는 나의 동굴을 떠나라. 그리고 여기 바깥에서 그대들의 뜨거운 아이 같은 방자함과 마음의 소란을 차갑게 식혀라!

물론 아이들처럼 되지 않고서는 그대는 **저** 하늘나라에 들어갈 수 없다. (그리고 나서 차라투스트라는 두 손으로 위쪽을 가리켰다.)

하지만 우리는 결단코 하늘나라로 들어가고 싶지 않다. 우리는 어른이 되었다. 그러므로 **우리는 지상의 나라를 원한다**."

3

차라투스트라는 다시 말하기 시작했다. "아, 나의 새로운 벗들이여, 그대들 놀라운 인간들이여, 우월한 인간들이여, 그대들은 정말 내 마음에 든다.

그대들이 다시 즐겁게 된 이후로 말이다! 참으로 그대들 모두가 활짝 피어났구나. 그대들과 같은 꽃을 위하여 **새로운 축제**가 필요하다는 생각이 든다.

작으면서도 대담한 허튼수작, 어떤 예배와 나귀 축제, 어떤 늙고 즐거운 차라투스트라-어릿광대, 그대들에게 불어와 영혼을 맑게 해주는 그런 거친 바람이 필요하다.

이 밤과 이 나귀 축제를 잊지 마라, 그대들 우월한 인간들이여! **이것을** 그대들은 내 곁에서 생각해냈다. 그것을 나는 좋은 징조로 받아들인다. 치유되고 있는 자만이 그러한 것을 생각해낼 수 있다!

이 나귀 축제를 다시 한번 벌여라. 그대들을 위해 그리고 나를 위해 그렇게 하라! 그리고 나를 기억하기 위해!"

차라투스트라는 이렇게 말했다.

19. 몽유병자의 노래[39]

1

그러는 동안 한 사람씩 바깥으로, 생각에 잠긴 듯한 서늘한 밤 속으로 걸어 나갔다. 차라투스트라도 더없이 추악한 자의 손을 잡고 이끌었다. 그에게 그의 밤의 세계와 커다랗고 둥근 달과 동굴 옆 은빛 폭포를 보여주기 위해서였다. 그리하여 이들 모두는 마침내 말 없이 나란히 서 있게 되었다. 하나같이 노인들이었지만 그들의 마음은 위안을 받아 용기로 넘쳤고, 지상에서 이렇게 기분 좋을 수 있다는 사실에 놀라워했다. 밤의 은밀함이 그들의 마음속으로 가까이 더 가까이 다가왔다. 그래서 차라투스트라는 다시금 마음속으로 생

---

39) 이 장의 제목은 'Das Nachtwandler-Lied(The Sleepwalker Song)'이다. 독일어 낱말 Nachtwandler를 종종 '밤 산책자'로 옮기기도 하지만, 한밤중에 디오니소스적 도취의 상태에서 무엇에 이끌린 듯 돌아다니는 행위에 초점을 맞추어 원래의 뜻대로 '몽유병자'로 옮겼다. 다른 판에는 장의 제목이 '취한 자의 노래'로 되어 있다.

각했다. '아, 이들은 이제 정말 내 마음에 든다. 우월한 인간들은!' 하지만 그는 이 말을 입 밖으로 내지는 않았다. 그들의 행복과 침묵을 존중해서였다.

그런데 그때 놀랍고도 길었던 그날에 일어난 일 가운데서도 가장 놀라운 일이 벌어졌다. 더없이 추악한 자가 다시 한번 마지막으로 그르렁거리며 헐떡이기 시작한 것이다. 그가 마침내 말문을 열었을 때, 보라 그의 입에서 하나의 물음이 맑고도 부드럽게 튀어나왔다. 그의 말에 귀 기울이던 모든 사람의 마음을 움직인, 훌륭하고 심원하고 명료한 물음이었다.

"나의 벗들이여." 더없이 추악한 자가 말했다. "그대들 생각은 어떤가? 오늘 하루 때문에 **나는** 처음으로 내가 살아온 전체 삶이 만족스러워졌다.

그런데 이 정도의 증언으로는 충분하지 않다. 이 대지 위에서 사는 것은 보람 있는 일이다. 차라투스트라와 함께한 이 하루와 축제는 내게 대지를 사랑하는 법을 가르쳐주었다.

'바로 이것이 삶이었던가?' 나는 죽음을 향해 말하고자 한다. '좋다, 다시 한번!'

나의 벗들이여, 그대들 생각은 어떤가? 그대들도 나처럼 죽음을 향해 말하지 않겠는가? **바로 이것이** 삶이었던가? 차라투스트라를 위해, 자! 다시 한번!"

더없이 추악한 자가 이렇게 말했다. 자정에 가까운 때였다. 그런데 그때 무슨 일이 일어났는지 아는가? 그의 질문을 듣자마자 우월한 인간들은 갑자기 그들이 변화했으며 치유되고 있음을, 그리고 누구 덕택에 이렇게 되었는지 깨닫게 되었다. 그래서 그들은 차라투스트라에게 뛰어와 고마워하고 경배하며 어루만지고 그의 손에 입을 맞추었다. 그 방식은 각양각색이어서 몇몇은 웃었고 몇몇은 울었다. 늙은 예언자는 기뻐서 춤까지 추었다. 많은 이야기꾼이 생각하는 것처럼, 그때 그가 달콤한 포도주에 잔뜩 취하긴 했지만,[40] 분명 그는 달콤한 삶에 더욱 취해 있었고 모든 권태를 물리쳤던 것이다. 심지어 그때 나귀조차 춤을 추었으며, 더없이 추악한 자가 앞서 나귀에게 포도주를 마시도록 한 게 헛되지 않았다고 이야기하는 자들도 있었다. 그랬을 수도 있고, 그렇지 않았을 수도 있다. 그리고 그날 저녁 나귀가 사실 춤추지 않았다 할지라도, 그때 나귀의 춤보다 더 엄청나고 더 기이한 여러 가지 놀랄 만한 일들이 일어났던 것이다. 요컨대 차라투스트라의 말처럼, "그게 무슨 상관이란 말인가!"

2

더없이 추악한 자에게 이런 일이 벌어졌을 때, 차라투스트라는 취한 사람처럼 거기에 서 있었다. 그의 눈길은 빛을 잃었고, 그의 혀는 웅얼거렸으며, 그의 발은 비틀거렸다. 그때 차라투스트라의 영혼에

---

40) 〈사도행전〉 2장 13절, "그런데 더러는 조롱하면서 '그들이 새 술에 취하였다' 하고 말하는 사람도 있었다." 오순절에 모인 다양한 사람이 하나님의 일들을 각각 자기네 지방 말로 말하는 '방언(方言)'에 대한 이야기다.

어떤 생각이 스쳐 지나갔는지 그 누가 알겠는가? 그러나 그의 정신이 뒤로 물러나 앞장서 달아난 것이 분명했다. 그러고는 저 먼 곳에, 기록대로라면 '두 바다 사이의 높은 산등성이에 있었다.

과거와 미래 사이에서 무거운 구름처럼 떠돌았다.' 그러나 우월한 인간들이 그를 팔에 안고 있는 동안 그는 차츰차츰 정신을 차리면서, 그를 경배하고 걱정하는 자들이 몰려드는 것을 두 손으로 물리쳤다. 하지만 말은 하지 않았다. 그러다가 갑자기 머리를 돌렸다. 무슨 소리를 들은 것 같았기 때문이다. 그는 손가락을 입에 갖다 대고는 말했다. "**오라!**"

그러자 주위는 조용해지고 은밀해졌다. 그런 가운데 깊은 곳에서 천천히 종소리가 들려왔다. 우월한 인간들과 마찬가지로 차라투스트라는 이 소리에 귀를 기울였다. 그러다가 그는 다시 한번 손가락을 입에 갖다 대고는 재차 말했다. "**오라! 오라! 한밤중이 다가온다!**" 그의 목소리는 변해 있었다. 하지만 그는 자리에서 꼼짝하지 않았다. 주위는 더 조용해지고 더 은밀해졌다. 모든 것이 귀를 기울였다. 나귀도, 차라투스트라의 명예로운 짐승인 독수리와 뱀도, 또한 차라투스트라의 동굴, 크고 서늘한 달과 밤도 귀를 기울였다. 차라투스트라는 세 번째로 손을 입에 갖다 대고는 말했다.

"**오라! 오라! 오라! 이제 거닐자! 때가 왔다. 밤 속을 거닐자!**"

3

그대들 우월한 인간들이여, 한밤중이 다가온다. 그래서 나는 저 낡은 종이 내 귀에 대고 말하듯 그대들의 귀에 대고 무언가를 말하려 한다.

그 어떤 인간보다도 더 많은 체험을 한 저 한밤중의 종이 내게 말하듯 그처럼 은밀하고, 그처럼 놀랍고, 그처럼 진심으로.

저 종은 이미 그대들 조상들의 고통스러운 심장의 박동을 헤아렸다. 아! 아! 어찌 그리 탄식하는가! 꿈속에서 어찌 그리 웃고 있는가! 이 늙고 깊디깊은 한밤중이!

조용! 조용! 낮에는 들을 수 없었던 많은 것이 이제 들려온다. 서늘한 바람으로 그대들 마음속의 모든 소란이 걷힌 지금,

이제야 그것이 말하고, 이제야 그 말이 들리고, 이제야 그것이 밤마다 깨어 있는 영혼 속으로 살그머니 기어든다! 아! 아! 어찌 그리 탄식하는가! 꿈속에서 어찌 그리 웃고 있는가!

한밤중이, 저 늙고 깊디깊은 한밤중이 그대들에게 은밀하고 놀랍게, 진심으로 말하는 것을 듣지 못하는가?

아, 인간이여, 주의를 기울여라!

4

슬프도다! 시간은 어디로 가버렸는가? 나는 깊은 샘 속으로 가라

앉지 않았는가? 세계는 잠들어 있다.

아! 아! 개는 짖어대고, 달은 빛난다. 나의 한밤중의 마음이 방금 생각한 것을 그대들에게 말하느니 차라리 나는 죽고 또 죽고 싶다.

이제 나는 이미 죽었다. 끝났다. 거미여, 너는 왜 내 주위에 거미줄을 치는가? 피를 원하는가? 아! 아! 이슬이 내린다, 때가 왔다.

내가 추위에 떨고 얼어붙을 때가 왔다. 그때는 이렇게 묻고 또 묻고 또 묻는다. "이것을 감당할 만한 마음을 가진 자는 누구인가?

누가 대지의 주인이어야 하는가? 누가 이렇게 말하는가? 그대들 크고 작은 강물들이여, 그대들은 그렇게 흘러가야만 한다!"

때가 다가온다, 아 인간이여, 그대 우월한 인간이여, 주의하라! 이 말은 섬세한 귀, 바로 그대의 귀를 위한 것이다. **깊은 한밤중은 무엇을 말하는가?**

5

나는 저 멀리 실려 가고, 나의 영혼은 춤을 춘다. 일상의 일이여! 일상의 일이여! 누가 대지의 주인이어야 하는가?

달은 서늘하고, 바람은 말이 없다. 아! 아! 그대들은 벌써 충분히 높이 날았는가? 그대들은 춤춘다. 하지만 다리는 결코 날개가 아니다.

그대들 멋진 춤꾼들이여, 이제 모든 기쁨은 사라졌다. 포도주는 찌꺼기만 남았고, 모든 술잔은 잘 깨지며, 무덤은 더듬더듬 말한다.

그대들은 충분히 높이 날아오르지 못했다. 이제 무덤은 더듬거리며 말한다. "죽은 자들을 구제하라! 밤은 왜 이리도 긴가? 달이 우리를 취하게 만든 건 아닌가?"

그대들 우월한 인간들이여, 무덤을 구제하고, 시체를 깨워라! 아, 벌레는 아직도 무엇을 파헤치고 있는가?

다가온다. 때가 가까이 다가온다.

종은 윙윙거리고, 심장은 여전히 소리를 내며, 나무를 파먹는 벌레, 마음을 파먹는 벌레는 아직도 파헤치고 있다. 아! 아! **세계는 깊다**.

6

감미로운 리라여! 감미로운 리라여! 나는 그대의 음조를 사랑한다. 그대의 술 취한 두꺼비의 음조를! 얼마나 오래전부터 얼마나 먼 곳으로부터 그대의 음은 내게로 들려오는가, 멀고 먼 사랑의 연못으로부터!

그대 낡은 종이여, 그대 감미로운 리라여! 온갖 고통이 그대의 마음을 찢어놓았다. 아버지의 고통이, 조상의 고통이, 태곳적 조상의 고통이. 그대의 말은 성숙해졌다.

황금의 가을과 오후처럼, 그리고 나의 은둔자 마음처럼 성숙해졌다. 이제 그대는 말한다. 세계 자체가 성숙해졌고, 포도송이는 갈색이 되었다고.

이제 그것은 죽으려 한다. 행복에 겨워 죽으려 한다. 그대들 우월한 인간들이여, 그대들은 냄새 맡지 못하는가? 은밀하게 어떤 냄새가 피어오르고 있다.

영원의 향기와 냄새, 지난날 행복의 장밋빛 복을 간직한 갈색의 황금 포도주의 향기가 피어오르고 있다.

세계는 깊고 **낮이 생각하는 것보다 더 깊다고** 노래하는 한밤중에 맞이하는 죽음의 도취적인 행복의 향기가 피어오르고 있다.

7

나를 내버려두어라! 나를 내버려두어라! 나는 그대에게는 너무 순수하다. 나를 건드리지 마라! 나의 세계는 방금 완성되지 않았는가?

나의 피부는 그대의 손이 닿기엔 너무나 깨끗하다. 나를 내버려두어라, 그대 어리석고 우둔하고 둔감한 낮이여! 한밤중이 더 밝지 않은가?

더없이 순수한 자들이 대지의 주인이 되어야 한다, 가장 알려지지 않은 자들, 가장 강한 자들, 모든 낮보다 더 밝고 더 깊은 한밤중의 영혼들이.

아, 낮이여, 그대는 나를 손으로 더듬으며 찾고 있는가? 그대는 나의 행복을 손으로 더듬으며 찾고 있는가? 나는 그대에게 풍요롭고도 외로워 보이며, 보물 구덩이이자 황금 창고로 보이는가?

아 세계여, 그대는 **나를** 원하는가? 나는 그대에게 세속적으로 보이는가? 영적으로 보이는가? 신적으로 보이는가? 하지만 낮과 세계여, 그대들은 너무 서투르다.

좀 더 영리한 손을 가져라. 좀 더 깊은 행복, 좀 더 깊은 불행에 손을 뻗쳐라. 그 어떤 신에게 손을 뻗치고, 내게는 손을 뻗치지 마라.

나의 불행, 나의 행복은 깊다, 그대 유별난 낮이여. 나는 신도 아니고 신의 지옥도 아니다. **그의 슬픔은 깊다**.

8

신의 슬픔은 좀 더 깊다, 그대 기묘한 세계여! 신의 슬픔에는 손을 뻗치고, 내게는 뻗치지 마라! 나는 어떤 존재인가! 술에 취한 감미로운 리라던가.

아무도 이해하지 못하지만 귀머거리 앞에서 **말해야만 하는** 한밤중의 리라이며 종처럼 생긴 두꺼비가 아닌가, 그대들 우월한 인간들이여! 그대들은 나를 이해하지 못하기 때문이다!

가버렸다! 가버렸다! 아, 청춘이여! 아, 정오여! 아, 오후여! 이제 저녁이, 밤이, 한밤중이 왔다. 개도 짖고, 바람도 울부짖는다.

바람은 개가 아닌가? 저렇게 낑낑거리고 멍멍거리며 울부짖고 있다. 아! 아! 어찌 그리 탄식하는가! 어찌 그리 웃는가! 어찌 그리 식식거리며 헐떡이는가, 한밤중이!

맑은 정신으로 말하는가, 이 술 취한 여류 시인이! 자신의 취기에 너무 취해버린 것인가? 완전히 깨어버린 것인가? 되새김질하고 있는가?

꿈속에서 자신의 슬픔을 되새김질하는 것이다, 이 늙고 깊은 한밤중은. 그리고 더 나아가 자신의 쾌락도 되새김질하는 것이다. 쾌락은, 이미 슬픔이 깊어졌다 하더라도, 쾌락은 마음의 고통보다 더 깊은 것이다.

9

그대 포도나무여! 왜 그대는 나를 찬양하는가? 내가 그대를 베어내지 않았던가! 나는 잔인하고, 그대는 피를 흘린다. 무엇 때문에 그대는 나의 술 취한 잔인성을 찬양하는가?

"완전해진 것, 무르익은 모든 것은 죽기를 바란다!" 그대는 이렇게 말한다. 축복 있으라, 가지 치는 가위여, 축복 있으라! 하지만 설익은 모든 것은 살기를 바란다, 슬프구나!

슬픔은 말한다. "사라져라! 가거라, 그대 슬픔이여!" 하지만 고뇌하는 모든 자는 살기를 바란다. 성숙하고 즐거워하며 동경하려고,

좀 더 멀리 있는 것, 좀 더 높은 것, 좀 더 밝은 것을 그리워하려고. 고뇌하는 자들은 모두 이렇게 말한다. "나는 상속자를 원한다. 아이들을 원한다. 나는 **나를** 원하지 않는다."

하지만 쾌락은 상속자도 아이들도 바라지 않는다. 쾌락은 자기 자신을, 영원을, 회귀를 원하며, 모든 것의 영원한 자기 동일성을 원한다.

슬픔은 말한다. "찢겨서 피를 흘려라, 마음이여! 거닐어라, 다리여! 날아라, 날개여! 앞쪽으로! 위쪽으로! 고통이여!" 자! 좋다! 아, 나의 늙은 마음이여! **슬픔은 말한다.** "사라져라!"

10

그대들 우월한 인간들이여, 그대들은 어떻게 생각하는가? 나는
예언자인가? 꿈꾸는 자인가? 술 취한 자인가? 해몽하는 자인가? 한
밤중의 종인가?

한 방울의 이슬인가? 영원의 안개이며 향기인가? 그대들은 듣지
못하는가? 냄새 맡지 못하는가? 방금 나의 세계는 완전해졌고, 한밤
중은 또한 정오이기도 하다.

고통 또한 쾌락이고, 저주 또한 축복이며, 밤 또한 태양이다. 가라.
아니면 배워라. 현자 또한 바보라는 것을.

그대들은 일찍이 하나의 쾌락에 대해 '그렇다'라고 말한 적이 있
는가? 아, 나의 벗들이여, 그랬다면 그대들은 또한 **모든** 슬픔에 대해
서도 '그렇다'라고 말한 것이다. 만물은 사슬로 연결되어 있고, 실로
꿰어져 있으며, 사랑에 빠져 있다.

그대들이 일찍이 어떤 한순간을 두 번 원한 적이 있다면, 그대
들이 일찍이 "너는 내 마음에 드는구나, 행복이여! 찰나여! 순간이
여!"[41]라고 말한 적이 있다면, 그대들은 **그 모든 것이** 되돌아오기를
바랐던 것이다!

모든 것이 새롭고, 모든 것이 영원하며, 모든 것이 사슬로 연결되

---

41) 괴테는 메피스토펠레스에 대한 파우스트의 도전을 이렇게 서술한다. 괴테,《파우스
트》I, 1699~1702: "내가 순간을 향해 '멈추어라! 너 참 아름답구나!'라고 말하면, 네
가 나를 사슬로 묶어도 좋다. 그러면 나 기꺼이 멸망하겠노라!"

어 있고, 실로 꿰어져 있고, 사랑에 빠져 있다. 아, 그대들은 그런 세계를 **사랑한** 것이다.

그대들 영원한 자들이여, 이러한 세계를 영원히 그리고 항상 사랑하라. 그리고 고통을 향해 말하라. "사라져라, 하지만 되돌아오라!" **모든 쾌락은 영원을 원하기 때문이다!**

11

모든 쾌락은 만물의 영원을 바라고, 꿀과 찌꺼기와 술 취한 한밤중을 원하고, 무덤과 무덤의 눈물 어린 위안과 황금빛 저녁놀을 원한다.

쾌락이 **무엇인들** 원하지 않겠는가! 쾌락은 그 모든 슬픔보다도 더 목마르고 더 간절하고 더 굶주리고 더 놀랍고 더 은밀하다. 쾌락은 **자기 자신**을 원하고, **자기 자신**을 물어뜯으며, 그 속에서는 둥근 고리의 의지가 몸부림친다.

쾌락은 사랑을 원하고, 쾌락은 증오를 원하며, 쾌락은 넘치도록 풍요롭고 베풀며 집어던지고 누군가가 자기를 받아들이도록 애걸하며 받아들이는 자에게 고마워한다. 그리고 쾌락은 기꺼이 미움받기를 원한다.

쾌락은 고통을, 지옥을, 증오를, 치욕을, 불구자를, 세계를 갈망할 정도로 풍요롭다. 이 세계는, 아, 그대들은 이 세계를 잘 알고 있지 않은가!

그대들 우월한 인간들이여, 쾌락은, 제어하기 어려운 복된 쾌락은 그대들을 그리워한다. 그대들의 슬픔을 그리워한다. 그대들 실패한 자들이여! 모든 영원한 쾌락은 실패한 자들을 그리워한다.

모든 쾌락은 자기 자신을 원하며, 따라서 마음의 고통도 원하기 때문이다! 아, 행복이여, 아, 고통이여! 아, 찢어져라, 마음이여! 그대들 우월한 인간들이여, 부디 배우도록 하라, 쾌락은 영원을 원한다는 것을,

쾌락은 **모든** 사물의 영원을 원하고, **깊디깊은 영원을 원한다!**

12

이제 그대들은 나의 노래를 배웠는가? 그대들은 이 노래가 무엇을 원하는지 알았는가? 자! 좋다! 그대들 우월한 인간들이여, 그렇다면 이제 나의 돌림노래를 불러보라!

이제 스스로 이 노래를 불러보라. 노래의 제목은 '다시 한번'이고, 노래의 의미는 '모든 영원 속으로!'이다. 노래하라, 그대들 우월한 인간들이여, 차라투스트라의 돌림노래를!

아, 인간이여! 주의를 기울여라!
깊은 한밤중은 무엇을 말하는가?
"나는 잠들어 있었다, 잠을 자고 있었다,
나는 깊은 꿈에서 깨어났다.

세계는 깊다,

낮이 생각하는 것보다 더 깊다.

세계의 고통은 깊다.

기쁨―그것은 가슴을 에는 고뇌보다 더 깊다.

고통은 말한다. '사라져라!'

그러나 모든 기쁨은 영원을 원한다.

　―깊디깊은 영원을 원한다!

20. 징조

밤이 지나고 아침이 오자, 차라투스트라는 잠자리에서 벌떡 일어나 허리띠를 매고는, 어두운 산에서 솟아오르는 아침 태양처럼 이글거리며 힘차게 동굴 밖으로 나왔다.

"그대 위대한 별이여." 그는 예전에 말했던 것처럼 이렇게 말했다. "그대 그윽한 행복의 눈이여, 그대가 빛을 비추어줄 **존재**가 없다면, 그대의 모든 행복이 무엇이겠는가!

그대가 이미 깨어나 이리 와서 베풀어주고 나누어주고 있는데도, 그것들이 아직도 자기 방에 머물러 있다면, 그대 자부심 강한 수치심은 얼마나 분노하겠는가!

좋다! 내가 깨어났는데도, 그들은, 이 우월한 인간들은 아직 잠들어 있다. 그들은 나의 참된 길동무가 아니다! 내가 여기 나의 산에서 기다리는 것도 그들은 아니다.

나는 나의 일을 향해, 나의 낮을 향해 가려고 한다. 하지만 그들은 나의 아침의 징조가 무슨 의미인지 모른다. 나의 발소리는 그들을 깨우는 신호가 되지 못한다.

그들은 아직도 나의 동굴에서 잠들어 있고, 그들의 꿈은 아직도 나의 수많은 한밤중을 씹고 있다. **나의 말**을 경청하는 귀, **순종하는 귀**가 그들의 사지에는 없다."

태양이 떠올랐을 때 차라투스트라는 이렇게 마음을 향해 말했다. 그러고는 의아한 듯이 하늘을 올려다보았다. 머리 위에서 그의 독수리가 날카롭게 외치는 소리를 들었기 때문이다. "좋다!" 그는 위쪽을 향해 소리쳤다. "마음에 들어. 마땅히 그래야지. 내가 잠에서 깨어나니 나의 짐승들도 깨어 일어난다.

나의 독수리는 깨어나 나처럼 태양을 경배한다. 독수리는 자신의 발톱으로 새로운 빛을 붙잡는다. 그대들은 나의 참된 짐승들이다. 나는 그대들을 사랑한다.

하지만 아직 내게는 참된 인간들이 없구나!"

차라투스트라는 이렇게 말했다. 그때 이런 일이 일어났다. 갑자기 무수한 새 떼가 몰려들어 날개를 퍼덕이는 것 같은 소리가 들려왔다. 수많은 날개가 퍼덕거리는 소리와 그의 머리 주위로 모여드는 소리가 너무 커서 그는 눈을 감았다. 참으로 그 소리는 구름처럼 그의 머리 위로 덮쳐왔다. 새로운 적의 머리 위로 쏟아지는 화살의 구름과도 같았다. 하지만 보라, 이번에는 새로운 벗의 머리 위로 몰려드는 사랑의 구름이었다.

"이게 무슨 일인가?" 차라투스트라는 놀란 마음으로 이렇게 생각하며, 동굴 입구 옆에 있는 커다란 바위 위에 천천히 앉았다. 그리고 두 손을 이리저리, 위아래로 내두르며 귀여운 새들을 물리치고 있을 때, 보라, 더 기이한 일이 그에게 일어났다. 그는 자기도 모르는 새에 어떤 무성하고 따뜻한 털 뭉치 속으로 손을 집어넣은 것이다. 그와 동시에 그의 앞에서 포효하는 소리가 울려 퍼졌다. 부드럽고 긴 사자의 울부짖는 소리가.

"**징조가 나타난다.**" 이렇게 말하는 차라투스트라의 마음에는 변화가 일어났다. 그리고 실제로 그의 눈앞이 환하게 밝아졌을 때, 그의 발치에는 노랗고 힘센 짐승이 엎드려 있었다. 그 짐승은 머리를 그의 무릎에 기대고는 사랑에 넘쳐 그에게서 떨어지지 않으려고 했다. 마치 옛 주인을 다시 찾은 개와 같았다. 하지만 비둘기들도 사랑에 있어서는 사자 못지않게 열렬했다. 비둘기들이 사자의 코끝을 획 스쳐 지나갈 때마다, 사자는 머리를 흔들어대고 의아해하면서 웃었다.

이 모든 일을 두고 차라투스트라는 오직 한마디 말만 했다. "**나의 아이들이 가까이 왔구나. 나의 아이들이.**" 그러고 나서 그는 완전히 침묵했다. 하지만 그의 마음은 풀렸고, 눈에서는 눈물이 흘러 방울방울 그의 손에 떨어졌다. 그는 어떤 것에도 더는 주의를 기울이지 않고 꼼짝도 하지 않은 채, 짐승들을 물리치지 않으며 거기에 앉아 있었다. 비둘기들은 이리저리 날아다니며 그의 어깨 위에 앉기도 하고 그의 백발을 어루만지기도 하면서, 지치지도 않고 다정함과 기쁨을 표시했다. 힘센 사자는 차라투스트라의 손으로 떨어지는 눈물을 계속 핥으면서 수줍은 듯 울부짖고 으르렁댔다. 이 짐승들은 이렇게 행동했다.

이 모든 일은 한동안 계속되었다. 아니면 잠시 동안이었는지도 모른다. 엄밀히 말해 지상에는 이러한 일을 잴 수 있는 시간이 **없기** 때문이다. 그러는 사이에 차라투스트라의 동굴 안에서는 우월한 인간들이 잠에서 깨어나 나란히 줄을 서고 있었다. 차라투스트라에게로 가서 아침 인사를 하기 위해서였다. 잠에서 깨어나 보니 그가 이미 그들 사이에 없는 것을 알았기 때문이다. 하지만 그들이 동굴 입구에 도달하고 그들의 발소리가 그들보다 앞서 달려 나갔을 때, 사자는 깜짝 놀라 별안간 차라투스트라에게서 등을 돌리고 사납게 포효하며 동굴 쪽으로 달려들었다. 우월한 인간들은 사자가 울부짖는 소리를 듣자, 이구동성으로 비명을 지르며 뒤로 달아나 순식간에 사라져버렸다.

하지만 멍하고 낯설게 바라보던 차라투스트라는 자리에서 일어나 주위를 둘러보았다. 놀란 표정으로 그 자리에 서서 마음속으로 묻고 또 생각해보았다. 홀로였다. "무슨 소리를 들었던가?" 그는 마침내 천천히 말했다. "방금 내게 무슨 일이 일어났는가?"

어느새 기억이 되살아났다. 그는 어제와 오늘 사이에 일어났던 모든 일을 한눈에 파악했다. "그래, 여기 그 바위가 있구나." 그는 이렇게 말하며 수염을 쓰다듬었다. "어제 아침 나는 **이 바위 위에** 앉아 있었다. 그때 그 예언자가 여기 나에게로 걸어왔다. 그리고 여기서 처음으로 그 외침을, 내가 방금 들었던 외침을 들었다. 도움을 청하는 커다란 외침을.

아, 그대들 우월한 인간들이여, 어제 아침 저 늙은 예언자가 내게 예언했던 것은 바로 **그대들의** 곤경에 대해서였다.

그는 그대들의 곤경으로 나를 유혹하여 시험하려고 한 것이다. 그

가 나에게 말했다. '아, 차라투스트라여, 나는 그대를 그대의 마지막 죄로 유혹하려고 온 것이다'

'나의 마지막 죄라고?' 차라투스트라는 이렇게 외치고 화가 나서 자신의 말을 비웃지 않았던가. 나의 마지막 죄로 아직 내게 남아 있는 것이 **무엇이란** 말인가?"

차라투스트라는 다시 한번 자신 속으로 침잠했고, 다시 커다란 바위 위에 앉아 곰곰이 생각했다. 그는 갑자기 벌떡 일어났다.

"**동정이다! 우월한 인간들에 대한 동정이다!**" 그는 이렇게 소리쳤고, 그의 얼굴은 청동빛으로 변했다. "좋다! **그것도** 이제는 끝이다!

나의 고뇌와 나의 동정. 그것이 무슨 상관인가! 내가 **행복**을 얻으려 애쓴단 말인가? 나는 나의 **일**을 위해 애쓰고 있지 않은가!

자! 사자가 왔다. 나의 아이들도 가까이 있다. 차라투스트라는 성숙해졌다. 나의 때가 왔다.

이것은 **나의** 아침이다. **나의** 낮이 시작된다. **이제 솟아오르라, 솟아오르라, 그대 위대한 정오여!**"

차라투스트라는 이렇게 말했다. 그러고는 어두운 산 위에서 솟아오르는 아침 태양처럼 이글거리며 힘차게 그의 동굴을 떠났다.

《차라투스트라는 이렇게 말했다》의 끝

일러두기

- 이 책은 니체 생전에 출간된 《차라투스트라는 이렇게 말했다》 초판본을 저본으로 삼고, 콜리(Giorgio Colli)와 몬티나리(Mazzino Montinari)가 편집한 니체 비평본을 참조했다. 총 4부로 구성된 이 책의 1부와 2부는 1883년, 3부는 1884년, 그리고 4부 및 최종부는 1885년에 사적으로 출간되었다.

Friedrich Nietzsche, *Also sprach Zarathustra. Ein Buch für Alle und Keinen. Bd. 1* (Chemnitz: Verlag von Ernst Schmeitzner, 1883).

Friedrich Nietzsche, *Also sprach Zarathustra. Ein Buch für Alle und Keinen. Bd. 2* (Chemnitz: Verlag von Ernst Schmeitzner, 1883).

Friedrich Nietzsche, *Also sprach Zarathustra. Ein Buch für Alle und Keinen. Bd. 3* (Chemnitz: Verlag von Ernst Schmeitzner, 1884).

Friedrich Nietzsche, *Also sprach Zarathustra. Ein Buch für Alle und Keinen. Vierter und Letzter Teil* (Leipzig: Druck und Verlag von C.G. Naumann, 1891).

- 니체의 초판본 텍스트는 '독일 텍스트 아르카이브(DTA, Deutsches Textarchiv)'에서 제공하는 전자문서로 확인할 수 있다. 전자문서의 출처는 다음과 같다.

1부: 〈http://www.deutschestextarchiv.deietzsche_zarathustra01_1883〉

2부: 〈http://www.deutschestextarchiv.de/nietzsche_zarathustra02_1883〉

3부: 〈http://www.deutschestextarchiv.de/nietzsche_zarathustra03_1884〉

4부: 〈http://www.deutschestextarchiv.de/nietzsche_zarathustra04_1891〉

- 니체는 1886년에 각각 출간된 처음의 3부를 합본으로 출간했다. 이 시기에 이미 출간된 4부는 합본에 포함시키지 않았다. 《차라투스트라는 이렇게 말했다》의 처음 3부는 서로 유기적으로 연결되어 있지만, 4부는 비교적 독립적 성격을 지니고 있다.

Friedrich Nietzsche, *Also sprach Zarathustra. Ein Buch für Alle und Keinen, In drei Teilen*

(Leipzig: Verlag von E. W. Fritsch, 1886).

* 니체의 비평본은 DTV에서 나온 Kritische Studienausgabe를 활용했다.
Friedrich Nietzsche, *Also sprach Zarathustra. Ein Buch für Alle und Keinen, Kritische Studienausgabe in 15 Bänden*, herausgegeben von Giorgio Colli und Mazzino Montinari, Bd. 4 (München: DTV, 1980).

* 영어판은 Friedrich Nietzsche, *Thus Spoke Zarathustra. A new translation by Graham Parkes* (New York: Oxford University Press, 2005)를 참조했다.

* 역주에서 사용한 니체의 저서들은 다음과 같다.

Friedrich Nietzsche, *Sämtliche Werke. Kritische Studienausgabe in 15 Bänden*, herausgegeben von Giorgio Colli und Mazzino Montinari, Bd. 4 (München: DTV, 1980). 니체의 다른 저서들은 제목은 한글로 표시하고, 출처는 이 책을 KSA로 약하여 권수와 함께 쪽수를 밝혔다.

Friedrich Nietzsche, *Sämtliche Briefe. Kritische Studienausgabe*, herausgegeben von Giorgio Colli und Mazzino Montinari, Bd. 4 (München, 1986). 니체의 서한은 편지를 받는 사람과 일자를 번역하고, 출처는 이 책을 KSB로 약하여 권수와 쪽수를 표시했다.

* 니체가 《차라투스트라는 이렇게 말했다》 전체는 "음악으로 생각되어도 될 것"이라고 말했지만, 니체의 문체와 음악적 리듬을 옮기는 것은 거의 불가능에 가깝다고 생각하여 번역은 오히려 이야기의 흐름에 집중했다. 이런 맥락에서 문장의 리듬과 강약에 중요하지만 우리는 거의 사용하지 않는 그침표(:), 머무름표(;)와 같은 낯선 부호들은 사용하지 않았다. 니체는 남의 말을 인용할 때에도 독특하게 따옴표를 생략하거나 완전하게 표시하지 않는 경우가 있었다. 이런 경우 혼란의 여지를 없애려고 인용부호를 정확하게 달아주었다. 또 특정 낱말을 강조하려고 철자를 각각 띄어 자간을 넓혀 쓴 경우는 굵은 글씨로 표기했으며, 큰따옴표를 써서 강조한 경우는 작은따옴표로 바꿔 표기했다. 원칙적으로 글 가운데에서 직접 대화를 표시하거나 말 또는 글을 직접 인용할 때는 큰따옴표를 사용하며, 인용한 말 안에 있는 인용한 말을 나타낼 때는 작은따옴표

를 사용한다는 〈한글맞춤법〉을 따랐다.

니체는 언어를 통해 의미를 전달하는 언어놀이의 대가라고 해도 과언이 아니다. 그는 '뒤의', '배후의', '너머의'의 뜻을 가진 Hinter와 세계라는 뜻의 Welt를 결합하여 '저편의 세계를 믿는 자들(Hinterweltler, Believers in a World Behind)' 또는 이웃 사랑과 대비되는 '멀리-사랑(Fernsten-Liebe, love of the farthest)'처럼 하이픈으로 연결된 합성어를 적지 않게 사용했다. 이 경우 니체의 의도가 훼손되지 않는 범위에서 가능한 한 풀어서 옮겼다. 니체가 사용하는 많은 낱말이 훗날 철학적 개념으로 굳어진 경우가 있더라도 이 책의 본래 의도에 맞게 옮겼다. 예컨대 원문 중에서 Dasein이라는 낱말은 오늘날 하이데거의 철학적 개념으로서 '현존재'로 옮기지만, 여기에서는 전통적인 맥락에서 '실존'으로 옮겼다. 이 책에서 가장 많이 사용되는 동사 wollen(will)은 문맥에 따라 '바라다', '원하다'로 옮겼지만, '의지'(Wille)와의 연관성이 강조될 때는 '의욕하다'로 옮겼다. '의욕하다'를 '의지'의 동사형으로 이해하면 무리가 없을 것이다.

니체의 《차라투스트라는 이렇게 말했다》는 상징과 비유의 보고다. 물론 니체가 사용하는 상징과 비유들은 역사적인 맥락을 지니고 있다. 이 책에 영향을 많이 준 고대 그리스의 신화와 사상, 기독교의 성서, 불교와 조로아스터교의 경전, 횔덜린의 《히페리온》, 괴테의 《파우스트》 및 바그너의 악극은 모두 니체 언어의 원천들이다. 그러나 이 책이 독보적인 것은 이러한 배경지식이 없어도 그 자체로 새로운 의미를 만들어내기 때문이다. 니체의 《차라투스트라는 이렇게 말했다》는 해설과 주해가 필요한 철학적 텍스트이기 이전에 이미 하나의 문학작품이다. 이런 맥락에서 니체의 원문을 훼손하지 않는 범위에서 차라투스트라 이야기를 자연스럽게 읽어 내려갈 수 있도록 역주를 달았다. 비교적 광범위한 역주를 달았지만, 이야기의 흐름을 방해하지 않는 선에서 제한했음을 밝혀둔다.

1

《차라투스트라는 이렇게 말했다―모든 사람을 위한, 그리고 그 누구를 위한 것도 아닌 책(Ein Buch für Alle und Keinen)》(이하《차라투스트라》). 수수께끼 같은 이 책의 부제는 많은 것을 말해준다. 어떤 독자도 고려하지 않는다는 이 책은 그 자체로 지극히 개인적이라는 것을 말해준다. 니체는 1883년 8월 말 하인리히 쾨젤리츠(Heinrich Köselitz)에게 보낸 편지에서 이 책을 피로 썼음을 밝힌다.

이 책 하나하나에는 믿을 수 없을 정도로 많은 개인적 체험과 고통이 들어 있다. 그것은 오직 나만이 이해할 수 있다. 많은 페이지가 내게는 거의 피에 굶주린 것처럼 여겨진다.

이제까지 철학이 일반적인 보편성을 추구해왔다는 사실을 상기하면, 니체의 철학은 낯설고 특이하다. 가장 개인적인 것이 가장 일반적인 것인가? 니체는 개인적인 것이 다른 사람들의 마음을 움직일 수 있다는 것을 누구보다 잘 알았다. 그는 1880년 미발표 유고에서 이렇게 말한다.

기이하다! 나의 이야기가 개인적인 이야기일 뿐만 아니라 내가 그렇게 살아가고, 나를 만들며, 나를 기록한다면, 많은 사람을 위해 무언가를 하고 있다는 생각이 매 순간 나를 압도했다. 언제나 내가 마치 하나의 다수로 존재하는 것 같다. 그래서 나는 다수에게 친절하고 진지하게 위로의 말을 건넨다.

철학에 관한 니체의 입장은 독특하다. 니체에게 삶은 철학이고, 철학은 삶이었다. 삶과 철학은 분리되지 않는다. 니체는《즐거운 학문》 2판 서문에서 진정한 철학은 삶의 고통에서 태어난다는 점을 분명히 한다.

우리는 끊임없이 우리의 고통에서 우리의 사상을 출산해야 한다. 그리고 우리는 어머니로서 피·심장·불·기쁨·열정·고통·양심·운명·숙명 등 우리가 지닌 모든 것을 그 사상에 함께 주어야 한다. 삶, 이것이 우리 존재의 모든 것이고 우리가 끊임없이 빛과 불꽃으로 변화시키는 모든 것이다.

니체를 읽는 것은 그가 체험한 삶의 기쁨과 고통, 열정과 양심, 운명과 숙명, 피와 심장을 통해 우리를 변화시킬 다른 삶을 만나는 것이다. 니체가 1884년 2월 22일 에르빈 로데(Erwin Rohde)에게 보낸 편지에서《차라투스트라》가 완성되었다는 소식을 전하면서 책을 읽을 것이 아니라 책 속에서 살아야 한다고 말하는 것은 이 때문이다. "한번 이 책 속에서 산 사람은 다른 얼굴로 세계로 다시 돌아올 것이다."

《차라투스트라》를 읽는 것은 책 속에서 차라투스트라의 삶을 사는 것이다. 그렇다면 우리는 이 책을 어떻게 읽어야 하는가? 니체는 물론 이 책을 이해하기 위한 조건을 몇 가지 제시한다.

《차라투스트라》를 이해하기 위한 전제 조건은 나의 예전 모든 글을 진지하고 깊이 있게 이해해야 한다는 것이다. 마찬가지로 이 글들의 순서를 지키고 그 안에 표현된 발전을 이해하는 것이 필요하다.

니체는 이후에 출간된 《선악의 저편》과 《도덕의 계보》가 "《차라투스트라》와 같은 것을 이야기하고 있지만, 다르게, 매우 다르게 이야기하고 있다."라고 밝힌다. 《차라투스트라》가 니체의 저작 중에서 특이하고 중심적인 위치를 차지하는 것은 분명하다. 그렇다면 니체가 평생 사유한 사상을 이 책은 어떻게 다르게 이야기하고 있을까?

우선 책의 제목에 등장하는 '차라투스트라'라는 인물이 특이하다. 19세기 유럽에서는 동양학의 열기가 대단했다. 특히 조로아스터교에 관한 관심이 높았다. 조로아스터는 기원전 7세기까지 거슬러 올라가는 페르시아 종교 예언자 차라투스트라의 그리스 이름이다. 니체의 《차라투스트라》가 출간되기 이전에 조로아스터교의 경전인 《젠드-아베스타(Zend-Avesta)》에 관한 연구가 20여 종 나왔을 정도였다. 니체는 학계의 이러한 동향을 물론 잘 알고 있었다. 사람들은 니체가 왜 페르시아 종교 예언자의 이름을 책 제목으로 사용했느냐고 종종 묻는다. 니체는 《이 사람을 보라》에서 스스로 이러한 질문을 던지고 답한다.

바로 내 입에서 나온, 최초의 비도덕주의자의 입에서 나온 차라투스
트라라는 이름이 무엇을 의미하는지에 대해 내게 질문을 던져야 했
지만, 아무도 묻지 않았다. 그 페르시아인이 역사상 이룬 엄청난 독
특성과 내가 말하는 차라투스트라의 성격은 정반대이기 때문이다.

군이 차라투스트라일 필요는 없지만, 선과 악의 도덕적 이원론을
정립한 차라투스트라만큼 선악의 저편에서 도덕을 새롭게 평가하
고자 하는 니체의 의도에 부합하는 인물도 없었을 것이다.
　니체는 질스마리아에서 영원회귀의 영감을 얻은 며칠 뒤에 이렇
게 적는다.

정오와 영원. 새로운 삶에 대한 암시. 우르미아 호숫가에서 태어난
차라투스트라는 서른 살이 되던 해에 고향을 떠나, 마리아라는 고
장으로 갔다. 거기서 그는 십 년 동안 고독을 즐기며 산속에서 경
전인 젠드-아베스타(Zend-Avesta)를 집필했다.

당시 동양학자들 사이에서 많이 읽힌 문화역사학자 프리드리히
폰 헬발트(Friedrich von Hellwald)의 글을 조금 바꾼 이 문장은 나중
에《차라투스트라》를 여는 첫 문장이 된다.
　《차라투스트라》에 영향을 준 것은 물론 조로아스터의 경전만이
아니다. 고전 대부분이 그렇듯이 이 책도 수많은 고전의 영향을 받

왔다. 호메로스의 서사시, 헤라클레이토스의 단편, 플라톤의 대화편, 루터의 성경, 횔덜린의 《히페리온》, 괴테의 《파우스트》, 에머슨의 《에세이》, 바그너의 《니벨룽겐의 반지》와 《파르지팔》은 이 책에 살아 숨 쉰다. 열렬한 독서광이었던 니체가 읽은 수많은 철학 저서와 문학작품이 녹아 있는 《차라투스트라》는 철학과 문학의 경계를 무의미하게 만드는 독특한 장르를 구성한다. 때로는 잠언으로 들리고, 때로는 문학작품으로 읽히고, 때로는 그 텍스트의 독특한 음악적 운율 때문에 악극으로 들리기도 한다. 니체는 1884년의 유고에서 이렇게 말한다. "새로운 독일 시가의 토대로서 루터의 언어와 성서의 시적인 형식—그것은 나의 발명이다!"

서양의 형이상학과 기독교적 전통을 뒤집어엎기 위해 페르시아의 차라투스트라를 호출한 이 책은 성서에 대한 니체의 대답이자 패러디다. 성서는 이 책의 내용 및 형식과 관련하여 중요할 역할을 한다. 니체는 에르빈 로데에게 보낸 편지에서 이렇게 적고 있다. "이 《차라투스트라》로 나는 독일어를 완성했다고 믿는다. 루터와 괴테 이후에 여전히 세 번째 발걸음을 내디뎌야 했다."

니체는 자신의 이 책이 루터의 성서, 괴테의 《파우스트》와 어깨를 나란히 할 문학작품이라고 생각한 것이다. 그렇지만 내용적으로 서양의 도덕과 철학을 뛰어넘는 미래의 철학을 추구한 니체의 이 책은 근본적으로 성서의 패러디다. 쾨젤리츠에게 보낸 편지에서 니체는 이 점을 분명히 한다. "그리스도인가, 아니면 차라투스트라인가 (Aut Christus, aut Zarathustra)!"

2

루소와 소로처럼 니체도 야외에서 걸어 다니면서 철학을 했다. 걷는다는 것은 사유한다는 것을 의미한다. 니체는《이 사람을 보라》에서 철학 사상과 장소 및 풍토의 밀접한 연관 관계를 강조한다.

사람은 원하는 곳 어디에서든 자유롭게 살 수 있는 것이 아니다. 자신의 온 힘을 요구하는 위대한 과제를 해결해야 하는 사람은 특히 선택의 폭이 좁다. 신진대사에 끼치는 풍토의 영향은 아주 커서, 장소와 풍토를 잘못 선택하면 자신의 과제에서 멀어질 뿐만 아니라 과제 자체가 숨겨질 수 있다.

니체의 생애를 돌이켜보면 신체적으로 약해질수록 정신은 더욱더 단단해진다. 니체는 1870년 프로이센-프랑스 전쟁에 의료지원병으로 근무할 때 걸린 이질과 디프테리아로 몸이 훨씬 약해졌다. 그는 나이가 들수록 점점 더 외부 환경의 영향을 많이 받았고, 그만큼 장소와 기후에 예민해졌다. 그는 이전에도 여행을 많이 했지만, 1879년 바젤대학교 교수직을 그만둔 이후에는 계속 옮겨 다녔다. 생각하고 글을 쓸 수 있는 좋은 장소를 찾아 적어도 1년에 네 번씩 계절이 바뀔 때마다 옮겨 다녔다. 니체의 글만큼 생각하고 글을 쓴 장소의 영향이 두드러지게 나타나는 경우도 드물 것이다.

니체의《차라투스트라》1부는 니체가 제노바 동쪽에 위치한 리구리아 해안의 조그만 어촌 라팔로에 머무를 때 집필되었지만, 니체에

의하면 이 책의 탄생 장소는 스위스의 엥가딘이다.

이 엥가딘은 나의 차라투스트라의 출생지다. 나는 여전히 그 속에서 결합된 사상의 첫 번째 초안을 갖고 있다. 거기에는 이렇게 쓰여 있다. "1881년 8월 초 질스마리아에서, 해발 6천 피트 그리고 모든 인간사보다 훨씬 더 높은 곳에서."

1883년 9월 3일 쾨젤리츠에게 보낸 편지에서 차라투스트라의 탄생지를 이렇게 상세하게 묘사하는 것처럼 니체의 삶은 자연과 밀접한 관계가 있다. 니체가 《인간적인 너무나 인간적인》 2권 2장 〈방랑자와 그의 그림자〉에서 말하는 것처럼 "우리는 많은 자연의 영역 속에서 즐거운 전율을 느끼면서 우리 자신을 다시 발견하게 된다."
니체는 제2 자아를 발견한 엥가딘의 영향을 이렇게 서술한다.

나는 이제 차라투스트라 이야기를 들려주련다. 이 책의 근본 사상인 영원회귀 사상, 즉 도달할 수 있는 최고의 긍정 형식은 1881년 8월의 것이다. 그것은 "인간과 시간의 6천 피트 저편"이라고 서명된 채 종이 한 장에 휘갈겨졌다. 그날 나는 질바플라나 호수의 숲을 거닐고 있었다. 주를레에서 멀지 않은 곳에 피라미드 모습으로 우뚝 솟아오른 거대한 바위 옆에 나는 멈추어 섰다. 그때 내게 이 생각이 떠올랐다.

《차라투스트라》는 니체가 받은 영감을 이야기로 바꿔놓은 것이다. 그것은 결코 추론을 통해 명제와 명제를 논리적으로 연결한 철학적 논고가 아니다. 논리적 추론이 생각해낸 것이라면, 영감은 불현듯 찾아온 것이다.

니체는《이 사람을 보라》에서 이러한 영감을 매우 정교하게 묘사한다. 어떤 막강한 힘의 단순한 화신에 불과한 영감은 말하자면 "사람들이 듣기는 하지만 찾지 않고, 받아들이기는 하지만 누가 거기 있는지 묻지 않는 것"이다. 이런 영감은 개념으로는 포착하지 못한다. 오로지 비유로써만 표현될 수 있을 뿐이다.

이미지와 비유의 비자발성은 가장 신기한 일이다. 사람들은 무엇이 이미지이고 무엇이 비유인지를 알지 못한다. 모든 것이 가장 가깝고 가장 옳으며 가장 단순한 표현으로 스스로를 보여준다. 차라투스트라의 말을 기억해보면 사물들이 스스로 다가오고 스스로 비유가 되어버리는 것처럼 보인다.

우리가《차라투스트라》를 읽으면서 논리적으로 해석하는 대신에 이미지와 비유에 내맡겨야 하는 이유가 여기에 있다.

니체는 마치 번개처럼 필연적으로 번쩍 떠오른《차라투스트라》의 강렬한 영감을 이야기로 풀어내는 데 얼마 걸리지 않았다고 고백한다. 이 책의 처음 3부를 쓰는 데 각각 열흘밖에 걸리지 않았다는 것이다.

여름에는 차라투스트라 사유의 첫 번째 번개가 번쩍였던 성지로 돌아가서 나는 이 책의 2부를 얻었다. 열흘로 충분했다. .나는 1부나 3부나 4부에서도 그 이상의 시간은 필요하지 않았다.

《이 사람을 보라》에서 니체는 신들린 듯이 디오니소스적 황홀경의 상태에서 이 책을 썼다고 고백한다.

창조적 힘이 가장 풍부하게 흐를 때는 언제나 근육의 민첩함은 내게서 최고조에 달했다. 몸이 도취되어 있었기 때문이다. '영혼'은 개입시키지 말자. 누군가는 나의 춤추는 모습을 종종 볼 수 있었을 것이다.

니체가 디오니소스적 도취의 상태에서 춤추며 쓴 글이 바로 이 책인 것이다.

3

일반 독자들과는 달리 니체를 연구하는 학자들이 《차라투스트라》에 관심을 덜 가지는 이유는 그 비철학적 형식 때문이다. 니체가 말하는 것처럼 이 책은 독자적이다. 문학이라고도 할 수 없고 철학이라고도 할 수 없는 이 책은 풍부한 힘을 갖고 있다. 니체가 '디오니소스적'이라고 부르는 힘은 분명 이미지와 비유에서 나온다. 니체는 이 책에서 "언어가 상징의 본성으로 귀환"한다고 말한다. 니체의 글을 읽으면 그가 사유하는 모습이 눈과 마음에 그려져야 한다. 그래야 경구들은 열정으로 전율하고, 말은 음악이 되고, 미래를 향해 던져진 번갯불을 보게 된다. 니체가 사용하는 이미지들은 그의 '가장 심연적인 사유', 즉 '실재에 대한 가장 가혹하고도 가장 무서운 통찰'로 우리를 이끄는 상징들이다. 논리적 추론, 합리적 긍정과 부정으로는 도달할 수 없는 삶의 심연으로 안내하는 이정표들이다. 《차라투스트라》는 독자들을 이미지들로 연결된 길을 통해 삶이라는 상상의 향연으로 초대한다.

이런 이유에서 니체는 《차라투스트라》에서 철학적 개념과 용어들을 거의 사용하지 않는다. 차라투스트라가 십 년 동안 고독과 정신을 즐긴 산을 내려가는 이야기로 시작하여 위대한 정오를 향해 떠오르는 아침 태양을 하나의 '징조'로 받아들이며 동굴을 다시 떠나는 이야기로 끝나는 이 책에는 '존재'·'자연'·'주체'·'실체'와 같은 개념들의 자리는 없다. 그가 우리에게 익숙한 개념인 '진리'를 사용할 때에도 철학적 논의이기보다는 삶의 맥락에서 이해된다.

그럼에도 불구하고 이 책에는 우리가 들으면 곧바로 '니체'라는 이름을 떠올리게 만드는 철학적 구상들이 있다. '초인', '권력에의 의지', 그리고 '영원회귀'가 그것이다. 오늘날 니체를 연구하는 많은 학자들이 이들을 철학적 개념으로 사용하는 것과는 달리 이 세 가지는 오히려 전통적 의미에서의 '아이디어'에 가깝다. 고대 그리스에서 '보다(idein)'라는 동사에서 유래한 '이데아(idea)'는 어떤 사물의 '정신적 이미지'를 의미한다. 이 세 가지 용어는 니체가 세계를 바라보는 형식으로써 철학적 상징이고 이미지다.

초인. 니체의 《차라투스트라》를 제대로 읽으려면 그의 용어들을 개념보다는 오히려 이미지로 받아들여야 한다. 니체는 이 용어를 왜 사용했을까? 니체는 이 용어로 어떤 세계의 모습을 본 것일까? 이 용어는 어떤 삶과 세계로 인도하는가? 이렇게 물으면 도무지 알 수 없을 정도로 형해화된 개념들은 점차 구체적인 피와 살을 얻게 된다. 니체가 이해되지 못할 뿐만 아니라 종종 오해되는 이유는 그의 어휘를 비유가 아니라 개념으로 받아들이기 때문이다. 니체는 '초인'에 대해 이렇게 말한다.

> '초인'이라는 낱말은 최고로 잘 되어 있는 인간 유형에 대한 명칭이며, '현대'인, '선한' 자, 그리스도교인, 다른 허무주의자들과는 반대되는 말이다. 도덕의 파괴자인 차라투스트라의 입에서 이 말이 나오면, 아주 숙고할 만한 말이 된다.

니체에 의하면 현대인은 우리가 사는 이 세계를 무의미하다고 생각하는 허무주의자다. 현대인은 누구인가? 이런 질문을 제기하면 자연스럽게 초인의 유혹에 넘어간다. 현대인의 삶에 염증을 느껴 그것을 넘어서고자 하는 강렬한 열망 때문이다. 여기서 중요한 것은 '~의 위' 또는 '~을 넘어서'의 뜻을 가진 'über(over)'이다. 니체의 '초인'은 전치사 '위버(über)'와 '인간'이라는 뜻의 '멘쉬(Mensch)'의 합성어다. 인간인데 인간을 넘어서려는 인간 유형이 초인이다. 그는 인간인 한 결코 인간을 넘어선 인간일 수 없다. 초인이 슈퍼맨이 아닌 이유다. '넘어선다'는 것은 존재의 의미를 깨닫는 것이지 결코 다른 존재가 되는 것이 아니다.

니체는 《차라투스트라》의 머리말에서 이렇게 말한다. "나는 인간들에게 그들의 존재 의미를 가르치려고 한다. 존재의 의미는 초인이며, 인간이라는 검은 먹구름에서 번쩍이는 번개다." 이런 점에서 '뛰어넘는다'는 뜻의 '초(超)'와 인간(人)의 합성어인 초인은 니체의 의도에 부합한다. 이를 번역하지 않고 음역하여 '위버멘쉬'로 옮긴다면 이러한 역동적 의미가 드러나지 않는다.

니체의 《차라투스트라》 이야기는 전체적으로 역동적이다. 낯선 지역에서 방랑하고 배회하는 신 디오니소스처럼, 차라투스트라는 높은 산을 오르고 정상에서 다시 깊은 심연으로 내려간다. 올라가는 길과 내려가는 길이 교차하고, 말로 표현할 수 없는 우리 존재의 심연이 밝은 빛과 뒤섞인다. 우리가 자신의 존재를 극복하고 의미를 찾는 과정이 이와 같다. 니체는 이 책 〈머리말〉에서 이렇게 묻지 않는가? "나는 그대들에게 초인을 가르치려 한다. 인간은 극복되어야 할 그 무엇이다. 그대들은 인간을 극복하기 위해 무엇을 했는가?"

어느 정도의 높이에 도달해서야 비로소 골짜기가 보이고 넓은 경치가 펼쳐지는 것처럼, 우리가 편협한 인간의 관점을 초월할 때 우리에게 보이는 것이 바로 초인이다. 그러기에 초인은 "건너가는 존재이며 내려가는 존재"다.

초인은 스스로를 극복하는 존재이긴 하지만 여전히 이 땅에, 대지에 묶여 있는 존재다. 초월한다는 것이 결코 전통 형이상학에서처럼 감각적 세계를 넘어서 정신적 세계로 들어간다는 것을 의미하지 않는다. 니체가 말하는 극복과 초월은 오히려 자연으로 돌아가 '대지에 충실한 것'이다. 그러기에 차라투스트라는 초인에게 '대지와 짐승과 초목'을 마련해주는 자를 사랑한다고 말한다. 니체는 최상의 인간을 자연의 이미지로 구상한다. 이 땅에서 인간이 아닌 대지·짐승·초목의 의미를 파악하지 못한다면, 우리가 어떻게 대지의 존재인 인간의 의미를 깨달을 수 있겠는가.

인간에게서 가장 인간적이지 않은 것은 이제까지 동물적인 것으로 여겨졌다. 21세기 현대인은 과학과 기술의 힘으로 이제 인간의 한계를 뛰어넘으려 한다. 니체에게서 그 의미는 배제하고 용어만을 약탈하여 사용하는 트랜스휴머니즘(transhumanism)은 인간의 몸을 극복의 대상으로 설정한다. 니체는 반대로 몸에 주목한다. 짐승과 초인 사이에 놓인 밧줄과 같은 인간은 몸이 있기에 스스로를 극복할 수 있는 것이다. 현대의 합리주의자들과 과학기술주의자들이 정신과 이성이라는 이름으로 억압하는 몸은 실제로 초인에 이르는 다리다. 그러므로 몸을 경멸하는 자들은 결코 초인에 이를 수 없다. 우리는 몸의 존재이기에 매 순간 극복될 수 있고, 초인은 동시에 언제든지 몰락할 수 있다.

니체는 《이 사람을 보라》에서 이렇게 말한다. "여기서 인간은 매 순간 극복되고, '초인'이라는 개념은 여기서 최고의 현실이 되었다." 초인은 결코 단순한 이상이 아니다. 그것은 우리가 이 대지에 존재하면서 도달할 수 있는 최고의 실존 양식이다.

권력에의 의지. 초인이 독자를 가장 많이 유혹하면서도 여전히 애매모호한 개념이라면, 니체의 용어 중에서 '권력에의 의지'만큼 가장 광범위하게 오해되고 왜곡되는 개념도 없을 것이다. '권력에의 의지(Wille zur Macht, will to power)'라는 개념은 '의지'와 '권력'이라는 낱말이 '~에게' 또는 '~으로'의 뜻을 가진 방향성을 나타내는 전치사로 연결된 것처럼 삼중으로 어려운 개념이다. 세 낱말로 구성되었다는 데서 알 수 있듯이, '권력에의 의지'가 한편으로는 단순한 힘과 권력도 아니고, 다른 한편으로는 의지도 아니라는 것은 분명하다. 니체에게 많은 영향을 준 쇼펜하우어의 《의지와 표상으로서의 세계》에 의하면, 의지는 우주론적 힘이다. 인간과 짐승과 초목을 움직이는 근본 동력이 의지이기 때문이다. 니체는 이런 입장을 따르는 것처럼 보인다. 니체에게 세계는 정적인 것이 아니라 동적인 것이다. 끊임없이 살아 움직이는 것이 세계다. 니체는 세계가 '존재'라기보다는 '생성'이라는 헤라클레이토스의 전통을 따른다.

니체는 《선악의 저편》에서 이렇게 말한다. "안으로부터 본 세계, 그 '이해할 수 있는 성격을 향해' 규정하고 명명된 세계, 이는 바로 '권력에의 의지'이며 그 밖의 아무것도 아니다." 우리는 세계를 이해하려고 이 세계를 우리가 이해할 수 있는 성격으로 규정한다. 세계가 끊임없이 움직이는 운동이라고 한다면, 누가 또는 무엇이 움직이게 만드는가? 세계가 전체적으로 삶이라고 한다면, 누가 또는 무엇이 생명을 부여하는가? 그것은 이 세계를 창조한 신의 의지인가? 서양의 형이상학을 전복시켰다 하더라도 니체는 세계의 근본 원인을 찾으려는 그 전통에서 벗어난 것은 아니다. 자신은 움직이지 않으면서 모든 것을 움직이는, 자신은 만들어지지 않았으면서 모든 것을 만든 신을 더는 믿지 않는 허무주의 시대에 니체의 '권력에의 의지'

는 형이상학적 신을 대체한 것인가? 이 물음에 대한 답은 독자의 몫이다. 여기서 니체는 단지 신을 배제하고 우리의 삶과 세계를 하나의 동적인 현상으로 이해하려 한다. '권력에의 의지'는 이러한 신이 없는 시대에 세계를 이해하는 허무주의적 접근 방식의 상징이다.

이 개념에 대한 오해와 왜곡은 두 방향에서 이루어진다. 하나는 나치에 의한 정치적 오용에서 볼 수 있는 것처럼 권력을 단순한 폭력 및 지배로 이해하는 것이고, 다른 하나는 이러한 오용에 대한 반작용으로서 이 개념을 철학적으로 승화시켜 중성화하는 것이다. 그러나 구체적 삶과 현실 속에서도 권력 현상의 스펙트럼은 상당히 넓다. 신체적 폭력은 권력의 가장 천박한 형태다. 폭군은 다른 사람을 구속하고 감금하고 고문하고 살해함으로써 자신의 권력을 행사한다. 물론 이러한 권력은 폭군이 죽으면 끝나지만, 지배와 통치처럼 제도화된 권력은 이보다 훨씬 더 복잡하다. 권력 스펙트럼의 다른 쪽은 이념과 이데올로기를 통한 지적, 심리적 영향력을 들 수 있다. 소크라테스와 예수는 다른 사람에 대해 물리적 권력을 행사하기는커녕 오히려 그 희생물이 되었지만, 그들의 사상과 가치는 다른 측면에서 엄청난 힘을 발휘한다.

'권력에의 의지'는 삶으로 불리는 권력 현상들을 관통하는 실마리다. 폭군의 잔혹한 폭력도 권력에의 의지의 산물이고, 소크라테스와 예수의 사상적 영향도 권력에의 의지의 표현이다. 차라투스트라는 "살아 있는 자에게서는 삶 그 자체보다 더 높이 평가되는 것이 많다."라는 사실에 주목한다. 생존만이 중요한 적나라한 삶이 순수한 폭력과 다를 바 없다면, 인간은 단순한 생존을 넘어서서 가치 있는 것을 실현하려는 권력에의 의지에서 자신의 의미를 찾는다.

여기서 우리는 니체가 '권력에의 의지'를 말하는 맥락에 주목한다. 그는 《차라투스트라》 2부에서 이 개념을 '자기 극복'과 연관시킨다. "오직 삶이 있는 곳, 그곳에 또한 의지가 있다. 그러나 그것은 삶에의 의지가 아니라 권력에의 의지라고 나는 그대에게 가르친다." 삶은 끊임없는 자기 극복이며, 자기 극복은 권력에의 의지의 작용이다.

그렇다면 우리는 언제, 어떻게 우리의 삶을 극복하는가? 삶은 그 의미가 발견될 때 비로소 극복된다. 그러므로 권력에의 의지는 언제나 의미를 창조한다. 소크라테스와 예수 그리고 붓다가 사후에도 전 인류에 엄청난 영향을 미치고 있는 이유는 그들이 창조한 삶의 의미 때문이다. 권력에의 의지는 단지 생물학적 영역에만 국한되지 않고 정신적 차원에까지 확장된다. 아메바와 같은 단세포 원형 동물에서 인간과 같은 고등동물에 이르기까지 모든 생명체는 생존하려고 모든 모순과 장애를 극복한다. 마찬가지로 이제까지 우리의 삶과 행위에 의미를 부여한 기존의 가치들이 쇠락하면 이를 극복하고 새로운 가치를 창조한다. 일종의 '정신적인 권력의지'가 작동한다. 니체는 '권력에의 의지'를 주로 2부에서 다루지만 그가 제일 먼저 언급한 곳은 1부 〈천 개의 목표와 하나의 목표에 대하여〉에서다.

민족은 저마다 가치를 적어놓은 서판을 내걸고 있다. 보라, 그것은 각 민족이 극복해온 일을 기록한 서판이다. 보라, 그것은 저마다의 민족이 지닌 권력에의 의지를 나타내는 목소리다.

생명이 있는 곳에서는 오직 '생존 투쟁'만 있는 것처럼 보이지만 실제로는 '의미 투쟁'이 치열하게 벌어진다. 개인은 삶의 의미를 위해 투쟁하고, 민족은 공동체의 의미를 위해 투쟁한다. 인류는 서로 다른 수많은 사람을 하나로 묶을 수 있는 하나의 의미를 위해 싸운다. 자신을 여전히 인간으로 평가할 수 있는 의미를 찾는 사람들이 《차라투스트라》를 읽는다.

영원회귀. 삶의 의미를 발견하려면 우선 세계를 있는 그대로 바라봐야 한다. 세상에는 결코 아름다움만 존재하지 않는다. 아름다움과 추함, 선함과 악함, 쾌락과 고통이 분리할 수 없을 정도로 서로 연결되어 있다. 이러한 모순을 제거하지 않고 세계를 있는 그대로 긍정하려면 '위대한 건강'이 필요하다. 니체는 《차라투스트라》에는 '파토스 중의 파토스인 긍정의 파토스'가 표현되어 있다고 말한다. 니체가 엥가딘의 질바플라나 호숫가에서 차라투스트라의 영감을 얻고 7년 뒤 집필한 《이 사람을 보라》에서 이 책의 근본 사상인 영원회귀를 '도달할 수 있는 최고의 긍정 형식'이라고 규정한다.

영원회귀 사상의 화두는 세계의 긍정이다. 죽은 신의 시대에 신을 전제하지 않고 우리는 어떻게 세계를 있는 그대로 긍정할 수 있는가? 니체는 질바플라나에서 영감을 받고 영원회귀 사상을 처음으로 구상한 유고에서 이렇게 말한다.

새로운 중력, 동일한 것의 영원회귀, 우리의 지식과 실수, 우리의 습관과 다가오는 모든 것에 대한 삶의 방식의 무한한 중요성. 우리는 남은 삶으로 무엇을 할 것인가? 삶의 대부분을 더없이 심각한 무지 속에서 보낸 우리가 아닌가? 우리는 가르침을 가르친다. 그것은 가르침을 자신의 것으로 체화하는 가장 강력한 수단이다. 최고의 가르침을 가르치는 자로서 가지는 우리 식의 행복이다.

이제까지 우리 삶의 대부분을 무의미하게 허비했다는 생각이 드는 순간 우리는 실존적 질문을 던지지 않을 수 없다. 남은 생 동안 우리는 무엇을 할 것인가? 니체는 이 물음에 대한 대답으로 영원회귀 사상을 제시한다. 우리의 행위는 서로 그리고 다른 행위들과 밀접하게 연결되어 있어서 매 순간 이루어지는 우리의 행위가 세계를 바꿀 수 있다면, 남아 있는 삶의 미래는 지금 이 순간에 달려 있는 것이다. 미래의 삶을 창조하려면 우리는 필연적으로 모든 것을 변하고 있는 것으로 이해해야 한다. 우리의 존재는 변화하지 않는 고정된 개체가 아니라 변화하고 창조되는 것으로 이해되어야 한다. 이런 맥락에서 영원회귀 사상은 가능한 한 다양한 눈을 통해 세상을 보는 방식이다.

니체의 영원회귀 사상은 허무주의 시대에 삶의 의미와 중심을 잡아줄 실존적 삶의 형식이다. 그러므로 니체의 영원회귀 사상을 우주론적으로 증명하거나 논리적으로 설명하는 것은 헛된 시도다. 니체는 그의 글 어디에서도 영원회귀 사상을 체계적으로 전개하지 않았다. 그것은 언제나 영감과 구상, 상징과 비유의 형태로 표현된다. '영원회귀'라는 용어를 사용하지 않으면서도 영원회귀 사상을 가장 잘 표현했다고 평가되는《즐거운 학문》341의 표현은 이를 잘 보여준다.

어느 날 낮, 혹은 어느 날 밤에 악령이 너의 가장 깊은 고독 속으로 살며시 찾아들어 이렇게 말한다면, 그대는 어떻게 하겠는가. '네가 지금 살고 있고, 살아왔던 이 삶을 너는 다시 한번 살아야만 하고, 또 무수히 반복해서 살아야만 할 것이다. 거기에 새로운 것이란 없으며, 모든 고통, 모든 쾌락, 모든 사상과 탄식, 네 삶에서 이루 말할 수 없이 크고 작은 모든 것이 네게 다시 찾아올 것이다.'

영원회귀 사상은 우리가 이제까지의 헛된 삶과 미래의 의미 있는 삶, 심각한 무지의 시기와 밝은 통찰의 시기를 구별하는 시점에 우리를 일종의 사유 실험으로 인도하는 것이다. '만약 ~이라면 어떻게 할 것인가?' 이러한 가상의 상황을 설정하고 니체는 묻는다. "나는 이 삶을 다시 한번, 그리고 무수히 반복해서 다시 살기를 원하는가?"

실존적 선택은 두 가지다. 하나는 선택의 무게를 견디지 못하고 이제까지 거대한 무지 속에서 살아왔던 대로 살아가는 길이다. 이 길은 3부에서 '중력의 영'으로 묘사된다. 우리를 끊임없이 유혹하는 악령은 결코 새로운 길로 인도하지 않는다. 그것은 오직 삶이 무게로만 느껴지는 깊고 어두운 심연으로 우리를 끌어내릴 뿐이다. 다른 하나는 니체가 '새로운 중력'으로 명명한 선택의 순간이다. 남은 삶을 새롭게 창조하려면 선택의 무게를 이겨낼 수 있어야 한다. 여기서 반전이 일어난다. 우리가 삶에 대해 '그래, 좋다! 다시 한번 살겠다!'라고 말하는 순간, 다시 말해 이제까지의 삶 역시 삶의 한 부분이었다는 것을 인정하는 순간 우리는 오히려 가벼워질 수 있다는 것이다.

이러한 선택을 하는 매 순간이 세계가 완성되는 정오의 순간이 된다. 니체는 이 책의 거의 마지막 부분에서 이렇게 말한다.

그대들은 일찍이 하나의 쾌락에 대해 '그렇다'라고 말한 적이 있는
가? 아, 나의 벗들이여, 그랬다면 그대들은 또한 **모든** 슬픔에 대해
서도 '그렇다'라고 말한 것이다. 만물은 사슬로 연결되어 있고, 실
로 꿰어져 있으며, 사랑에 빠져 있다.

영원회귀 사상을 너무 무겁게 생각할 필요는 없다. 그것을 과학적
으로 증명하려는 흥미로운 노력과 불교의 연기설처럼 하나의 사상
적 체계로 이해하려는 시도는 모두 차라투스트라의 영감이 갖는 상
징적 의미를 간과한다. '우리는 어떻게 살아야 하는가?'라는 질문은
결코 과학적으로 해결하지 못한다. 이 실존적 질문을 해명하려고
노력하면 할수록 우리는 영원회귀 사상의 시험에 빠져들게 된다.
'우리는 이 삶을 다시 한번 살아야 하는가?'

4

니체의 《차라투스트라》가 아무리 매력적인 철학 사상과 이론을
갖고 있다고 하더라도, 이 책이 철학 저서가 아닌 것은 분명하다. 논
리적 추론을 기반으로 하는 철학적 글의 도구는 개념이다. 철학적
글은 어떤 문제를 있는 그대로 묘사하거나 서술하는 대신 추상적
개념을 논리적으로 연결함으로써 문제의 본질을 드러내고자 한다.

그러므로 논리적 추론을 완전히 포기하는 이론은 있을 수 없다. 이 책에는 이러한 시도들이 보이지 않는다.

《차라투스트라》에서는 분명하고 명료한 철학자의 목소리보다는 여럿의 얼굴과 가면을 가진 시인과 예언자의 목소리가 두드러진다. 니체는 《선악의 저편》에서 "깊이 있는 모든 것은 가면을 사랑한다." 라고 말한다. 이 정신이 부여하는 모든 말과 모든 발걸음과 생의 기호를 잘못, 즉 피상적으로 해석함으로써 심오한 정신의 주위에는 언제나 가면이 자라난다는 것이다. 차라투스트라는 삶의 심연을 들여다본 니체의 가면이다. 니체가 상징과 비유를 통해 보여준 삶의 인식 주위에는 더 많은 가면이 무성하게 자라나서 니체의 진짜 가면을 찾는 것이 무의미해졌다고 해도 과언이 아니다. 이런 상황에서 니체의 핵심 사상이라고 일컬어지는 초인, 권력에의 의지 및 영원회귀 '이론'의 토대를 이 책에서 찾는 것은 쓸데없는 일이다.

《차라투스트라》를 이론과 사상으로 읽으면 오히려 혼란스러운 미궁에 빠진다. 그는 어디에서도 초인과 영원회귀 사상의 논리적 근거를 제시하지 않기 때문이다. 그러나 이 책을 삶을 통찰하고, 그리스적 의미에서의 삶의 지혜를 얻어가는 성찰의 이야기로 읽으면 흐릿하고 애매모호하던 상징과 비유들은 선명한 빛을 띠게 된다.

고대 그리스인들은 구체적 삶을 사유함으로써 삶과 사상을 일치시키려 했다. 삶을 사유고, 사상대로 살고자 했던 것이다. 니체가 1873년 〈그리스 비극 시대의 철학〉이라는 글에서 말하는 철학과 삶, 사유와 성격의 필연적 일치는 이 책 전체에 녹아들어 있다. 고대 그리스인들이 철학을 했다는 사실로 인해 철학을 단숨에 정당화한 것처럼, 니체는 자신이 《차라투스트라》를 썼다는 사실로 자신의 사상을 정당화하려 한다. 《차라투스트라》의 부인할 수 없는 매력은 철학과 삶을 일치시키려는 니체의 처절한 노력이 독특하고 독창적인 형식으로 드러나기 때문이다. 이 책의 모토는 간단하다. '삶을 철학한다. 그러므로 나는 철학을 산다.'

삶의 심연에는 너무나 직접적이어서 말로 간접적으로 표현할 수 없는 것이 있다. 니체는 가장 개인적인 것만이 영원히 반박할 수 없다고 말한다. 반박할 수 없지만 쉽게 말로 표현할 수 없는 삶의 지혜를 어떻게 전달할 수 있는가? 여기서 니체는 독특한 형식을 발전시킨다. 전통적으로 형식은 전달하고자 하는 내용에 대해 이차적이었다. 내용에 따라 형식이 달라졌다. 그렇지만 니체가 차라투스트라의 여정을 통해 드러내려는 내용, 즉 삶의 지혜가 아직 뚜렷한 모습을 갖추고 있지 않다면, 새로운 형식은 점점 더 또렷해지는 내용에 따라 함께 만들어져야 한다. 내용이 형식을 결정하는 것이기보다는, 우리의 삶처럼 내용과 형식이 함께 만들어져 가야 한다.

니체는 일찍이 《비극의 탄생》에서 이미 형식과 내용이 함께 성장하는 독특한 장르에 주목했다. 삶에 대한 깊은 인식에 도달한 사람은 자신이 변화했다는 것을 느낀다. 이처럼 디오니소스적 도취를 통해 스스로 변신하여 다른 사람의 몸과 영혼으로 말하려는 충동이 표현된 것이 고대 그리스 비극의 합창이라는 것이다. 삶에 대한 인식은 결코 개념적으로 설명될 수 없다. 그것은 오로지 예술적으로 표현될 수 있을 뿐이다. 이런 의미에서 디오니소스적 환영을 통해 알게 된 삶의 의미를 춤과 음악, 말의 상징을 사용하여 표현하는 합창은 드라마의 근원이라고 니체는 말한다. 말로 표현할 수 없는 삶의 의미가 합창을 통해 비로소 구체적인 모습으로 드러나는 것이다. 《차라투스트라》는 니체가 삶에 관한 영감을 말과 음악과 춤을 통해 표현한 한 편의 '드라마'인 것이다.

'드라마'는 그리스어로 본래 우리에게 불현듯 일어나고 나타나는 '사건'을 의미한다. 사건은 동시에 '행위'를 뜻한다. 드라마(drama)가 '나는 행위한다'라는 뜻의 그리스어 'drao(δράω, I do)'에서 유래하는 것처럼 니체가 차라투스트라를 통해 전달하려는 사상은 결국 차라투스트라의 삶과 행위를 통해 표현된다. 우리가 《차라투스트라》를 한 편의 드라마로 읽어야 하는 이유다. 차라투스트라의 드라마는 내려감으로 시작한다. 니체가 《즐거운 학문》 342에서 말하는 것처럼, 차라투스트라의 몰락과 함께 비극이 시작된다. 니체의 《차라투스트라》는 삶에 관한 비극적 인식을 이야기하는 드라마다.

이 드라마는 전체적으로 4부로 구성되어 있다. 10장의 머리말을 앞세우고 1부와 2부는 각각 22장, 3부는 16장, 4부는 20장으로 구성되어 있다. 니체가 1, 2, 3부는 하나로 묶어서 출간하고 4부는 분리해서 독립적으로 출간했다는 점에서 알 수 있듯이, 이야기의 흐름과 문체에서 4부는 독자적인 성격을 띠고 있다. 니체는 자신의 영감과 비극적 인식을 가장 잘 표현할 수 있는 형식을 정교하게 고안했다. 이 책의 구성 방식은 독특하다. 어떻게 보면 교향곡의 작곡 방식을 닮았고, 어떻게 보면 성경의 구성과 유사하다. 3부의 마지막 장인 〈일곱 개의 봉인〉의 내부 장들을 각각 독립적인 장으로 보면 1부, 2부, 3부는 각각 22개의 장으로 구성되어 총 66개의 장으로 되어 있어서 성경의 장 숫자와 똑같다.

1부는 10년 동안 고독 속에서 자신의 정신을 연마한 차라투스트라가 하산하는 것으로 시작한다. 그의 하산은 신이 죽은 시대에 일어난다. 산에서 내려가면서 처음 만난 성자를 보며 그가 신이 죽었다는 소식을 듣지 못한 것이 확실하다고 느꼈던 차라투스트라는 1부의 마지막 장에서 신의 죽음을 다시 한번 확인하며 초인의 등장을 기대한다. 차라투스트라의 하산은 곧 속세로의 회귀다. 그는 마지막 인간들이 우글거리는 시장에서 대중을 향해 신이 죽은 허무주의 시대의 삶에 관해 설교하지만, 그의 말은 대중의 귀를 열지 못한다. 그가 1부에서 머물렀던 '얼룩소'라는 도시를 떠날 때 그의 제자로 자처하는 많은 사람이 그를 따라왔을 뿐이다.

2부의 첫 장에서 차라투스트라는 자신의 동굴로 돌아와 다시 고독 속에서 자신을 되돌아본다. 차라투스트라가 던진 말들이 왜곡되고 오해되기 충분한 정도의 시간이 흘러간다. 자신의 가르침이 위험에 처해 있다는 사실을 인식하고 차라투스트라는 두 번째로 하산한다. 차라투스트라는 행복의 섬에서 자신을 극복하고 진정한 행복에 도달할 수 있는 길에 관해 설교하다 자신을 따르는 벗들을 다시 떠나는 것으로 막을 내린다.

3부는 행복의 섬과 벗들을 떠나 자신의 동굴로 귀환하는 과정을 그린다. 3부의 중간에 있는 〈귀향〉이라는 장의 제목이 암시하는 것처럼 차라투스트라는 너무 오랫동안 사람들 사이에서 황량하게 살았기 때문에 다시 자신의 고향인 고독이 필요한 것이다. 귀향과 귀환과 회귀를 다루는 3부에서 '영원회귀 사상'이 펼쳐진다는 것은 결코 우연이 아니다. 삶의 여행 형식과 삶에 대한 심오한 통찰이 서로 만난 것이다. 3부의 마지막 장인 〈일곱 개의 봉인〉에서 "그대를 사랑하기 때문이다. 아, 영원이여!"를 일곱 번 반복하는 것처럼, 차라투스트라는 이 세계와 삶을 있는 그대로 긍정할 수 있는 인식에 도달한 것이다. 그렇다면 3부 13장 〈치유되고 있는 자〉의 마지막 문장처럼 차라투스트라의 몰락은 끝난 것일까?

4부는 차라투스트라가 자신의 동굴로 돌아와 머리가 하얗게 셀 때까지 머물다 자신을 찾아온 우월한 자들과 대화를 나누는 장면이 펼쳐진다. 영원회귀 사상과 함께 세계에 대한 긍정으로 3부에서 클라이맥스에 이르렀던 차라투스트라는 4부에서 반전을 일으킨다. 문체가 바뀌고 리듬이 변화한다. 음조는 풍자적이고 익살스러운 카니발의 분위기를 연출한다. 나귀 축제는 중세의 익살스러운 광대놀이를 연상시키고, 차라투스트라가 자신의 동굴로 초대한 우월한 인간들과 자신의 동물인 뱀과 독수리 그리고 나귀를 포함하여 열둘이 참석한 만찬은 예수의 최후의 만찬을 떠올리게 한다. 니체가 밝힌 것처럼, 4부의 주제는 '차라투스트라의 시험과 유혹'이다. 니체가 삶의 심연에서 건져 올린 비극적 지혜에 대한 아이러니이며 거리 두기다. 변하지 않는 사상은 독이 된다. 니체는 이렇게 자신의 사상에 거리를 두고 다시 자신의 동굴을 떠나 내려가는 것으로 차라투스트라의 드라마를 끝맺는다.

차라투스트라는 다시 혼자가 된 것이다. 두 번의 하산과 두 번의 귀향 그리고 마지막으로 다시 동굴을 떠나는 여정은 차라투스트라가 삶의 심연을 통찰함으로써 자기 자신을 찾아가는 과정이다. 떠나는 것은 다시 돌아오기 위해서이고, 돌아오는 것은 다시 떠나기 위해서다. 이 과정에서 니체는 우리의 삶에 동반하는 인간적인 너무나 인간적인 문제들을 다룬다. 삶과 죽음, 사랑과 우정, 아이와 결혼, 환희와 열정, 덕과 악덕, 죄와 순결, 복수와 전쟁, 고독과 외로움 등 영원히 회귀하는 문제들을 그 뿌리까지 파고든다. 니체가 우리에게 적나라하게 보여주는 이러한 문제들은 차라투스트라와 함께 그의 길을 천천히 걸어갈 때만 보인다. 이러한 풍경이 눈에 들어와야 비로소 그의 핵심 사상이라고 불리는 '초인', '권력에의 의지', 그리고 '영원회귀' 사상의 윤곽이 드러난다.

산을 내려갈 때의 풍경은 오를 때의 풍경과 다르다. 이름으로만 듣던 니체의 사상은 차라투스트라와 함께 걸어가면서 서서히 모습을 바꾼다. 이 책을 읽으면서, 다시 말해 차라투스트라와 함께 삶의 길을 걸어가면서 스스로 변화하는 것을 느낀다면 최고의 독자일 것이다. 차라투스트라가 자신을 버리고 그대들 자신을 찾도록 하라고 강하게 명하지만, 그를 부정하려면 우선 함께 길을 가야 한다. 이렇게 우리는 차라투스트라를 읽는다.

1844년 10월 15일 뢰켄에서 목사인 카를 루트비히 니체(Carl Ludwig Nietzsche)와 이웃 마을 목사의 딸 프란치스카 욀러(Franziska Öhler) 사이의 세 자녀 중 첫째로 태어나다.

1846년 여동생 엘리자베트(Elisabeth)가 태어나다.

1848년 혁명이 발발하다. 아버지가 뇌 질환을 앓기 시작하다. 카를 마르크스의 《공산당 선언》이 출간되다.

1849년 동생 요제프(Joseph)가 태어나다. 아버지가 사망하다.

1850년 동생 요제프가 사망하다. 가족과 함께 나움부르크로 이사하다.

1851년 '칸디다텐 베버(Kandidaten Weber)'라는 사설 교육기관에 들어가 그리스어와 라틴어 수업을 받다.

1858~1864년 14세 때 엘리트 김나지움 슐포르타(Schulpforta)에 입학하여 철저한 인문계 교육을 받다. 도수 높은 안경을 끼기 시작하고, 두통이 시작되다.

1862년 니체 사상의 방향을 암시하는 〈운명과 역사(Fatum und Geschichte)〉라는 글을 쓰다.

1864년 슐포르타를 우수한 성적으로 졸업하다. 본대학교에서 1864/65년 겨울 학기에 신학과 고전문헌학 공부를 시작하다.

1865년 1865/66년 겨울 학기에 리츨(Ritschl) 교수를 따라 라이프치히로 학교를 옮기다. 늦가을 고서점에서 쇼펜하우어의 《의지와 표상으로서의 세계》를 발견하고 탐독하다.

1866년 고대의 철학사가인 디오게네스 라에르티오스(Diogenes Laertios)에 관한 연구로 라이프치히대학교 당국이 주는 상을 받다. 디오게네스에 관한 연구와 리츨 교수의 높은 평가로 문헌학자로서 니체의 이름이 알려지기 시작하다.

1867년 1867년 10월 9일에서 1868년 10월 15일까지 나움부르크 포병부대에서 군 복무를 하다.

1868년 3월에 말을 타다가 떨어져 가슴에 심한 부상을 입고 10월에 제대한 후 라이프치히로 돌아가다. 11월 8일 동양학자인 브로크하우스(H. Brockhaus)의 집에서 바그너를 처음 만나다.

1869년 박사 학위도 없이 4월에 바젤대학교의 고전어와 고전문학 원외 교수로 위촉되다. 5월 17일 트립셴에 머물던 바그너를 처음 방문하고, 이때부터 니체는 자주 트립셴에 가게 되다. 《라인 문헌학지》에 발표한 논문과 디오게네스 라에르티오스의 자료에 관한 연구를 인정받아 라이프치히대학교에서 박사 학위를 받다. 스위스 국적을 신청하지 않은 채 프로이센 국적을 포기하다.

1870년 4월에 정교수가 되다. 7월에 프로이센-프랑스 전쟁에 자원하여 의무병으로 참전하지만, 이질과 디프테리아에 걸려 10월에 다시 바젤로 돌아오다.

1872년 《비극의 탄생》이 출간되다. 그라이프스발트대학교의 교수 초빙을 거절하다. 바그너가 바이로이트로 이사하다. 바이로이트 축제를 기획하고 5월에는 준비를 위해 바이로이트를 방문하다.

1873년 구토를 동반한 편두통이 심해지는 병이 시작되다. 눈이 극도로 나빠지다. 〈비도덕적 의미에서의 진리와 거짓에 관하여〉를 집필하다. 《반시대적 고찰》 1권을 출간하다.

1874년 《반시대적 고찰》 2권, 3권을 출간하다. 소크라테스 이전 사상가에 대한 니체의 강의를 들은 파울 레(Paul Ree)와의 친교가 시작되다.

1875년 겨울 학기에 니체의 강의를 들은 하인리히 쾨젤리츠(Heinrich Köselitz)라는 젊은 음악가가 니체의 가장 충실한 학생 중 하나이자 절친한 교우가 되다. 니체에게서 페터 가스트(Peter Gast)라는 예명을 받은 그는 니체가 사망한 후 니체의 여동생 엘리자베트와 함께 《권력에의 의지》 편집본의 편집자가 되다.

1876년 바이로이트에서 제1회 바그너 축제가 열리지만, 축제와 청중에 실망하여 바그너와 내면적으로 결별하다. 겨울 학기부터 병가를 허락받다. 10월에서 1877년 5월까지 소렌토에 있는 말비다 폰 마이젠부크 집에서 머무르다. 그곳에서 리하르트 바그너와 코지마 바그너와 마지막으로 만나다.

1878년 《인간적인 너무나 인간적인》 1부를 출간하다. 바그너가 이 책을 5월에 읽다. 니체와 바그너 사이의 열정과 갈등, 좌절로 점철된 관계는 실망으로 끝나다.

1879년 건강이 악화되어 3월 19일 강의를 중단하고 제네바로 휴양을 떠나다. 5월에는 바젤대학교에 사직서를 제출하다. 9월에 나움부르크에 오기까지 스위스 장크트모리츠에 머무르며 《혼합된 의견과 잠언들》을 출간하다. 118번의 심한 발작을 일으키다. 이때부터 확실한 거처 없이 방랑자 생활을 시작하다.

1880년 《방랑자와 그의 그림자》를 출간하다. 페터 가스트와 함께 베네치아에 머물면서 요양을 하다. 《아침놀》을 집필하다.

1881년 7월에 《아침놀》을 출간하다. 7월 초 처음으로 질스마리아에 머무르다. 타자기를 주문하다. 10월 1일에 제노바로 돌아가다.

1882년 《즐거운 학문》을 출간하다. 로마에서 루 살로메를 처음으로 만나다. 살로메와 함께 오르타 호수, 루체른, 타우텐부르크로 여행을 가다. 타우텐부르크에서 살로메와 매우 깊이 있는 대화를 나누지만, 살로메와 사이가 좋지 않은 여동생의 이간질로 둘의 관계가 소원해지다.

1883년 《차라투스트라는 이렇게 말했다》 1부를 쓴 후 매우 빠른 속도로 3부까지 집필하다. 베네치아에서 2월 13일 바그너가 사망하다.

1884년 《차라투스트라는 이렇게 말했다》 3부를 출판하다.

1885년 《차라투스트라는 이렇게 말했다》 4부를 출판할 출판업자를 찾지 못해 자비로 출간하다. 질스마리아에서 여름을 보내면서 《권력에의 의지》의 집필을 구상하다.

1886년 8월 초에 《선악의 저편》을 자비로 출판하다. 이전 작품들에 대한 새로운 서문을 쓰기 시작하다.

1887년 질스마리아에서 《도덕의 계보》를 집필하고 11월에 자비로 출판하다. 루 살로메가 안드레아스(Andreas)와 결혼한다는 소식을 접하고 우울증에 빠지다.

1888년 4월 2일까지 니스에 머무르면서 '모든 가치의 전도'에 관한 책을 구상하고 이 책의 일부를 《안티크리스트》라는 책으로 출판하다. 《바그너의 경우》, 《우상의 황혼》, 《이 사람을 보라》를 집필하다.

1889년 1월 3일 이탈리아 토리노의 카를로 알베르토 광장에서 채찍질 당하는 말을 보호하려고 말을 끌어안다가 발작을 일으키다. 이 시기 디오니소스, 십자가에 못 박혀 죽은 자, 니체 카이사르로 서명한 '광기의 쪽지편지'를 친지들에게 보내다. 오버베크가 니체를 바젤로 데리고 가서 정신병원에 입원시키다. 이후 어머니가 와서 예나대학교 정신병원으로 옮기다. 바젤 프리드마트 정신병원은 점진적 마비, 예나대학교 정신병원은 치유 불가의 진단을 내리다. 《우상의 황혼》, 《니체 대 바그너》, 《이 사람을 보라》를 출판하다.

1890년 5월에 어머니가 그를 나움부르크로 데리고 가서 돌보다.

1893년 여동생이 완전히 귀국하여 어머니와 함께 니체를 간호하다.

1894년 여동생이 니체 전집의 편찬을 담당할 니체 문서보관소(Nietzsche Archiv)를 설립하다.

1897년 4월 20일에 어머니가 71세의 나이로 사망하다. 이후에 여동생이 니체를 바이마르에 있는 '빌라 질버블릭'으로 데리고 가다.

1900년 8월 25일 정오경에 사망하다.

차라투스트라는 이렇게 말했다

1판 1쇄 발행일 2020년 11월 23일
1판 7쇄 발행일 2024년 7월 15일

지은이 프리드리히 니체
옮긴이 이진우

발행인 김학원
발행처 (주)휴머니스트출판그룹
출판등록 제313-2007-000007호(2007년 1월 5일)
주소 (03991) 서울시 마포구 동교로23길 76(연남동)
전화 02-335-4422 **팩스** 02-334-3427
저자·독자 서비스 humanist@humanistbooks.com
홈페이지 www.humanistbooks.com
유튜브 youtube.com/user/humanistma **포스트** post.naver.com/hmcv
페이스북 facebook.com/hmcv2001 **인스타그램** @humanist_insta

편집주간 황서현 **편집** 전두현 임미영 **디자인** 김태형
조판 이희수com. **용지** 화인페이퍼 **인쇄** 청아디앤피 **제본** 민성사

ⓒ 이진우, 2020

ISBN 979-11-6080-459-1 03160